冲永 宣司

始原と根拠の形而上学

Metaphysics of Origin and Grounds

Takashi Okinaga

北樹出版

まえがき

「始原と根拠」というテーマで本書をまとめることになった経緯を、最初に書き記しておく必要があるように思う。

筆者はこれまで、いかにして物質から意識が生じるのかという意識のハードプロブレムとも呼ばれる問題について、さまざまな哲学者がどのように考えてきたかを調べ、考察することを研究課題のひとつにしてきた。そこでは客観的、決定論的、無感覚である物質から、主観的、自発的、感覚的である意識的生命がなぜ生じるのか、という物質と意識との厳格な断絶があった。そしてこれは、物質の特定の組み合わせによる解決を原理的に拒絶する問題であることが明らかになってきた。二者の違いは、実証的な領域における断絶ではなく、原理的、カテゴリー的な断絶だからである。前著『心の形而上学』では、この断絶の問題圏を扱った思想家を通じ、そこからの哲学的な示唆の可能性について考察した。

そこで次第に浮かんできたことは、いかに物質から意識が生じてきたか、という問いを立てるのではなく、一方から他方が生じるという考えそのものを刷新する必要性であった。二者の各々を容れるカテゴリーが異なる限り、一方から他方への因果関係を考えることはできず、それは解決不能な謎にしかならないからである。したがってこの解決のためには、ある独特の意味で、こうした問いを消滅させる必要があると考えられたのである。

これは、意識の物質的な「始原」と「根拠」への問いから、その問い自体への問いへと、問題の矛先が向け替えられたことを意味する。そして、こうした問いの矛先の向け替えは、本書の主題である、存在の「始原」や「根拠」という、より一般的な問題にも施される。存在が無からいかに生じたかという謎も、カテゴリー的断絶の極みの産物だからである。本書の第一部を「心の根拠に向かって」と名づけたのも、意識の物質的な根拠は何かという問題の構図が、存在一般の始原や根拠を問う際の構図と共通するものがあるためである。その意味で意識の根拠の問題は、存在一般の根拠の問題への導入であり、また前者の問題の解決は、後者の問題解決への導きの糸になる。筆者の考察の過程が、前著での意識の始原の問題から、本書での存在一般の始原の問題へと推移したのも、これら二つの問題構造の共通性に、大きな理由がある。

では根拠への問いを消滅させるとは、具体的にどのようなことなのか。前著では、物質と意識との断絶は、両者を分けたうえで、その両者の関係を問題にしたことから生じたことを見た。同様に、存在の謎は、無と存在とを分けたうえで、それらの関係を問題化したことに起因するというのが、本書全体を通じて論じようとする道筋である。「始原」とは、物質と意識、無と存在とを分けたことから必然的に生じた境界である。こうして境界を挟み、物質と無は、それぞれ意識と存在との「根拠」となり、それが謎となるに到ってしまった。そこで、この謎を消滅させるためには、二つの事柄が分かれない次元についての解明が必要となる。それとともに、この未分化の次元において、二者の分離によって生じていた謎が消滅することの意味を考察しなければならない。

具体的には、私は存在しなくてもよかったのに存在してしまったことへの驚き、この世界が存在しなくてもよかったのに存在することの驚きは、無と存在との断絶を前提としている。この驚きは哲学の始まりとも言われる。しかしそれがアポステリオリであるなら、その驚きの前提がなくなったとき、そこに開ける地平の解明は、ある独特な意義を持ってくる。それは哲学以前への接近かもしれない。

そこで無と存在との未分化、つまりあるのでもなく、ないのでもない状態について、心と物質の問題から検討を始める。そして私の存在の謎はなぜ、いつ生じたのか、出来事の最初の原因は何か、さらに因果律自体の根拠は何かといった、具体的な問題を通じて考察を進めて行く。そこで、これらの具体的問題を扱った哲学史上の思想を検討し、それらの妥当性の吟味を通じて、問題の核心へと迫るのが、本書のねらいである。

目次

第二部　形而上学の問いはなぜ生じるか

第三部　根拠と場所——形而上学をめぐる西田哲学との対話

始原と根拠の形而上学

序論

一　始原と根拠の問いとはいかなるものか

宇宙に始まりがあるならば、その始まり以前は何なのか。私たちが生きる意味があるとして、その意味を保証するものは何なのか。こうした例に見られるように、私たちが物事の根拠を追求する際、究極的にはそれ以上の根拠がわからない地点に逢着してしまう。そうした物事の根拠が尽きる地点がなぜ生じ、私たちはそれにどう対処したらよいのか。このような疑問を抱きながら、本書は私たちが物事の存在根拠を追求する際の、論理的、存在論的な基本構造について扱う。

しかし、本書は根拠への問いという、形而上学における伝統的な基本問題を、もっぱら論理的、形式的な問題として扱うのではない。むしろ、現代の生命の起源をめぐる考察や心の哲学という新しい哲学上の題材の中に、生命や心の根拠を哲学的に問わざるを得ない地点を道標として発見して行く。それらの具体的な現場にもとづきながら、哲学的、形而上学的な問題に接続させて行くことが、本書の特徴である。その際の問いの方向の中に、物事の根拠が問題として浮かび上がり、その問題がなぜ生じたかが具体的に明らかになって行く。その意味で本書は、形而上学の古典的議論や、抽象的な論理の中のみに終始するのではなく、あくまで具体的題材の中から、そこに内在する形而上学的な問題を扱うという方向で話を進める。それゆえ、本書はジャンルとしては哲学に属すが、具体的題材を通じて哲学的な問題を扱うという意味では、哲学周辺の知識も大いに参照する。

たとえば、心が何から生じているのかという問いに対して、脳と答えることはできる。そして脳から心が生じる構造はどうなっているかと問えば、脳の構成要素である原子や電子とそれらの運動が意識を生み出しているとなる。しかし、そうなると意識とは無縁の物体とその運動から、なぜ意識という全く異なった性質の何かが生じるのかが問題となってしまう。すると、物質や、それに対立する意識という私たちの考え方、概念枠の中に、問題の原因が隠されているのではないか、という疑問が生じる。つまり意識の根拠の探求が、根拠一般を探求する枠組み自体を考え直す契機になるということである。本書が根拠の問題を扱う仕方は、根拠を探求する枠組み自体への根本的反省を中心とする。

一般論として根拠の探求は、哲学、特に形而上学が古くから行ってきた大きなテーマであり、それゆえこの解決は哲学上の一定の意義を持つと考えられる。そして本書は、物事とその根拠とを区別し、後者に実在性を置く私たちの世界把握の前提に、問題の出所を見出す。これも根拠の謎の出所を、根拠を探求する私たちの概念枠の内に探るという、先の方法に通じるものであり、そこに本書が主題的に根拠の問題を扱う、哲学的な特色がある。

ショーペンハウアー（Arthur Schopenhauer 1788–1860）は、すべての物事が他のものによって存在しているという「根拠律」を、私たちの知性に根差すアプリオリなものと見て、すべての学問的営みにおける、この根拠律の重要性を説いた。「なぜ」と問い続ける認識根拠の系列はその代表で、それは次々に根拠の根拠を呼び出して果てがない。「それゆえ根拠律自体、すなわち根拠律が何らかの形態において表明している連関については、それ以上説明され得ない。なぜなら、すべての説明の原理について説明する原理というものは存在しないからである」と言い、根拠律自体の無根拠を指摘する。そして動機の根拠の系列については、「しかしなぜ個別的な意志が根源的な動機によって動かされるのかについては答えることができない」と、これも意志を動かす根源的動機の説明不可能を主張する。これが動機や意志の「叡智的性格」[1]とされる。そして世界も最終的にはこの意志による表象である限り、世界は全体としては根拠を持たない。こうして動機の根拠が問えないことへの洞察は、意志や表象の「超越論的」な性質を明らかにし、しかもそこに根拠一般の問題までを含める特徴がある。しかし、意志や表象が脳作用で詳細に説明される現代において、この「超越論的」領域がどのようにあり得るのか、そして脳作用から見て、動機や表象の無根拠は、はたしてどのような変更を被るのかを、改めて考察しなくてはならない。

無論のこと、これらの問いは神抜きで答えられなくてはならない。しかしこれは科学主義的な無神論ではない。それでも、神という装置によって世界全体の根拠の謎に答えるのではなく、神という仕方で語られていた私たちの不可知な領域がいかなるものであるかを、その不可知性の性質そのままにおいて浮かび上がらせる試みである。それによって、知り得ないという事態、わからないという事態の特徴が、自ずと明らかになろう。具体的には、根拠なき「世界」とは何かという問いに対して、「根拠」「因果」とはそもそもなぜ成立するのか、という視点から探ることになる。そこで、生命、中立一元論、規則、規定不可能という意味での不可知論、純粋経験、場所などについての考察を通じて、「根拠」「因果」の未成立の次元へと探求を進めて行く。

二　根拠への問いはなぜ無限遡及になるか

ある存在者について、その起源や根拠を問うことはできる。そしてこの根拠は再び、この根拠の根拠への問いを生じさせる。それに対して、たとえば西田的な絶対無の場所に対して、その起源や根拠を問うことはできない。これは場所の持つ、注目されることのない側面である。存在に対立するものは、非存在もしくは「無」である。しかしこの類の無は、それ自身が対象化され、存在者になるとたちまちその根拠が問題になってしまう。宇宙の始まり以前が真空と表現されても、それが一度考えられればその真空の状態さえ、どこから来たかを問題にされてしまうのと同じである。

したがって「絶対無」は決して存在者であってはならない。有無以前であることが、存在者がどこから来たか、という問いの成立条件を無効にするからである。それは対象化されない無であり、西田の言い方を借りれば、主語にならない無である。そしてこの無は、その根拠や起源が問題にならない一方で、有無の区別を伴うあらゆる思考を支えるのである。

私たちが何かの存在者の根拠を問うなら、その問いの形式を支え続けるが、それ自身は主題化されない前提となっているのが場所であり、この構造はどこまで行っても決してなくならない。言い換えれば、ある存在者の根拠は問われ続けて果てがないが、その根拠への問いの形式自体は、問いとは別の領域で控え続ける。すると、根拠への問いを追求させている形式が場所に立脚する限り、その追求を解消させるのも場所ということになる。有の根拠を追求して無に行き着くこと自体の解消も、場所によることになる。

確かに、場所が根拠への問いの遂行という観点から論じられることは少ない。しかし類や種の超越、有無の超越という場所の性質は、必然的に根拠への問いの超越を要求せざるを得ない。場所では主体が対象へと深められ、主語が述語へと一致して行くことが特徴とされる。しかしそれらの特徴が、どのように主体の無化と根拠の超越とを導くのかが問われるべきであり、それが形而上学の問題から場所論を考察し直す場合に着目されるべき点だと考えられる。

ある存在者の根拠は、実体という形で説明されることもある。しかしそれでは、根拠としての実体とは一体どこから来たのか、という次の問いが生じてしまう。この構造からは、どんな説明も逃れることはできない。知的な説明は必ずどこかに、それ以上説明されない、「そうなっているから」としか言いようのない地点を必ず持つ。実体はその一例である。しかし、虚無とは、まさにこの問われない地点を問い、その答えが得られないことによって生じる。

ここで取り上げなければならないのは、知的な説明が必ず持つ「問われない地点」を問い返すことから虚無が生じるとしても、そうして虚無を生み出す形式自身は、自らを「問われない」ままにしている、という問題である。そして虚無を生み出す知の形式が「問われない」のは、その形式が場所的なものだからだと考えられる。場所とは知の形式に関わるため、知の側からは見ることができないのである。ただし、虚無を成立させる知の形式の場所は、説明されるのではなく直観される仕方で示される。この直観は、増殖するに到った虚無が底をつく、という事態の中で特に顕著に生じる。

虚無を増殖させるのは、生に根拠がどこまでも見出せない、世界に最終的な目的はない、といった合理的な理性による思考である。この思考は、一定の知の形式に則って初めて生じている。それでもこの思考は、一度そこに入れば、論駁不可能になる袋小路である。だから虚無は増殖するのである。それに対して、虚無を疑わせる直観は、たとえば「理性はなぜ、それの出所である生を虐げることができるのか」という形で暗示される。これは合理的思考の中には受け入れる余地のない問いである。合理的には、刹那的な生よりも、理性の判断の方が真理だと考えられているからである。しかし理性が世界を扱う概念は、述語的に限定され、その限定を遂行して行く形式を必要とする。それに対して生は行為そのものであり、それ自身は述語によって限定されることがない。

理性によって生を根拠づけることは、限定された概念枠の中に、限定以前の生と世界とをはめ込む試みである。しかしその枠の中には、限定以前の生は永久に収められることはない。反対に生を理性の根拠と見ることは、何としても規定されていないものによって世界を包んで行くという、場所的な世界把握の仕方にも共通する。この把握は論理の形式以前であるため、概念化された答えは与えられないが、そこで生はその全体としてとらえられる。

もし、生の意味とは何かのような形而上学的な問いに答えが出るとすれば、そこにはある実体的なものが回答として与えられるしかない。しかしこれは、その実体はなぜ存在するかという問いを必然的に捲き起こした。それに対して場所や行為自身のような語り得ぬ根拠は、実体でさえない。したがってそのさらなる根拠という構造が成立しない。ところが一度実体的な答えを求め始めた思考からは、場所を場所自身、行為を行為自身としてとらえることは不可能である。その思考を支える問われない前提の領域の方に、場所や行為は位置しているからである。このように、実体的なものを対象とする思考と、場所や行為的な把握との間には、独特な断絶がある。後者は「行為的直観」と呼ばれるように、分析的思考より全体的把握に相当するからである。

ここで場所を行為的自己として考えてみたい。西田の行為的自己の立場は主語的論理に対する述語的論理としての「場所の論理」の基本性格を表すものだからである。するとこの行為とは、概念からその意義が規定されるのではなく、反対に行為自身の意義を規定する概念が、その行為から生じるという順序になる。行為を場所に重ねてみるなら、行為は述語的であり、したがってそれは概念を限定するが、それ自身はほかの何かによって限定されることはない。

この概念には、その行為の原因や目的という形而上学的な概念も含まれる。ここで検討すべきは、行為自身は一度そこから作られた概念によっては、自らをとらえきれないという特徴を持つことである。そしてこの概念からの解放が、形而上学的問題の解決につながるのではないか、ということである。行為は意味や概念、さらに無意味という意味さえ形作る出所になるが、元々の行為自体には無意味という意味は付与され得ないからである。

三　本書の構成

本書は全体を三部の構成とする。第一部は「心の根拠に向かって」と題し、物質からなぜ存在様式の全く異なった心的存在が生じるのかという問題に対する、近年の哲学的な議論について考察する。それは物質という三人称的で延長と運動の中に位置づけられる実在が、なぜ一人称的な感覚と思考という、前者の形式の中には全く見出されない心的存在を生み出すのかという問いである。このテーマは、筆者の前著『心の形而上学』でのテーマの延長上にある。

今回の書物では、物質と心の断絶に関して、まず「創発」概念の持つ問題を探る。「創発」とは、特定の性質が存在しない所から、その性質が存在するようになることを指す。これはM・ポランニ（Michael Polanyi 1891–1976）などが、個々別々の暗黙知の中から、全体を知る集合知が生じること、無意味な形態から意味が生じることといった、それまでには無い新たな性質が生じる事態として設定した概念である。そしてこの「創発」とは、物質現象から生命現象、客観的世界から主観的な質、決定論的世界から自由意志が生じる所にも見出される。しかし無い所から有るようになるのは、一種の謎である。これに対して本書では、物質や意志を容れる枠組みの方がすでに私たちの側から付与された限定を受けているため、一方から他方への移行が謎になっているのであり、こうした世界把握の枠組み以前に実在の次元を見出すことが、謎の解消につながるという立場をとる。

第二部は、そうした枠組み以前の実在とは何かについて、プラグマティズムから導かれる多元的宇宙の考え方と、このような多元性の出所としての純粋経験という角度から考察する。宇宙を何かとして概念的に把握すると、それは実在の一面にしかならず、しかもそれぞれの側面は互いに矛盾する場合もある。これは概念で把握する限り実在は、互いに対立する多元的な形態をとらざるを得ないという、プラグマティズム的な多元的宇宙の考え方である。この立場からすると、一元的にとらえられる宇宙とは、概念による把握以前の、未規定的な何かになるしかなく、しかもそれが実在の世界とされる。これが純粋経験の世界であり、そこでは宇宙が特定の何かとして成立しない。したがって、特定された宇宙から生じる形而上学的な問題も生じないことになる。

この形而上学的問題の一例である、客観的、決定論的な物質からなぜ主観性と自由が生じるかという問題、始まり以前や終末以後は何かという問題などは、こうした宇宙の特定化から生じた。そして、こうした問題の解決を導く、特定化以前への帰還とは、問題の解決ではなく問題の消滅となることを確かめて行く。そこからすると、物心の対立や世界の始まりなどの問題は、世界を限定したために生じたことになる。一般に何かの根拠とは、一定の概念枠の中で初めて問われる。心の物質的根拠、主観性の客観的根拠という解答不能な問題もそこに含まれる。したがってその枠が消滅するところでは、根拠への問い自体が生じ得なくなるのである。

第三部では、この概念以前の次元について、西田哲学の「場所」の思想との対話を通して考察する。「場所」とはあらゆる限定以前に位置する次元だった。そしてこの限定するものが私たちの概念枠に相当し、それを取り払った次元に「場所」が開けるというのが「場所的論理」に見られる構造だった。したがってこの論理は、概念枠から生じる形而上学的問題と、その枠を離れ、問題が消滅する事態について考察するうえで参考となる。

さて、特定の出来事は、その根拠を問うことができる。しかし「場所」の根拠は何かと問うことは、原理的にできなかった。このような「場所」の特徴から、「場所」において根拠をめぐる形而上学の問いがどう変容し得るかを、主観的世界と客観的世界、時間と永遠、始原の問題などの具体的な問いを踏まえながら考察できる。その考察において、形而上学的な問題とは特定の「限定」に則ることで成立していることを確認し、そして私たちの思考を司るその「限定」自体が立ち上がる様子を「場所」の側から照射する。これは出来事の原因が考察される「規則」の立ち上がりについての考察でもある。さらに、形而上学的な対立や矛盾が生じる根拠さえも、場所に包括される仕組みを確認する。そこで哲学の特徴が存在への驚きにあるのに対して、「場所」は驚きの解消の場であることを見出す。だがそれと同時に、「場所的論理」はその適用範囲が限られていることで、具体的な形而上学の問題に対しては限界点を持つことも明らかにする。

このように本書の特徴は、心や生命といった、形而上学的な問題を内包する具体的な題材から出発し、それらについての実証科学的な知識から、存在論的な次元にまで降りて行く方向をとることにある。それによって、実証科学的な知識は、存在論的な議論全体における自らの位置と意義とを再発見する方向に導かれるものと考えられる。他方で形而上学的な考察も、形式論理や抽象的な概念操作にとどまることなく、具体的な題材を経ることによって、その考察の意義を獲得し、生きたものになると考えられる。

(1) *Ueber die vierfache Wurzel des Satzes vom zureichenden Grunde. Eine philosophische Abhandlung*, §50, in: *Arthur Schopenhauer Saemtliche Werke in Zwoelf Baenden, Easter Band*, Verlag der J. G. Cotta'schen Buchhandlung, S.187.

第一部

心の根拠に向かって

第一章　「生命」はどこにあるのか

はじめに

「生きている」という状態についてはさまざまな定義がある。生物学であれば、自己増殖すること、代謝によって恒常性を維持すること、自ら活動すること、といった性質がまず挙げられる。単細胞生物であれば、分裂によって自己増殖し、細胞膜で行われる能動輸送などによって膜内の特定のイオン濃度を膜外とは異なった値に維持し、自ら動いて養分を摂取しようとする。多細胞生物の各々の細胞も、恒常性維持という点では同じである。そして細胞から作り上げられた生物個体は自ら移動することで捕食行動をし、体温を恒常的に維持する場合もある。植物個体であっても、自己増殖、恒常性はあり、自ら生育場所を変えない代わりに、傾向性によって効率的な光合成を行うことのできる方向へと成長したりする。そして、これらのはたらきが観察されなくなったときが「死」と定義される。「死」の後には、こうしたはたらきの無くなった、「物質」が残される。

それでは翻って、これらの生物の特徴には、それらを司る何らかの物理的な要因があって、この要因は生物個体や生物の細胞を分解していくことで発見されるのだろうか。たとえば自己増殖を司る設計図としてＤＮＡが発見されたとして、その化学的な塩基配列を持つ高分子が自己増殖するのなら、なぜ高分子化合物一般は自己増殖する「要因」として自らを示さないのだろうか。こうしてみると、増殖の要因は、分子や原子各々についての分析自体から導き出せるとは考えにくい。

次に全く別の見方から、生命とは生物学的にその特徴が客観的に列挙される以前に、この生き生きした質感を伴った、主観的状態そのものである、という言い方もできる。この場合、脳を解剖したところで、この質感を見つけ出すことはできない。そしてこの主観的状態そのものが消滅したときが、この生命観による「死」となるが、では死後にどうなるのかは、この主観的状態からはわからない。そして死後の主観的状態については、客観的な観察からはなおさらわからない。死後は「無」だと言っても、その「無」自体が主観的状態による表象にすぎない、という見解も可能である。

このように、生命を物質現象と見なして分析すると、生命はどこにも見出せない。他方、主観的な生命の質感はありありとして、さまざまな精神的特性と目的性とを持つが、それを客観的に呈示することはできず、身体を解剖してそれを発見することもできない。つまり、物質を突きつめたところと、主観的な質感との狭間のどこかに「生命」は位置すると思えるが、それがどこなのかを明示することは困難なのである。しかし本章ではいくつかの角度から、この位置へのアプローチを試みてみたい。そして「生命」とは、「物質」や「主観性」といった枠組みにその「側面」が現れるが、それぞれの「側面」の現れのみでは尽くされきれない何かである、という立場の妥当性を検討して行きたい。

一　物質概念の枠外としての「生命」

まず生命を物質であると見なす立場の代表例を挙げ、それらに共通する主張を確認したい。ついで、生命を物質以外の実体と見なす立場についても、同じことを確認する。

a　「生命」はどうして「物質」ではないのか

生命は物質であるという主張の内、意識を脳と同一と見なす「心脳同一説」は、その典型的な一例である。意識という生命の最も生命らしい側面でさえ、タンパク質からなる神経細胞の集積と「同一」物だと見なすこの説では、物質以外のものはなく、意識もないことになる。

しかし意識がないというのは、あまりに不自然ではないか。そこで心脳の「同一」は主張しないが、心は脳に「随伴」するという立場が出てくる。ここで心は脳と同一物ではない。しかし物理法則にすべて従うという意味で、決定論であり、心による自由意志は認められない。

一方、生物学では進化論が、生物の身体的進化、つまり形態上の進化に心が関与し得るか、という問題を抱えていた。そこで自然選択説をとる古典的なダーウィニズムや、二〇世紀なかば以後、自然選択に突然変異説などを取り入れた総合的なダーウィニズムは、進化には獲得形質も、生物個体の意識や努力も関与できる余地がないと見なした。進化は遺伝子のランダムな変異にもとづくが、その蓄積によって、一見ランダムとは思えない巧妙な進化も成されて行くという。

リチャード・ドーキンズ（Richard Dawkins 1941–）の「利己的遺伝子」説では、特定の遺伝子が自然選択をくぐり抜ける前提として、「利己性」が根本に置かれる。そこからすると、個体レベルでは一見利他的に見える生物の行動も、結果的にその特定遺伝子の生き残りに貢献するための、遺伝子の利己性の発動であり、したがって生物の行動はすべて利己的本能に支配されると考えられている。この「利己性」は、生物学が前提とするものとしての「物質性」であるといえる。

これらと相反する見解として、生命は物質ではないとする立場がある。古典的で代表的なものに、「精神」と「物質」との存在二元論がある。デカルト主義的な二実体説はこの典型だが、するとそれらはなぜ相互に作用するかという心身問題が生じる。そしてこの二元論は、物質ではない生命、つまり霊魂を認めている。しかし、宇宙にあるすべてのものは物質である、と考える側からすれば、ではこの霊魂の物理的組成は何か、という難問が生じてしまう。これは一種の論理矛盾である。

また決定性を破る自由意志を認める立場は、心が脳に随伴するのではなく、脳という物質から独立して動く要因がなければ成り立たない。そしてここでも、その「独立」した主体、つまり生命は「何から」できているか、という問題が生じる。

唯心論はこれらの二元論とは異なり、いわゆる生物だけではなく、すべてが心からできているという立場である。すべてが心である限り、「物質」と「心」とがどう関係するかという問題は生じない。しかし、元来は「心」であるはずの「物質」が、心の意図とは無関係な物理法則に従うことについては、説明しづらい。

生命は物質である、もしくは物質ではない、両方の立場を尊重し、両方の問題をともに解決させる方法はあるか。二つの立場はどちらも、何かの実体的枠組みの中に生命をとらえようとしている。唯物論であれば、生命を「物質」という実体と同一視する。反対に二元論、唯心論でも、生命は「精神実体」として枠づけられる。こうした枠組みがなければ、実体的な定立もできない。しかしこうした枠組み以前に生命を位置づける場合、生命は客観的な「何か」ではなく、さまざまな「何か」を背後から成り立たせる、存在の奥行になるだろう。これは枠組みや実体性そのものとしては見出されず、枠内の「何か」としてはとらえられないが、反対にそれがなくては枠組みも成り立たない奥行である。そうした奥行として生命の本質を考えることができるだろうか。

そうした、「物質」としてとらえられないが、それでもその存在を否定できない「生命」は、どのような仕方で現れてくるか。私たちの直接的な質感そのもの、いわゆるクオリアは、そのような「生命」の代表的なものである。これは、物質と空虚という、第一性質的な物質の特徴の枠外にしか位置し得ない。言い換えれば、物理的延長を実在とし、それ以外を実在から除外したために、クオリアは謎となったのである。しかし、実在を物理的延長に限定するこうした前提を持たなければ、クオリアは最初から実在に含まれ、クオリアは謎となることもない。ここでクオリアには概念化の条件である、「物質とは別の何かという規定」さえないため、客観化される枠組みの中でとらえられる必要もない。

b　客観的時間の外の「生命」

次に、自発性という性質ゆえに、客観的にとらえられない「生命」を示したい。客観的にとらえられるものは、客観的な時間に位置を持つ。反対に客観的にとらえられないものは客観的時間内に位置を持たない。有名なベンジャミン・リベット（Benjamin Libet 1916–2007）の実験は、リベット自身の意図に反して、自由意志の不在を証明したと言われる。彼の実験は、被験者が意志したときには、すでに脳内の活動電位が生じていたことを示したからである。しかし、もしこの実験で前提となる客観的時間において、脳の活動電位以前に意志が発動していたとすれば、それは物質世界の中に物質以外の実在が示されたことと同じになってしまう。これは物質世界の中に、「物質ではない霊魂」が客観的に示されることになり、するとこの物質ではない霊魂の物理的組成は何かという、二元論と同じ論理矛盾が生じてしまう。この論理矛盾が生じてはならないとするなら、リベットの実験では、論理的要請として最初から自由意志は「発見」されてはならない。つまりこの実験は、自由意志の不在を証明したのではなく、最初から論理上自由意志が不可能な装置を作成していたことになる。これに対して「生命」は、物理的実在、客観時間の中には現れず、この客観的時間にもとづく実験装置を操作している主観を巻き込んだシステム全体の内に「示される」ことにしかならない。そのシステム全体からすると、客観的時間は実在ではなく、実在の限定にほかならない。そして主観はそこには現れないからである。

c　進化の機械的展開に収められない「生命」

また、進化を目的のない機械的な展開として説明するのに困難な地点において「示され」て来る「生命」もある。具体的には、ダーウィニズムおよび自然選択を根本に置く現代の進化論が、生物の器官の、狡知とも言える巧みな進化を説明する際に直面する困難を通して垣間見られる生命の姿である。たとえば、「見る」という機能を実現するための、眼の複雑な機構の進化が代表例のひとつとして考えられる。異なった進化系列では異なった眼の器官が出来上がってもよいはずなのに、実際は異なった進化系列でも類似した眼の器官が形成されている、その理由は何か[1]、という問題である。また、ジガバチの幼虫の寄生のような、寄生された宿主を殺さないよう、傷つければ致命的となる器官だけを残し、ほかの部分を食い尽くして外に出てくる、周到な狡知としか見えないサバイバルシステム[2]などにもこの問題は見られる。それらが機械的な自然選択と突然変異にもとづく、意識が関与できないランダムな変異から説明できるのか、という疑問である。このように、意識や意図のはたらかない、自然選択と突然変異によって極めて可能性の低い形質進化がなされるのは、たとえばサルがランダムにパソコンのキーを打って、シェイクスピアの戯曲が書ける可能性の低さと同じで、ダーウィニズムの疑問点とされ、それはダーウィニズムを受け継ぐ現代の進化論でも基本的には疑問のままになっている。しかしもし意識が進化に影響を与えるとすれば、そこには心身問題と同じように、意識がなぜ物質を変化させるのか、というのと同じ問題が生じてしまう。かといって、意識的生命が自然主義的進化論においては進化の推進力たり得ないなら、原生生物から霊長類に到るまで、なぜ意識は進化する必要があったのか、素朴に疑問とならざるを得ない。

反対にたとえばベルクソン（Henri Bergson 1859–1941）は、こうした進化における生物の「狡知」を説明するために、器官の進化と生物の傾向性との間に、ある種の伝達関係を見ようとした(3)。しかしそれは短期的な欲求が進化にはたらきかけるといったものではなく、またラマルク的な用不用説とも異なっていた。このように、ランダムな突然変異でも、明確な意識や傾向性でもとらえられない、両者の断絶の狭間に、何がどのように入り込み得るのかが問題となる。その「何か」が「生命」の、とらえようとするとすり抜ける性質に重なって来るのである。「物質」の無目的な運動を進化の前提とする限り、突然変異と意識の目的性との狭間を埋め合わせるものは、何もないからである。はたしてそれは未知の物理的エネルギーなのか、それとも生命現象を物質に限定している、生物学における物理主義に問題があるのか、課題は残る。

二　精神実体の枠外としての「生命」

前節では物質や物理的なものの集積として生命を考えた際に、生命の特性や全体像をとらえそこなう諸点を概観した。次に生命が物質的な身体を持ちつつも、物質とは異なった精神実体が生命の主体にあると考える立場の問題点を確認したい。

a　霊魂概念の矛盾

まず、物質とは異なった精神実体として考えられる典型が「霊魂」である。この場合の「霊魂」とは、生物の身体やその行動に還元されず、物質に随伴するのでもない、物質とは異なった存在者を意味する。しかしここで私たちはひとつの矛盾に突きあたらざるを得ない。霊魂が、この宇宙に存在する何かからできていると仮定する。ところで私たちは、分子や原子などの粒子、電子も含めたより小さな素粒子の単位、もしくは光などの波動性を持つ現象といった、物質の基本単位と考えられているもののどれによっても構成されていない「もの」というのを考えることはできない。宇宙の中に存在するものは、すべてこれら基本単位が複合したものだとするなら、霊魂は物質のひとつでしかない。それでも霊魂は物質ではないというなら、それは「物質ではない物」という矛盾に陥るしかない。ここから、実体として確定できる霊魂は存在しないか、もしくは宇宙内の存在者すべてはこうした基本単位から成り立っている、という発想が誤っているかのどちらかになる。しかし、宇宙に客観的に見出せるものはこの基本単位の構成物だと見なす立場に立てば、霊的な対象はどこにも成立しないことになる。

次に、決定論と精神実体との背反性に触れたい。宇宙がこうした基本単位の構成物だとすれば、どのような運動も、その基本単位の運動の合成になる。したがって、その基本単位の運動が決定論的な法則に従うのであれば、宇宙のあらゆる運動は決定論的に説明される。したがって、精神実体を仮定しても、それは自らの意志で運動すらできないから、精神と呼ぶに値しない。全く反対に、もし宇宙全体が神の目的へと向けられて運動しているならば、宇宙全体の運動はその目的の方向に決定づけられ、宇宙のどんな小さな部分も、その目的に参与しないものはないことになる。したがって神学的目的論でも、精神は自らの自由を行使できない。この結果、唯物論的決定論と神学的目的論とは、精神実体の自発性に対して、両方とも否定的見解をとることで一致する。こうして両者において、純粋な自発的精神実体は、宇宙にその居場所を失う(4)。

b　観念論の根拠となる「私」はどこにいるのか

次に、観念論の矛盾点を素描したい。バークリの観念論において有名な「存在することは知覚されること」という標語になぜ私たちは抵抗感を持つのか。この大きな理由が、もしこの標語が正しいなら、なぜ精神的な意志の力とは無関係で、精神の恣意に従わない物理法則が存在するかを説明できない、というものである。そしてこの観念論は、主観から独立して客観的に存在する世界、という近代的世界観と相容れない。さらに、翻って客観的世界を実在と見なす側からすれば、観念論の言うようにこの世界が「私にとっての世界」だと仮定しても、「私」という主観的な特異点はその世界の中に観察されないので、実在の根拠がないことになる。

また、観念論の根拠となる「私」の存在は、観察されないから存在しない、という客観主義的観点から否定されるだけではない。「主観」という超越論的な立脚点を保持しようとする場合にも、「主観」の存在がその内部から崩れる場合がある。たとえば、超越論的主観性とは、唯一無二の「この私」のことでもあるが、その「私」の唯一無二性は、脳を中央の脳梁を境に二つに分離させたら、どちらが「私」でどちらが「他者」になるのか、という問いを難問として抱えてしまう。[5] これは「主観」つまり一人称と、「客観」つまり三人称という存在論的区分が、普遍的なようで実は限られた領域でしか成立せず、実在の姿はそうした区分以前であることの暴露となる。つまり、「主観」や「客観」も、アプリオリではなく、特定領域で便宜的に成り立つように作られた枠組みだということである。しかし、こうした「主観」の崩壊は、「客観」のみが実在であることを意味するのか。もしそうだとすれば、「主観」の非存在は、生命の非存在をも意味するはずだが、実際は必ずしもそうならない。

c　「私」の非存在は客観主義になるか

ここで、客観主義から主観を否定するのではなく、主観の非存在が内部から明らかになった場合、客観世界はどのような位置づけになるのかを確認したい。言い換えれば、観念論や独我論の根拠となる「私」が、自己反省を徹底した際に見出されなくなったとき、世界はどうなるのか、ということである。さて、意識の中を探って「私」と思われている中心を内省的に突きつめて行くと、「私」の意識内容は反省されるが、その所有者は見つからず、その結果「私」がどこにもないことに到る。[6] これは脳の断層写真の中に「私」が客観的に観察されないこととは異なる。そうではなく、超越論的な主観が内的反省の徹底においても見出されないことである。すると、独我論的な世界がそこでは成立しなくなることがわかる。なぜなら独我論とは、「私」という超越論的な領域があって、それは確実に存在しているが、その領域の外は疑わしい、という構造であったのが、その構造自体が不成立になるからである。つまり、この構造を形作っていた中心の特異点としての「私」が存在しないゆえに、「私」の超越論的な内在領域とその外部、という区分構造が成り立たなくなるからである。これは、観念論がその内側から不成立になる構造でもある。

しかしこれは、客観世界のみが存在して、「私」や主観性は脳という客観的物質の作用である、というのでもない。「客観」や「物質」という概念を作り出しているのは「主観」の作用であり、その当体である「主観」が存在しないのだから、「客観」や「物質」も、「客観的実在」が信じられていたときのようには成立しなくなる、という結果になる。「客観的実在」はあくまで「主観」が前提となり、「客観のみが実在の世界」も、この主観が隠れてはたらくことで成立していたのである。すると厳格な意味で「主観」のない世界とは、「客観」の根拠さえ奪われるのだから、「私」がなく、かつ「客観的実在」もない世界が開けてくるはずである。いわゆる「客観的に実在する世界」では、客観世界が実在し、その背後に隠れた「私」がいた。しかし今度は、「私」も「客観的世界」も存在しないことになる。「私」が究極的に存在しないなら、「私」はなぜこの「私」なのか、なぜ「私」は生まれるに到ったのか、という問いも意味をなさない。「私」は非存在であるゆえに、どのような存在でもあり得る。つまり、「私」が非存在であることと、「私」が他者であり、世界であり全体であることとは、究極において一致を見せる。ここでは「私」でもいわゆる「客観的世界」でもない実在が全体を占めることになるが、この全体について語る言葉を、「客観的世界」に住む「私」は持たない。この全体は唯物論的な「物質」でも、唯心論的または二元論的な精神実体でもない。しかし、それは「私」という霊魂的な主体を突きつめて行き、「私」の非存在へと到達することで開ける世界であり、またそれは、二元論的な意味での「物質」や「精神」とは異質の実在である。そしてこの実在が、ある独特な意味で「生きた」世界なのである。これも、概念的にはとらえられない「生命」の姿のひとつである。

このように、第一節では、物質の側から生命現象を究明しようとした場合に、原理的にそこに収容不可能な何かとして「生命」が位置づけられて行く、思想上の事例を挙げた。そこで「生命」は、客観的にとらえようとすると向こう側に逃げて行く仕方で垣間見られる何かであった。これは客観的に、外側からつかむことのできない生命、「物質」という枠組みからすり抜け続ける生命の姿である。

それに対して第二節は、精神や主観性といった、生命の本質と思われる何かをこちら側の支点として確保しようとすると、その支点の中心部には何もない、という仕方で内側へとすり抜けて行く「生命」の姿を扱った。これは主観的に、内側の中心として保持されることのできない生命、「精神」という枠組みによってもつかみとることが不可能な何かとしての生命の姿であった。

三　語り得ない有としての「生命」——ベルクソンを手がかりに

先の二つの節で明らかになったのは、生命とは概念化からすり抜けて行く何かである、ということである。それは単に、生命がいろいろな性質の集合的な名称であるというにはとどまらない。たとえば「動物」であれば、「自ら移動できる」「自ら繁殖できる」「多細胞」といった点や、「植物」や「菌」などとの対比によって、そのいくつかの性質が明確になってくるだろう。もちろん、厳密には動物と植物、動物と菌の境界があいまいであったり、五界説そのものの区分がすでに問題視されてはいる。それでも「動物」は客観的対象として認識されることができ、何が「動物」で何が「動物」ではないかなどは、塩基配列などの遺伝情報の違いから生物を区分する分子遺伝学の方法によっても、対象的に列挙可能な分子レベルの特徴によって区別され得る。

それに対して「生命」の場合は、確かにその客観的性質だけを見れば、「自ら繁殖できる」「体内の恒常性を維持する」「細胞という形状を持つ」などの、対象的に列挙可能な性質は見られる。しかし生命の主観的な性質は、これらの客観的性質のどこにも接点を持たず、説明ができない。加えて「動物」のように、「物質」が移動する、繁殖する、といったことは、「物質」の運動の力学的性質、または生殖細胞やDNAの分子レベルでの出来事として説明することができるのに対して、「物質」が主観的状態とどうつながっているのかは、ほとんど説明ができない。ましてて、「私」がどこから来て、どこへ行くのか、といった問題は、「物質」からは全く説明ができない。[7] にもかかわらず、それらは広義では「生命」の問題の内に入ってしまう。つまり「生命」はいろいろな性質の名称ではあるが、それらの性質同士が、それぞれ全く異なった存在の次元にあるため、それらの性質を統一する仕方ではとらえられないのである。

そうした生命のとらえ難さという問題意識から、持続的な時間的流れとして「生命」を見たベルクソンを参照したい。彼においては、生命の「持続」とは客観的認識の対象ではない。反対に生命を物質的な組成としてとらえようとする私たちの客観的認識のはたらきは、持続を空間化させ、生命ではない要素性、不連続性へと限定し形式化させる営みにほかならない。[8] つまり、すでに限定された認識の内に現れるものは、その限定ゆえに実在から離反する。ベルクソンに言わせれば、空間的で不連続的な「物質」も、この限定物となろう。こうした観点から、「物質からどのようにして生命が生じるのか」、という問いを見直すとどうなるのか。

まず素朴実在論的に、外界の「物質」の存在が前提とされて、それが主観によって模写され知覚が成立するという構図を、ベルクソンはどのように作り直そうとしたかを見てみたい。この素朴実在論の構図は、「物質」と、それを模写する「精神」という二元論的対立の下絵にもなっているので、この下絵をベルクソンがどう書き換え、その結果「物質」と「精神」に関するどのような存在論を作ろうとしたかを確認する必要がある。

a　実在の曲線

まずベルクソンは、実在が何であり、認識されるものは実在に対してどのような位置づけになると考えているのか。『物質と記憶』から探ってみる。

「直接的なものから、有用なものへの通路を照らし出している、微光を用いるならば、実在の曲線にこうしてかいま見た無限小の要素をもって、背後の暗闇に広がる、曲線そのものの姿を復元し続けるべきである。」（MM p.206／二六四頁）(9)

「実用的精神のはたらきは、私たちの内的な活動を見て取るかぎり、純粋持続が空間を通り抜ける際の、一種の屈折作用から成っている、…」（MM p.206／二六五頁）

ここでは実在とは「直接的なもの」「曲線そのもの」である。それに対して私たちが知覚するのは「有用なもの」「要素」である。それは行動に役立てられるゆえに、知覚される。つまり直接的な実在としての純粋持続を「屈折」させ、実用化させるのが「実用的精神」であり、知覚される「物質」はここに現れる。ここからすると、「物質」

とは実在ではなく、すでに「実用的精神」のフィルターを通じて「屈折」させられた、不連続な「要素」であり、実在はその「屈折」以前の「曲線」に相当する。反対に唯物論とは、この「屈折」後の「要素」を、実在と取り違えた立場だということになる。現にベルクソンにおける「具体的な物質」とは、持続を保つ、「分割不能な広がり」である。それに対して唯物論の物質とは、分割された要素からなる、純粋に空間的なものである。持続する実在は、あくまで分割不能であり、これは要素を実在とする、唯物論、二元論的な物質の性質とはかけ離れている。

b　物質の等質性と精神の質との程度の差

このように認識論的には、ベルクソンは実在を、私たちが知覚する第一性質的な「物質」とは考えていない。反対に、第一性質的に延長、量としての「物質」を考えるから、それは非延長、質としての「精神」と断絶し、物心二元論がはらむ諸問題が生じると考えられている。それに対して、「一方に純粋知覚、他方に純粋記憶へと向く理論は、このようにして非延長と延長、質と量との間の和解への道を準備することになるだろう。」（MM p.202/二五九頁）、というように、物心を連続的なつながりにおいて考えようとするのが、彼の目論見である。

ここでは「物質」と「精神」という二元的実在の代わりに、「純粋知覚」と「純粋記憶」という実在が立てられている。「純粋知覚」とは事物のイマージュであり、イマージュである限りもともとは不可分である。「事物」はこれが事後的に、基本単位に分割可能な形に作り変えられたものである。「知覚」は幾何学的で分割可能な「事物」を模写するという順序ではなく、反対に「事物」の方が分割不能な「知覚」に類似して作られたという。これは非延長と延長との和解を導く道筋になる。

次に「純粋記憶」とは、非空間的で純粋に時間的な順序とされ、「記憶」を有効な行動に転換する脳のはたらきとは区別されている。具体的に知覚される物質の持続時間は、この「記憶」の性質に由来し、これは感覚の質的源泉にもなっている。

「…感覚的性質の異質性は、私たちの記憶によって無数の純粋知覚が濃縮することに由来し、客観的な運動が比較的に同質であることは、無数の純粋知覚が自然に弛緩することに由来する。」（MM p.203/ 二六一頁）

ここでは、「感覚」と「客観的な運動」という相反するものは、ともに「純粋知覚」の程度の差によって成り立っている。「純粋知覚」が「記憶」を介して「濃縮」すると「感覚」になり、同じく「純粋知覚」がそれ自身自然に「弛緩」すると「客観的な運動」になるのである。「感覚」と「客観的運動」とは、従来の二元論なら「精神」と「物質」として全く断絶していたが、ベルクソンは両者とも、「純粋知覚」と「記憶」との混合によって導かれる、程度の差だというのである。その際、この「弛緩」と「濃縮」には、「純粋知覚」と「純粋記憶」との関与の度合いが鍵となっている。

こうした、「感覚」と「客観的運動」という二元的区別も程度の差であり、延長と非延長、量と質も同じく程度の差であることにより、実在に関しても、「与えられているもの、実在的であるものとは、分割された延長と、純粋な非延長との間の、中間的な何かである。」（MM p.276/ 三四八頁）と言われるようになる。しかしそうなると、ひとつ不思議なことが起こらないか。それは、「純粋知覚」と「純粋記憶」という認識論的なコンテクストで言われていたことが、いつのまにか「実在」という存在論的なコンテクストと重ねられてしまっていることである。一般に「知覚」や「記憶」は、私たちの内にあることと考えられる。「感覚」や、「客観的運動」でさえ、それらが私たちの認識現象だと見なせば、私たちの内と考えられなくもない。しかし「実在」がこれらの混合であるということは、認識現象が、私たちの外に、私たちと無関係に広がるはずだったものに、置き換えられてしまっていることを意味する。この置き換えは、次の一節に象徴的に現れる。

「しかしそうなると、私たちの知覚は事物の一部をなすように、事物は私たちの知覚の性質を帯びることになる。」(MM p.202/二六〇頁)

これは、事物「認識」が知覚に似るのではなく、「事物そのもの」が知覚に似るという主張である。ここの「事物」は「知覚」とも区別されているため、単に私たちの内の認識現象として読むことも困難である。ここで「事物」は、先の「実在の曲線」に重なるのである。このことは、「物質的延長は、むしろ全く、私たちの表象の不可分の広りに似ている。」と言われ、それが「幾何学者の語る、数多の延長」(MM p.202/二六〇頁)と正反対に位置づけられることからも読み取れる。分割された単位から成り、量的、空間的な「物質」が私たちに模写されて知覚となるのではなく、「物質」の方が、不可分で質的、時間的傾向を伴う私たちの知覚の延長上にあるということでもある。(10)

c　実在論と観念論との対立の解体

『物質と記憶』では、実在論と観念論との両極端の調停も試みられる。物質的客観世界がまず原因となって、その結果知覚が生じるというのが「実在論」、それに対して、すべて精神的主観が知覚することを通じて表象が生じ、私たちが知る「物質」もその表象に含まれると見なすのが「観念論」である。しかし両方を別々の主張ではなく、ひとつの程度の差の内に位置づけようとするのがベルクソンだと言える。

「ひとことで言うと私たちは、観念論と実在論が、物質の存在と物質の現象との間にほどこした分離より、以前

の物質を考えるのである。」（MM p.2／三六〇頁）

実在論では、外界の事物それ自体があって、私たちはその現れを知覚する。この意味で実在と知覚とは区別される。前節で私たちが、「私たちの認識現象」と言ったのは、この区別における「知覚」にあたる。また観念論でも、知覚世界は私たちの現象世界だが、その外部の事物それ自体の存在は否定されない。その意味で知覚と実在とは区別される。しかしベルクソンは、この区別自体に疑問を呈示するのである。実在論でも観念論でも、現象の向こうにあるのは分割可能で幾何学的な「物質それ自体」と見なされているが、それは知覚と実在との区別を前提にしている。しかしベルクソンの考える実在の「物質」は、知覚から明確には区別されない、つまり知覚の直観に類似する「実在」だと考えられている。それは、知覚と実在とが区別されず程度の差としてあり、知覚は「物質」の性質を帯びている代わりに、実在としての物質も、現象である知覚の性質を帯びているという主張が、ここでも繰り返されるのである。実在論でも観念論でも、この物質は外界に、私たちの知覚とは独立して存在するはずのものであったのとは、大きく異なった考えである。

「私たちは唯物論に抗して、知覚は脳状態を無限に超えていることを支持する。しかし私たちは観念論に抗して、物質が、私たちのもつ表象をあらゆる方向であふれ出ていること、精神がそこで知的選択によって言わば摘み取った表象をあふれ出ていることを、確証するよう試みた。」（MM p.201／二五八―九頁）

知覚は脳の産物ではなく、その性質ともども、脳という内的領域を超えて、外の実在世界をも構成することがここで明記されている。知覚から明確に区別された物質世界は量、延長、客観に限定されている。それに対してベルクソンの考えでは、実在する「物質」とはそうした限定がなく、質、非延長、主観との連続的関係の中で成立している。むしろベルクソンに言わせれば、唯物論的実在論でも、反対に観念論でも、知覚と外界とを分けたからこそ、物質が精神をいかに生み出し、いかに両者が関係するかが問題化した、ということになろう。

そこで、このベルクソンの知覚と実在との連続を見る立場から、唯物論や観念論を見直してみたい。まず唯物論的に、客観的な物質的世界が実在だとすると、それを観察する主観は実在の例外として位置してしまう。すると主観的存在は最終的に非存在とされるか、客観世界の中に無理にでも押し込められるしかない。反対に、観念論、特に唯心論では、主観的精神の方を実在と見なしたため、客観世界の法則が主観の恣意に従わないことが問題化した。この解決のためには現象と物自体とを区別する超越論的観念論の立場を採るか、自然法則を、個人を超えた超越的な意志の発現と見るかになる。そしてこのような唯物論と観念論との両極をともに脱し、「物質」と「精神」とを連続的な程度の差として見ようとしたのがベルクソンだったと考えられる。すると「曲線」としての実在は、時間的に連続な意識の流れであるにとどまらず、「物質」と「精神」との間をつなぐ連続した実在でもあることになる。そこからすると、純粋な「物質」、純粋な「精神」というのは存在せず、それらを考えるから二元論の問題が生じたということになる。

このように、『物質と記憶』における生命の位置は、この「曲線」としての実在に見られるように、「物質」と対置されたところに定義されるのではない。反対にこの原初的な実在から、「物質（概念）」も「精神（概念）」も抽象されてきた、という順序になる。その実在は、「生命」の居場所でもあり、すると当然、「物質」としての「脳（概念）」もそこから抽象されて来たものとなる。ではその実在としての「生命」とは何かというと、明確には定義しにくい。これは、「物質」や「精神」という、後からできた概念枠がまだないところにこの「生命」が位置し、一方私たちは、これらの概念枠を用いてしか世界を見ることができないからである。生物学的な自然主義から「生命」

の正体は見えづらく、霊魂論から見てもそれが定義しづらい理由は、自然主義、霊魂論ともにそれぞれの概念的な枠内から生命を把握しようと試みるにすぎないからである。

四　「生命の跳躍」とは何か──『創造的進化』の生命論

物質の機械的な展開の中で、生命や意識がどのように発生して来たのか、という問いには解答困難な部分がある。意識や感覚のない第一性質的な要素をいくら積み重ねても、そこに意識の萌芽となる何かを作り出すことはできないと考えられるからである。言い換えれば、「物質」から生命が発生するには、「物質」にない性質が途中から生じる必要があり、それは論理的に不可能だからである。いわゆる心身問題は、心と物質とがどのように相互作用するか、という問題だが、それに比べてこの、物質からどのようにして心が生じたか、という問題は、注目されることが少ない。

見方を変えて、有機的で自発的なはたらきの中から、機械的な運動という考えが生じた、という順序であれば、機械的運動は有機的はたらきの限定と考えることは論理的に可能である。同様に、心の萌芽を含む実在の中から、生命体も、反対に物質も成立してきたと仮定することはできる。もともとないところからあるものが創られたのではなく、もともとあるところから、生命の意識も、意識のない物質も分化したと考えることは、論理的に可能だからである。連続性、全体性、質から、断続、分割、量が生じることは説明がつくが、後者の三つしかないところから、前者の三つが生じることは説明が難しい。しかし私たちは自然主義的な態度では、後者三つを実在と見なしている。

a　個別的対象となる「物質」は実在か

右で示した「断続」や「分割」について、『創造的進化』では次のように言われている。

「私たちが対象に割り当てるはっきりとした輪郭は、その対象に個別性を与えているが、これらの輪郭は、私たちが空間の特定の点で行使しうる、決まった種の影響の素描でしかない。つまりこれらの輪郭は、私たちが起こすことになるかもしれない行動の計画であり、それは私たちが事物の表面や縁を一瞥するとき、鏡によるかのように私たちの目に反射されてくるものなのである。」（EC p.12/ 三〇―一頁）

対象の「輪郭」「個別性」はそれ自身で存在しているのではなく、私たちが空間的に及ぼす「影響の素描」、「行動の計画」だという。つまりこれらはありのままの行為、運動を理想化させて考えられたものであり、非常に見やすいものではあるが、すでに実在の抽象だということである。しかしそれらは見やすいため、実在と混同されていることになる。この見やすさは、私たちが行動の目論見に沿って、世界を理解することを常としていることに起因する、目論見に則っているがゆえの、見やすさなのである。

したがってベルクソンにとって「生命の跳躍」とは、この「行動の計画」にすぎない「物質」から生じてきたのではない。むしろ反対に、「跳躍」が行動に翻訳されて規則化されたところに「物質」という表象が現れるのであり、それゆえ「跳躍」は「物質」以前ということになる。もちろん、「跳躍」を生物学的なフィルターを通じて分析することは可能かもしれない。しかしその際には、「跳躍」が空間的に翻訳された枠組みによって、自らの出所である「跳躍」を分析するという循環が生じることになってしまう。この循環に陥らないようにするためには、「跳躍」が「物質」に由来する概念によらず、自ら自身によって自らを把握する方法が必要になる。

「生命の跳躍」と「物質」との間に生じる問題は、「跳躍」と「因果性」の問題にもあてはまる。「物質」とは各々に独立し、輪郭を持った個別性であったが、因果性がこうした「物質」の運動を司る規則であるなら、論理的な順序としては「因果性」も「跳躍」の生み出したものとなる。したがって、「因果性」によって「跳躍」を分析することは、「物質」概念によって「跳躍」を分析しようとした際に生じた循環と同じ類の循環を生じさせることになる。反対に、個別性や独立した輪郭を持たない「跳躍」に徹するならば、「因果性」は何の普遍性も持たないことになる。

それでも、「物質」や「因果性」によって分析できないものがある、というのはおかしいと感じられるだろう。しかし「物質」は因果の断片のひとつひとつである限り、ベルクソンはこれを「無時間的」と見なすのに対して、「連続」においては「物質」と「時間」とが切り離されず、そこに「時間」から切り離された断片は存在しないと見る。すると、「時間的」連続の分割、抽象は「無時間的」断片となり得るものの、反対に「無時間的」断片はいくら積み重ねても「時間的」「連続」にはならない。これは物質をいくら集積させても生命にならないことを、時間性の側面から言い換えている。

またこれは、全体、質、生命から、部分、量、物質は導かれ得るが、後三者から前三者は、生み出すことも測ることも不可能であるのと同じ仕組みを持っている。このように考えると、「無時間的」断片同士の関係にすぎず、後三者に相当する「因果性」が、それ自体を生み出した場所である「跳躍」を分析できないというのは、理にかなう。むしろ「跳躍」は、「因果性」から質的に隔てられ、反対に「因果性」を形成する根源としての場所を担うと考えられる。

b　意識はなぜあるのか――進化論からの考察

先の節では、「行動の計画」によって示された「物質」が先に存在したとすると、その「計画」を行ったはずの「生命」や「意識」が、「物質」より後に創られるのは背理、という道筋だった。次に、意識の存在するに到った理由について、目的を意志することが、形質変化に対して影響を及ぼし得ないなら、なぜ意識が発達するように進化したのか、という問題がある。これについて検討したい。

外界からの刺激に対する反応システムの複雑化が進化だと仮定する。そうした進化によって生じたさまざまな身体上の反応システムを統合的に制御するために意識が登場したのであれば、意識は、身体上その統御のために出来上がった器官と同じ、適応のための器官の機能の役割をなすことになる。すると進化が、一定の環境においてよりよく生存できる生物が選択された結果であり、そして進化した器官がそこでの生存に寄与するのであれば、進化した意識がそこでの生存に寄与できないのはおかしいことになる。

しかしダーウィニズムの基本路線を踏襲した、現代の進化学説では、基本的に進化は遺伝子の突然変異によってランダムに起こるのであって、環境への適応を成し遂げやすくするために、身体が自発的に進化をうながすことはない。したがって、生命が学習などによって獲得した習慣や形質は、遺伝し得ないという考えが、ダーウィニズムの基底にある。当然、生物の意志は形質進化にはたらきかけることができない。しかしそうなると、先のジガバチの例などに見られる、極めて巧妙な本能をどう説明するか、という問題は、疑問として残るだろう。

そしてランダムな突然変異によって進化が進むなら、なぜ自発性を持つ意識が進化する必要があったのかについて、積極的な理由は見つからない。偶然に、ある環境下で意識を備えたものが生き残ったとしても、結局意識は物質の随伴現象を出ることはないからである。つまり、生命現象を、器官や遺伝子などの客観的側面のみから説明しようとすると、意識はつねに随伴的な残余物にしかならず、進化におけるその積極的な役割を見出すことが難しくなる。するとこの意識の消極性は、ジガバチの例のような生物の狡知が、自発的な何かが進化へ参与することがなくては説明しづらい、という事実と鋭く対立するのである。

ではこうした自然主義的な生物進化の地図の中に、自発的意識が占めることのできる場所はあるのか。この問題に関係して、たとえば自然主義哲学者のジョン・サール（John Searle 1932-）の、「心理学的自由はリアルである。[11]」という言い方が参考になる。この「リアル」の意味は、客観的に観察されたり、論理的に証明されることではない。生物学的自然主義の地図の中に、意識や自由が位置づけられる所は、論理的には存在しない。現代のダーウィニズムやサールの自然主義では、進化に自発性は参与できず、意識は脳によって因果的に生み出される随伴的存在者にすぎないからである。しかしサールは、事実として意識の自発的行為の鍛錬が、私たちの教育という活動のうえでの大きな課題であり、この自発的行為の鍛錬に私たち各自が、発達上の大きな時間を割くことの説明が、この自然主義の立場からはできないことを認める。そうして自発的意識が存在できない自然主義の理論と、現実の生活や教育における自発的意識の重要性との断絶に、疑問を呈すのである。

そこでサールが用いた心理学的自由の「リアリティー」という言葉は、観察されたり証明されたりすることはできない、つまりその存在を実証はできないが、それでも極めて高い、存在の「もっともらしさ」がこの自由に伴うことを承認する記述である。この「リアリティー」とは、自然主義の存在領域とは別次元に位置するしかなく、したがって自然主義を固守する限り、存在根拠を論理的に証明できない。しかしそれは自然主義の枠内からは、論理的に肯定も否定もできないことを意味する。この論理的な存在肯定と存在否定とを超越したところに、「リアリティー」の生きる場所が立ち現れる。

ベルクソンに話を戻すと、進化を分析する「知性」は「外」にとどまるという彼の主張は、分析する「知性」とは別の存在領域を認めており、これが「外」の知性とは別の、「内」の直観領域に相当する。「内」を認める限り、直観や自発性は根拠を持つ存在者であり、反対に「内」を認めなければ、それらは存在する権利を奪われる。形質、遺伝子などのみを厳格に進化の要因と考える限り、「内」は存在し得ない。それに対してベルクソンでは、「内」は

「知性的」にとらえられない、直接的な何かなのである。

「ジガバチは少なくとも、関心事を内側から、認識過程とは全く違った仕方で、ある直観（表象されるというよりはむしろ体験される直観）によって把握する。」（EC pp.190-1／二二四頁）

この「直観」は知性的な判断ではない。また器官や身体の空間的な動作でもない。それでも「生命」の作用と呼ばざるを得ない何かである。この「直観」を私たちが打ち捨てるか、いかがわしいものと見なすのは、「物質」と「知性」という私たちの概念的な枠組み以外を認めない思考に起因する。ベルクソンでは、「知性」とはむしろ直観から分離したものにすぎない。その派生態にすぎないものが、大本の「直観」に取って代わり、大本を否定できるとは、彼においては考えられていない。

「生命とは、発達した有機体による媒介を通じて、胚から胚へと移りゆく流れのように思われる。」（EC p.29／四九頁）

この「流れ」も先の「直観」に相当する、把握されていない「生命」の姿である。しかしこれは、「物質」と「知性」とを概念枠とするのであれば、その枠内での居場所を確保できない。つまりその枠内では「存在しない」ことになる。

c　機械的な決定論と神学的目的論との狭間——進化における「生命」の定義の困難さ

ベルクソンにおける「物質」でも「知性」でもない「生命」を、進化論のコンテクストに則ってもう少し検討したい。まずはダーウィニズムと神学的目的論との狭間としての「生命」について確認したい。

繰り返すように、ダーウィニズムで言われる「自然選択」とは、たまたまその環境に適応した種の生き残りが、生物の目的や意図とは全く無関係に繰り返される、つまり自然の側が、そこに生き残れる生物を選択する、という意味である。したがって進化とは、無意味、無目的なランダム変異と、偶然的な適応との試行錯誤的な結果でしかない。ここに生命の自由はなく、これは実在の姿ではないとベルクソンは見る。

他方、神学的目的論にも生命の自由はないとベルクソンは見る。この目的論では最終目的から生命の姿が計画されるため、生命の行動のひとつひとつまでがあらかじめこの目的から牽引されているからである。しかし各々の生命の視点からすれば、自分が目的から牽引されていたことは、後になってわかる。そうなるとこれは、機械的決定論と、何ら変わりないことになる。

では、生命の意志や目的は、ラマルク進化論であれば保証されるのか。この進化論では、用不用説に代表されるように、生物のある世代が獲得した、生存のために役立つ形質が後の世代にも継承され、不必要な形質は継承されない、という考えがとられる。これは、特定の世代が持つ意志や目的が、恒常的な形質の形成へと反映する仕組みでもある。しかしベルクソンは「定向進化」や進化の「心理学的原因」には一定の理解を示しつつも、「個体の意識的な努力」（EC p.94/一一八頁）が進化に反映することは困難だと見る。明確な努力や意志のレベルが、進化に反映する力を持つとは見なさないのである。では、こうしてダーウィニズムも神学的目的論もラマルキズムも否定した後、生命の精神的要因はどう進化に反映し、またその精神的要因は何だと考えるのか。

この精神的要因は、それ自体を観察することはできない。私たちはその痕跡を間接的にたどることができるだけである。その痕跡のひとつが「機能」である。この「機能」はいわゆる機能主義的な意味での、何かを実現するための客観的なシステムということではなく、生命の内からの基本的な要求を意味している。つまり、生物の「機能の単純さ」と「構造の複雑さ」とが対比され（EC p.96／一二〇頁）、この単純な「機能」を実現するのが、それを担う器官の客観的で複雑、精密な構造なのである。この単純な「機能」の具体例としては、たとえば「見るという行為」が挙げられる（EC p.96／一二〇頁）。「見る」ことそれ自体は単純で内発的なはたらきであり、この内的な性質は眼という器官の空間的な形態構造には現れ得ない。そうではなく、形態構造の複雑さは「機能」の「痕跡」であると考えられている。これは眼という器官のランダムな変異を根底に置き、それにもとづいて視覚なども発達したと考えるダーウィニズムとは、正反対である。さらに「機能」を「形態」に優先させるベルクソンの考えからすれば、ラマルク進化論でさえ、機能よりは形態的なものを根底に置く思想と位置づけられるだろう。ベルクソンにとって、「機能」は根本的に「器官」や「形態」に先んじるはたらきとして位置づけられるのである。

ここでも問題は、なぜ生成、運動、機能という内的な傾向性が、形質に影響を与え得るのか、ということである。考察すべき事例として、手の運動についてのベルクソンの見解に着目してみたい。

「機械論はここでは位置だけしか見ない。目的論はそれらの秩序を考慮に入れるだろう。しかし、機械論も目的論も実在そのものである運動の傍らを通り過ぎてしまう。ある意味で運動はそれらの位置や秩序以上のものである。無数の継起的位置と同じくそれらの位置の秩序が同時に与えられるためには、不可分の単純性のうちに運動が与えられれば十分だからだ。」（EC p.99／一二四頁）

機械的、形態的システムとしての手の発達を表そうとすると、事態は無限に複雑化する。これは形態の進化を目的論的に考えた場合でも同様である。しかしこれは、生命を外的な空間形態を基準に考えようとしたために生じた複雑さであり、その形態を基準としなければ、複雑さは最初から生じない、という見方でもある。実際、「運動」という「機能」的な内的観点を採れば、手は至極単純な「不可分の単純性」になるとベルクソンは言う。これは、たとえばアキレスは亀に永遠に追いつけないという有名な議論は、空間の無限分割を前提としており、そうした分割される空間を形式としなければ、最初から問題は生じない、ということと同じである。これは、分割空間ではなく、連続した全体性が実在であり、分割空間は連続から抽象されたという考えである。そして生物やその器官の形態とは、その空間的構造に根差しており、するとベルクソンの視点に立てば、形態を進化の基本的な指標と見なす認識の方が倒錯であり、それが余計な複雑化を招いている、ということになるだろう。

そこで内的傾向性から外的形態への影響は、先に触れた視覚の進化でも共通する。問題は、私たちの眼に見られるような、かくも複雑な眼の構造が、自然選択の繰り返しだけでは説明困難、ということである。ベルクソンはこの傾向性と形態との間隙を、「努力」（EC p.103/一二九頁）「不可分な行為」（EC pp.103-4/一二九頁）と、「視覚への歩み」（EC p.105/一三〇頁）との間隙として見ている。前二者は内的な連続的傾向性であり、後者は眼の形態、構造上の発達に相当する。ベルクソンの着眼点は、進化系統が異なっていても類似した視覚器官が現れていることに、「努力」や「不可分な行為」から、「視覚の歩み」としての形態進化への影響の根拠を見ようとするものだった。そこにはっきりと、「生命」の「跳躍」という言葉が用いられている。

「しかし真実のところは、この（視覚への）歩みは生命の根源的な跳躍によって実行され、その歩みはこの運動そのものの下に含まれる、…私たちは生命が何よりもまず、むきだしの物質に働きかける傾向だからと答えるだろう。この働きかけの行き先は、前もって決定されていないことは疑いがない。そこで生命が、進化しながらその

途上に撒いて行くのが、予想不可能な形態の多様性なのである。」(EC p.105/一三〇頁)

この「跳躍」が「物質にはたらきかける」根本は、「物質」では不可能である。「物質」以外のところからはたらきかけるのだから、そのはたらきが「物質」によることは、論理上おかしいからである。ここがベルクソンの主張において、困難であり、特徴的なところである。さらにこの根本が「物質」ではないという性質は、「生命の跳躍」の方向が「前もって決定されていない」ことを本質とするところにも現れている。「物質」であれば決定されているからである。他方、神学的目的論によって計画された世界も、決定されている。したがって「跳躍」の「はたらき」は、「物質」からも、目的論的な精神性からも外れる、規定不可能性を本質としている。ここで「物質」ではない何かという考えがおかしいにもかかわらず、それを設定せざるを得ないとすれば、私たちの「物質」概念の方が、実在を限定した概念枠だからだと考えざるを得ない。

それでも、ベルクソンの特徴として、「物質」と「精神」とを概念枠と見なすよりは、二つを分けたうえで「精神」の側に重点を置く傾向があることは否定できない。それは「跳躍」と「機能」とを重ねて見ようとする点でも明らかであり、この意味で彼において進化は「跳躍」→「機能」→「器官」となされ、これはダーウィニズムを応用した進化論が主張する、「遺伝子突然変異」→「器官の変異」→「機能の変異」という順序とは正反対となる。こうした、精神が物質へはたらきかける傾向は、ベルクソンの中には一貫して見られる。するとここでも、もし精神と物質とが別物なのであれば、前者が後者へはたらきかけるのはどのようにして可能になるのか、という問いが残ってしまう。

ひとつの批判的解釈を立てるなら、「機能」と「器官」とは、内的、外的に別々のものではなく、もともとひとつの実在の二側面なのに、私たちの方が自分たちの便宜のために概念上区分しているにすぎない、と仮定できる。

それらの側面を別々の存在者として見てしまっているから、二つの存在者同士のつながりが問題化するのであり、もともとひとつの存在者であれば、つながりを考える必要は最初からない。この一元的性質は、「跳躍」「機能」対「器官」という『創造的進化』での構図より、ベルクソンの『試論』からの立場である、生成、創造する「持続」という考えの中に、その性質をより明瞭に見出すことができる。「持続」からすると、精神的な実体も、客観的存在者としての器官や形態も、実在としての「持続」が静止、「屈折」させられたものとして位置づけられるからである。また「持続」からすると、神学的目的論も、唯物論的決定論も、実在としての「生成」を説明するものではない。決定論や因果性は、静止、固定化された要素があって初めて成り立つもので、「持続」はそうした要素化以前だからである。『創造的進化』に話を戻すと、先に話題に挙げた「視覚への歩み」においては、「生命の根源的な跳躍」が「運動そのものの下に含まれる」という。この表記からすると彼は、「跳躍」と物理的な「運動」とを分けたうえで、「跳躍」を「運動」の根底に置いているとも読みとれる。しかし、『試論』での「持続」を徹底させるなら、「跳躍」と「運動」とは、両者とも概念化される以前の実在においては、根本的に不可分でなければならない。このようにベルクソンでは、「持続」の一元性に対して、「純粋記憶」と「純粋知覚」という二元性が立てられる場合のように、一元と二元との複雑な関係が見出される。

そうなるとむしろ、生命と物質とを最初から区分しない、西田幾多郎（1870–1945）のような場所的な一元性の自己展開の方が、一元論としては一貫していると考えられる。ベルクソンでは「跳躍」が原初的な状態において、「物質」とどのような関係にあるのか、はっきりしないところがある。また連続的な「時間」と、それが抽象された「空間」とは、むしろ最初から二元的に区別され、「空間」はもともとの「時間」に、後から「付加」されるという順序が読み取れる。それに対して西田の場合は、「場所」という無限定な一元性がまずあって、それが限定されて「精神」や「物質」が現れる、という一元的性質がより明確である。「時間」や「空間」もアプリオリな形式ではなく、実在の「限定」という、原初的な何かの分化という仕組みになっている。

おわりに

これまで生命の存在論的な位置づけについて、いくつかの哲学上の立場を概観した後、主としてベルクソンの考えを検討してきた。生命は客観的物質であるという場合、その物質を制御するかのような主観的存在はその客観の中に入り得ないという問題、もしくは客観的物質からなぜ主観的生命が生じるかという問題が生じた。反対に、生命は客観的物質ではないという主張では、物質ではない「もの」とは何かという問いは自己矛盾を含み、また物質の決定性を破るという仕方の自由を生み出す「もの」とは何か、という問題が生じてしまった。さらに、唯心論的に意識を第一の実在とした場合でも、意識の恣意に従わない物理法則の存在理由を説明できなくなった。

そこで、「物質」と「精神」とのどちらかを実在と見なすのではなく、両者の区別をもたらしている枠組みの手前に戻る考えについて検討した。それは、「物質」、「精神」は、ともに一定の論理的な枠組みの中で作られた概念であり、こうした枠組み以前に戻ったところで直接的に経験されるのが「生命」である、という考えである。ベルクソンは初期の『試論』において、概念の不連続に対する実在の連続を主張し、『創造的進化』では「生命の跳躍」を進化の運動の根底に据えた。それはダーウィニズムからすれば、客観的な器官と機械的な形態の進化という合理的なシステムに見出されない、実在しないはたらきを前提とする非合理な方法にほかならない。しかしベルクソンからすれば、ダーウィニズムや自然主義的な科学における、客観のみを実在とする見解の方が根拠なき前提であり、その客観面に見出されないはたらきを否定する見解は、すでに限定された実在を、実在そのものと取り違えていることになる。ベルクソンの「持続」は、この客観的実在を、「実践上の関心」から生み出された間接的なものと見なし、それに対してもともとの実在である直接的な「純粋持続」への帰還を主張したのだった。

すると改めて、「精神」と「物質」とはどのように相互作用するかが問題となった。予想された結論は、「精神」と「物質」とを分けたから、両者がなぜ相互作用するかが問題化したのであり、両者を含めて実在の側面と考えるなら、そうした問題自体が生じない、というものであった。ベルクソンは進化において、「器官」より「機能」を根源に見た。それは確かに「物質」を基準した視点とは異なるが、それでも「器官」に対する「生命の跳躍」のように、そこに、二元的な区別が残っていることは否定できなかった。

もうひとつ、本章で論じきれなかったのは、「生命の跳躍」と因果性との関係である。ベルクソンからすると因果性も、「実践上の関心」から生み出された形式になる。そしてこの因果性は、「持続」の静止による、固定化された対象同士の関係の中に成り立つ。それに対して「持続」にはこうした固定化が未だ成り立っていないため、そこには因果性が成り立っていない。こうなると、宇宙の始まり以前や、終り以後は何かという、因果的前後関係によって生じる形而上学的問題が、違った仕方で現れて来ることになる。はたして、「持続」によってこうした因果性から生じる問題がどこまで変容するのか、さらに検討が必要である。

因果性は作られたのか、というこの問題は、実在が「持続」だとして、ではその持続はどこから来たか、という問いは無意味なのか、という疑問を呈示する。「持続」を外部から観察すれば、「持続以前」を問えるように思われる。しかし「持続」に内的に徹するなら、そこに始まりも終りも経験されない。そして観察する者自身も、自らの始まりや終りを経験しない、という地点を必ず持っている。私たちの生はいつのまにか誕生しており、死ぬ瞬間も経験できないからである。むしろ、経験できない誕生や死の中間にあって初めて、「因果性」や「持続」の起源も問われ得るのである。しかしこの中間ではない誕生や死の直接経験においては、始まりの地点も終りの地点も無意味なのである。しかもそれは時間的に無限だから始まりも終りもない、ということではない。するとこうした始原も終末も無意味、という時間がどのような存在なのかが検討課題となる。[12] この時間に存在する権利があるとすれば、「因果性」の成立以前が意味を獲得することになる。反対に、時間的に無限だから始原と終末とがない系列では、「因果性」の系列も無限に連なっており、そこで「因果性」の「成立以前」が意味を持つことはできない。

（1）　ベルクソンも、異なる進化系列から、類似した構造の眼が生じる理由を追求している。彼が『創造的進化』において例に挙げるのは、脊椎動物の眼と、ホタテガイのような軟体動物の眼との類似性である。どちらも「本質的な部分は同じ」であるにもかかわらず、ホタテガイと脊椎動物とは、こうした複雑な眼が登場する以前に、「共通の幹から袂を分けた」。しかし、袂を分けた以後に、それぞれ同じような構造の眼を作り上げた。その理由は、「純粋に偶然的な変異」(Bergson, Henri, *L'Évolution Créatrice*, Paris: Félix Alcan, 1907: 以下 EC と記す。p.68 ／『創造的進化』合田正人・松井久訳、ちくま学芸文庫、二〇一〇年、九一頁）ではなく、「能動的」、「定向」(EC p.76 ／一〇〇頁）的な変異があったからだと、ベルクソンは考える。

（2）　『創造的進化』では、幾種類かのスズメバチに備わる、その卵を産みつけ自分の幼虫を寄生させるアオムシなどに対して、「麻痺を生じさせる本能」が取り上げられる。たとえばツチバチがハナムグリの幼虫に襲いかかるとき針を刺すのはただ一点だけだが、その一点には運動神経節だけが集中しており、ハナムグリの死や腐敗を引き起こしかねないその他の種類の神経はそこに通っていない（EC p.187 ／二二〇頁）。その、ハナムグリの運動神経だけを麻痺させ、その他の生命維持機能を活動したままにさせておく、希少な攻撃ポイントをツチバチは本能として熟知している。アナバチはコオロギの三点の神経中枢だけを正確に刺し、運動を麻痺させ、それ以外の点は刺さない。この巧みな行為が、ハチが自らの幼虫の寄生を成功させている。こうしたハチの狡知の根底に何があるのか。それをベルクソンは「音楽の主題」とも表現し、ツチバチやアナバチなどの狡知による行動を、その「さまざまな変奏曲」と言っている（EC p.186 ／二一九頁）。「音楽の主題」は、変奏曲自体には現れないが、それぞれの変奏曲の根底ではたらいている、表層上の音色ではないが、曲を根底で支える基調、という構造になる。つまり彼らの行動を司るものは、極めて重要な何かであるにもかかわらず、その行動自体にも、器官や形質にさえも直接には現れない、ということになる。現代進化論ではそれは「遺伝子」という物質に還元されるが、ベルクソンはそうとも考えない。またアナバチやツチバチの行動を規定する、「特定の遺伝子」が発見されているわけでもない。そして仮に発見されたとしても、どうしてそのような狡知を発動させる遺伝子が形成されたかは、未解決のまま残る。

（3）　進化があくまで物理化学的諸原因の組み合わせから起こる、という主張に対してベルクソンは、「ある形態から別の形態へと引き継がれていく連続的な創造を通じて、生命の自発性は有機世界に現れる」(EC p.94 ／一一八頁）と言う。ここから「定向進化」や「心理学的な原因」（同頁）の介入が主張される。ダーウィニズムのように物理化学的な展開のみからも進化を跡づけることはできるが、問題はこの展開を、それ自体だけで機械的に展開したと見なすか、もしくは何かの原因の結果としての展開と見るかである。後者の場合、もし何かの原因があるとしても、それを物理化学的な状態として見出すことはできないことになる。

（4）この二つの決定論に対してともに批判的見解を表明し、そのつどの自由と、定式化不可能性とを生命の本質に見たのが、C・S・パース（Chales Sanders Peirce 1839–1914）やベルクソンであった。しかし彼等の場合でも、生命は何を目的とするのかは不分明である。究極目的があれば神学的目的論と同じであり、目的がなくそのつどの欲求や衝動に支配されれば、決定論に同じである。また、顕在的な目的意識による志向は進化に影響を与えないとしても、反対に全く無意識的なもののみが影響を与えるとすれば、それも決定論的になる。生命の自由や目的は、これらの狭間のどこかにある。しかしそれは目的または決定という二者択一的な選択肢の内に位置づけられない特徴を持つ。

（5）「一人称」と「三人称」という枠組みが解体された世界については、デレク・パーフィット（Derek Parfit 1942–2017）による思考実験が有名である。その『理由と人格』で展開される議論は、「私」という主観性概念の限界を示す、斬新なものである。私たちはここで、それが「私」という概念のみならず、一人称と三人称、主観と客観という基本的な世界の区分が、実は形式的なものにすぎないという、世界を構成する基本枠の解体として考え直した。ただ、私たちはそれが解体された世界を理解することができない。「私」がこのたったひとりの「私」ではない世界は、想像がつかない。それができるのは世界の転換や、「無我」の自覚とも言える。

（6）ウィトゲンシュタイン（Ludwig Wittgenstein 1889–1951）の『論理哲学論考』では、「ここで、厳格に実行された独我論は、純粋な実在論と重なることが見てとれる。独我論の自我は広がりのない点へと縮退し、そしてその点に相応した実在性が残される。」（Wittgenstein, *Tractatus Logico- philosophicus*, 5.64）と書かれている。これは「私」について自己反省していった果てに、「私」がどこにもない、という状態に到ることである。他方「独我論」とは、「私」の領域内の事柄だけは確実に存在するが、その外についてはわからない、という考えによって生じる。したがって、「私」の領域内の絶対性が独我論の成立条件となる。しかし「私」の領域がどこまでかを厳格に突きつめていくと、ついにはそれがどこにも見出せないのならば、独我論はその根拠が崩壊することになる。「純粋な実在論」とは、この状態を指す。

しかしこれは、客観を実在と見なして、主観を実在から外す客観主義とも異なっている。客観主義では、客観を観察する「私」は、背後に隠れたまま残存しているからである。それに対して「厳格に実行された独我論」は、この背後に残る「私」さえも徹底反省することで、それがないことに到る。それは客観の側から「私」を消去することではなく、主観の内側から「私」の不在を暴露することである。ある意味これは「無我」と同じであり、「私」の実体性がない代わりに、客観世界の実体性もない。しかし、両方ともないがゆえに、全体が肯定される、という構図になる。それに対して、客観のみがあれば唯物論、「私」のみがあれば唯心論、独我論となる。「私」の不在を内側から暴露する境地は、そのどちらでもない。

（7）物心二元論でも、心の随伴説でも、物質状態、脳状態と精神状態との対応関係は記述できる。しかし問題なのは、なぜこの対応関係が成立しているかの説明ができないことである。ここで、物質からなぜ精神的なものが生じるかは謎となる。さらに、「私」がどこから来てどこへ行くのか、という問題もその根本に、物質からなぜ「私」が生じたか、という問いと同じ類のものを含んでいる。これが「物質」から説明できないのは、「私」も「物質」も、ともにそれぞれの概念枠内の事柄であり、それらの概念枠同士は、論理的に関係がないからである。

（8）『試論』では、「純粋持続」は相互的外在性を欠いた内的な継起であり、不可分なものである。内的な時間はこれである。それが空間を介することで、継起を欠いた相互的外在性という、分割される物質的対象になる。しかし客観時間にあてはめて私たちの意識現象を測定することは、『試論』の立場からすれば、この相互的外在性から内的な継起をとらえ返すという、実在的には逆順序の手順を踏んでしまっていることになる。

（9）Bergson, Henri, *Matière et Mémoire: Essai sur la relation du corps à l'esprit*, Paris, Felix Alcan, 1903（以下MMと記す）／『物質と記憶』合田正人・松本力訳、ちくま学芸文庫、二〇〇七年。

（10）このようにベルクソンの特色であり奇妙でもある点は、物理的世界についての「認識」が知覚の性質を帯びているだけではなく、世界が存在論的にも知覚的である、と考えることにある。知覚と事物とは切り離せない限り、知覚は事物の性質を持つばかりではなく、事物も知覚の性質を持つということである。「私たちの知覚は、事物の部分である」、たとえば知覚が脳や身体という物質に生じるという方向は、知覚の自然化であり、脳科学はこの方向である。反対に、「事物は、私たちの知覚の性質をおびる」（MM p.202／二六〇頁）という方向は、事物の精神化とでも言うべき事態である。これは、知覚内部、身体内部のみに閉じ込めて考えられていた「生命」の領域を、「事物」一般にまで広げることも意味するだろう。それは、「持続」が固定化され、客観化する方向に向かったのが「物質」であり、持続が反対の方向に概念化されたのが実体的な「精神」ということでもある。これは、「純粋知覚」と「純粋記憶」とが連続的な程度の差であるように、「物質」と「精神」との断絶も、連続的な程度の差と考えられていることを示している。こうしてベルクソンに則れば、「生命」は時間的に連続であるばかりでなく、「物質」や「精神」をも含めた事柄的な連続性の内にもあることになる。

（11）Searle,John, *Mind: A Brief Introduction*, New York, Oxford: Oxford UP, 2004, p.158.

（12）「持続」からすると、始原だけではなく終末についても、因果性に則った考察とは別の展開が示される。「持続」から見れば、宇宙の終末とその向こう、という区分自体が、日常の形式を宇宙全体に敷衍した誤りとなるからである。ベルクソンの「持続」を敷衍して予想される、終末問題への回答は、この「区分自体の誤り」ということになるだろう。しかし、始原と終末とが存在しなくなり、しかもそれが時間の無限延長とは異なった仕方でなされるためには、現在が有であるという前提から根本的に抜け出る必要もある。そして、この議論はベルクソンにはない。

これは「有無の超越」として、むしろ西田の「絶対無」に顕著に現れる性質だと考えられる。たとえば「有の場所」と「絶対無の場所」とを隔てるような認識論的転換は、ベルクソンにおける実用的概念形式から「持続」への移行においてさえも、見られない。他方、西田の「絶対矛盾的自己同一」や「不連続の連続」「死即生」において、こうした「有」から「有無の超越」への転換は顕著に見られる。

第二章　創発と生命概念

はじめに

生命の特徴には一見、物理的性質には見出せないものや、その性質に反すると思われるものがある。これらはいずれ物理的性質に還元されるのか。それともその性質に反すると思われるものは、新たに創り出されたのか。前者は物理主義であり、後者が創発説 emergence theory である。ここでは物理主義と存在二元論との中間的形態として、創発説を位置づける。そして創発からすると、物理的世界における生命が、存在全体に対してどのような意義を持つかを考察する。それは、「無」から存在や法則が創発するという考えへの、原理的な考察と反省でもある。

一　生物は物理的状態「＋α」か？

生物を物理的状態から区別する古典的思想として物心二元論は有名だが、一八世紀から二〇世紀においても、自然科学の分野で、生命を支配する独特の法則を見出そうとする立場はあった。しかもそれは、霊魂のような非物質的な概念によらず、自然科学の対象となりながら物理法則とは異なる法則を見出そうとするものだった。多くの生物学者が見出そうとした「生気」に関する法則は、その代表例である。

またベルクソンの「生命の跳躍」も、物理法則ではない何かの法則と見なされることがある。生物の進化は自然選択によると、ダーウィニズム以降考えられているが、たとえば脊椎動物の眼と軟体動物の眼は、眼の形成以前の段階で進化系統上では分化しているのに、両者の網膜、角膜、水晶体の構造は同じで、他の無脊椎動物にはない独特の網膜反転があることまで共通する。そこで、同じ高度な形態的特性を持つ眼の進化が、互いに独立した進化系統に属す両者でなぜ同じように生じたのか。そこで進化を貫く生命独自の法則がベルクソンでは検討された(1)。

このように、生物は物理的状態「＋α」だという立場が出てきたのは、生命現象が物理的な決定論的、機械論的性質とは大きくかけ離れた見かけを持つからである。生命現象のαは生気、意識、未知の性質などと考えられている。反対にαは存在せず、物理的性質以外の何かに見える相貌は、単に現段階で解明できていない、つまりαは結局「無知」の産物だという立場もある。これは物理主義の立場であり、生物体は結局のところ原子の集積なのだから、その運動や法則も、原子のそれらを集積したもの以上ではない、という暗黙の了解がこの背後にある。

そこで創発説は、物質にはない見かけを「創発」と位置づけ、物理主義と「＋α」の立場との調停を試みる。この立場は、基本的には生命も物質から成ることを認めるが、世界を多層的に考える点でハードな意味での物理主義とは異なる。つまり創発説は、世界の基本的存在については物質に「依存」しながら、性質ではそこから「区別」される階層を、多様に認めるのである。ただし、原子のような下部階層から生命のような上部階層への因果だけでなく、上部階層からの「下方因果」を認めるか否かで、立場が異なる。それは、創発説があくまで下部階層を基本的な「存在」と見なすことで起こる問題である。

二　意識のハードプロブレムと創発

意識のないところに意識が生じたのはどうしてか。これがハードプロブレムの基本的問いである。それは、客観的世界からなぜ主観性が生じたか、という問いと表裏をなしている。創発説は、この両者の接合不可能性から要求されてくる。

反対に、物理主義ではこの接合不可能性は存在しない。この立場は、意識法則をいずれは物理法則に還元可能と見なし、主観性や現象的特性は本質的には存在しないと見なすからである。つまり創発は現時点での説明上の方便と見なされるが、すると反対に創発説はこの接合不可能性を将来も続くと見なしていることになる。ただ、両者とも物質を「存在」上の下部階層に見ている点では共通する。(2)

全く逆に、客観的な物理的状態を下部階層とせず、主観的現象的特性をもすでに下部階層に含ませようとするものに、情報状態としての「意識」の遍在を見るデビッド・チャルマーズ（David Chalmers 1966–）などの立場がある。これは下部階層を物理的「情報」と見る限りで「物理主義」ではあるが、すでに「意識」化された物理主義とも言える。この立場では、物質と意識との間に根本的な断絶が設けられないため、本質的な「創発」は必要ない。したがって生命システムに関して、「意識」のない物質を基本とする物理主義と同様、「あるシステムはより多くまたはより少なく生きている」(3)という違いしか認めないが、方向だけは真逆なのである。基本的実在をすべて生命と見なしても物質と見なしても、右記の命題は変わらないからである。

なぜこの「意識」遍在の見解は一見奇妙なのか。それはこの立場が、物質と意識との違いを、対象の持つ断絶ではなく概念上の断絶と見なし、その概念の枠組みを作り変えようとしているからである。反対に創発とは、この概念的区別を認めたまま、一方の概念の事柄から他方の概念の事柄への飛躍を認める立場である。またこうした概念的区別を、たとえばカール・ポパー（Karl Popper 1902–94）は世界1、世界2、世界3の区別として示し、トマス・ネーゲル（Thomas Nagel 1937–）は一人称と三人称との区別として示す。そしてこれらの区別を強固なものとして認め、この区別の消去は認めない。確かに意識を一人称、物質を三人称と言い換えると、物心の区別は経験的な問題から論理的問題へと変化する。そしてベルクソンの「跳躍」を、物質ではない「＋α」の別存在と見なす見解は、世界を区別する概念枠を認めたまま、「跳躍」を、その区別された世界の一方にあてはめようとするものである。

こうした見解は、世界を区別する枠組みがなぜ存在しているのか、そして今後の宇宙の展開においても、この区別は不変なのか、という疑問を呼び起こす。ここで、三人称的組織（物質）と一人称的組織者（主体）とを別概念に分けない「視点」の妥当性が考えられてくる。たとえば西田に、意識現象における「統一的或物」という考えがある。そこでは意識現象のほかに、それを統一する付加物があるのではない。客観的に意識現象を考察して初めて「統一者」が「統一作用」とは区別されるのであって、この客観的考察がなければ、「統一者」は「統一作用」から独立してはあり得ない。しかし「統一者」は存在論的に無いのではなく、客観的考察から一度離れてみれば、ありとここに認められ、統一作用自身とひとつにある。つまり、客観的考察というあり方が、区別なきものに区別を設けていたことになる。さらに「場所」とは統一者、被統一者という区別を超えた無限定の次元であり、そこでは物理的宇宙＋αとしての「意識」、そして主観対客観という構図は解体される。

このような物心、主客の無限定を、宇宙の進化の方向へ展開したものに、サミュエル・アレクサンダー（Samuel Alexander 1859–1938）の考察がある。彼の特徴は、「神」という一元的実在を前提にしつつも、そこから宇宙のさまざまな相貌が生じるところに、新しさとしての「創発」を見ようとしたことにある。これは西田が「実在の分化発展」を唱えつつも、それを本質的な意味での創発とは考えなかったのとは対照的である。

「神は神性の質を所持するものとしての世界の全体である。そうした存在においては、世界の全体は『身体』であり、神性は『心』である。[4]」

ここでは「身体」（物質）とは別に「神性」（心）があるのではなく、両者はともに神を構成するその不可分な側面であることが明記される。「そうして神の身体は宇宙の全体であり、その外部に身体はない。[5]」。しかも、始原より全能なる「神性」が司るのではなく、最初は「有限なる神」がそれ自身において神性を創発させたとする点が、アレクサンダーが創発論者たるゆえんなのである。そこで物質と潜在的な「心」とは、有限なる「神」を構成する不可分な側面として、意識を創発してきた。

これは、最初のひと押しを全能な神が行い、後は決定論的に目的へと展開する宇宙とは大きく異なる。この決定論的宇宙は物質的宇宙でよい。しかし、意識を創発する宇宙は「物質」と「心」とが不可分であるがゆえ、最初の「神」でさえ将来の展開を把握し得ない。そこに最初の「神」の有限性と、その後の宇宙の展開での純粋な創発が主張されることになる。全能なる神であれば、将来をすべて決定するゆえに純粋な創発はあり得ず、創発に見える現象も、見る側の無知によるものでしかないことになる。

さらに、「有限な神」としての宇宙自身が創発し続けるならば、それに伴う現時点での「意識」は創発の最終段階とは言えない。つまり、将来の創発の段階で、現在の「意識」とは似つかない何かが生じてくる可能性は否定できない。創発する宇宙の心的側面は、単純な志向性から、人間の意識へと進んできた。すると人間の意識はその延長として何になるのかが問題化する。ここで、意識とは現時点での私たちの概念枠に限定されたものにすぎず、意識はこの概念枠によって狭隘に考えられている可能性が露になる。するとチャルマーズが遍在する意識を言い表す「現象的側面」でさえ、現時点での意識をモデルとしてさまざまな意識の姿を類推しているにすぎず、将来に意識から創発されるものが、その「現象的側面」に収まるのかは推し量りがたいことになる。

これとは反対に、起源についても、創発説は問題を投げかける。創発説でも、物質を基本的な「存在」と見なす立場は、創発される性質は多様に展開するが、たとえば原子のような基本的「存在」だけは不変と見なす。すると、その基本的「存在」だけは創発されないことになり、自らの説に矛盾を生み出す。そして同時に、その「存在」はどこから来たかという謎を残す。

また全能で、宇宙に最初のひと押しをする神は、その全能性ゆえに神自身の起源が問われることを拒絶する。しかし全能の神への信仰のない立場からは、神自身の起源は問わなくてよいのか、という疑問も残るだろう。これは起源に関する合理的探求でさえ、究極的に神への信仰に譲るしかないのか、という問題につながる。

しかし、アレクサンダーのような、有限でかつ宇宙内に創発を行う神は、始原において神自身も創発されることを許し、かつその後の宇宙にも、本質的に神の能力を超える創発があり得る。これは、宇宙に絶対的存在がない点で、物質を基本的「存在」とする立場や神の全能説とは区別されるが、宇宙内にも、原初の神にさえも創発を認める点で、創発説としては首尾一貫している。そして宇宙の起源の問題を考察するうえでも、信仰に全面的に道を譲る場合とは異なった示唆に富んでいる。次に、この創発と宇宙の起源の問題について考察する。

三　存在の創発

一般に知の構造には、知の「根拠」がそれ以上問われない地点がある。この問われない地点の一例として、たとえば自然選択にもとづく進化論では、現存する環境に適応し得た生物種が生き残るという説明はなされても、なぜ現存するのはこの特定の種であって、別の生き残り得た生物種ではなかったのか、という自らの根拠に疑問を投げる問いはない。脊椎動物と軟体動物の眼の構造はなぜ同じか、という先の問いもそこにあたる。同様に、ニュートン力学が示す決定論的な法則は、その法則内部で記述される現象については、それが将来どのように展開するかを予測するが、この決定論は、なぜ自らがこのような決定論として登場したかを、自らの内部で説明しない。同じく、宇宙が創発する地点以後を説明する法則によっては、この創発の理由は説明されない。このように創発とは、一定の法則の根拠が底をつく地点に見出されている。

ホワイトヘッド（Alfred North Whitehead 1861–1947）は実在の全体からの、そうした法則自体の生成に着目する。彼の「限定の原理」という思想は、この生成を支配するものとして理解することができる。この原理は法則の根拠であるため、一度成立したその法則を通してはとらえられず、法則一般よりも実在に一段近いところにあると言える。それでも次に、この「限定の原理」の根拠は何か、という問いも生じ得るだろう。だがそれを追求すると、「それのために何の理由も与えられることのできない限定」[6]に到る。ホワイトヘッドはそれを「永遠的客体」[7]として、その「究極の非合理」を容認する。ここで、出来事は必ず原因や根拠を有するという因果的、合理的思考が、それらを追求するがゆえに根本的に自己矛盾を露呈してしまう地点に行き着くことになる。

たとえば現代の物理学の理念について、「その仕事は、物理法則を決める究極の原理を見つけるまで終わることがありません。[8]」という主張がある。しかしこの文言の筆者は同書の全く別の箇所で、「しかし科学の世界では、一つの謎が解けると同時に、次の新しい謎が出現します。[9]」とも主張する。二つを合わせれば、科学的探究は法則の起源を追求するがゆえに、新たな謎を生み出すという、根本的な自己矛盾を抱えることになる。この矛盾構造は、宇宙自身よりも、宇宙についての知の性質に属している。ここでも、謎は私たちの概念的探求が尽きるところに現れ、それは創発の性質と類似することが見てとれる。

創発論的な物理学者ポール・デイビス（Paul Davies 1946–）の言う「無料の昼食 free lunch」[10]は、宇宙の発生に原因のない地点を認める。それは、宇宙が生じるところでは、私たちの「因果の原理」という根本的な概念枠が尽きることを否定しない。「無から存在が生じた」のは、存在の創発であり、それは大きな謎である。しかしそれは、因果の成立する「存在」つまり「枠内の視点」を、因果の成立しない枠外に対してもあてはめた結果、「無」という謎が作られたとも言える。創発は、一定の概念枠で説明のつく現象が、その枠外と接する地点に見出された。そしてこの因果の概念枠自体の「原因」を、宇宙の始原以前に求めるのは、「宇宙の始原」という概念がすでに因果の概念枠内にある限り、自己撞着である。むしろデイビスの考えからは、創発説を徹底すれば、因果的決定論の世界から自発的な生命などが創発するのではなく、決定論の世界自体が創発の一段階にすぎない、ということになろう。

実在を限定する法則には、その根拠の無さが考えられた。しかし、その「無さ」を考える形式もその考え自身には必要であり、そしてこの形式にも根拠がないことが明らかになる。これにより、限定するものの「根拠無さ」自体の根拠がないことになり、そうして根拠の有無という区別が無効になる。ホワイトヘッドは「限定の原理」を「神」と呼ぶ。しかし根拠としての「神」ではなく、この有無の根拠さえをも絶した中立的状態こそが、「神」を立てずにたどり着き得る、「根拠無さ」自体の解消だと考えられる。存在は、無からいかにして生じたかという謎を惹起させるが、存在の無根拠さえも解消されれば、無を存在から区別する形式の根拠もなくなるからである。存在と無というのは概念的区別であり、この区別の根拠がなくなったとき、無から存在が創発した謎は、解答が与えられるのではなく、問いとして無効になる。そしてそれが答えなのである。

ベルクソンは、始原の問題は「私たちが、宇宙の生成はたった一度で行われたと望む」「先入観[11]」から生じると言う。この「先入観」を形作る概念枠に則ると、存在は「物質」や「因果」の枠によって一元化され、この枠は、「宇宙は作られたのではなく、絶え間なく自らを作る[12]」という彼の言葉の真意を理解不能にさせる。しかし反対に、この「因果」的一元化の方から根拠が剝奪されるとき、存在は無限定の姿で露になり、無との境界や始原も自らの根拠を失う。そこからすると、因果的決定論や、「一度」に行われる「宇宙の生成」の方が、「先入観」となるのである。

（1）Bergson, H. *L'Évolution Créatrice*, Paris: Félix Alcan, 1908, p.70. ベルクソンの「生命の跳躍」は、正確には物理的状態「+α」とは言えない。αは物理的実在を前提として、そこに含まれない何かだが、「跳躍」からすれば、物理的状態も「跳躍」が弛緩したものにすぎないからである。実際彼は、進化の原因について、自然選択でも個体の意志的努力でもない「もっと優れて深遠な何か」（ibid., p.185）が担っていると言う。ここからすれば、「物質」とか「精神」という区分以前に位置する何かとして、「跳躍」は位置づけられる。

（2）クリストフ・マラテール『生命起源論の科学哲学』みすず書房、二〇一三年は、創発に関する近年の代表的な研究成果のひとつだが、それは「実用主義的創発」という概念を批判することで、知識の増大とともに創発という考えが消去されることを慎重に導き出している。

（3）同書、三三七頁。しかしチャルマーズが二側面的であるのに対して、マラテールには現象的側面という問題意識はない。したがって彼の場合、意識が創発した理由への問いを、最初から回避できる構造になっていると言える。

（4）Alexander, S., *Space, Time and Deity vol.2*, in: *Collected Works of Samuel Alexander vol.5*, London: Macmillan and CO., Limited, 1927, p.353.

（5）ibid., p.357.

（6）Whitehead, A., *Science and the Modern World*, New York: The Free Press, 1967, p.178. ある特定の出来事の原因や根拠の系列をたどって行くと無限遡及に陥るが、その系列があてはまる規則自体の根拠は、その規則に則ってたどることはできない。つまり必ずどこかに、根拠なき規則の立ち現れの場所がある。これは本書序論一六頁で引用したショーペンハウアーによる根拠律の洞察にも通じる構造であり、この検討が本書全体の課題のひとつにもなっている。

（7）ibid., p.174.

（8）佐藤勝彦『宇宙は無数にあるのか』集英社、二〇一三年、二〇三頁。

（9）同書、四九頁。この二つの主張は、互いの矛盾を自覚的に書いているとは読めない。

（10）Davies, P., *God & the New Physics*, New York: Simon & Schuster Paperbacks, 1983, pp.214-7.

（11）Bergson, op.cit., p.261.

（12）ibid., p.262.

第三章　心はなぜ形而上学の問題となるか

——ベルクソンの議論を踏まえて

はじめに

心と身体とがいかにして因果的な関係を持つかという問題は、物質としての脳からなぜ意識が生じるかという問題、さらには、原子の空間的な延長とその運動とがなぜ感覚になるのか、という問題に置き換えられる。この問題は、実証的には解決不能という意味で形而上学的である。実証には観察データが同一の概念枠の中で処理される必要があるが、延長と運動の性質と、感覚と思考の性質とは、扱われる概念枠が全く異なり、それらを共通に観察する方法が原理的にないからである。そこで以下では、物質と精神という対立項の設定が、すでに各々別々の概念枠への抽象化を経ていると見なす立場を検討する。同じ概念枠内での事柄同士の関係は、観察され得る。しかし、それぞれが別々の枠に属する事柄同士が直接に作用し合うという考え方は、もともと背理である。このとき謎は、脳という物質からどのように精神が生じるか、という事象の側にあるのではなく、「物質」と「精神」という互いに別の概念枠に属す観念を作ったうえで、なお二つを結びつけようとする私たちの操作の側にあることになる。

そうした見解としてまず、物質と精神とをともに純粋な観念と見なしたベルクソンの方法を見る。『物質と記憶』

では、物質としての脳作用は行動にとって有用であるはたらきに限られ、この有用性から外れたところに、記憶、精神を位置づける。そこで物質と精神との対立が、行動に関わる純粋知覚と、関わらない純粋記憶との対置へと置き換えられた仕方を確認する。次に西田の場所論における実在の述語的な「限定」を、物質や精神をすでに実在の抽象と見なす立場として再解釈する。そして「限定」以前の場所を、ベルクソンの行動に関わる有用性以前の状態と比較する。

さらに私たちが物心の対立以前を存在論的な根源として考えるに際して、ベルクソンが実在論や観念論という認識論上の対立の解消を、唯物論や唯心論という存在論上の対立の解消に結びつけていった道筋を確認する。そこでは「物質」や「精神」以前の次元に出現する実在の姿とは何かが吟味されなくてはならない。そこで、純粋持続や生命の跳躍という、ある意味実質的な何かとしても解釈され得る生命を扱ったベルクソンと、概念上絶対に対立するもの同士が、矛盾的自己同一となるところに生命を見ようとした西田の立場とを対置させる。そして後者における、概念性の離脱の徹底性が含む問題点について最後に確認する。

一　『物質と記憶』での脳と精神

物質としての脳からなぜ精神が生み出されるのか。『物質と記憶』第七版の序において、ベルクソンの基本的な考えは、「脳の状態が表すのは、精神状態のうち、空間の移動による運動に置き換えられることのできる、小さな部分でしかないと私は考える。」（MM p.6/ 三六四頁）という言葉の中に示される。これが奇妙に響くのは、意識の出所は、脳という物質的、空間的実在であるという前提を私たちが持っているからである。しかし、この前提を絶対化することから離れ、物質の方も延長、運動という形式に限定された現れと見なし、この現れ以前に精神の根源を見出そうとするのがベルクソンだと理解することもできる。脳が関与するのは、空間的、身体的で、現在の状況に直ちに有用な自動的習慣行動のみであり、それは時間形式による記憶を中心とした、非習慣的な純粋知識とは異なるとする議論を、ベルクソンは展開して行くからである。

これに関してベルクソンは精神活動を芝居に喩える。空間化される脳のはたらきは「役者の動き」にすぎず、脳は「パントマイム」であって、芝居の意味、つまり精神の本質はそこにはないと言う有名な喩えである（MM pp.6-7/三六五頁）。そこから精神を理解しようとするのは、「舞台上の役者の動きによって、あるひとつの演劇についての情報がわかる。」（MM p.6/三六五頁）程度のことだと言われる(1)。

しかし、「心理的な状態は、大部分の場合において、脳の状態を非常に多く超え出ているように思われる。」（MM p.6/三六四頁）というベルクソンの主張に、私たちは、不自然さを感じてしまうところもあるのではないか。この問題について、物質としての脳に現れない精神という観念に、私たちが困惑する理由を考えてみたい。それは、物質の属性である量と延長のみを実在とし、精神の属性である質と非延長とをそこから除外する場合の、私たちの思考様式に起因する不可解ではないか。これだと、延長化されない精神は決して実在に含まれず、延長のない質は虚構となる。ベルクソンはこの様式を排し、精神を延長に現しながら、他方で物質に質を取り戻そうとする(2)。こうして見ると、延長と量しかない物質の方が、実在の一面を捨象した主観的産物にすぎない。そこで、主観的な心象の質を持ちながら、他方で「物質」とも命名される「イマージュ」が意義を持ってくる。

まず、「私たちにとって、物質とは《イマージュ》の集まりである。」（MM p.1/三五九頁）という。ベルクソンの「物質」は、延長、質量といった、第一性質だけを特性とはしない。反対に、特定の観念や、色、味など、主観的な第二性質のみを本質とするものでもない。イマージュからすると、第一性質も第二性質もともに抽象物にほかならない。イマージュが、「観念論者が表象 représentation と呼ぶもの以上ではあるが、しかし、実在論者が物

chose と呼ぶもの以下である、ある種の存在—《物》と《表象》との間の中間に位置づけられた存在」（MM p.1/三五九頁）と言われるのはこの意味である。これは、外界に表象の原因として存在していると考えられている「延長物」でもない。イマージュとは、第一性質と第二性質とを併せ持つある種中立的な実在であり、それを根本に据えることは、知覚や観念の主観的性質を失わないまま、かつ第一性質としての物理的性質を受け入れることでもある。

「したがって常識にとっては、対象はそれ自身で存在し、そして他方では、対象はそれ自身において、私たちが目にするままの生き生きとした色彩を持っている：この対象はひとつのイマージュである、しかしこれは、それ自身で存在するイマージュなのである。」（MM p.2/三五九頁）

第一性質のみが実在だとすると、実在は色彩を持たない。すると、なぜ色彩のない第一性質から色彩が生じるかという疑問が生じる。たとえば機能主義的理解においては、色彩は識別の手段にすぎないとして、実在から除外される場合もある。(3) しかし色彩それ自身の存在は、私たちが自然に直観するものであり、この自然の直観の実在性を否定すべき理由はない。色彩を光の波長に還元しようとしても、この直観は否定できない。そこに照らせば、物質の「延長」、精神の「非延長」という区別も、抽象となる。現にベルクソンは『物質と記憶』第一章で、この区別を、「習慣的な錯覚」によって「私たちの悟性」が作り上げたものと見なす。しかもそれが「ディレンマを措定する」（MM p.53/六二頁）ことになるという。物質から意識が生じ、延長から非延長が生じることの謎も、同様の「ディレンマ」からの帰結だろう。すると心身問題とは、実は表象と表象との関係であることを、実在同士の関係だと思い込むことで生じる問題となる。そして無関係な表象同士に関係を見出そうとすること自体、背理にしかならない。[4]

こうした意味で、実在を抽象化する前の、常識と直観とを重視し、抽象化の解除によって形而上学の問題をなくそうとするのがベルクソンの方法だと言える。しかし彼は『物質と記憶』では、失語症理論などの心理学説を主要な手引きとしており、「物質」や「精神」などの概念枠そのものを主題とする傾向は少ない。それに対して西田は、こうした対立概念を、述語論理による実在の限定に見出した点で、この枠自体を主題とする傾向がより強い。またベルクソンは自らの立場について「はっきりと二元論的 nettement dualiste」(MM p.1/三五八頁) と述べる面もあり、この点では純粋経験や場所の一元性を貫き通した西田とは異なる。さらにベルクソンは少なくとも『物質と記憶』において、西田とは異なり主客の未分はほとんど言わない。[5]しかしイマージュの性質を徹底化させると、延長と非延長との区別ばかりではなく、「対象」と主観との区別も意味を失って来ざるを得ない。こうした問題意識から、次に西田が物質と精神との対立をどのように扱ったかを見たい。

二　「頭で作った神秘」

確かに西田は、形而上学の問題解決を直接の目的としてはいない。しかし、物質や精神も含めた世界把握の根本概念をも、場所の限定の結果と見なす西田の議論は、形而上学の問題が生じる原因を、すでにこの概念の使用に見出す立場として考えられる。

「生命には空間的境界はない。活力論者の如く環境を離れた有機体の考から出立しても、また機械論者の如く有機物を物質の一部分となす考から出立しても、生物学者の生命の考を構成することはできない。人はこれを神秘という。しかしそれは私たちの頭で作った神秘である。世界を機械的物質の世界と考えるから、それが神秘となるのである。」（「論理と生命」論集Ⅱ　一九二頁）

これは生物学者J・B・S・ホルデーン（John Burdon Sanderson Haldane 1892–1964）を念頭に、西田がつづった文章である。着目したいのは「私たちの頭で作った神秘」という言葉である。機械的な物質、たとえば原子を無数のパチンコ球の塊のように集積させた物体が、生命になることは不可解である。反対に、物質とは無関係に独立した活力も、物質ではない「もの」が存在するならその組成は何か、という不可解な問題を作ってしまう。そして、それらがどう「生命」を形成するかはなおさら説明できない。しかしこれが「神秘」なのは、世界がおかしいからではなく、もともと私たちの「頭で作った」にすぎない物質や活力を、考察の出発点とすることに起因すると西田は考える。それに対して生命とは、「関係を見ることが生命を見ること」（同所）と言われるように、物質でも、実体化された精神でもない。それは、両者が分けられる以前の、形成的な作用の場そのものを生命と見なすことである。しかしそのような生命の場は、唯物論からは物質によって定められた循環としてしか映らず、反対に実体的な精神はそうした場に関与できない超越的な何かになってしまう。[6]物質の視点からこの作用の場を見ても、決定された物質の運動としか見えない。逆に精神実体の視点は、決定性を破る純粋な自発性を考える限り、精神は物質と接合できない。どちらの立場も、実在としての作用の場を把握できない思考様式を作ってしまっているのである。

場所の「限定」とは、概念枠による実在の形式化として理解できる。確かに概念や知覚対象は、この枠組みがなければ成立しない。しかし、西田はこの限定を経たものを実在とは見なさない方向に向かう。むしろ逆に、限定を取り払うことで実在が露になるという考えが強い。[7]

「無の場所における有の場所の限定ということが知覚ということでなければならぬ。而して限定せられた有の場所、即ち知覚の範囲に留まる間は、力の世界を見ることはできぬ。…力の世界を見るには、かかる限定せられた一般概念を破って、その外に出なければならぬ。」（「場所」論集Ｉ　一一四頁）

「知覚」とは、概念枠を経て可能となるにすぎない。逆にそうした「限定せられた一般概念を破」り、概念枠以前に引き戻ることが強調される。この「破」りによって明らかになるのが「力の世界」だが、この「力」は、運動の速度、熱の温度などの中に直接見出されることはできない。あくまでそれらの関係についての計算の中から示されるしかない。空間と延長とを実在とする「知覚」の中に、「力」が直接現れる形式がないからである。

先の「生命」もこの「力」と同じで、唯物論における物的なものの形式や、さらに霊魂論における精神的実体の形式にも、現れるところがない。「生命」にはこうした形式化ができないため、「生命」とは物質と精神についての二つの形式がそこにおいて無意味になる何かとなる。しかもこれは、二つの形式の対立を前提としたうえで、それらが和合することではない。

この概念枠以前へ戻ることは、「相反の世界から矛盾の世界に出」（同所）ることと言われる。この「相反」と「矛盾」とはどう違うのか。西田は「この転回点は最も考うべきであると思う。」（同所）と、その重要性を強調する。先には、「有」において「知覚」が成立し、そこに「相反」も成立することが述べられた。これは何と何かとの対立が成り立つ世界、つまり対立項同士を関係させる概念枠がそこでは不可欠になる。しかし「力の世界」のような次元では、この「力」とは別の何かとの「相反」さえ成立しない。なぜならその次元では、「力」は概念枠を通じて現れるものではないため、別の、力とは全く異なった何かと対立するということが成り立たないからである。「力」との「対立」のごとき事態があるとすれば、「力」と、同一の枠内において対立も合一も成しようがない、全く別カテゴリーの何かとである。これが「相反」とは別の、「矛盾の世界」の重要な性質のひとつだと考えられる。この概念枠が不成立になる仕組みこそが、西田が「転回点」として重視したものと考えられる。

「最高の一般概念は何処までも一般的なるものでなければならぬ、如何なる意味においても特殊なる内容を越えたものでなければならぬ。(中略) 真に一般的なるものは有無を超越ししかもこれを内に包むもの、即ち自己自身の中に矛盾を含むものでなければならぬ。」(「場所」一一三頁)

ここでは「真に一般的なるもの」が含む「矛盾」の仕組みについて語られている。およそ私たちが一般概念を知ることができるのは、これらの一般概念によって包摂されるものが存在することによる。色という一般概念は、赤や青などの具体的な色によって知られ、それらの具体的な色はすべてこの概念に包摂される。「相反」や対立が生じることにさえ、「相反」するもの同士を包摂する一般概念が不可欠である。そしてこのとき、その一般概念も知られ得る。

しかし、いかにしても結びつかない諸項同士を包摂する一般概念は、それ自身も知られ得ない。西田の言う例では、有と無という二つの項の包摂がそれにあたる。しかしこれらを包摂するのが「最高の一般概念」なのだという。当然この概念の外側はなく、その場合、一般概念という容れものは知られることはできない。「相反」するものを包摂するいわゆる一般概念であれば、私たちはそのひとつ外側に立つことによって、それを語ることができるが、「最高の一般概念」ではそれが不可能だからである。そしてこの一般概念が包摂する有と無は、「相反」するのではなく「矛盾」していることになる。こうして「自己自身の中に矛盾を含む」という「真に一般的なるもの」の性質は、そこに包摂される項同士は論理としては矛盾したままであり、私たちはそれらを包摂する概念を知り得ない。

「真に一般的なるもの」とは、矛盾と不可知という二つの性質を同時に所持していることになる。

概念枠の不成立、論理的包摂の不可能こそが「矛盾」の条件であり、そこに「直観」の意義が浮上する。私たちは「相反」するものをそれぞれまとめて対象化はできる。しかし「相反」さえ不成立の諸事項を一緒に対象化することは不可能である。しかしこの不可能性に徹するところで、直観は意義づけられるのである。

「真の直覚は無の場所に於て見るということでなければならぬ。此に到って直覚はその充実の極限に達し対象と合一する。」（「場所」一一六頁）

これは概念枠を外すことの徹底から、自ずと成就する帰結である。概念枠によって主観と対象との対置は生じるからである。もっともこの「直覚」が、概念枠によって包摂不可能な対象同士が包摂されることとして語られることは、一般的には少ない。しかし、この包摂の仕組みこそが、形而上学の謎を生み出している枠組みの解消を成り立たせるのである。

こうして初めて、私たちは「一般概念」の「外に出」るに到る。何かとしてとらえられる対象は、一般概念の中にある。これに対して、たとえば有でも無でもない対象は考えられず、二者を包摂する一般概念も考えられない。

では概念枠以前から、なぜ概念枠は生じたか。ベルクソンは行動への有用性にその成立を見た。この点、西田では理由は明確にされない。だが、有用性が知識の根拠なら、この知識の適用範囲はその有用性の領域に限られるはずである。その知識は、有用性の範囲内で役立つ目的で作られたからである。しかし一度誕生した知識は、元来の適用範囲を超えて用いられようとしても気づかれない。加えてそれを究極の問題に適用させようとするから、形而上学の問題は生じる。つまり問題解決の方途は、この有用性のために作られた知識以前に戻ること、という選択肢が生じる。それをたとえばベルクソンがどのように行ったか、次に確認したい。

三　知識以前と形而上学以前

ベルクソンが『物質と記憶』において、物質や精神を人為的な概念と見なしたのは、心身問題のような形而上学的問題の解決を動機のひとつにしていたからである。この概念化は、物体を延長、精神を非延長と見なす私たちの思考が生じた理由についての考察から明らかにされる。

第一章において、まず感覚を「非伸張 inextensive」とする考え方については、「私たちはここで、感覚を非伸張的なものとして、そして知覚をいろいろな感覚の集合体として、交互に理解するよう、心理学者に仕向ける誤謬を、その起源において把握するのである。」(MM p.60/七一頁)という。つまりその考えを「誤謬」と明確に規定したうえで、この誤りの出所を、精神の属性を非空間的性質に限定したデカルト(René Descartes 1596–1650)的推論に見るのである。「空間の役割と延長の本性についての間違った考え方」(MM p.60/七一頁)というのはそれである。これが、形而上学の謎の出発点であり、精神と物体との区別もここから生じたというわけである。反対に、この推論が誤りであれば、謎が生じる根拠もない。現にベルクソンは、感覚や思考をつねに、デカルトが思考とは区別した、延長や空間性と一体のものとして見る。

次に観念論と実在論との対立の出所への批判である。私たちは、観念ではなく物質が第一にあると見なす、実在論的な見方を当然視するところがある。他方、現象はすべて私に知られる現象であるとする観念論的な見解も否定はできない。観念とその原因としての物質とを区別し、私たちが知覚するのは観念だが、その原因として私たちの外部に知られざる物質が存在する、というロック(John Locke 1632–1704)的な構図が有力になったのはそのためである。反面、私たちがバークリ（George Berkeley 1685–1753）の見解に対して抱く違和感は、私の中にだけあるはずの観念や知覚を、私の外部の存在条件にまで拡張した点にある。外部は内部からは独立して存在するというのが、私たちの前提であり、バークリはそれに矛盾するからである。しかしベルクソンは、外部の物質をすでに第一性質と見なして物の本性とし、内部に現れる第二性質を物の現象とする私たちの前提自体を批判する。

「簡潔に言うと私たちは、観念論と実在論が行った、物質をその存在とその現象との間で分離すること以前の物質を考えるのである。」（MM p.2/ 三六〇頁）

ここからすると、第一性質を実在として現れを単なる現象とする考えは、実在の表現ではなく、逆に後から作られた抽象的な区分を、もともとの実在へとすり替えることにほかならない(8)。これは存在と現象とを区分する私たちの前提への根本的な批判でもある。そこで、この第一性質「以前の物質」、つまり第一性質と第二性質との区別を伴わない「物質」とは何かが問題となる。それは物理法則に従属するのか。それともこの「物質」は物理法則以前なのか。たとえば、知覚と存在とを同一視するバークリの言葉をまともに受け取れば、物質はその存在ごと知覚である限り、全く恣意的に動き、知覚に現れるものが従うべき物理法則はない。これが私たちにとって、バークリの主張が最も奇妙に映る理由である。

そこでベルクソンは、物質の法則と精神の恣意性との中間的なスタンスを採る。バークリは中間より精神側に物質を持ってきたために、物理学の成功を説明できず、宇宙の数学的秩序を偶然と見なさざるを得なくなったという（MM p.3/ 三六一頁）。つまり物理法則がすでに第一性質のみを前提にするなら、その段階で実在は抽象されたことになる。反対に精神実体も実在の抽象である限り、当然、物は主観の恣意だけでは動かない。「物質」は半分観念であるが、もともとそれは精神と物質という区別以前である。元来人間は、この区別以前のままの実在に触れており、しかもそこを常識とするという点が重要だということになる[9]。

ベルクソンが重んじるのは、「物質を、デカルトがそれを押しやった地点と、バークリがそれを引き入れた地点との、中間に置くこと」である。しかもそこが「常識 le sens commun が物質を見るところ」だとも言うのである(MM p.3/二三六―一頁)。しかしここで疑問となるのは、私たちから独立した第一性質を基礎となすのでも、第二性質的に知覚に依存するのでもない「中間」的存在は、ベルクソンの言うように考えやすくはないという事実である。「物質」をこの「中間」に置く考えは、イマージュを「物質」を見なす主張に一致する。すでに確認したように、これはデカルトや唯物論的な意味での物質ではない。しかもそうした「物質」を、「常識」そのままの姿だとベルクソンは言う。この見解では、対象をすでに抽象化して見る概念枠を除去するのは、困難であるとは考えられていない。それどころか、抽象化以前のイマージュが「中間」であり、しかもそれが「物質」であるということには、私たちの素朴な実感が現にそうとらえている、というベルクソンの考え方が見受けられる[10]。

しかし、この直接の実在は「常識」どころか、非常にとらえにくい側面もある。たとえば空間は分割可能と私たちは考えるが、そうした空間はすでに数学的な延長として概念化された空間なのである。概念の枠にあまりに慣れすぎた私たちは、それなしにものを考えることは不可能だからである。それに対して西田の「場所」は、「中間」をとらえることの困難を前提としている。場所へ到るには概念枠の除去が必要と考えられ、それは概念が作ってしまった「常識」の除去の困難な道のりでもあるからである。そこで最後に、西田が直接の実在を「矛盾」と見なさざるを得なくなった理由を検討し、形而上学の問題発生以前の世界の姿に接近したい。

四　「矛盾的自己同一」と生命

物体的延長を実在としても、非延長的な魂を実在としても、生命は成立しない。これはベルクソンでも西田でも共通した見解だが、そこを徹底的に「矛盾」として打ち出したところに、西田の生命論の特徴がある。生命の本質のとらえがたさは、たとえばベルクソンの純粋持続とクオリアとの違いにも見られる。私たちはクオリアを、客観的な脳作用や身体機能に現れない、純粋な感覚として位置づけようとする。しかしそうしたクオリアは、物理的なものを実在と見なす限り世界の中に存在する位置を持たない。にもかかわらず、存在しないと私たちの生き生きとした実感は説明できない。以上はクオリアをめぐる解決困難な矛盾である。これはクオリアが、物理的客観的出来事では「ない」という形で、物理的な出来事の概念枠を前提にしているために生じる困難である。しかし、物理的世界と生き生きした実感との矛盾は、世界把握の概念枠によって作り出されている矛盾だとすれば、この枠の除去によってクオリアの謎は消滅する。ベルクソンに言わせれば、この概念枠を前提とするクオリアは「にせ物の純粋観念 contrefaçons des idées pures」（MM p.276/三四八頁）であり、主観的な構成物の一種にほかならない。それに対して「直接に与えられているもの」は、この構成による実在の限定をはずしたところに現れ、クオリアさえもここには該当しない。西田の「矛盾的自己同一」は、物質とクオリアのように、概念枠によって作られた「矛盾」が、枠の消滅によって根こそぎ消滅することである。しかもこの矛盾の解消は、その概念枠の中からは絶対に思考不可能であるゆえに、矛盾は「絶対」だったのである。しかしこの「矛盾」も、二元論や形而上学的問題の解消という文脈ではあまり語られない。それでもこれらの問題から逆照射することで、西田の「矛盾的自己同一」の意義は再検討され得ると考えられるのである。

この自己同一的状態を示す言葉に「行為的直観」がある。ここには行為と直観との二つの性質が含まれているが、これと反対の言葉を作るとすれば「思惟的分析」になるだろう。思惟が出来事を対象として外部から観察するのに対して、行為とは出来事そのものとして、その内部に密着する。また分析は対象を要素化して説明する。それに対して直観は、全体を基本単位として描き出す。全体が最初で最後であるから、その全体を構成要素とする外側も存在しない。したがって「行為的直観」において、内と外という区分は無意味である。つまりここでも、形而上学的問題の原因は実在の側ではなく、それを分割した側にあったことになる。しかも、矛盾が概念枠による限定から生じるなら、絶対的に矛盾するものの同一化には、限定は絶対無と言われる次元にまで開放されなくてはならない。有と無とは、この絶対的な開放の次元でなければ同一化しない。

「非連続」と「連続」も、この絶対矛盾の一例である。非連続は要素的、客観的な物質、連続は全体的、主観的な精神と置き換えてみることもできる。これらはより上位の概念によっては包括されない。両者が絶対に限定されない無へと開放されることによって、それらの絶対的な対立の根拠が無効になり、ひとつの全体として同一化するのである。「非連続の連続の構成作用」が「絶対の無の限定」（「行為的直観」論集Ⅱ　三二二頁）だという言葉は、環境―個体の生命の現実が、生命体の内と外とが区別されない全体として自己展開、自己超出することとして理解できる。行為的直観は、連続と非連続のような矛盾が矛盾となる以前へと透徹することで、矛盾の成立条件自体を改変させる。これは概念の抽象化ではなく、実在全体の自己改変である。

このような改変は、「絶対知」という「立場なき立場」としても表明される。

「絶対知ということは、対象的に絶対を知ることではない。それは不可能であり、また対象的に知られるものは絶対でもない。具体的実在は自己自身を媒介するものでなければならない、矛盾的自己同一でなければならな

い。」（「行為的直観」三三二頁）

ある対象が絶対だとすれば、絶対は主観が知る対象とすら言えない。絶対が知られれば、絶対は絶対ではないものと対置され、絶対の「外」が生じてしまうからである。しかし絶対は全体であり、その限りで絶対の外はあり得ない。絶対無、超越的述語面にはまさに「外」がないという特徴がある。これは、知の対象では、その対象とそうでないものとが区別されるのと対照的である。

同様に、絶対に矛盾するもの同士の媒介、絶対媒介も、知の対象ではなく、述語的概念化を超えている。すでに確認したように、西田では、絶対矛盾において、矛盾する項同士を関係させる形式がない。しかし、こうした矛盾するもの同士を媒介するものが絶対媒介となる。そして絶対媒介は、直観と同様に、出来事に内から接し、かつ全体的である。この意味で絶対媒介を外部からとらえることはできない。一方、カテゴリーは、包摂されるもの同士を外側から関係づける。そして、どういった観点からそれらが関係づけられているかを、私たちは語ることができる。

それゆえ絶対媒介は、包摂されるものの外側にはない。つまり、どの観点からそれらが関係づけられる、と言うことができない。しかし、この媒介が、包摂されるもの同士を内部から概念的に結びつけていると言うこともできない。包摂されるもの同士が各々の部分を共有するということでもないからである。したがって絶対媒介とは、包摂されるものの内部、外部という区別を無意味にする仕方での媒介である。たとえば有と無、生と死とが、カテゴリー的、または部分的に結びつくという考えは意味を持たない。

こうなると絶対媒介とは、直観とも思われるかもしれない。しかし直観は一般に瞬間的であり、過程となって推移することは考えられない。それに対して絶対媒介のはたらきは動的な過程である。すると絶対媒介としての直観は、この過程的性質を併せ持たなければならない。そして西田は生命の特徴をここに見る。「生命は絶対に相反するものの自己同一として成立するものでなければならない。」（「論理と生命」論集Ⅱ　二〇四頁）とは、この絶対媒介に介在された生命の意味である。

ここにおいて、絶対媒介、絶対矛盾の自己同一は同一の地平に立つことになり、しかもそれが「具体的実在」の姿となる。そして全体の自己展開としての生命も、この系譜に連なる。それは知がはたらく枠組みそのものを創り出す「形成作用」である限り、すでに作られた知の枠組みではなく、それ以前の根底となる面を持ち続けなければならないからである。

生命とは西田において、まさに概念枠を前提としない実在の典型である。しかもその無前提な次元から自己形成を行うのが生命なのである。[11] たとえば「論理と生命」では、生命は、「時間即空間、空間即時間なる永遠の今の自己限定は形成作用的である。」（二〇四頁）という矛盾的表現で言い表される。ここで、「時間的」を精神的、「空間的」を物質的と読み替えるなら、両者は精神と物質を区別する思考からは決してひとつにならないが、それらの区別以前のところに生命の特質が見出されることになる。それは「機械」と「活力」とが、概念上は矛盾するが、生命は二者の対立以前とされることにも共通する。また「永遠」と「今」という、矛盾するものの同一も同じである。これらには、二者を包摂する概念枠がないという顕著な特色がある。矛盾する概念同士を、上位概念によって外から包摂するのではない。どちらか一方だけが否定されて、他方が肯定されるのでもない。これが西田の「矛盾」の「自己同一」の特色である。むしろ矛盾する概念同士が、そのままで、矛盾の根拠を奪われるのである。これはそれぞれの概念を作り出している根拠の解体として考えられる。根拠の解体は消極的な状態ではない。それは「能動的形相」（「論理と生命」二〇四頁）とも、「歴史的自然の形成作用」（同所）とも言われる、独特な創造作用なのである。「形成作用」は矛盾の内から生じる。矛盾なき合理性から形成作用は生じない。すると、機械論的決定性からも、反対に活力論的な目的性からも、ともに「形成作用」は成立しない。機械論的決定性は合理的な枠組みを前提とし、反対に活力の目的性も計画性に従ったはたらきでしかない限り、定められた合理的な枠組みを前提にする点で同じだからである。これらに対して「形成作用」は何によっても限定されない、つまり前提となるいかなる合理的枠組みもなく、自らのみによって自らを限定するしかない。つまり「自己限定」を行うしかない。したがってこの「形成作用」は、前提となる合理的な枠組みがないという意味で、あらゆる合理的把握から外れてしまう。しかし外れることによってしか、新たな枠組みの創造はできない。

おわりに

ここまで、心身問題が、概念と実在とを取り違えたことから生じているという思想を、ベルクソンと西田を例に挙げながら探ってみた。ベルクソンはいわゆる物質や精神を、各々独立に抽象化された「にせ物の純粋観念」と見なし、本来の物質を純粋知覚、精神を純粋記憶に置き換え、両者の関係を探った。純粋知覚は、物質であると同時に知覚であり、そこに質的な要素が含まれる。しかし他方でベルクソンは自らの立場を「二元論」とも明言しており、その点は西田の場所的な一元論とは区別された。

またベルクソンは、全体としてのイマージュから行動に必要なものが抽出される、一連の過程を知覚と見なす。ここで概念化は行動への必要性によって生じると考える。それに対して西田は、概念化を実在の分化とは見なすが、それがなぜ生じるかを言わない。こうした違いがある一方、イマージュは知覚の源泉であるのみならず、物質と精神とが分かれる以前の、存在論的な源泉でもあった。こうした認識論と存在論との重層構造において、ベルクソンと西田には共通点が見られた。

ただし、主客の合一や、無限定を徹底化させた無という考え方は、ベルクソンにはほとんどない。これは、合理的な世界の背後の、合理的ならざるものについての扱い方に大きく関わる。ベルクソンはイマージュや純粋持続を、物質や精神以前の原初的実在と見なす向きもあるが、それらを端的に所与として出発する。それに対して西田は、限定を受けた知識を包むところを場所としつつも、場所自身は根拠づけられず、合理性を超えていることに着目する。「実在と考えられるものは、その根底に何処までも非合理的と考えられるものがなければならない。」(「無の自覚的限定」論集Ⅰ　二五五頁)という主張は、単なる選択肢のひとつではない。確かに、どんな合理的形式にも非合理的な領域が控えているというのは、その領域を観察できない限り論点先取だ、という見解もあり得るだろう。しかし、合理的な枠組みの中に実在が完結するという証明は、その枠組みの中からはできないとする考えも、それと同等以上の説得力を持つのである。合理的な実在の合理性を成り立たせる形式が正しいか否かの判断は、その合理性に含まれない。西田が心や物という合理的概念の根底に無を設定することも、これに通じる。

MM: Bergson, Henri, *Matière et Mémoire. Essai sur la relation du corps a l'esprit, 54éd.*, Paris: Presses Universitaires de France, 1953.『物質と記憶』合田正人・松本力訳、ちくま学芸文庫、二〇〇七年。
論集Ⅰ：『西田幾多郎哲学論集Ⅰ』岩波書店　一九八七年。
論集Ⅱ：『西田幾多郎哲学論集Ⅱ』岩波書店　一九八八年。

(1)「パントマイム」が多くを語るのは、「精神」が多く行動化される場合である。「精神」があまり行動化されない場合には「繊細な演劇」となる。こうした「精神」は、言語使用における、統語論的な記号や音声とは区別された、「意味」の存在として解釈することもできる。そこからするとベルクソンは、統語論と意味論とは別であり、後者に独自の領域があるという立場となる。言語や行為に現れる側面と、意味とは別だと見なす立場である。しかも意味論の領域を超え出て、この「意味」に、行動に現れない精神の存在根拠を見出しているところに、ベルクソンの特色がある。

（2）現代の心の哲学は、その身体論において、非延長と考えられていた精神を、身体の内に延長として見ている。その一方で、物質が量的広がりだけではなく、質も持つという考えに否定的であるのは、このベルクソンの立場からすると、論理的に中立ではないことになる。

（3）たとえばダニエル・デネット（Daniel Dennett 1942–）は、色彩を、生物の生存のための対象識別機能に還元させる。色彩があるとないとでは、事物の識別のしやすさに格段の差があり、色彩感覚はこの機能にとって有効なために存在すると見なす論法である。ただこの考えだと、クオリアは個体生存のための機能に従属するものとなる。つまり生命というクオリア状態を維持する手段が、再びクオリアであるという循環に陥ってしまう。これは、個体の物理的状態がまず実在であって、その維持手段として、生命の営みとしてのクオリアがある、という逆転でもある。それは生存機能や物質的条件など、生命のはたらきにおける特定の客観的要素のみを実在化し、主観的側面も含めた他の要素をそこに従属させる考え方でもある。それに対して特定の要素のみを実在化せず、生命活動の全体をそのまま肯定するのがベルクソンや西田の立場である。こうなると感覚やクオリアも、機能に従属した非存在ではなく、それ自身で一定の存在を形成し、価値を持つものとなる。

（4）実在の抽象化によって私たちの認識が成立するにしても、この抽象化以前の実在そのものとは何かが問題になる。ベルクソンはそれを、「イマージュと観念、非延長的な後者と延長的な前者とのあいだ」に位置する「一連の中間的な状態 une série d'états intermédiaires」だと言う。しかもこれは「感受的状態 les états affectis」とも言い換えられている（MM p.53/ 六二頁）。つまり「感受」が、物質と精神との分裂以前からあることになる。この意味でベルクソンは、実在とは、精神的な感受性と物とに対して、存在論的に中立なことを示している。

（5）ベルクソンは『物質と記憶』において、西田の「無の場所」のような、論理的限定が徹底的に解除されたものを考えていたわけではない。もっとも『試論』で展開される純粋持続のように、ベルクソンにも中立的で未規定の実在に類似した概念はある。しかし純粋持続は空間的ではない時間的な連続であるうえ、『物質と記憶』のように心身問題などの解決という文脈で考案されたのでもない。さらにベルクソンは純粋持続を含め、『創造的進化』に到るまで生命を積極的な有と見なす傾向が強く、この点で西田のように、概念的な限定の解除や、有無の対立の超越という方向とも異なっている。

（6）概念枠を除去された生命は、何にも限定されない。西田の「形成作用」はここに展開する。それに対して西田はベルクソンを、「エラン・ヴィタールが物質を突破して進むと考うべきではな」いと批判する（「論理と生命」論集Ⅱ　二〇五―六頁）。この「エラン」が機械論的決定性を破るものとしての生命ならば、決定性に対立する生命の実体化だからである。では実体化されない「形成作用」とは何か。西田では、それが環境―個体全体の自己限定になる。それは個体が一般法則に従属するのでも、個体が恣意的に一般性を破るのでもない。環境と個体とが未分のまま、それ自身において自己展開することである。それは決定性に従うことでもなく、反対に決定性を破ることでもない。むしろ決定性と自発性との区別の方が、「形成作用」から生み出されると言える。

（7）　こうした自己形成や自己展開は、『善の研究』の時期の、「実在の分化発展」という考え方から一貫している。実在はまず全体が与えられ、そこから主客や、自己と他者、精神と物質までもが分化する。これは場所にも共通する。しかし私たちはそこで、第一になぜこの分化が生じたか、第二にこの元々の実在はどこから来たか、という問いを提起せざるを得ない。しかし西田は両方とも、主要な問題として問うことはない。あえて西田に照らせば、第一の問いに関しては、分化は理由なく生じ、第二の問いに関しては、元々の実在が有無の区別以前であるのにもかかわらず、私たちが未だにその起源を問おうとすることが、謎発生の原因だということになろう。

（8）　「機械論の哲学者 les《mechanical philosophers》に反対して、バークリが、物質の第二性質は少なくとも第一性質と同じくらい実在性をもつと明言した日に、哲学には大きな進歩が実現した。」（MM pp.2-3／三六〇頁）という記述も、第一性質は第二性質と同様、すでに実在そのものではないという考えにつながる。

（9）　実在を第一性質に限る場合、第一性質からなぜ第二性質が生じるかという問題が生じる。さらに観念とその外的原因とを区別するロック的な構図は、現象と本体との区別を前提としているが、なぜこの区別があるのかは不問である。二つを分けたからこそ、それらがなぜつながるかが形而上学の謎となるのである。ベルクソンの「常識擁護」は、「常識」において二つを分ける理由はないという立場である。

（10）　抽象化以前のイマージュがまず与えられるという見方は、たとえば全体がまず与えられる、ジェームズ・ギブソン（James Gibson 1904-79）のアフォーダンスと類似するものとして見なされるかもしれない。知覚構造の認識論的な分析においては確かにそうである。しかしギブソンとの違いは、アフォーダンスがあらかじめの所与でありながら、物質的な条件として解釈され得るのに対して、イマージュはいわゆる物質という限定を受ける以前の根源的所与であるという、存在論的な立脚点の違いにある。ギブソンの物質は、すでに延長的な実体として解釈されることができる。しかしベルクソンでは、唯物論的な意味の物質の方が、イマージュの限定によって成り立つ概念だからである。

第四章　経験の根拠はどこにあるか
――脳科学の知見を踏まえて

はじめに

本章では、脳内現象であるはずの宗教経験が、なぜ真理の啓示たり得るのか、という問題を考察する。脳は物質であり、経験は脳内現象だとする物理主義的見解は、近代以降極めて一般的である。しかしそこで、なぜ脳という物質から経験が生じるのか、という問いがあえて提起されることは少ない。価値的世界の存在を確信させる経験は、価値のない脳内物質の作用が生み出すと言われる場合、その生み出しの仕組みは「説明」する必要のないほど、当然のものだと見られているからである。

他方、価値的世界の存在を確信する経験を経た者にとっては、その経験は脳内物質が生み出したものだという説明は、全く真理から外れたもののように聞こえるという。しかも、このときなぜその経験が脳内物質の産物ではないのか、という説明は必要がない。どんな唯物論的な説得にもかかわらず、価値が実在性を持つ、その最も根幹の部分を支えるものは、「説明」を超えているからである。したがって唯物論も、価値的世界への確信も、自らの主張の内に「説明」を超えた部分を持つことでは共通している。では二つの互いに矛盾する主張の、どちらを正しいと見たらよいのだろうか。

そこでまず取り上げたいのが、ウィリアム・ジェイムズ（William James 1842–1910）がその『宗教的経験の諸相』において「実在の感覚」と呼んだ独特な心的経験である。これはこの感覚を経験する者に、その感覚に対応するものの実在を確信させ、それを真理として啓示する。それが特定の霊的観念に付与されれば、その観念が示すものの実在を確信させ、また特定対象ではなく世界の全体にこの感覚が広がれば、この世界が無意味ではなく、意味にあふれ生き生きとしたもの、という確信が生じる。しかもこの確信の理由は説明できない。だが、他方ではこうした経験を脳内の物理的変化として見なし、それを考察以前に当然視する人たちもいる。この断絶をどう考えるのかを以下考察する。

一　「実在の感覚」がもたらすもの

この感覚の重要性は、それを伴って現れるものの存在だけが、五感を通さず直接的に示され、その存在の確信を体験者に与えることである。つまり、どのようにあるか、ではなく「ある」ということだけが純粋に抽出される感覚である。それは「心象としては空虚」であるにもかかわらず、「「なにかがそこにある」と呼べるようなものの知覚」[1]である。そのため、何であるかはわからないが、「何かが現前する意識」（VRE p.55）でもある。しかもそれは、日常的な意味で何かがあるという感じられ方ではなく、そこで感じ取られるものは、通常の五感でとらえられる何かとは、質的に大きく異なっている。なぜならこの五感を経ない感覚は、「いかなる通常の知覚が行うよりも増して、私の存在の根底における何かを奮い立てた」（VRE p.56）という体験に見られるように、世界との関わりについての質的な変化を引き起こし得るからである。そして、そこで体験される「対象的な何か」からは啓示のように、

「強大な人格の類が間近に現前しているという確実な知識」（VRE p.57）が伝えられる。こうして通常の知覚対象とは全く異質な現前が感じ取られるのである。

この感覚は、ジェイムズのコンテクストでは霊的実在の確信、宗教的信念の獲得において語られる。たとえば『諸相』では、ダマスコへの途上でイエスの声を聞いたパウロの回心を癲癇と見なす立場への批判がある（VRE p.20）。この回心は、イエスの弟子たちへの残酷な迫害を続けていたパウロが、この迫害の理由を問い質す声を聞いたことを機に、一転してイエスの教えの熱狂的信者に変わったと言われているものである。ここには「声」の圧倒的な存在感と真理性があり、その声を聞いてパウロは三日間視覚を失い飲食ができないほどの衝撃を受けたという(2)、価値の大転換がパウロに生じた。ここでもイエスの声がもたらす「実在の感覚」が、パウロの価値転換を帰結させたことは見て取れる。

このような「声」は、概念ではない。一般に、ある根本的な概念が説得力を持つためには、その理由や根拠の説明が必要である。たとえば宇宙の始原についての概念は、さらにそれはどこから来たのかという問いに答えなくてはならない。この意味で実体的な概念は、問いを連鎖的に引き起こしてしまい、形而上学的問題の根本的解決にはならない。この連鎖を断ち切るには、その根本概念を支えるものが論理的根拠とは無関係に、世界の根源的な性質についての、ある確信を司ることを必要とする。それは、「何か根源的真理を知った。しかし具体的に何を知ったのかは語れない」という仕方になると思われる。「声」や「実在の感覚」は、そうした出来事に相当する。

すると、知によってこれ以上どうにもならない地点が、「実在の感覚」の真価が発揮されるところだと考えられる。それは、形而上学的概念を支えるのではなく、むしろその概念の限界に行き着くところにおいて、形而上学的な問い自体を無効にしてしまうようにはたらくことである。これは、たとえば唯物論的な概念のような形而上学的立場も含め、還元主義的な概念や思考形式の無効化を通じて、世界全体の肯定感を支える事態についてもあてはまる。実際、後に見るように、この感覚が発動するところでは、何かを見たり、実在に触れたというより、ある霊的な確信によって主知主義的概念、もしくは還元主義的概念のような説明の説得力が失われ、そこから解放されることの方が本質的なのである。宗教的確信は脳作用へ還元されるのか、というのは本章の中心的課題でもあるが、この問いは主知主義的形式の無効化という宗教的確信の性質自身に関係づけて考えられることになる。こうなると、「実在の感覚」が脳作用によるものか、それとも霊的実在によるものかという、ジェイムズが『宗教的経験の諸相』において立てた問い自体を無効にさせる体験が、この「感覚」によってもたらされることを示唆する。そこには当然、「体験＝脳作用」という前提の説得力を無効にする存在論的な役割も含まれる。

しかし、このような体験がいかに二項対立的な思考を消滅させる圧倒的な感覚を伴うにせよ、現代の生理学や脳科学では、この感覚は肉体の生理的状態のひとつであり、価値的経験も経験の質を司る脳の部位の解明によって説明されると考えられている。たとえば、「存在の感覚」を誘発させることに成功した、最近の実験報告がある。目隠しをされた被験者の人差し指を、被検者の前方正面から身体の方向へとロボットアームが圧迫し、〇・五秒後にその被験者の背中を別のロボットアームが触れると、「見ず知らずの何か、あるいは誰かに見られている、触れられている」[3]という感覚が生じ、しかもその誰かは何人という、具体的人数までわかるのだという。そしてこの「存在の感覚」は、脳の「島皮質・頭頂前頭皮質・側頭頭頂」の皮質障害者にも共通するものだという。

また、幻覚による宗教経験の説明もある。パウロの体験には幻聴が伴っていたことは容易に想像がつく[4]。そして「実在の感覚」における「何かがそこにある」感じは、五感を超えているが、触覚的な幻覚を伴う場合もあり、これらの幻覚、存在感覚でさえ脳の特定部位の興奮を伴うことが考えられる。さらに、世界の意味論的な転換が生じる場合も、そこへの刺激が神を見させるという、いわゆる側頭葉のゴッドスポットの興奮として見なす立場もある[5]。意味は物理的状態とは別とも言えるが、意味的な変化に伴う価値の感覚は、このように脳作用の産物と見なすこと

は可能である。(6)

さて、ジェイムズはこれら宗教的経験での感覚について、「宗教的な概念がこの実在の感じに触れることができる限り、…カントが彼の道徳神学の対象をそう見なしたごとく、それらの概念が何であるかという観点からはいかに非実在的であろうとも、批判を超えてそれらの存在は信じられるだろう。」（VRE p.55）と言う。それはこれらの感覚が、生理学や脳に関する言語によって説明される現象とは、全く次元を異にする何かであることを意味している。

哲学的な意味で重要なのは、この感覚が、それを伴って現れる観念の真理性を揺るぎないものにさせることである。ジェイムズが例示するように、カント（Immanuel kant 1724–1804）の超越論的理念や、プラトン（Plátōn BC427–BC347）のイデアなどはそれにあたる。しかし問題は、形而上学的観念は、それ自体論理として正しいか否かはわからないことにある。実際カントの超越論的理念やイデアは現象界においては観察不能であり、魂の不死という理念が正しいか否かは論理的に不明である。

すると「実在の感覚」とは、ある超越的な観念が論理的に不動ゆえにそこに付与されるというより、論理的には不動ではない観念でも、それらを不動であるようにする役割を果たすと考えられる。そこにおいて、この感覚が本来的には対象を伴わず、かつ世界に関する根源的な確信を司るようにはたらく性質が生きてくる。

確かに、体験者が「実在の感覚」を通じて獲得するのは、この感覚が特定の観念と融合することで得る、その観念の真理性であって、対象なき何かの確信とは異なるところもある。しかし、この世界に関する信念は、必ずしも明確な対象や観念を伴うわけではない。たとえば後でも触れるように、臨死現象の体験者が死を恐れなくなる理由は、そこに明確な対象があるためではない。この感覚を伴う対象が、五感によって感性的に観察されるか否か、または論理的に不動か否かは、その性質からすればどうでもよいのである。このように、対象による論理的規定のない何かであるからこそ、「実在の感覚」は無形の理由なき確信を司ることができる。他方、それらがいかに特殊な感覚経験であるとは言っても、意識経験である限り、それらは脳内現象であることを免れ得ないという見解も可能である。そしてこの真偽を探るのが、本章の目的である。

この問題に関してジェイムズは、宗教経験では自我に対して他者のように振る舞う潜在意識を通じて、外部の何かが流入する可能性を主張する。「私たちが宗教経験において結ばれていると感じる『より以上のもの』は、向こう側では何であろうとも、そのこちら側では、私たちの意識的生活の潜在意識的な連続である。」（VRE p.403）からだと言う。ジェイムズの言う潜在意識とは、顕在的な意識を方位磁針とすれば、その方向を決定し、顕在意識より強い力を伴ってそれを支配する「場」のようなものである。これは顕在的な意志によってはどうにもならない、随意性を超えた力である。これを脳科学的に言い換えれば、潜在意識とは随意的思考ではない限り、物質的な脳作用に分類される。しかし潜在意識が「戸口」（VRE p.403）にすぎないとするジェイムズの見解は、この領域は神霊との「合一」のような宗教経験の、少なくとも通路であるというものであり、それはこの領域が経験を「生み出す」こととは違うとする立場の表明である。これは、宗教経験が即ち脳作用なのか、それとも脳を通路とする何かなのかという問いへのひとつの回答にもなっている[7]。

確かに「実在の感覚」において、体験者には潜在意識がこの感覚を生ぜしめているのではなく、自分とは別の何かが原因となっているという強い実感がある。そしてこの潜在意識の「向こう」の存否はジェイムズの強い問題関心だった。しかし価値の感覚を伴った特定の精神状態でさえ、特定の生理的状態に結びつけられることで、そこに還元されたと見なされることがある。宗教経験でさえ、性などの本能的欲求に還元されて語られることがある。この還元を好んで行おうとする立場を、ジェイムズは「医学的唯物論」と言った。そして二一世紀現在の脳神経科学は、少なくとも唯物論にとって「好ましい」「精神状態」の基底となる脳状態を解明しつつあり、今後もその傾向は一層強くなるだろう。価値経験としての宗教経験でさえ側頭葉のゴッドスポットに関係しているのであれば、それは将来的には人為的に再現可能になるかもしれない。しかし問題は、こうした脳神経科学や生理学的な用語法が、宗教経験の唯一の語り方なのか、ということである。経験は何かとして語られるとすでに抽象になる。そして抽象された言語で語られることが唯一の実在性を持つのではなく、むしろ語られたことはつねに経験の一側面にすぎないというのが、本章での基本的立場である。

二　宗教経験の脳科学的説明

ジェイムズの時代に提起された問題の構図は、現代の脳神経科学においても根本のところでは変わっていない。たとえば私たちが死に瀕した際に経験する、幻想的な「ボーダーランド」が生じる際の脳のはたらきを、豊富な事例にもとづいて研究した脳科学者ケヴィン・ネルソン（Kevin Nelson）は、そこで経験される夢のイメージ、体外離脱の感覚、別世界の経験などを扱うが、彼の分析は、そうした経験の特異性を身体の生理的状態や化学物質の分泌に還元して行く。それは脳科学者が実在と見なすものへと、経験を還元して行く説明である。しかし当事者にとっては、化学物質は後からとってつけた、実在とは遠くかけ離れたものでしかない。実際、ネルソンの論述の仕方は、臨死現象や体外離脱といった超越的な経験の記述を、特定の化学物質で引き起こされるさまざまな病理学上の記述の中からそれらに類似した経験を見つけ出し、超越的経験の原因をその化学物質だと見なしていく、というものである。

ここでネルソンによる、臨死現象の理解の仕方に注目してみたい。臨死現象で起きるさまざまな出来事の特徴的なひとつに、自分の精神が肉体から離れる体外離脱感覚がある。これは自分の臨終の床に、自分の体と、そこに集まった親族とを見たなどという報告の形でも知られているが、ネルソンはこの感覚につき、四三歳の女性てんかん患者の事例を引く。彼女の右側頭葉のてんかんの焦点がどこなのかを、側頭葉のさまざまな箇所に電気を流すことで調べてみると、側頭―頭頂接合部への電気刺激によって、「〝身体が軽くなった〟と感じ、身体から抜け出て二メートル近くも上まで〝浮き上がった〟」という感覚が生じたという。反対に、「電流を切ると、彼女はたちまち自分の身体に戻った」のであった。そして「電流のオン、オフによって、彼女はいともたやすく体外離脱を繰り返した。」[8]つまり「体外離脱」は、側頭―頭頂接合部への放電によって、技術的にコントロールできたのだという。

またネルソンは、臨死体験においてよく語られる現象である、暗いトンネルを抜けていくと天国のような場所に出るといった、トンネル現象について説明する。この現象は、パイロットに急旋回急上昇などで強い重力加速度(G)がかかったとき、視野が狭窄する現象と同様のものとして解明できるというのである。それは第二次大戦当時、失神を防止するため、Gとパイロットの意識状態との関係を解明するにあたり、飛行機の操縦室と同じように重力が生じる人間用遠心力発生装置を製作したエドワード・ランバート(Edward Lambert)の研究にもとづいている。失神するほどのGがかかり始めると、パイロットの視野は周辺から消失して正面の小さな円内に限定され、「トンネルを覗いている状態!」になり、間もなく失神直前の「ブラックアウト」になる。Gを下げれば視力は回復する。そして「Gを微調整すれば、パイロットを〝トンネル〟内に留めておくのも、盲状態にするのも、ランバートのおもいのままだった。」(一五九頁)、つまりトンネル体験はコントロール可能だったという。トンネル現象は、「脳への血流不足」による「管状視野」(一六〇頁)という視野障害だと言われるのである。

こうした感覚や視覚経験は、脳内の特定の病理的状態との類似性や対応関係を見つけやすい。体外離脱のような経験も脳内状態も、記述可能な経験や事実であり、両者とも時間的に短い現象だからである。しかし、死の恐怖の克服のような、臨死現象の特徴となる信念形成が、そのまま脳内状態であるというには困難が伴う。信念は感覚ではなく意味的状態であり、画像化される経験対象でもない。また信念は時間の推移とともに形成されるため、瞬時的体験がその信念の契機にはなっても、この体験とその信念とが同一であるとは言えないからである。つまり、信念と脳状態とを同一物として見ることは、カテゴリー錯誤なのである。ＬＳＤによる画像化した幻覚がどのような脳状態に対応するかということと、ＬＳＤを通じて信念の意味形成がどのようになされるかということとは、別の問題だからである。[9] むしろＬＳＤの幻覚は、意味形成を及ぼさないことの方が普通である。

実際、ネルソンは究極的には「脳内の分子ひとつひとつがいかにして霊的体験を生み出すのかが分かる。[10]」と考えているようだが、彼は意味ではなく、感覚や感情、しかも短時間におけるそれらを考察対象にしている。これが物質現象として「解明」された、彼の考える「神秘」体験の究極の姿である。ネルソンは「サイロシビンよりもさらに純度が高く、神秘体験をもたらす脳領域を狙い違わず刺激して、〝合一〟の状態をもたらす薬、今では想像もできないほど神に近づける薬[11]」が遠からず作られることを予告し、医療の世界でも患者は医師に、「心肺停止」に陥ったときのために、事前に「『神による歓喜を望みます』もしくは『歓喜は結構です』と告げておく」ことの必要性[12]さえ提案する。これは技術的に操作される神秘体験の究極の姿であり、こうして死に瀕しての恐怖のコントロールと、患者によるその感覚享受の事前指示がマニュアル化される。もちろんここには、死後の世界はないという、医師側の物理主義的前提がある。

しかしこれは神秘体験を解明したことになるのだろうか。ここには二つの原理的困難が考えられる。

①脳の特定の物理化学的状態と、特定の超越的な信念とを、「同一物」として見なす基準がないこと。脳状態は物質の状態である一方、信念は意味的状態であり、何をもってこれらを「同一」と言えるのかは、不明である。

②脳の物理化学的状態が超越的経験の契機であるとは言えても、この経験を化学物質が「産出」しているという証明はできないこと。化学物質が感覚や意識、さらには超越的な状態を「産出」すると言うのは、物質から質的に異なったものを物質に還元する錯誤になってしまう。

こうした脳状態を経験と同一視する考えに対して批判的に言えることは、確かに脳は経験の一面を表しているが、実在としての経験の次元はその平面に対する立体に相当することである。宗教経験はこの平面から立体へと導く推進力にその特徴があり、臨死現象の本質は、体外離脱やトンネル現象などの視覚体験[13]ではなく、世界の意味が根源的に変わるという点にある[14]。実際、臨死状態を通して、恐怖の対象であった死が恐怖ではなくなる現象が見られるが、これは死を恐怖として形作っていた意味の形式の方が、実在を平面へと矮小化するものにすぎなかった、という気づきである。

ここからすると、宗教経験は実在をその厚みのままにとらえさせるもので、反対に宗教経験の物質化は、立体を平面へと縮退させる試みということになる。信念が根本的に変化する経験は、特定の変わらない信念の平面上に表現することはできない。臨死現象の経験者にとっては、側頭頭頂接合部への電気刺激によって死の恐怖が克服されたと説明されても、電気刺激はその確信への通路にすぎず、与えられるリアリティーと、電気刺激という科学的な概念との質的断絶は架橋できない。つまりここで、その経験は電気によって「引き起こされた」という説明に説得力はない。

このときの恐怖の消滅も、死後の世界があるという証明によってはなされない。むしろ、死後の世界があるかないか、体外離脱があるかないか、といった二分法の問いを無効にさせてしまう意味の転換を、この経験はもたらす。問題は、「あるかないか」という、世界を根本的に二分する論理よりもリアルな事態が開示される仕組みは何かである。潜在意識がその向こうの世界への「戸口」か否かという概念上の問いは、この意識の彼方の「何か」があるかないかの二分法を前提とする。それは「脳＝物質」一元論か、「脳＝物質」と霊魂との二元論か、という選択にもなり得る。それに対して死の克服における意味転換のリアルさは、宇宙の隅々まで行きわたると思われるこうした選択の論理に対して、その論理の前提を覆す点を特徴とする。論理とその転覆とは、「微かな温かさを感じること」と「大火の真っ只中に立っている」（VRE p.56）ほどの差異として表現される。確かに火炎の中では、別の微かな暖かさがあるか否かという問いは、無意味に等しい。しかしこれは単に量的な違いにとどまらない。大火は温度として高いばかりでなく、質的に「微かな暖かさ」とは別次元の出来事を暗示している。

別次元とは、宇宙全体に行きわたると思われる論理の方が、実在をとらえるものではなく、実在を矮小化したものにすぎなかったことへの気づきとして生じる。これは、論理とは、実在を三次元だとすれば、その二次元への投影のようなことだったこと、(15) その構築が実在からの離反であったことの気づきである。量とは特定の論理を形式として成立するにすぎないからである。この気づきの結果、世界は論理の枠組みの限定から脱した姿で開示される。一般に論理の枠組みを通して限定された対象は、種や類としての「何か」という形で認識される。それに対して論理による限定がなくなると、「何か」という種的限定がなくなる。「何か」の背景に沈んでいたものが、限定を外されることで、「何か」を無効にする仕方で現れてくる。ここに現れるものは、論理によって表されないため、「何」と言うことはできない。しかし指示可能な「何か」とは比較を絶してリアルなのである。

神秘的経験が指示不可能なリアルさへの気づきである事実は、ジェイムズが神秘的状態を「不可言性」と「認識的性質」という全く矛盾した二性質を併せ持つものとして特徴づけていることに示唆される。「神秘的な状態は、感情の状態にたいへんよく似ているけれども、それを経験した人々にとっては、また知識の状態でもあるように思われる。」という。感情と知識とは相反するように思われるが、神秘的状態ではその二つは区別できなくなる。そして「神秘的状態は、照明であり、啓示であり、意義と重要性に満ちており、その状態が残り続けるにもかかわらず、全く言い表されることができない。」（VRE p.302）と言う。(16)

この「意義」と「重要さ」とは、世界の個別の事柄ではなく、世界の根底の把握に関係し、根拠であることを意味している。たとえば臨死現象を通じた死の恐怖の消滅は、死や死後の虚無が論理の産物であることの気づきでもある。この気づき自体は論理ではなく、世界の根底についての、論理を超えた把握である。すると、この論理の限定がなくなることで、死後についての問いが無効になるとともに、死がなぜ恐怖だったかがわからなくなるのである。このとき死後の存続を説く論理でさえ、この状態に対しては何の効力もない。もちろん、宗教経験の「意味」が脳状態であるという理屈も力を持たない。

三　「説明」の根拠

前節の②では、脳は意識を「産出」しているのか否かが問題化された。この二者択一の問題は、脳を観察することによって解答可能なのだろうか。この問題を考えるにあたっては、私たちの知識一般の成り立ちを反省する必要がある。知識とは、実在そのものを解明することはない。そうではなく、「Aというインプットをすると、Aというアウトプットがある」という、出来事間の対応関係を説明するにとどまる。「電燈のスイッチを入れるとなぜ明るくなるのか」、という問いには、「スイッチを入れると電流が流れ」、「電流がフィラメントを流れるときに発光するから」という答えが対応する。では、「なぜ電流がフィラメントを流れると発光するのか」という問いが次に来る。それに、「フィラメントのタングステンが抵抗を持つから」と答える。さらに「抵抗がなぜ発光になるのか」と問う。「電気のエネルギーが抵抗によって光に変換されるからだ」と答える。すると「なぜ見えない電気が見える光に変換されるのか」「見えない電流が見える光に変換される仕組みは何か」と問われる。さらには、「見えるとは一体何なのか」という問いも生じ得よう。こうした問いと答えの応酬は、突き詰めれば無限に続き得る。しかしこの問いは実際にはどこかで不必要になっている。なぜなら私たちは「本の読める明るい電気スタンドが作られればよい」からである。こうした私たちのプラグマティックな需要への十分な供給を超えて、問いが立てられることはない。

それは、出来事間の説明とは究極的にプラグマティックであることを示す。ではこの問いと答えの反復過程で、「光が生じる最終的な理由」のようなものは導かれたのか。

導かれないと考えられる。むしろ、「理由」や「本質」とは私たちの需要や必要性のコンテクストを離れて成り立ないことが重要なのである。これを離れた、「本質」や「理由」そのものはない。つまり、私たちが「もの」やその「本質」と考えているものさえ、私たちの必要性との対応関係を出ない。タングステンの本質は、電気に対するその抵抗と発光の効率性で説明され、それと関係のない組成上の特徴は着目されない。素粒子レベルの議論が、その本質を構成しているのでもない。つまるところ、「もの」や「本質」も、私たちの要求に関係する事柄同士の説明を出ることはないのである。

これは脳と意識との関係に示唆的だと考えられる。意識を脳から説明するにしても、たとえば特定の脳内物質のコントロールで特定の病理状態が緩和されることで事は足り、その物質の増減がどのように病理的意識を「産出」しているのかは問題にならない。ましてやその物質と病理との関係がどれほど詳細に究明されようとも、一般論として脳内物質が意識を「産出」するか否かという問題には関与しない。病理的な問題関心への「説明」のためにはそれで十分である。

そして「説明」のもうひとつの特徴は、ある説明の根拠を問いにさらして行くと、際限がないという点にある。先の電気抵抗が光になる説明でも、確かに私たちのプラグマティックな必要性が満たされればそこで問いは止む。しかしもし問おうとすれば、その必要性からすれば空虚でしかない問いが無限に遡及され得る。ある説明は、論理的にさらなる根拠を要求する。この根拠が地盤と見なされれば、それは直ちに、ではその地盤はどこから来たかという問いを誘発する。こうして「説明」はどこまでも最終根拠に行きつくことはない。

この構造を超える方法があるとすれば、それは根拠への遡及という方法自体を離れることである。それは、根拠や原因を突き止める知ではなく、全く反対に、それらを突き止めようとする論理の形式を無効にすることである。これは単なる「諦め」とも異なる。なぜなら、根拠の遡及がどこまでも最終根拠を見出せないにしても、この遡及が則る形式自体にも、根拠はないからである。反対に「諦め」とは、この形式に則ったまま、遡及を止めることである。そしてこの形式の無効化は、世界をその根拠という呪縛から解放する。つまりそこで、世界「の」根拠はもはや問題にならず、世界「が」そのままで肯定されることを示唆している。

これは、意識の原因が脳であるという私たちの思考にもあてはまる。「脳が経験の原因である」というのは、物理主義にもとづいた意識現象の説明というプラグマティックな要求から生じた。この場合、特定の意識現象に対応する、化学物質や脳の部位を操作することで、意識状態を私たちからの要求に沿う形で変化させることができれば、それ以上の説明は必要がない。鬱状態がセロトニンの増大によって解消されれば、そこに「原因と結果」の説明が成立する。しかしここではあくまで、特定の化学物質に特定の意識状態が伴う傾向が示されているまでで、前者が後者を「産出する」メカニズムが究明されているのではなかった。「産出」はあくまで形而上学的仮説にとどまった。しかし「説明」のため設けられた形式に沿って、実在の姿も形作られてしまっているため、意識と脳とは対置され、その結果脳から意識がどのように「産出」されるかという問いの形も生じてしまっているのである。しかしこの問いは、脳と意識との対応関係をどれほど詳細に究明して行っても答えられない。「対置」や「対応」が前提とする分離自体が、真の実在の姿ではないからである。真の実在とはそうした分離以前にある。

ジェイムズと互いに影響関係にあったイギリスのプラグマティスト、フェルディナンド・C・S・シラー（Ferdinand C. S. Schiller 1864–1937）は、形而上学的な問題の混乱は、観察可能な領域から生み出された科学的知識と方法を前提として、観察不可能な領域の事柄を解決しようとしたことで生じたと見なす。この状況を獣と鳥の複合であるスフィンクスの脚と翼に象徴させ、科学的な領域（脚）と形而上学的な領域（翼）との分裂として世界を描写する。[17] 私たちが脳神経を扱うのが科学（脚）だとすれば、それに対して脳状態がいかに意識を生み出すかという問いは「翼」に属し、前者によって後者の答えは出せないということになろう。それはニュートン力学のような、線形的な機械論的因果性で現象を説明する方法が、宇宙の始まり以前は何かという問いに答えられないのと同じである。この分裂の解決は、「脚」を鍛えることによってではなく、「脚」自体がすでに実在から切り離された抽象であることの自覚を要求する。この要求には、実在とは概念を通じた知によってとらえられるのではなく、むしろ概念が私たちを実在から遠ざけるという含みが見られる。

私たちは一度客観性の概念枠に限定されると、その枠に入らない自然の側面や経験の生きた直接性、連続性などが捨象されていることに気づかない。そしてこの限定によって、連続的な経験の中では見出されなかった有と無との対立も生じる。唯物論の枠組みの中では物が有、精神や霊魂は無である。現在の生の有、生まれる前そして死後の無という対立もここで生じる。宇宙の有、宇宙生成以前の無という対立の構図も、この概念枠の形成と深く関係している。しかしこの概念枠による世界の形式的区別が成立していなければ、そこに否定の無は入りようがない。私たちは、この無さえ入らない実在の状態を、有無対立の形式に則った信念からの転換がもたらし得る根源的な状況として考え直さなくてはならない。

この実在の次元からすると、世界は有とも言えない、有と言えば直ちに無への対立概念となり、無から有への移行理由が問題化してしまうからである。臨死現象に見られるように、死後の存否が無意味化する事態は、この問いを突き詰めるための論理の形式の方が無効になることを示している。それは死後の有が証明されるのではなく、死後の有無に関する問いを構成していた形式の方の無根拠に気づかされることである。

救済は、神的な実在が証明されることによってではなく、反対に当事者を悩ませていた問いが無効になることによって訪れる。たとえばジェイムズも『諸相』の中で取り上げるように、トルストイ（Lev Tolstoy 1828–1910）が人生の意味の無さに襲われた憂鬱の経験は、人生の「意味」が明示されることによって解決したのではない。そうではなく、日常の素朴なひとつひとつの営みにリアリティーが増すことによって、答えを求めようとする態度の根拠がいつのまにか消滅したのである（VRE pp.153-4）。

この点で、人生の意味についての「回答」は無い。意味を問う偏狭な枠組みが取り払われることで、問いそのものが消滅したからである。これは、形而上学的な問いへの特定の回答が得られるのではなく、その問いに答えを求める形式が覆ることで、問題が消滅することに相当する[18]。

こうしたトルストイの経験は、神や永遠といった観念の正しさが証明されたのではなく、「人生の意味」といった一種形而上学的な観念を求める論理形式の誤りに気づいて行くことが解決であった点で、シラーの考えと共通するところがある。シラーではあくまで、形而上学的観念を追い求める形式の誤りの方に着目したからである。確かにこう見ると、シラーやトルストイの方向は、究極の形而上学的観念に「実在の感覚」が付与されることでそれが信じられるようになる、という方向とは真逆である。しかし、「実在の感覚」が特定の理念や論理の形式にではなく、理念や論理の形式に縛られない世界の質料的素材の方に付与され、そしてその結果、問題を生じさせていた論理の形式の方に実在性がなくなったと考えれば、シラーやトルストイに見られた、形而上学的問題の消滅という問題解決の方向は納得が行く。「人生の意味」に観念的な言葉で答えるのではなく、その意味を問おうとする目的論的な論理の形式に執着せず、それを無意味にして行くことが幸福であり、「人生の意味」の充実であった。それは語られない「意味」であり、反対に語られる「意味」とは、特定の目的論的な論理の形式の中に生の全体を抽象することを条件に成立するにすぎない。そして目的とは、ひとつが達成されるとまた次が問題化するという背進構造を免れない。この問題の解決のためには、この構造自体の無根拠に到る必要があったのである。そしてこれは、なぜ脳という物質から意識が生じるのか、という問題設定の条件となる、二元論的構造自体の無根拠を当時において指摘した、シラーの思考の道筋にも共通している[19]。

こうした、抽象的な概念枠の解体による、具体的世界の肯定は、形而上学的な立場の決定にどのような影響を及ぼすのか。たとえばこうした概念枠の解体に相当する「空」という状態の覚りは、実体や「超越論的理念」の類が「無い」ことの覚りである。この点で有無以前に立ち返る経験は、「超越論的理念」などに付与されるとジェイムズが見なした「実在の感覚」の性質とは真逆である。しかし有無以前への立ち返りは、たとえば離人症のように、世界全体から実在性が喪失することではない。むしろ逆に、世界がその全体において実在性を獲得するから、世界の一面のみを抽出した概念が実在性を失うのである。つまり「空」の体験は、実在への概念的限定が「空」じられることで、世界の全体をあるがままにリアルにさせることに特徴がある。「実体が無い」という一見消極的な状態も、世界の抽象化のフィルターによって実体が希求されることで成立するのであり、その希求のフィルターが「空」じられたところでは、「無い」という意味の成立条件が蒸発する。当然、その実体はどこから来たのかという問いも、実体への希求の成立条件が「空」じられるとともに、根こそぎ解消されることになる[20]。

四　ニヒリズムの「底」

形而上学的観念のアポリアは、実体のようなひとつの究極的観念が立てられても、その原因や根拠が次に必ず謎になることにあった。こうして謎が謎を呼ぶ構造が生じることで、特定の観念は決して形而上学的問題の解決にはならなかった。特定の意識状態を、どのような脳状態が「産出」しているかの究明には、両者の対応関係をどれほど詳細に調べ上げても到達不能であった。また、生の根拠への問いを立て、そこに何かの概念の形で回答が導かれても、そこに新たな根拠が求められ、そしてその回答にも再びその根拠への問いは生じ、際限がなかった。これを断ち切るには、際限ない根拠を出現させる形式自体の無効化が要求された。

他方、「実在の感覚」が形而上学的な理念にではなく、その理念に隠された質料的世界に付与されると、世界の根拠への問いの形式の方を無効にしてしまった。これは質料が形相に従属するのではなく、質料がそのまま形相に転化するような事態である。ここで初めて、「あるがままの所与」が可能になる。この所与は特定の形相的な意味を持たない。しかし意味の欠如が「空虚」という意味を生じさせているのでもない。そして世界は機械的自動性の内にも、目的や原因の系列の中にも位置づけられない。この「あるがまま」の世界は実に単純であるが、それを概念を通じた思考の内に実現することは極めて難しい。たとえば西田の「絶対無の場所」は、自らは何物でもなくして、その中に万物をただ「映す」とされるが、この「映」される万物が、まさに「あるがままの所与」に相当する。

この、問いの形式が無効になり、あるがままの生や世界の自明性が復権することについては、たとえばウィトゲンシュタインの『確実性について』での指摘が示唆的である。

A　目の前の手について、「私はこれが私の手であることを知っている」ということは根源的な自明性であり、それなくしては、私に関連したほとんどの言語活動が不可能になってしまう。したがって、目の前のこの手が私の手ではないという疑いは、この自明性にもとづく意味の連関から見ればほとんど狂気である。

B　しかし他方で、この手に対して、懐疑論的な疑いが絶対的に不可能、ということはない。この手を私の手であると見なす論理は、絶対的に根拠づけられたものではないからである。

ここでAとBとの解釈は根本的には断絶している。確かにAは、その自明性が私たちの言語活動において「蝶番」の役割を担っていることを示している。反対にBは、それでもこの「蝶番」は究極的には無根拠であるという懐疑を示している。そしてウィトゲンシュタインはBよりもむしろAに力点を置く。Aの重視は、結果的に常識の擁護ではあるが、それ以上に、どんな命題、もしくはどんな懐疑であっても、どこかで自明な次元が存在しているという積極的な主張に支えられている。それは、Bの懐疑さえ無意味になる次元がどこかに存在し、その事実が翻ってAを推す結果になることとして考えられる。つまり懐疑でさえ、ある確実な論理形式に則って初めて可能となる。「すべてを疑おうとする者は、疑いにさえたどり着かないだろう。疑いのゲームはそれ自身、すでに確実性を前提とする。[21]」。疑いの論理の形式自体にも根拠はない、つまり根拠なき「確実性」に支えられて初めて懐疑も可能となるにすぎないことが、件の懐疑をも無効にさせるのである。結果これはAの自明性の積極的肯定になる。

この指摘を根拠の遡及にあてはめると、Bに発する根拠への遡及も、それ自身の根拠を必要とするが、しかしそれは見出せない、という構図が浮かび上がる。つまり「根拠はどこまで遡及しても無根拠である」、という命題自体が無根拠なのである。この結果、根拠も無根拠も、それら自身の根本的な支えがないことが暴露され、その結果、両者の対立自体が蒸発する地点へと逢着する。この蒸発が「質料の形相化」のような気づきとして現れるならば、根拠への遡及を行う論理の形式、つまり形相の方が実在性を失い、質料的具体的世界がそのまま、「ありのままの所与」に転じる。ここでは無根拠の否定性が、否定性たる根拠を奪われるのである。

根拠づけられていないことは虚無につながる。しかし、この根拠づけを行う形式自体にも根拠がないとすれば、この虚無にも根拠がないことになる。それを端的に示したのが、たとえば西谷啓治（1900–90）における「虚無」と「空」との区別である。

「ニヒリズムに於いては、無はまだ無なる『もの』として表象されている痕跡を残している。[22]」「『空』は、空を空なる『もの』として表象するという立場をも空じたところとして、初めて空なのである。」「有の否定としての虚無をも否定した立場として、有からの絶対的な超越とも言える。[23]」

こうした世界は、ニヒリズムさえもが意味を失った世界である。形而上学的概念が根拠を持たないことが、消極性になる根拠をも奪われるからである。この事態は、一切が無意味であるところでは、無意味性が成立しないこととして理解できる。

たとえば一切の出来事が、同じことの無意味な反復であるとするニーチェ（Friedrich Nietzsche 1844–1900）の永劫回帰について、翻って「永劫回帰を信ずることは万物に対する汎神論的な肯定の態度である。」とその積極性を指摘し、「ディオニソス的肯定」や「運命愛」を、無意味化の徹底によってそれらが無意味であること自身がもはや成立しなくなる「転換」[24]と見なす西谷の指摘は、そうした無や無意味の無効化の構造を鮮明に描いている。これは世界が根拠なきまま、その全体として肯定されることであり、ここでは世界にいかなる抽象的な「本質」もなく、また世界に対する「私」という特異点もない。ここでは私と世界との隔壁もない。無根拠という観念自身に根拠がないという論理的アポリアが暴露された世界と、意識の神秘的状態によって開示される、根拠なさが質的に蒸発した世界とは、ここでひとつに収斂する。

この状態は、「ありのままの所与」であると同時に、そこでは物質と精神との断絶も無効になっている。世界を説明する抽象的な論理の形式も根拠を奪われ、物質と精神のどちらかに実在性を集約させる論理も無根拠になっているからである。そこでは因果的決定性、目的性のような、世界を特定の概念に即して見る論理の形式も無効となり、反対に質料的世界として立ち現れるものが、すべてありのままに意味を復権させる。次の西谷の言葉は、この論理の形式の無根拠への気づきとしても解釈できる。

「人格性と物質性として絶対に排除し合うと考えられるものが、通常それらに附せられている固定した観念を脱して、向《さき》に言った意味で一種の二重写しに於いて見られ得る。[25]」「人格が、人格であるそのままで然も物質的事物と等しく見られ、物質的事物が、物質的事物であるそのままで人格と等しく見られるという、そういう絶対的な『平等』ともいうべき立場。[26]」

反対に論理の形式とは、私たちの目的が効率的に実現するように、直近の有用性の視点にもとづいて作られたものので、技術的知識はまさしくそこに成り立つ。こうして、知識とは目的実現に照らした有用性が基準になって形成される。この点で技術的知識の本質構造は、知識一般の構造であるとも言える。すると、この知識の構造が宇宙そのものに合致するとは限らないはずである。しかしこうした有用性にもとづいた技術的知識の構造を用いて、宇宙の究極的な姿までを説明しようとして生じたのが、形而上学の問題であった。それは、もともと私たちの手元の便宜のために形成された論理の形式を、宇宙の究極について用いようとする錯誤ゆえの問題であった。問いの形式の無効化とは、こうした錯誤に気づかせる経験であり、その形式に還元されない質料的なものが、自らの具体性において権利を獲得する事態であった。

おわりに

「実在の感覚」とは五感を通さず、何かの圧倒的な存在を知覚する感覚、そして世界に関する根源的な確信を支える感覚であった。この感覚は、ジェイムズでは超越論的理念や実体のような究極的概念に付与され、その実在性を高めるものとして語られた。しかし本章では意識や経験の根拠は何かという形而上学的な考察を遂行するために、世界の質料的な全体が実在性を回復し、反対に限定された論理の形式からの実在性のはく奪について考察された。そしてこの「質料の形相化」のためにこそ「実在の感覚」の重要性が見出された。

超越者が実在するか否か、という二者択一では、この感覚は知的な推論に対する相対的真理にしかならず、その感覚がどんなに圧倒的でも、知に凌駕され得ることになった。この二者択一が知的選択である限り、通常の感覚対象とは比較を絶した実在性を超越者に与える「実在の感覚」でさえ、その感覚を共有しない者から見れば、宗教的観念を下支えする脳の物理的状態になり得たからである。これに対して、知の無根拠を気づかせる仕方で「実在の感覚」がはたらく場合には、この感覚は知的推論に対して、より包括的で優先的な位置ではたらく可能性が考えられた。ある知の体系を支える論理の形式は、その形式の内部からは根拠づけ不能であるという論理上の事実に気づくならば、すべての知の体系は無根拠であるゆえに肯定されることになる。この気づきに、「実在の感覚」は寄与し得ると考えられたからである。

知の体系の根拠となる土台は「蝶番」と呼ばれた。この「蝶番」が宙ぶらりんであることは、その知の体系の外部に出ることによって見出された。しかしその知識の体系の「宙ぶらりん」という消極的事態を見出す、外部の視点が依って立つ体系の「蝶番」の方も、再び宙ぶらりんであった。以下同様に、無限背進からまぬがれなかった。すると、「宙ぶらりん」であることの消極性自体に根拠がなくなり、根拠と無根拠、積極性と消極性との区別が無意味化した。

知の体系に、根拠づけられた前提はない。ある領域において「役に立つ」ということが、その知の唯一の根拠であるにすぎない。今日、心や意志は、物理主義や物質的な因果性といった論理の枠の中で、自らの根拠をはく奪されつつある。しかし、このはく奪を行う論理の側も無根拠であることへの気づきは、一旦根拠をはく奪されたものを再びあるがままの姿で蘇らせる。この結果、世界の質料的側面が浮き彫りになった。これは、質料が論理の枠の中に限定された状態から解放されることであった。しかも論理の枠の中では、因果的連関の果てとしての始原や終末、死後の謎などが生じてしまうのに対して、こうした論理の枠の無根拠が気づかれたとき、謎はその出所となる根拠ごと消滅する。論理の枠に限定されていた質料が蘇るとは、そうした事態であった。

（1）James, William, *The Varieties of Religious Experience, The Works of William James*, Harvard U.P., 1985, p.55. 以下 VRE と表示。

（2）新約聖書「使徒の働き」9.1-9.19. 新日本聖書刊行会、一九七八年。

（3）http://www.dailymail.co.uk/sciencetech/article-2824134　Olaf Blanke 教授率いるスイス連邦工科大学ローザンヌ校のチームの実験（二〇一八年七月八日閲覧）。

（4）パウロの回心に見られるような発作的な症状は、てんかんの発作的症状との類似性が高い。しかしてんかんは発作の回数が週に何回、日に何回というように頻繁である。そして世界の意味変容とは無縁である。一方回心経験は、一生に数回程度であり、そして意味変容の経験、しかも世界の根本的な存在様式に関するそれが著しい。

（5）M・ジーブス、W・S・ブラウン『脳科学とスピリチュアリティ』杉岡良彦訳、医学書院、二〇一一年、三四頁。

（6）また回心を引き起こすような宗教経験は、自己と世界との境界をなくし、世界が自己であるというような感覚を生じさせる。これを、末梢神経から脳への「求心路遮断」によるものと見なす考えがある（A・ニューバーグ他『脳はいかにして「神」を見るか』茂木健一郎監訳、PHP研究所、二〇〇三年、一七二頁以下）。外界から脳の中枢部分にまで流入する情報が少なくなれば、世界が私に対置することがなくなり、私が世界になるからである。このようにてんかん性症状、「求心路遮断」や幻覚は、宗教経験の身体的条件である。しかしこれらに伴う意味論的変容が宗教経験では本質的なのである。

（7）確かに脳作用と経験との対応関係は、極めて細かいところまで確認できるようになるだろうが、それは脳が経験を産出していることの証明にはならない。また、ジェイムズの言う「戸口」としての潜在意識の考えは、宗教経験が意識内在的作用であるか、外部の神霊によるものであるかを問わず、潜在意識作用つまり脳の変化を伴うことを認めるものである。つまり、神霊が存在するとしても脳の変化を通じて宗教経験は生じているのであり、脳の変化を伴わない、霊的存在からの純粋に非物質的なはたらきかけによる宗教経験は考えられていないのである。

（8）ケヴィン・ネルソン『死と神秘のボーダーランド』小松順子訳、インターシフト、二〇一三年、一七三頁。

（9）この脳状態と意味論的コンテクストとの違いについて、前者はコンピュータのハード面、後者はソフト面としてたとえられることもある。ハードに同じものを用いても、ソフトが異なることでそのコンピュータは全く異なった機能をなすことがあり、反対にハードが異なっても、同じソフトによって同じ機能をなすこともある。

（10）ネルソン、前掲書、三一四頁。

（11）同書、三一五頁。

（12）同書、三一六頁。

（13）被験者に強い重力をかけたり、化学物質を注射するといった物理化学的操作で生み出しやすいのは、この短時間の感覚体験である。しかしそれらによって幻覚を操作できても、被験者の世界観に決定的な「意味」の転換をもたらす経験は、これらの操作のみでは生み出し難い。

（14）そこで何か霊的な実在を感じたか否かということは本質的ではない。そこでは、単に実在を感じるという感覚経験よりも、死の意味などについての根本的な世界観が変化したことが、その経験のリアルさを根拠づけていると言える。ここに、単に現前するという仕方での「実在の感覚」との相違がある。実際ジェイムズの「実在の感覚」でも、「大火の真っ只中」のような強烈な表現は意味変容を伴う経験に用いられ、単に自動書記における何かの現前感のように、意味変容を伴わない霊的実在の感覚経験には、そうした強烈さを認める表現はとられない。

（15）人間をどのような尺度で分析しても、三次元としての人間性の全体を二次元平面に投影することでしかないと見なすものに、「人間的な次元」を自由、「心理的な次元」を決定性として、次元的に区別するフランクル（Viktor Frankl 1905–97）の見解がある（V・E・フランクル『〈生きる意味〉を求めて』諸富祥彦監訳、春秋社、一九九九年、六七―八頁）。その喩をさらに展開し、本章では脳と意識とを含めた人間の心身全体を三次元、脳の物理的説明を二次元平面と見なした。

（16）ルドルフ・オットー（Rudolf Otto 1896–1937）がヌミノーゼ的体験を「戦慄する秘儀」（mysterium tremendum）と定義したことは広く知られている。そこで感覚の強烈さは tremendum であり、「実在の感覚」を表すにしてもこれだけでよいはずである。しかし mysterium が加わることで、真理性は強烈なのに、その内容がわからないという、ヌミノーゼの根本的に矛盾した性質が際立ってくる。しかしヌミノーゼは体験者の自己を無化するが、それでも客体的性質が強く、そして信念の変容については主題的に論じられない。これは、理由はわからないが死への態度が根本的に変化した、といった体験の性質とは異なっている。

　ジェイムズの「認識的性質」を純粋化するならば、何がわかったのかわからず、しかも真理顕現の「そこ」という特定性がないにもかかわらず、何かが根本的に変化している。この点で、「認識的性質」は何か特定の観念に強く結びつくのではなく、それまでの観念が全く問題ではなかった、という認識にもつながりやすい。つまり、問題を生じさせていた観念を支えていた論理の枠組みが解体されるということになる。「空」はこれ。

（17）Schiller, F. C. S., *Riddles of the Sphinx: a study in the philosophy of evolution*, Swan Sonnenschein & Co., 1891, p.162. この議論については、本書第二部第一章「プラグマティズムと形而上学」を参照。

（18）『諸相』では、トルストイの憂鬱とそこからの回復は、漸次的回心の一例として、広大な自己の中の心理的な力関係の変化という心理学的な解釈がなされる（VRE p.154）。それに対して本章での試みは、無意味からの回復という論理的に不可解な出来事を、論理的コンテクストのままに理解する意味論的解釈である。そこで、「無意味」という意味を生じさせる形式が鍵となり、しかもこの形式の無根拠が「無意味」の転覆を導いたのだった。

(19) Schiller, op. cit., pp. 295-6.

(20) 神秘的経験以外での、このような根拠を絶する事例のひとつが、西田的な「場所」である。場所はその根拠を問うことが無意味である。場所は「超越的述語面」として、述語を超越している、つまり「何か」として特定化されることを根本的に絶しているからである。「無」についても、それが根拠を絶するとすれば、あらゆる限定を絶しているがためである。それが否定一方の無であれば、その否定性自体がニヒリズムとなるが、それでもその否定性の出所が問われるかもしれない。しかし絶対的無限定としての「無」は、ニヒリズムが取りつく地点がない。この「無」は否定性という性質が入る隙間もないからである。実体とその根拠との、循環的な遡及関係自体もひとつの論理であるが、この論理の前提が未成立になるところが「場所」であり、「無」である。究極の個物は何者でもなく、究極的な一般者も何者でもない。その絶対的な矛盾が消滅しているのが場所であり、質料と形相とが相対立しない次元である。

(21) Wittgenstein, L., *Ueber Gewissheit*, 115.

(22) 西谷啓治『宗教とは何か　西谷啓治著作集第十巻』創文社、一九八七年、一〇八頁。

(23) 同書、一〇九頁。

(24) 西谷啓治『ニヒリズム　西谷啓治著作集第八巻』創文社、一九八六年、九九頁。

(25) 同書、一〇六頁。

(26) 同書、一〇七頁。

第五章　概念枠としての物質と心
——物質の決定性と自由意志をめぐって

はじめに

この章では第四章に引き続き、意識が脳に還元されるという考え方の批判的吟味を、宗教経験における脳状態の分析を通じて続けて行く。この批判的吟味は、心脳同一的な考えへの批判であると同時に、意識が独立実体であるという、それとは全く対立する考え方への批判でもある。これらを、「脳や物質とはむしろ概念的な記号であり、実在の姿を直接に示したものではない」と見なす視点から行ってみたい。

脳という物質から、物質とは全くかけ離れた性質を持つ意識が生じるのはなぜか、という謎は、量的・空間的・客観的な物質の性質を、質的・時間的・主観的な意識の性質の基盤と見なすことから生じる。両者は概念枠として全く異なるので、そもそもつなげる仕方がないからである。決定論的な物質を、自由と自発性を持つと考えられる意識に結びつけようとするときの断絶も、この謎に関係する大きなテーマであり、本章はこれを主題とする。そこでこの解決のためにも、概念にほかならない性質を、実在そのものと見なしたところに、謎の原因があるという観点から、問題をとらえ直してみたい。物質としての脳は因果的に決定されているはずなのに、私たちには自由意志があると思われる謎も、概念と実在との混同によって生じている可能性があるからである。
こうした概念枠として脳や心を考えることには、脳に還元されない心を、物質以外の不可思議な実体と考える必要がない、という利点もある。古典的な二元論的な構図を用いて、物質以外の心を設定することは、現代の私たちにとって受け容れ難い。しかし反対に徹底的に物理主義の立場をとるなら、物資としての脳に還元されないものは、意識も含めて何も認めることができない。これにも抵抗があるだろう。だが、もし脳に還元されないものを認めるとすれば、それは物質ではない物という論理矛盾になってしまう。こうした二元論の受け容れ難さや、物理主義がもたらす矛盾を避けるためにも、この章では脳や心をすでに実在から限定されたものと見なすスタンスをとってみたい。

こうして物心でさえすでに実在を限定した概念だと見なせば、二元論的な構図の中で物と心とを対立させたり、物質以外の物という不可解な設定をする必要がなくなる。ではこれは、デカルト的な存在二元論ではなく、性質二元論とはどう違うのか。この点については、性質二元論が物質と心とをともに、一元的な物質の現れとするのに対して、本章ではこの一元的物質さえも、物質とされる限り概念だと見なす点が異なる。それでは次に、物心は物でも心でもない中立的な実在の現れだとする中立一元論とは、どう違うのか。この点については、デイビィドソン（Donald Davidson 1917–2003）のように「非法則的一元論」とは言いつつも、存在論的には唯物論の見解を採る立場とは異なるが、この一元的な何かをより概念以前に位置づけ、物心の方を概念枠として「記述二元論」的にとらえるH・パトナム（Hilary Putnum 1926–2016）などとは、通じる部分もあると言いたい。しかも本章では、実在を何かとして規定することはすでに概念化であり、物心以前はその概念化から外れることを本質とする、という見解を強く打ち出す。

一　意識が先か、脳が先か

脳と意識の概念性を浮き彫りにする方法のひとつは、それらを用いた説明が限界に行きあたる地点を示すことである。その一例として、意識が脳の諸作用を統率するのか、脳の作用が統合して意識になっているのか、という問いを挙げてみたい。それは、意識が先か、脳が先かという問題であり、どちらの主張も最終的に背理になることを見てみたい。

さて、意識が先か、脳が先かという議論は、Cを意識、´Cを脳作用として分けたうえで、どちらが他方に先んじるのか、という問いでもある。Cは認められるが、Cは´Cに随伴している何かにすぎないとする立場は随伴説と呼ばれる。これだと、Cは「随伴 supervene」という名の通り、たとえばシステムを作動させる機械に塗られたメッキのように、それは外見上システムを銀色のような光沢に見せているが、動きはすべて機械の本体に主導され、メッキ自らは動きを生み出さない。つまりCから´Cへの因果作用はなく、Cははたらきという点で全く消極的なままである。

それでも、意識は肉体的な欲動を抑えられるし、また利益に反しても道徳的な方法を選択することもできる。これは´CにないCの自発性である、という意見も出るだろう。こうした意見の古典に、たとえばW・ジェイムズの「われわれは自動機械か?」[1]という初期の論文がある。そこでは、物質の機械的運動に加えられるべき意識の役割が挙げられている。

この役割のひとつめは、脳によって備えられる表象や想像の調整役としての意識であり、大脳皮質の不安定な渦の中心となる役割である。[2]これは、脳作用だけでは脳が統合的にはたらく説明がつかないという見解にもとづく。

二つめは、快苦の感覚による神経系の舵取りであり、刺激が単に物理的刺激ではなく、快苦という内面的状態として感じられることが生命維持には必要であり、そこに意識の役割があるという。[3] 三つめは、まとまりのない脳作用に対する意識の選択機能であり、複雑すぎる神経系の操縦の機能である。[4] 欲動を超えた合理的判断などもこれにあたる。[5] この三つに共通して見られるのは、身体の客観的運動と、それらを判断し統御する主体という二面的な区分である。それは自動性と自発性との区分でもあり、動かされるものと動かすものとの区分が、最初から根底にある。この「動かす」主体は最初から存在が前提とされるのではなく、認識活動や身体運動の統御のため要請される、という方向から立てられている。それでもこの区分は十分な経験的証拠にもとづいて成立したのか、それとも主観と客観という概念区分が、経験的裏づけ以前の前提となって設けられたのかが問われなくてはならない。これは独立した主観や自由意志の存否に関わるからである。

この問いの前に、ジェイムズの脳と意識についての考え方を踏襲しながらも、それらをすべて脳から説明することを試みる議論を見たい。取り上げるのは、ジェラルド・エーデルマン（Gerald Edelman 1929–2014）の「ダイナミック・コア」[6] という、脳の神経伝達のプロセスの理論である。それは極めて複雑で、巧みな変化を伴いながら、中心的な核を形成しつつ神経活動を行うシステムである。この神経活動の核が、私たちの意識的自我にほかならない。よってこの構図では、神経活動とそれによる身体運動とは別に、意識が存在する必要はない。そして反省的意識もこの核の一性質として説明される。まして感覚のように単純な主観的現象は、典型的な神経活動として見なされることができる。このように、意識の発生や複雑化は、基本的に意識Cを伴うコア・プロセスC′の進化過程を持ち出せば説明がつくという一貫した見解がなされるのである。ここでは意識は神経の属性にすぎないので、意識が神経にどのように作用するか、という心身問題の難問も生じない。

「Cはたとえ因果的な役割を直接に果たさなくても、´C状態の驚くほど精緻な識別能力を忠実に反映している。[7]」

この記述は、神経と感覚だけの随伴現象説よりも洗練された、自我意識や反省意識をも説明する高度な随伴現象説の考えを示していると思われる。[8] さらにこの立場は、高度な知的判断、さらには芸術的な直観のように、極めて高度な精神的なはたらきまでが、脳の物質的に決定された作用であると表明する。エーデルマンの議論は、理性、価値、直観といった微妙な問題に配慮しつつも、それらを物理的客観主義という近代科学の厳格な前提のうえに設置する、精巧な網をあらかじめ張っている。私たちは、ジェイムズと同じ現象を扱いながら反対の立場を採るこの物理主義にも、実証された根拠があるのか、それともこの物理主義とは根拠なき前提なのかを問わなくてはならない。

二　J・ヒックの自由意志説とその問題

ここで再び、エーデルマンとは反対に、高度な精神的判断を物質的決定性とは区別する意見を見たい。物理主義的な決定論は、自我意識や自由意志の行使と思われるところも、実際には物質の決定性があらかじめ支配している、という主張であった。それに対して宗教学者ジョン・ヒック（John Hick 1922–2012）は、衝動的または無意識的な判断には決定性を認めるものの、芸術の創造や、道徳的な判断にはそれを認めず、外部からの予測可能性も認めない。それらにおいて私たちは、「知的な自由を行使している」[9]というのである。しかしこのヒックの言う「自由」とはどういう意味だろうか。問題は、高度な知的判断になると、物質的決定性から免れるのか否かである。そこには決定性からの質的飛躍が必要だが、単に知性を高度化して行くことで、この飛躍が生じるのかが問題である。ヒックが高度な知性の極として挙げるのが、天啓とも呼ぶべき創造的判断である。[10]創造とは、本質的に予測ができないからこそ創造という意味をなすのであり、この意味では、創造を因果的に説明する内外からの視点はあり得ない。それに対して、下位の衝動的な運動は、刺激反応の因果法則に組み込まれる。こう見るとヒックには、予測不可能性に自由意志の根拠を見ているところがあるように思われる。そこではたして、衝動と天啓レベルの創造との間は、この予測可能性をめぐって連続しているのか、それとも本質的に、決定性から予測不可能へと飛躍する、原理的な断絶をはさむのかが問題となる。

ここではまず、単純な物理的システムが複雑化して行くことで、そのまま心や自発的意識も説明できるとする見解を、たたき台としたい。これは、物理的システムの複雑化の延長にそのまま意識が生じる、つまりこの過程すべてが物理主義的決定論で説明できると見なす見解でもある。それは決定論のまま、意識の自発性を説明しようとする見解でもある。それに対してヒックは、物理的作用と心による自発的決断とは本質的に異なると考えるから、このタイプの物理主義への批判的吟味は、ヒック説の妥当性についての考察でもある。

こうした、物質の組み合わせが心になると見なす立場に創発説がある。言い換えると、創発説とは、もともと心的性質のない物質を組み合わせて行くと、この組み合わせがどこかの地点で心を創発させるという見解である。それは神経の物理的システムの複雑化が、どこかで自発的意識を産出させる地点がある、という見解でもある。しかし、もし物質と心とがもともと本質的に異なる存在であるなら、たとえばn通りの機能を持つシステムには心がなく、n＋1通りの機能を持つシステムには心が認められている、という断絶の地点が存在してしまう。しかし、nとn＋1とは、物質にさらに物質が加わるという違いがあるにすぎないのだから、そこで物質が突然心に変化するというのは考えられない。すると、心は初めから最後まで認められないか、全く反対に、物質と思われていたものは初めから最後まで何らかの意味で心である、というどちらかを仮定するしかない。心を自発的意識の条件とするならば、最初から最後まで私たちは物質的に決定されたものなのか、それとも物質は極めて単純なシステムの段階から何らかの自発的な自由を所持しているかのどちらかになる。こうなると、心とは何か、物質とは何かがわからなくなる。このとき、元来心や物質の方が、私たちの広い意味での便宜のために作られた概念であって、それらは、こうした物心の極限レベルの事態についての適用を意図されていないと見なす方が自然である。さもなければ、創発説は物質を物質ではないものにするという自己矛盾に陥るしかない。ここで精神、物質の両者とも、概念であって実在ではないことになる。

これに対して、ヒックの場合は意識と脳とを区別したうえで、意識から脳への因果という二元論的な構図を備えている。それは、決定論と自由意志とを根本的に相容れないとする「非両立論者」[11]としての立場に現れている。

「脳と意識の関係は、いつも一緒に踊る一組の踊り手のようなもので、あるときは一方が、またあるときは他方がリード役を務める関係にも似ている[12]」。

この二元論的な物質と心、脳と意識という対立から生じるのは、もし物質ではない心を設定するなら、それは一体何からできているか、という疑問である。宇宙はすべて基本粒子の複合から成るのだから、それらの粒子からできていないものとは一体何なのか、という疑問がこの背後にある。同じように、自由意志があるとなると、決定された運動に決定されていない自発的な力を加えるものは何か、という謎が生じてしまう。確かにこれらの謎は、物理主義を前提とするから生じている。一度物質を基本的実在と見なすなら、物質の基本単位から構成されない物とは一体何か、答えられないからである。そしてこの回答不可能性は、論理的必然として生じる。客観的現象を説明する便宜のために作られた物理主義は、客観的物質が持つ性質以外の何かを説明できないのに、心や自由意志はこの客観性にとどまらないからである。

しかし私たちの「素朴な」実感では、自分たちの行為を自由と思うことが自然であり、そこに問題は生じていない。むしろ意識と脳はヒックの言う、「いつも一緒に踊るふたりの踊り手」の比喩そのままである。反対に、創発説や物理主義の抱える問題は、延長と運動という、厳密に客観化され数量化された枠組みに実在を集約させる構図にあると考えられる。これは実在そのものではなく、すでに概念図式だと考えられる。ここには、感覚、意識など、主観的で質的な事柄の入る余地は最初から締め出されている。すると、最初から締め出された事柄について、締め出し後の状況しか説明できない道具立てによって説明をしようとすること自体、背理となる。(13) つまり決定論とは、最初から主観や質などを認識の枠組みから締め出したことで成り立つ立場になる。物質という基本概念がすでにこの締め出しによって限定を受けた概念ならば、決定論もその限定された基本概念のみを実在と見なすことで成り立つ。そこで私たちは、この締め出し以前の地点まで、一度立ち返る必要がある。それはある意味、私たちが持つ根本的な概念枠の見直しであり、またその枠以前に直接に実感される実在の相に戻ることである。そして、それが本来の自然の姿かもしれない。以下、物理主義が持つ概念枠が限界に突きあたる事態に触れることで、この概念枠を通さない実在の相への接近を試みたい。

三　決定論の限界としての「自己予測」

物理主義の限界に行きあたる事態のひとつとして、ヒックは物理主義による自己言及の不可能性を挙げる。これは、物理主義が実在を客観的世界に限定するのに対して、その客観性を語る者だけは、その客観的世界に含まれないという構造にもとづいている。そしてこれは、実在そのものによってではなく、物理主義の概念枠によって生じる問題なのである。

「全面的に決定されていると信じきっている点で自分たちは正しいとしている者のことを、正しいと知っているとか、正しいと理性的に信じているというふうに適切にいえるのかどうか。[14]」

このヒックの問いには、世界が決定されているとしても、その決定性を「信じる」とか「知る」といった行為自体は、その決定性から除外される、という考えが見られる。喩えるなら、「私はいない」という言明が、自己否定の立場を徹底させることになるか、ということである。「だれであれ自分がいないと断定するためには、断定していることが偽でなければならない[15]」というパラドックスが生じるからである。この意味でヒックは、決定論の自己矛盾を主張する。

これは、「すべてが物質である」という言明では、その言明主体までも物質なのか、ということでもある。そこには、決定論を「知る」ことや「理性的に信じる」ことも、実は自由な私の存在を前提にしている、というヒックの考えが反映されている。しかし、この決定論の自己言及の不可能性は成り立つのか。私が今、決定論を「知る」こと自体も、すでに決定されていたのではないか。それとも、この「すでに決定されていた」という観念だけは、決定論からはみ出し続けるのか。ヒックからすると、このはみ出しはアプリオリな構造として永遠に続く。客観的な決定論的世界についての説明は、この説明を行う一人称的主体についての言明へは原理的に達し得ない。つまり両者の間に、存在論的な断絶が設定されている。

これに対してエーデルマンは、意識の物理的状態とは、事実上解読不可能であるにすぎないと見なす。これは原理的不可能性ではない。言い換えれば、客観的な記述は、一人称による意識のはたらきにまで、現在のところ追いついてはいないが、いずれは一人称的な意識の将来をも決定論的に描き出すだろう、という。私たちは「私の脳作用」という場合、物理的客観的な脳作用のほかに、それを認知し処理する一人称的な核が存在する、という構図を描いてしまう。しかし実はこの一人称は見せかけであり、その正体は一人称性を作り出す脳過程である「コア・プロセス」の全体にほかならないとエーデルマンは言う。脳作用の「ダイナミック・コア」こそが、自我意識の正体だと彼は見なすからである。彼によれば、ここに客観と一人称との存在論的な断絶はない。

もちろん、意識状態を決定論的に予測することには、無限に近い計算速度が要求されることをエーデルマンも認める。特に「コア・プロセス」の厳密な将来予測には、まず現在の「コア状態」を細部まで精密に把握し、次にそのコア状態にある脳が自らを動かす価値基準を、個体の過去の経験の解析によって定め、[16]さらにこの価値基準の多様性および、それが個体の行動を拘束する力の強弱の多様などをすべて把握、計算する必要がある。個体の判断作用がもとづく価値基準だけでも、その判断を行う個体の全歴史を知らなくてはならない。したがって、意識の将来予測には、現在のコア状態の複雑さの把握に加え、この判断の動機となる、価値の途方もない多様性を知らなくてはならない。それは、天文学的数字を何乗もかけ合わせるにひとしい。だがそれでもこれは事実上の予測計算不可能性であり、原理的な計算不可能性ではないという見解が可能である。

さらに、この計算が一度始まると、客観性が一人称性を根拠づけ、両者は断絶していないという前提の中で、それは行われ続ける。そこではすでに、断絶のあるなしは吟味されない。このように客観性と一人称性との間に断絶が存在するという見解、反対に存在しないという見解は、両方とも経験的に証明されたのではなく、証明以前に信じられたまま、現象を説明している。だがこのような実在の客観的側面だけを観察しても、意識の客観的予測が原理的に不可能になる場合を次に検討してみたい。

四　思考実験

エーデルマンの言う意識予測の「実行不可能」性は、現在の科学での事実上の不可能性であり、原理的な不可能性ではない。しかしそのうえでも、客観的な意識予測が主観的な意志に本質的に追いつけない構造を仮定してみたい。私の脳の未来の状態をすべて計算し尽くせるコンピュータについては、エーデルマンも仮定している。このコンピュータの計算速度は無限なので、どんな複雑なカオス的状態に対しても、未来の予測を一瞬にして出してしまう[17]。

さて、この理想的超高速コンピュータが予測する脳と意識の将来を、予測される当の本人がそのコンピュータのモニタで見ていたとすると、どうなるだろうか。たとえば現在から一〇秒後の将来の脳状態を計算し、モニタで映し出されたものを、現時点で本人が見た場合、この一〇秒後の本人の脳状態は、現時点での予測とは異なってくるだろう。一〇秒後を描いた予測モニタを見るのと見ないのとでは、当人の脳状態は明らかに異なってくるからである。

モニタを見ない状態については、脳およびその周辺環境をすべて計算対象にすれば、脳状態の将来は、少なくとも古典力学的にはすべて原理的に予測可能である。ここに、予測が追いつけないものはない。しかし、予測モニタを見ている脳状態を将来予測することは、いわば将来予測の計算の実行を含んだ脳状態を、将来予測計算しようとすることと同じになる。しかしこの最終的な将来予測計算によって、当の将来予測計算を見ている脳状態を捕まえようとした瞬間、この予測計算を見ている脳状態は、当の予測計算自体より一歩先んじてしまう。モニタを見る脳状態は、モニタに映し出される脳状態の計算予測をつねに一歩超え出てしまうからである。この構造は変わることがなく、予測計算は、予測計算を見る脳状態に、永久に追いつくことはできない。これは自己が自己予測を立てることが不可能な構図と同じである。自分がどうなるか、という予測計算は、計算対象にこの予測計算自身を加えて計算することは不可能だからである。そしてこの不可能性は、一人称的な自己の、原理的な客観化不可能性に結びついている。

　すると当然、コンピュータは、モニタからそれを見る脳への情報入力も計算に加えて予測すればよいのではないか、という反論が呈示されるだろう。これをどう考えたらよいか。もちろん、モニタを見る脳と、将来予測計算をするコンピュータとの全体を、ひとつの緊密なシステムと見なして計算する、別のコンピュータが存在すればよい、ということは可能である。しかし今度は、この新たな予測システム全体を計算する第二のコンピュータのモニタを、予測される脳を持つ当人が見たらどうなるか。この場合も、当人はシステムより一歩先んじてしまうことになる。これはコンピュータの計算の速度の向上によって、解決される問題ではない。自己が自己を予測する、という構造に本質的に伴い続ける問題である。つまり、自己予測が可能なシステムでは、予測する当人は予測結果を知ることができず、反対に予測結果を当人が知ることができる場合には、自己予測は不可能になっているのである。自己予測を遂行する限り、予測を観察する行為は、予測される事態の内部に入ることはできない[18]。

　さて、この自己予測の不可能性は、客観的な世界を実在と見なす視点自体が、この客観的実在の例外となってしまう、という構造と密接である。脳作用の外に、それを観察、統御する小人のような自己を私たちが考えてしまうことは、意識の主観性の拭い難さを批判的に物語っていた。これに対してエーデルマンは、ダイナミック・コアという物理的客観的なはたらきによって、主観を説明しようとした。これによって、意識の予測はその外部から見た場合には理念上可能となるように見えた。しかし、意識に関して客観的な側面しか存在しなくなる場合、そこに意識を予測する「意義」は消滅する。そこには予測をする理由も目的意識もないからである。他方で、意識に関する主観的存在領域を認める場合、意識の自己言及的な予測は不可能になった。これは、決定論を理念上認める場合にさえ、将来の自分の意識は原理的に予測不可能になることである。こうした、自己が自己の将来を予測できない構造は、宇宙が宇宙自身を予測はできない、という構造にもつながる。人間個人なら、決定論によって他者による別人の意識の予測は可能だと仮定しても、宇宙には宇宙以外の他者がいない。いるとすれば、宇宙全体の外に出られる神の視点ということになる。

以上見てきたように、将来の意識の自己予測は、予測する自己意識自身に決して追いつけない構造を持っている。それは確かに、世界が決定されている、という理念を退けるものではない。だが反対から見るなら、決定論は決して実証可能な命題ではなく、まさしく理念としてしか成り立たないことの立証でもある。つまり決定論は、根拠なき根源的な確信のひとつであることを超えない。その意味で決定論は、現実を理解する概念枠のひとつでしかない。これは、自由意志を主張する見解も、現実理解のための概念枠のひとつでしかないことと、等根源的である。つまり現実には複数の世界理解が、お互い絶対的根拠を持たない形で、存立していることになる。そしてどの理解も、実在の究極の次元に関しては自らの限界点を抱えているのである。

ヒックの立場になると、「物理的決定論のすべてを退けること、自由で理性的な判断と誠実な道徳的選択を容認すること、ならびに非物理的なものの存在を物理的実在と同様に容認すること」[19]というように、今度は非物理的実在を明確に主張する部分がある。それに対しては、物質以外の「もの」が存在するなら、宇宙が基本粒子からできている以上、それは一体何からできているのか、という反論が可能であった。しかしもう一度ヒックの側からすれば、こうした反論さえ、物理主義を前提にして初めて成立するということになる。[20] 両者は根本的な前提の次元でかみ合っていない。物理主義とは選択肢のひとつにすぎない、という主張に対する私たちの違和感は、客観的物質の基本単位や決定論がすなわち実在であり、それは宇宙全体の隅々にまで及んでいる、という信念による。反対に非物質的な主観的意識存在の主張は、宇宙の客観的基本単位が何かという議論とは別の理由から発せられており、それも自らの根源的な信念を持っている。しかしこれらの信念が、ともに究極的な根拠なき前提であることを示す事例を、次にもうひとつ検討したい。

五　意識はなぜ進化したか——リアリティーとしての自由意志

　意識が神経の物理的システムの随伴現象にすぎないと仮定した場合のもうひとつの問題は、なぜ進化の過程で意識が発達したのかを説明できないことである。ヒトにとっての尻尾や盲腸は、必要ではなくなったから退化したという考えが一般的だが、意識が積極的役割を果たさない、神経の随伴物にすぎないなら、盲腸と同様に退化したはずである。これは、意識Cとその基盤としての神経の物理的状態´Cとを区別したために、Cの積極性を評価できなくなったことで生じた問題だと考えられる。´Cだけで知覚や知覚刺激への反応、生存のための行動システムが成り立ち、´Cの発達で自然選択を説明できるのであれば、そこに加えてCが進化する必要はないからである。また´Cだけで進化が説明できるなら、同様に自由意志が発達した理由の説明もできない。

　これは、完全な物理主義的な立場が、実証されたものではなく、自らの信念によって成り立っているにすぎないことを示す一例である。同様に、自由意志の存在を実証することも不可能だが、それにはリアリティー[21]があり、その直観は、実証と同等以上の存在根拠となっている、という考えを吟味したい。この自由意志のリアリティーを、物理主義の立場が論理的に許容することはできない。つまり、このリアリティーの権利は、物理主義の合理的妥当性以前にある、物事の直接性の存在論的な権利から導かれる。

　さて、進化論における自然選択は文字通り自然によって決められる限り、そこに、進化しようという「生命の跳躍」や、よりよく適応しようという自発的意識が進化を促進させることはない。その意味で進化は機械的であり、機械的必然性以外の自発的意識が登場する必要はない。この意味で、仮に生物に意識を設定しても、それが進化を推進させはしない。

それに対してエーデルマンは、意識の進化とは、環境に対する多数の反応レパートリーの中から、生存のために適切な反応を選択する必要性から生じたと考える。多数の反応レパートリーの中からより適切な反応を選べる生物は、アメーバのように一定の刺激に対して一定の反応しかできない生物よりも、大きな適応能力があったからである。こうして選択の「任意性」を増大させた生物が淘汰をのがれたために、結果的にこうした選択の任意性を持った生物に伴う特徴、つまり意識は残って行き、そして発達して行ったと見なす。これが「神経ダーウィニズム」の立場である。[22] ここで意識は、意識それ自身のためではなく、適応のための機能として有用、という理由から残り続けている。そして、こうした複雑な刺激反応のシステムの基本にも、´C同士の因果関係が根底にあるとするなら、「任意性の増大」とはCによる反応の多様性の増大であり、それは結局、´Cの多様なシステム化が進んでいればよいことになる。すると、´Cは物質なので原理的に決定されている限り、本当の意味で「任意」の自発的判断は、入り込む余地がない。つまり、´Cのシステム化とは、物理的刺激反応のシステム化である限り、このシステムがいくら多様化しても、そこに´Cとは全く異質のCが登場する理由は出てこないのである。こう見ると、´Cのシステム化がそれだけでCを生み出したとするエーデルマンの主張は、物質の複雑化がそれだけで意識を生み出すという、創発説の一種にほかならない。つまり´Cの複雑化によってなぜCが登場したかを、原理的には説明できないという、創発説の問題をそのまま抱えている。これはエーデルマンが、´CとCとを最初の時点で区分したことに起因する。この区分によって、´Cがいくら複雑化しても、Cが生じた必然性を説明できなくなるのである。したがって結局のところ、´Cだけを最初に設定したら、最後まで´Cだけで通すか、最初から最後までCと´Cとを区別しないか、という選択しかないのである。

　さて、エーデルマンが´Cを出発点とすることはすでに確認したが、それでも彼は、Cの積極的役割があるからこそ、意識あるものが自然選択で生き残った、という理解もしていた。するとCは随伴的存在に限られたはずにもかかわらず、生存の積極的な役割を担わされるようにも思われる。

「情動的な状態を豊かに伝え合うことが高い適応性をもたらした動物種では、識別を行う能力である´Cを、この識別について伝えることに結びつけるほうが有利なことだったであろう。そのように進化した動物は、´Cの状態をCという表現で伝達するだろう。[23]」

　ここでは´Cは「識別」機能であり、Cはそれを「情動」を通じて「伝達」するものとして区別されている。しかし元来は「識別」だけで、生物の能力としては十分だったはずである。たとえばサーモスタットは気温の識別をなすが、これを複雑化、システム化することはどこまでも可能である。しかし、単純なサーモスタットに意識がないとすれば、どんなに高度にシステム化された温度センサーを持つエアコンでも、意識は生じない。つまり、Cはそれが生じた時点で、´Cになかった異質の積極的役割を担うはたらきとして、不自然に登場してしまっているのである。この、´Cが単なる随伴性からCを伴う自発性へと転じる境界の位置は、エーデルマンでは不明確である。[24]少なくとも、物理的システムとしての神経から、どの段階で主観的性質としての感情が生じるかは説明できない。他の仲間への情動伝達という生き残り手段として感情が要求されたとはいえ、´Cのみのシステムから、それとは異質のCが生じたのはなぜかという、創発説と同じ問題がここでも立ちはだかっている。

　さらにエーデルマンの問題は、個体の生き残りのためには、意識が有効だったといっても、彼の基本的スタンスからすると、意識は決して自由な自発性を持ち得ない点である。彼の基本的スタンスである物理主義では、もし意識を認めたとしても、それはあくまで物質的決定性に随伴する以上のはたらきを成し得ないからである。これでは積極的役割にまでは到れず、したがって意識の機能的有効性を主張しても、そうした意識のそもそもの存在根拠を不十分にする。これが物理主義と、意識の出現理由になる自発的はたらきとの根本的な断絶なのである。物理主義的随伴説では結局、生き残りのため自発的意識が登場した理由を説明できないのである。

この物理主義と自発的意識との断絶に際して取り上げたいのが、ジョン・サール（John Searle 1932–）が自然主義の立場を採りながら、自由意志を認める面を持っていた、その理由である。サールの基本的立場は生物学的自然主義である。そこでは、意識は脳から因果的に産出される。したがって、意識の作用も、脳を構成する物質の因果的作用にもとづいて形成される。ここからすると、意識の発達は脳の発達に伴い、そして脳の発達は神経システムの複雑化に対応する。だが、神経システムが、外界からの情報を処理して身体的な反応をうながすシステムだとすれば、神経システムはコンピュータを備えたロボットと同じように、複雑化された反応パターンを記録し担っていればよく、機能的にはそれを超えた何かが登場する必要はない。神経システムの発達を考えるなら、最初から最後まで、自発的な意識は登場しなくてもすむのである。つまり、進化が個体の自己保存のために機能する反応パターンの増加だとすれば、創発説と同様、意識が発達したことの説明がつかない。そしてこれは最初から最後まで決定論でもあり、サールはこれを認める。だが同時に次のようにも指摘する。

「もし自由な合理的決定を下す経験のすべてが錯覚なのだとしたら、なぜ私たちの生物学的な生活史において自由な合理的決定がこれほどまでに幅をきかせているのだろうか？　また、なぜ自由な合理的決定は、私たちが進化において知っている、ほかのあらゆるものごととは似ても似つかないのだろうか？　私はこれこそが、…唯一の堅固な反論だと思っている。[25]」

サールはまず、私たちが幼少のころから行っている、意識の合理的決定のための自発的訓練の事実に着目する。私たちは「意識の合理的な決定を下す」ようになることに、教育の目的を見出し、そこに大きな価値を与え、それを必要としている。それは、進化論の自然選択の機械的決定において、意識の自発性は必要でないことと相反するというのである。現に私たちは、「わるい決定よりもよりよい決定を下せるように自分を鍛えたり、若者の訓練に膨大な時間、努力、お金などを費やしている」。そしてこれこそが、「自由という経験」の「生物学的価値[26]」だというのである。自由は必要だから、その獲得に努力やお金を投資するのである。そして自由が生存のために価値がないなら、進化過程でそれが登場してきたのはおかしいことになる。

合理的決定の訓練が私たちの生存のためであり、この訓練がなされたものが自然選択の中で生き残るとすれば、自由意志は自然選択のうえでも必要になる。この事実はダーウィニズム的進化論とは矛盾しない。しかし自由意志そのものは、機械的自然観とは矛盾する。自発性と決定性との相克はここで先鋭化してくる。この矛盾はどう解決したらよいか。ひとつ言えるのは、物質的決定性という強固な法則は、それ自体が、この合理的決定の自発的訓練によって生じた、知性の体系から導かれたものだという事実である。ここで私たちは、従来通り自発性とは決定性の中に位置する錯覚とすべきなのか、それとも決定性という体系自身が、私たちの合理的決定の訓練による、実在の概念的限定物にほかならないのかを、選択する決断に迫られる。

サールの生物学的自然主義では、意識は脳から因果的に産出されると見なされる限り、少なくとも古典物理学的な世界観において、自由意志は存在し得ない。他方で彼は、意識的存在の一人称的側面は、三人称には還元されないと見なす。ここで三人称と一人称との間には、接合できない断絶が生じている。さらに、合理的判断のため私た

ちが行う意識の自発性の訓練が、機械論的決定性とは根本的に相反する事実も容認する。そしてこの矛盾の狭間で彼が用いるのが、

「心理学的自由はリアル real である[27]」

という、私たちが先の第一章でも引用した、何かが存在することの根幹を示す言葉である。この real とは何か。繰り返すように、脳という物質を意識の産出根拠とする限り、古典物理学的世界での自由意志はあり得ない。これは、物質を万物の存在根拠とする見解にもとづく。それに対してこの real な次元とは、自然科学的な観察や、物理主義による根拠づけが行われていないにもかかわらず、reality の十分な根拠となるものである。それは脳という物質の実在ではなく、物質という概念以前の直接性の real さだと推測される。

　最初から物質を万物の産出根拠とする立場に立てば、特定の意識現象がどのように脳と対応関係にあるかは、観察によって実証されるだろう。しかしここで、物質が万物の産出根拠だという前提自体は実証されていない。この次元において、物質と、概念以前の直接性との、どちらに reality があるか、という問いに対する実証的な回答は不可能である。これはサールが自然主義者として脳に意識の存在根拠を見出しつつも、その立場の正しさ自身は実証不可能である、という限界点において出てきた見解だと推測される。あらゆる知識体系の根底には、その知識体系の内部からは実証不能な確信がひそむ、という知識体系一般が持つ根源的な問題が、ここで暗示されている。

　この章を簡単にまとめておきたい。最初に、エーデルマンの物理主義的な意識理解を吟味しながら、意識を神経学的に理解して、決定論的な将来の意識計算を行うことが可能か否かを検討した。そこでは、過去の経験すべての積算にもとづく将来についての計算が、事実上極めて難しいことがまず指摘された。さらに、神経学的な意識理解

は、物質からの意識の発生について、創発説が所持するのと同じ困難を所持しており、そこで物理主義による意識理解の限界点が示された。この限界点は、物理主義から敷衍される決定論にまで疑問を投げかけた。反対に、ヒックが主張する非物理的な意識にも、物質ではないものとは何かという不可解さがあった。そこで、物心の区別や、決定論と自由意志という区別がなされる前提自体を問い直す必要性が検討された。

次に、決定論的な意識予測の原理的な不可能性について、自己が自己の意識を予測する自己言及性の構造を通じて検討し、その予測不可能性が示された。また他者が第三者の意識を予測するのが可能だと仮定しても、その予測者の自身の意識を予測者本人は予測できず、そしてこの構造は宇宙自身の自己予測不可能性を示すことでもあった。

また進化論において、生物の進化のための自然選択という前提は、現実に感じられ訓練される自由意志の発達とは相容れない点が検討された。ここには、直観的に実感される自由意志と、物理主義的な概念による決定論的理解との相克があり、どちらが真の実在なのか、実証的に示すことはできないという特徴があった。そこから、概念的には物理主義かつ決定論を採る場合でも、リアリティーという意味で自由意志は肯定され得ることが示された。これは概念的知識が実在であること自体は、実証されていない前提であることからも導かれた。すると、この自由意志の直観的リアリティーとは、概念が立つ前提以前へと戻ることで、その真理性が根源的に保証されることになった。こうした概念以前の次元の実在性は、知識体系が一般に、その知識からは導かれない前提を所持していることによって正当化された。

このように、私たちの知識は隠された前提にもとづいて成り立っている。それは、この前提にもとづいて決定論対自由意志などの形而上学的な問題も生じている事実を示すことでもある。したがって右記の直観的リアリティーの次元とは、決定論に対して自由意志を唱える次元ではなく、決定論対自由意志という対立形式が成立する以前の次元としてある。そしてこの次元について、この後に成立した対立形式によって思考することは、本質的に不可能なのである。心の問題については、この思考不可能領域がつねに関係してくる。

おわりに

この章では、自由意志の存否の追求から自由と決定の二分法の根拠が問われ、それらの概念的分化以前の、実在の次元に到った。この次元からすると、決定論や自由意志、物質や精神は、この実在を限定する概念でしかなかった。また脳神経とクオリアという対立についても、それらが未だに対立ではない次元が考えられ、その次元から二者の区分を批判的に考察することができた。むしろ概念枠を通じて把握したとたん、それらは対立する特性として、実在から抽象されるのだった。

このように、私たちの知識も、反対に形而上学的な問題も、私たちの側の概念枠が生じさせていた。しかもこの枠を通じて行われるあらゆる思考において、この概念枠自体だけは、その思考の対象となったり、反省課題とはならない本質的な構造があった。その概念枠を反省的に対象化しようとすると、この反省遂行のために別の枠組みがさらに必要になってしまい、枠自体の反省的対象化において必ず生じるこの構造に、果てはないことになる。

そうなると、形而上学的問題を生じさせる概念枠から離れるためには、その枠を外から観察するのではなく、枠の内側から枠を自ずと崩し去る方法が考えられる。それは、私たちの思考がこの枠にもとづくからこそ理解不能となっていた事態に、自ら具体的に直面し、その理解不能を解消するために、枠自体を内側から無効にして行く方法である。具体的には、単一の存在者として規定されていた「私」が複数になる事態や、絶対的であると思われる「私」と「汝」との隔絶が思考内容の共有によって消滅する事態、「私」の存在と非存在との相異がなくなる事態などが理解不能であるのは、概念枠にもとづいて思考していたからである、という事実への気づきである。

これらの事態において、「私」の単一性、「私」と「汝」との区別、「私」の存在と非存在との区別を成り立たせていた概念枠をそのまま観察することはできない。概念枠は、これらの区別の消滅を通じて、直観的に示されるしかない。そして枠が消滅したとき、なぜその枠によって問題が生じていたのかがわからなくなる。そしてこのような枠の消滅を推進させるところに、宗教経験のはたらきがある。この経験は世界の意味について、認識上の転換をもたらす特徴を持つが、その転換はこの概念枠の改変と消滅に強く関係している。これらの事態について、次章で考察する。

（1）James, William, "Are We Automata?" in: *Essays in Psychology*, Harvard U.P., 1983, pp.38-61.

（2）ibid., p.52.

（3）ibid., p.55.

（4）ibid., p.56.

（5）こうした合理的選択としての倫理的判断は、脳作用とは別の、意識の選択機能がなければ不可能だと思われることがある。しかし、倫理とは脳の価値系 value system によって要求された、生物生存のための識別作用の一種なのか、それともそうした自然的作用ではない、それ自体の存在領域を持つのか、という問題は残る。前者では価値や倫理は自然主義的な世界に包含され、脳作用にも還元されてしまう。後者では、価値や倫理は生存のための手段には還元されず、自然主義的世界の外側から、この世界を価値づけることになる。ヒックの、脳作用とは別の意識とは、脳とは別のモノなのではなく、このような自然主義的世界の倫理的、論理的な外側としても解釈できる。

（6）Edelman, Gerald M., *Wider than the Sky: The Phenomenal Gift of Consciousness*, Yale U.P., 2004, p.84 etc.　G・M・エーデルマン『脳は空より広いか―「私」という現象を考える』冬樹純子訳、豊嶋良一監修、草思社、二〇〇六年、一〇八頁、など。

（7）Edelman, op.cit., p.85／一〇八頁。

（8）もっともエーデルマン自身はこの箇所で、自分の立場を随伴現象説ではないと言っている。彼がCに、「統合」や「識別」という、随伴現象説ではあり得ない役割を与えているから、というのがその理由だという。しかしCは、Cの識別状態に必ずもとづいている限り、物理主義的立場を守るならCに積極的な役割は与えることはできない。反対にCの「識別」が、Cの識別状態を誘導するとしたら、ヒックと同じようにCは物質を超えた何かになってしまい、エーデルマンは自らの脳科学的な根拠に矛盾してしまう。結局エーデルマンは、自らの脳科学的な理念に矛盾しない物理主義的立場を守る限り、随伴現象説と自らの立場とを、完全に区別することはできない。もし区別するなら、「統合」や「識別」を行う理由としての生物個体の「自己保存」に、形而上学的な意義を付与する必要がある。ダーウィニズムは、機械論的、物理主義的な自然主義とおおよそ一致しながらも、個体の「自己保存」の理由を、自然主義からは直接には導き出せない。そこでは生物個体に、物理的には理由の見出せない「自己保存」力のようなものを前提にするしかない。

（9）Hick, John, *The New Frontier of Religion and Science: Religious Experience, Neuroscience and the Transcendent*, Palgrave Macmillan, 2006, p.118. J・ヒック『人はいかにして神と出会うか―宗教多元主義者から脳科学への応答』間瀬啓允・稲田実訳、法藏館、二〇一一年、九一頁。

（10）Hick, op.cit., p.118／九一頁。

（11）ibid., p.114／八四頁。

（12）ibid., p.205／二三八頁。

（13）たとえばクオリアや主観性は生命の本質的な性質であり、生物はこのクオリアを伴う生命を維持するために外界の出来事を識別して、よりよい行動を選ぶ、という順序が考えられる。しかし物理主義的なクオリア論は反対に、生命維持の手段であるはずの識別が効率よくなされるようにするため、生命の本質であるはずのクオリアが生じたという順序で考える。生命の本質としてクオリアを位置づけるなら、これは本末の転倒である。そしてこの転倒は、物理主義的に意識を理解することや、決定論からの自由意志の理解でも生じている。

（14）Hick, op.cit., p.121／九七頁。

（15）ibid.

（16）〝Cの将来を予測するには、「価値判断の基準に関わるその個体の歴史のほぼすべて」(Edelman, op.cit., p.85／一〇九頁）が計算に組み入れられる必要を、エーデルマンは主張している。これは、脳の価値系が、個人の行動を触発する価値の源であり、かつ価値は客観化、物質化される、という物理主義的な考えにもとづく。

（17）ibid., p.137／一六五頁。

（18）この自己予測の不可能性は、古典理論でも成り立つ不可能性である。実際にはこれに加えて、「重ね合わせ」としての量子的な脳状態から、古典的状態としての意識状態がひとつに定まる、量子状態の「収縮」が考察に含まれなくてはならない。複数の量子状態の中からひとつの古典的状態が選ばれる原因は、計算不可能だからである。

（19）Hick, op.cit., p.123／一〇一頁。

（20）たとえば、C状態は〝C状態に因果的に規定されるという随伴説の見解も、物的一元論を前提にして初めて成り立つという指摘はある。「心と脳の同一性は、…ア・ポステリオリな同一性だ」というのがそれである（金杉武司『心の哲学入門』勁草書房、二〇〇七年、七二頁）。それに反して物的一元論者自身は、こうした心脳同一性のア・ポステリオリとは、「われわれが現象的状態の本質を十分に理解できていないから」（金杉、八七頁）なされる主張にすぎない、と指摘するという。もしこれが、物的一元論という信念にもとづく主張だとするなら、それは「心と脳とは同一ではない」という二元論的な信念と本質的に変わりがない。そして、二つの信念は、どちらも根拠づけられていない。

（21）　reality は日本語で「実在」と訳される場合が多い。そして「実在」という日本語には、対象化された存在物、というニュアンスが伴う。確かに英語の reality も、ラテン語の rēs（物）とのつながりがある限り、対象化された存在物の意味は拭いきれない。しかしここでは、意識や自由意志が直接的に承認される、間接的推論にもとづかない直接的直観的な理由というニュアンスを出すために、reality という言葉を用いた。

（22）　Edelman, op.cit., pp.32-3 / 四九―五〇頁。

（23）　ibid., p.81 / 一〇三―四頁。

（24）　意識の積極的な関与が考えられる「意味」や「価値」についても、エーデルマンは基本的に、「生存に必要な報酬や反応」の延長と見なす。この「報酬や反応」に関わるのが、脳の「価値系」という「上行性の神経系 the ascending systems」だというのであった（ibid., p.25 / 四〇頁）。これは、「意味」を生存のための選択に還元し、こうして物理的なものと同等に見なして行く主張である。

しかし物理主義的な立場を採りつつも、「意味」の登場時点で、物質とは別の何かの質が登場したと見る考え方もある。実際、生物学的自然主義者のJ・サールが「意味」を認めるのは、彼が「志向性」を認めることにひとしい。これは物理的世界に加わる質であるが、それは彼が一人称的世界を、三人称的物理的世界から存在論的に区別することと深く関係している。

また、もうひとつの立場としては、この世界は最初から、「意味」に満ちた世界であったと見なす選択肢がある。ここからすると、「意味」のない物理的世界は、すでに「意味」が無いように抽象化された世界、ということになる。物理主義では、元々は「意味」のない実在世界であり、そこで生物が生存するための「選択」に伴って、「意味」が発生したと見なす。反対に「意味」を最初から世界にすえる立場では、その世界を私たちの便宜的な必要性によって抽象した結果、「意味」のない物理主義的世界が誕生したと見なす。互いは、最初の前提の時点でくいちがっている。しかも、両者とも根拠づけられていない。

（25）　Searle, John, *Mind: A Brief Introduction*, Oxford U.P., 2004, p.163. J・R・サール『マインド―心の哲学』山本貴光・吉川浩満訳、朝日出版社、二〇〇六年、二九九頁。

（26）　ibid., p.163 / 二九八頁。

（27）　ibid., p.158 / 二九〇頁。

第六章　物心をめぐる諸概念の極限

――思考不可能な場所から照射された「私」「知識」「形而上学」

前章では、決定論と自由意志論との対立を中心に、それぞれの立場が行きあたる限界点について考察した。決定論における物理主義、および自由意志論において物質ではない何かを設定する見解は、ともにどこかの地点で自己矛盾や概念的な不都合を引き起こした。この不都合は、それぞれの立場による世界理解がともに、各々の概念枠に現れた世界理解であって、それらの理解を実在そのものと見なした結果として生じた、という見解を私たちは採った。

物心以前の次元からすると、特定の平面にこの次元を射影したのが物質であり、私たちの物理主義的認識はそうした射影を超え得ない、という喩えができる。この射影は、概念枠に囲われた実在にすぎない。つまり、射影される実在は、その射影にすぎない平面的概念からは別次元にあり、それは物という言葉でも、さらに心や魂としても語れない。物や心という概念と、この別次元の実在とは、二次元と三次元ほどにも異質である、という比喩も成り立つ。このように、本章の表題にある「思考不可能な場所」とは、物としても心としても語られ得ず、そうした概念から根本的に外れる。むしろ物や心の方が、私たちに役立つコンテクストの中で成立してきたことになる。そしてこの役立ちのコンテクスト以前とは、私たちの直接的な直観の領域でもあると考えられる。

そこで本章では、心に関して、実在と思われていたが実はそうではないことが露になる事態について、さらに考察したい。一般に、ある対象を示す言葉がないところへ、思考は追いつかない。しかも、言葉があくまで私たちの側による理解の道具である限り、言葉による理解から根本的に乖離する領域は、どこまでも残り続ける。しかもその領域は、言葉のための既成の概念枠が崩壊するという仕方で、こちら側の足場を崩す仕方で現れてくるのである。

一　記号としての「私」――私がいるのでもなく、いないのでもなく

こうした概念崩壊の一例として、「私」が崩壊する事態を考えてみたい。「私」という言葉が有意味に使用されるのは、各々の個人名という三人称的な指示名詞が指すものと、一人称としての単一の「私」とが対応可能な場合である。「鈴木さん」と呼ばれて「私ですか」と答えても、それが別の鈴木さんへの呼びかけだったら、そのときの「私」は誤って用いられている。しかし、このときの「鈴木さん」が私ではない、という誤りを明示できる点で、「私」は有意味に用いられている。三人称的に何人の同一名詞の人物がいても、一人称的に私は単一だという自覚がその背後にある。この意味で、単一であることが「私」の成立条件であり、それが個人名との対応可能性も成立させる。それはどの他者でもないという、他への否定を通じた同定が根拠になっている。

さて、こうした単一性は、たとえば大脳を形成する二つの半球を、それぞれ別々の身体に移植し、それぞれが別々に機能するという事態になったとき、どうなるか。実際、かつてはてんかん患者の治療のために、二つの半球をつなぐ脳梁を切除するという手術がなされたこともあった。これはさらに二つの半球の独立性を徹底させる思考実験である。たとえばサールはこうした分離において、

「結果として生じた二つの人格 characters――そのように記述してもよいとして――のうち、どちらが私だろうか。(1)」

という謎かけをしている。ここで身体は二つになっている。つまりここで、それまでと同じ「私」という声を発しようとするとき、その発声はどちらか一方の身体からしか可能ではない。少なくとも一方の身体の「私」は、はいまでも、かつてと同様、同じかけがえのない私だ」と感じるだろう。そしてもう一方の私も、全く同じように、「私はこれまでと同様、かけがえのない私だ」、と思うだろう。しかし、どちらがそれまでの「私」を引き継ぐ本当の「私」なのだろうか。[2] ここには、本来単一であるはずの「私」が複数になっていること、そして一人称でしかないはずの「私」までが、同時に三人称としても存在しているという、二つの奇妙な事態が生じている。ここでは単一の「私」が存在するのか、しないのか、という論理的判断も行うことができない。単一の「私」とは、判断される以前の前提であったからである。

「私」の論理では、「私」は同一であり単一である。この前提からすれば、三人称的に「私」を示す「鈴木」があちこちに複数見られても、一人称的にはつねに単数であり、分割はできない。一人称の「私」が複数あることは、「私」という言葉の前提を壊すことである。言い換えれば、ひとつの一人称の「私」が二つの身体に分有されることは、今まで用いられてきた「私」の概念枠では扱われ得なかったのである。これが世界観の根底に関わるのは、三人称に対する一人称の特性はアプリオリではなく、今までの言語使用の中で問題がなかったにすぎない、という事実の暴露である。「私」の単一性、唯一性は根拠づけられていたのではなく、今まであたりまえであったがゆえに成立していた。それゆえ、複数化された一人称の「私」について語る言葉はなく、したがって複数化された一人称の「私」が存在する世界はあり得なかったのである。

「私の存在」ということも、一人称の「私」が単一であるゆえに、成立していた。したがってこの単一性が崩れれば、「私」が存在するのか、しないのかまで不明になる。これは「存在」でさえ事柄の側に属しているのではなく、論理の形式に左右されることを示している。「私」の論理は、一人称が複数あるという事態を言葉で表すことができない。しかし、「私」の論理以外に認識手段を持たないならば、このとき実在をとらえる手段は、もはやない。言い方を変えれば、一人称的な「私」が複数いるという事態は、世界認識の論理を根本的に覆さなくては、理解され得ず、存在さえ確認され得ない。

これは、同じ身体の中に複数の人格があるという多重人格の問題とも異なる。多重人格では、ある特定の人格から見れば、別の人格は一人称ではない、三人称の他者として識別される。ただ、この他者のいる場所が同じ身体だというだけである。それに対して一人称の「私」が複数ある事態とは、三人称的には私ではないのに、一人称的には「私」であるのは何者か、ということである。逆に見ると、この事態が理解不能であることは、単一性と同一性とを備える一人称的な「私」でさえ、実在そのものではなく、概念上の記号でしかないことを示している。一人称の「私」とは、この単一性と同一性とが完全に妥当しているという条件から生み出されたにすぎない概念である限り、もはやこの妥当が成り立たない事態を、その概念で理解しようとすることはできない。これは一人称の「私」という、それまで妥当していた概念の限界状況である。そして「心」や「物質」という概念も、こうした限界状況に直面する。(3)

「私は存在するのか」、「私は存在しないのか」という問いは、ともに「私」の単一性、同一性を前提として成り立った。「心は物とは別にあるのか」という問いは、物が実在であることを前提として成り立つ。そしてこれらの前提が実は成り立っていないのならば、これらの問いに答えは出ず、問い自体が無効になる。「私」の単一性、同一性が不成立になるなら、そのとき私の「存在」と「非存在」とを区別する前提が不成立であるため、これらのどちらが正しいかという問いは無効になる。そこでは、正解不正解さえ成り立たない。さらに、私の「存在」への問いが不成立なら、たとえば「死後の世界はあるか」という問いにも、正解不正解の二分法はあてはめられない。そこでは、「死後の世界がある」という言明が、誤りとなることさえできない。

言葉をすでに実在からの乖離と見なすならば、´CとC、脳の物理的状態とクオリアとがどう結びつくのかという問いも、問いの前提がすでに誤っていると考えることができる。物理的決定論や因果的閉塞説が正しいかという問いも、´CをCから独立させ得ることを前提としている。しかし、´CとCとの分離を最初から行わないなら、決定性と自発性という区別も意味はなくなる。自発性とは、決定性を破ることにおいて、初めて自らの意義を獲得するからである。ヒックの「非物理的存在」でさえ、両者の分離を前提としている。こう考えると、物質と心、決定性と自発性という二元的区別を前提とする概念枠以前へ戻ることが一定の妥当性を帯びて来る。しかもこの枠を設けないことは、科学や哲学より、むしろ日常的な感覚にそぐうのである。

二　知識の「役立ち」構造と形而上学

これまで、物理主義と、心を実在と見なす立場との二者を、対立関係にあるものとして見てきた。これは決定論対自由意志という対立関係ともパラレルであり、それらは古くからの形而上学の問題ともつながっていた。形而上学とは、世界が究極のところでどうなっているか、という次元の問いに関わる。宇宙は空間的、時間的に無限か否か、自由意志は存在するか、といった問いはそれにあたる。しかし問題は、これらに答えようとする思考がもとづく形式が、もともと私たちの周囲にある事柄の問題解決に役立てられるために作られた形式だ、ということである。つまり形而上学の問いとは、私たちに身近な問題の解決方法を、その方法が形成されてきた範囲にはない、究極の問題に適用させているという錯誤を含んでいる。たとえば日常の現象を説明するために生じてきた因果律の形式を、宇宙の誕生理由に適用させることは、それにあたるだろう。

さて、私たちの知識は、言葉の広い意味において、私たちに「役立て」られるためにある。現実を説明する理論も、それが「役立つ」ことで真理化される。脳や心という概念でさえ、それらが何かの問題解決に「役立つ」ことによって、真理性を獲得する。つまりその有効性がないならば、これらの概念は必要がなく、登場して来なかった。そしてこれらの「役立つ」概念同士を結びつけるのが、因果的説明であり、それが知識なのである。

概念同士の結びつけが因果的説明だということは、この因果が事物同士の必然的結合ではないことを意味している。私たちの側に「役立つ」ことが因果的説明の役割であり、それは事物そのものの側の事柄ではないからである。たとえばサールも、ヒューム（David Hume 1711–76）の因果論批判にならい、私たちの知識としての因果的説明を、事物自体の必然的結合から区別する。これは裏を返せば、知識とはどこかで、「そうなっているから」ということで満足が与えられ、それより先の説明がもはや要求されない地点を持つことを意味している。なぜなら、すでに見たように、特定の目的に「役立つ」という知識の条件を満たすなら、実在に関するそれ以上の説明は必要ないからである。

たとえば電流と明るさとは、電磁気学上では、対応関係として呈示されればよく、そこで電流がなぜ明るく見えるのかが突きつめて問われる必要はない。同様に神経生理学でも、脳の神経繊維の活動電位と視覚との関係について、両者の対応関係以上の説明は要求されない。学問的説明では、要求されたことを満たす説明がなされれば、それ以外のことは存在の外に置かれる。この「役立ち」連関の中では、連関以外を問う言葉はない。そして、実在は客観的であるという前提も、物事の客観化が「役立ち」に寄与する面が大きいことに由来している。自然を統御、支配し、そこから恩恵を得る近代科学技術は、自然の客観化がその支配に効率よく「役立つ」がゆえに、この方法を取り入れた。それは、客観化が世界のすべての事柄に関してアプリオリに正しかったからではない。世界の物質化も同様で、それがアプリオリに真であったから真とされたのではない。

しかし、一度世界が物質であるという前提を受け入れると、なぜそこに意識が生じるのかという謎が生じてしまう。もっとも、電磁気学や心理学の内部からは、このような問いは出てこない。物質も意識も、それぞれ別の「役立ち」連関の中で真理化されてきた、出所を異にする概念であって、それぞれの領域ではそれぞれの連関を超えて問われる必要がなかったからである。そして形而上学とはまさに、この為されなかった問いを遂行しようとする試みである。しかし、それまでの各々の連関で成立してきた言葉や概念しか、私たちの手元にはない。したがって各々の領域で「役立っ」た概念だけで、それらの領域の外を扱わなくてはならないことになる。これは原理的に不可能である。脳の電磁気学的な状態についての知識連関と、意識状態の内省によって得られる知識連関との断絶からすると、なぜ神経の電気的状態がクオリアを生み出すのかという問いは、カテゴリー錯誤となる。したがって、各々の連関に「役立つ」概念を用いてこの問いに応じようとしても、答えは出て来ようがない。形而上学的な問いが、謎のままにとどまるのは、こうした理由による。

三　無前提への推進力としての宗教経験

この形而上学の問いに関係させて、本書の主題である「宗教経験の位置づけ」について触れたい。すでに見たように、前節で取り上げた無前提の次元では、心と物質、決定論と自由意志論などのどちらかを選択するのではなく、この二項対立を成立させる概念枠そのものの無効に行きあたった。そこでは当然、無という否定的な契機も成立しなくなる。無は有との対立において生じるからである。しかしこの概念枠の無効化は消極的な事態ではない。むしろ出来事一般を見る特定の概念枠をなくすことで、かえって一切を肯定的に映し出す。反対に、概念枠を通じた視線の方が実在の限定であり、心と物質のような二項対立的な概念はこの限定によって生じたと考えられる。したがって、二項対立的な選択肢のどちらが実在かという形而上学的な問いに仮に答えが出るとしても、それは限定の枠組みの中での答えでしかない。これに対して、限定がはずれたところで与えられる答えとは、限定によって生じる問いに答えることではなく、限定の端緒である問い以前に遡ることにほかならない。

以上は概念枠の消去による実在への接近の、論理としての展開である。しかしこれは、経験の出来事としても示される必要がある。そうでなければ、経験はどこまでも脳内物質のはたらきに還元されて説明されるだろうからである。それに対して、本節では経験が脳内物質によるものでは「ない」、という主張をも無意味にする次元として、宗教経験を考える。それは、決定論に対する自由意志論という構造を無意味にすることと同じである。決定された世界に対する自由意志の存在とは、物質の機械的な必然性に対して、非物質的な心や自我が存在するという考えでもあった。それに対して宗教経験は、物質やその対極としての心や自我も実在そのものではなく、実在の限定であると見なすことで、決定論と、それに対する反決定論という構造をも無意味にするのである。

ここで、宗教経験とは何によって生じるのかが、根本的に検討され直す必要がある。宗教経験とは精神の無意識的な次元の力によって、自我意識が転覆することによって生じる現象だという考え方が、すでに二〇世紀初頭から有力だった[4]。しかしこれだと、宗教経験は脳神経の作用に起因し、したがって物質的な決定性の下に生じる現象になってしまう。するとそこで、宗教経験によって導かれる「自由」はあり得ず、もしそこで自由が実感されるとすれば、それはこの経験特有の幻想でしかないことになる。しかし宗教経験の当事者は、自らが経験したことは、そうした神経学的説明が全く意味をなさない程、確かなものだと語る。するとこの当事者の経験は、神経の特殊な状態に起因する幻想なのか、それとも物理主義的な立場からこれを幻想だと思う私たちの方が、何かの幻想の中にいるのか。さらに、どちらか一方の見解を正しいものとして保証する根拠は、あるのか否かが問題になる。

宗教経験の当事者にとっては、一切が神になり、狭い意味での自己が消滅することで自由が達成される。これは、物質ではない自我や心が、物質的な決定性とは別の自発的なはたらきをすることを自由と見なす、私たちの見解とは全く異なっている。自由は自我の存在、反対に決定論は自我の不在と結びつくと私たちは考えるが、宗教経験では自我の消滅が自由なのである。つまり宗教経験の当事者は、私たちの概念枠の中で判断される「自由」な状態にあるのではない。この経験の当事者からすれば、私たちこそが、狭隘な概念枠に縛られた、自由なき状態に押し込められているのである。つまり宗教経験における自由とは、決定性対自発性という形式で区分された一方としての自由なのではなく、この形式そのものから自由になることなのである。換言すれば、二項的区分を消滅させる、最もラディカルな状態が宗教経験であり、そこでは物質と心、決定と自由、心の非存在と存在といった、私たちの最も根本的な区分の枠が解体されることを意味する。これは、根本的な概念枠の消去であるゆえに、この解体をその概念枠を通じてとらえることはできない。またこれは世界を消滅させることではなく、反対に世界を限定する形式を消去することになる。この形式消去の次元からすると、自由か決定かという二者択一形式の中から世界をとらえる方が、限定の中に閉じ込められていることになる。

宗教経験の当事者と、その経験を観察する私たちとのどちらが根拠づけられた世界にいるのか、という問いは、まだ残るかもしれない。宗教経験には私もなく、物質と精神という対立もない。これに対して、この経験を物理主義的に観察する私たちは、物質を実在と見なす一方で、この観察をする私の視線だけは、物質の世界からの例外として、いつも世界の外に置かなければならない。私たちが見る世界は、物質概念によって合理的に説明されるが、この例外を持たなければならない一点において、極めて不均整である。反対に、宗教経験の当事者の世界は非合理として私たちに映るが、その世界にはどこにも中心がなく、すべてが中心という意味で均整がとれている。そして、どちらの世界が真に実在と密着しているのか、それを測る基準を私たちは持たない。

こうした、物理主義的世界と宗教経験の当事者の世界とは、どちらが最終的に正しいかを判断する基準を私たちは持たない。両方の世界を同時に含めて比較できる概念枠が、存在しないからである。私たちは、自分の知っている世界が本当の世界だと保証される、最終的な根拠は持っていない。物理主義的世界を正しいと思っている理由も、その世界観が現時点での生活に「役立って」いるから、という以上のものではない。この意味で物理主義的世界の正しさは、最終的には実証されたものではなく、信じられたものである。宗教経験は、自らの経験が物理現象のひとつではなく、反対に物理主義的認識の方が、むしろ実在の限定であったことを気づかせる。確かに物理主義的世界は、あらゆる経験を物質の現象と見なすことで、それを客観的に説明し、私たちに「役立て」ている。しかし極端な話、私たちの神経を生理学的に統御するように「役立た」せる知的な営みは、この営み自身が現実なのか夢なのかを、その営み自身によって判別することはできない。営みが現実か夢かの判別は、それが営まれる世界の外部からしかわからないが、神経の生理学的説明は、その世界の内部で「役立つ」ことをもっぱらの目的としているからである。

ある限られた状況の内で「役立つ」考え方が、その状況の外でも役立つ根拠は、その状況の内には見出せない。同様に、客観的世界という限られた状況を説明するために「役立つ」物質概念が、心や価値、自由といった、客観性の内にはない事柄の説明にも「役立つ」根拠は、客観的世界の内には見出せない[5]。この「役立つ」考え方は、「合理的」な見方とも言い換えられる。「合理性」とは結局のところ、私たちの便宜的関心から離れることはできない。「合理性」は決して無前提ではなく、そこには一定の価値と関心に立脚した知識の枠組みが前提になっている。宗教経験は、このような合理性の前提以前への推進力としても位置づけられる。なぜなら宗教経験は私たちが日常性の中で縛られている価値と関心を相対化する別種の価値体験であり、この日常的な縛りの実現のために作られた知識の枠組みをも、無効化する特徴を持つからである。それゆえ「役立ち」構造を支える私たちの日常的な縛りと関心の外部から、この構造の根拠を剝奪する。こうした別種の価値体験は、知識一般において、その知識が機能する根拠としての価値と関心が、その知識の内部では疑われないのとは正反対である。脳という概念は、精神疾患の薬物的治療や、脳神経を電気的に統御することで意識を操ったりするという関心には有効に「役立つ」だろう。反対に心や実体化された魂でさえ、死後存続する生への関心を離れては、意味を持たない。

したがって宗教経験は、死後存続という観念の意義をも無効にする。その経験では死後存続の存否についての解答が与えられるのではなく、死後存続を求める生の関心が無効になるので、この存続の観念自体が意味を持たなくなるのである。これは、死後があるかないかという二者択一の問いが生じる根拠自体を無効化し、その結果、あるという解答の意義や、ないという解答の消極性までをも消滅させていることである。

こうした二者択一形式の無効化は、宗教現象は脳作用か否か、という問いに対しても、一方の解答を用意することにはならない。これは、自由か決定かという二者択一の無効化の構図と同じである。これらの問いは知識である限り、その知識を役立てる問いの出所としての関心や必要性を持っていた。しかし、特定の関心や必要性から構築された知識で宇宙全体を説明しようとすると、必ず宇宙内のどこかに説明されないままの謎を残す。たとえば物理主義では観察主体だけはその主義自身の例外となり、独我論は外界や他者の存在を自らの内に取り込むことができない。反対に宗教経験は特定の関心にもとづいた知識ではなく、私もいない代わりに、特定の謎もない。観察する主体と対象との区別がないため、世界の例外がないからである。

四　形而上学の「謎」の消滅――あたりまえすぎて考えられない世界

科学的な知識は、現象と本体との区別を根本としている。私たちは、身近に見える移ろい行くものが現象で、その背後に不変の本体があり、真の知識とはこの本体に関するものだという前提を共有している。たとえば目の前の机は現象としては木材としてなじみのある色合いや手触りを示しているが、その本体は植物の木化特有の分子配列によって組成されている、分子構造の集積だと私たちは考える。同様に、私たちの精神活動という現象には、その背後に脳内の物質的な本体があるという常識も、この現象と本体という区別の構造に由来する。そしてこの常識は、バークリの「存在することは知覚することである」という有名なテーゼに対する、私たちの違和感の原動力にもなっている。知覚は現象、物質は本体であり、私たちの知覚による観察のあるなしにかかわらず、客観的に独立して存在するこの本体が、宇宙の真実の姿であるという常識が、ぬぐい難いためである。そこからすると、主観的なものにすぎない知覚によって、堅固な客観的本体としての物質の存在が根拠づけられるなどという主張は、非常識も甚だしく映る。

ところで、バークリのこの一見不可解なテーゼを、外界の存在根拠を主観的な知覚に求めるのではなく、むしろ「現象と本体とを分ける前提を取り消す」主張として解釈する見方がある。それは、この二つを分けている理由が、実はアプリオリではない、という主張である。もとより近代科学は、私たちの主観的視線抜きの独立した客観的自然という理解に沿って発達した。これは客観のみが実在化された経緯とも共通している。この自然の独立化、客観化の理由は、人間にとって「役立つ」ように精密に自然を分析し、予測し、コントロールするには、人間から独立した自然という純粋な客観を設定することが、最も有利にはたらいたからである。そこでは皮肉にも、私たちの視線を自然から除外することが、自然を私たちに役立てることの成功につながったのである。こうして科学的な実在論は、私たちへの現れである主観的な現象と、不変の客観としての本体との分離によって、純粋客観の世界を確立させた。この確立は、「知覚」と「存在」とを完全に切り離す見方を、強固な常識にさせたと言える。

しかしこの切り離しは、新たな形而上学的な問題を生み出す原因にもなった。自然科学では一般に、知覚されなくても実在する本体の世界があり、この客観的な本体へと私たちの知が接近するという構図が暗黙に前提とされている。これが客観主義における、本体と現象との区別である。科学による客観主義は、客観的本体を立てることで、この本体を、知られる現象とは区別する必要が生じ、その結果客観的な本体は、知られない位置に設けられることとなった。反対にこの分離は、デカルト的な「われ思う」の明証性の徹底が、私が知ることの範囲に明証性を限定することによって、その外側をかえって疑わしいものにした、懐疑論発生の構図とも共通している。これは主観主義的な操作からの帰結である。したがって科学の客観主義とデカルト的な主観主義とが、現象と本体との区別という、結果的に同じ構図を生じさせてしまうのである。私たちに「役立て」られる知という観点から、この現象と本体との切り離しをとらえ直すなら、それは世界を、私たちが知り「役立て」得る範囲と、知り得ず「役立ち」と無関係な範囲とに分離することをも意味する。

さらに、「なぜ私は知覚されない外部を知ることができるのか」という問いは、「私たちが知覚する世界の外部は存在する」ことを前提としている。しかしこの前提には問題がある。私が私に知覚される世界以外に知ることができないなら、世界が私なしで存在している確証は、そもそもそこからは導けないからである。これは、世界に究極的には私以外存在しないという、強い独我論の根拠にもなる。もっとも、これは主観主義の極みである。

しかしこうして確認したように、知覚された世界の外部が謎になるのは、客観主義でも主観主義でも、本体の「存在」から「現象」を分断したことが原因である点で共通していた。しかも、この謎が生じる理由について、私たちは気づかないのである。実際、客観のみが実在であるとした場合、本体がそこにあるのに、それが知られないという逆説が生じた。この逆説は、現象から独立して本体が存在する、という見解に起因した。そして反対に、他者や世界は存在しないという独我論の謎も、同じく現象と本体との分離に起因した。独我論とは、私に映し出される範囲としての内界と、そこに映されない外界という区分を設定したため、私に映し出されない外界がわからなくなることで生じたパラドックスだからである。しかしこれら二つの逆説の原因がともにこの分離に起因することに、私たちは気づかない(6)。したがって、もしこの分離を最初の時点で行わなかったのであれば、こうした形而上学的と言える問題自体が生じない。そうなれば最初から謎もなく、その解決もないことになる。このように考えると、形而上学的な謎は事柄自体の側にではなく、私たちが最初に行った概念区分によって生じていたことが理解される。

しかし、世界を私の世界と見なす独我論の視線と同様に、物質として宇宙を見なしたり、脳として意識を見なしたりする客観主義の見解でも、その体系は論理的に完結しており、反論の糸口さえ見えない。そこでは、こうした謎が各々の見解の基本概念によって作り出されたものである、という理解の端緒さえつかめない。しかしこの謎は、一旦それらの見解に立ってしまったから、解決がつかなくなるのである。言い換えると、それらの基本概念が正しいか否かは、一旦それぞれの基本概念を前提とする見解に立ってからは問われないがゆえに、これらの基本概念を前提にして生じた謎は解決不能になるのである。客観主義でも、その反対の主観主義的な独我論でも、一旦各々の立場に立つと、各々が持つ基本概念枠以外の枠による世界理解を行わない。つまり、これらの概念枠が外された世界の姿は、これらの概念枠を通じてしか認識が成立していない限り、知られ得ないのである。これらの概念枠は、ありのままの実在を限定してしまうフィルターなのである。

それでも、客観主義と独我論との両方において、それぞれの見解を作り上げていた概念枠が外されるとき、世界は根底から転換する。これらの枠は、それらにもとづいた思考からは、疑われず考えられることもないという特徴があった。したがってこの転換は、それぞれの概念枠内では、論理的に導かれることも、予測されることもできない。つまり、枠内からすると、この転換は理由のないところから来る。理由とは、因果関係を導く論理的な枠組みの中で成り立つのに対して、この転換はこの因果的枠組み自体の転覆だからである。そして転覆後は、それぞれの形而上学的な問題が解決するのではなく、問題がどこにあったのかがわからなくなる。形而上学的な問題も、それぞれの枠組みがあることで初めて生じたものにほかならないからである。

宗教経験とは、この形而上学的な問題を成立させる前提が転覆することとして、特徴づけられる。これは薬物とか、脳内物質の特殊な状態によってもたらされるか否かには、関係がない。特定の脳内物質が関与した経験でも、こうした根源的な問題が持つ前提の転覆に関わらない経験は、宗教経験とは無縁である。反対に、脳内物質と無関係でも、この転覆を引き起こす経験は宗教経験として特徴づけられる。これは、特定の宗教内部でマニュアル化された経験でもない。むしろ、特定の宗教の教理に沿って形成された体験マニュアルや、その言説の枠組みを覆すところに、宗教経験の本質がある。

おわりに

この章では、心や物質に関わる概念の使用が限界に行きつく地点を追求した。まずデカルト的な明証の極としての「私」については、分離した脳で、「私」という言葉はどのように使用され得るかを見た。そこでは、一人称的な主観について語る、問われることのなかった概念枠が崩壊する事態を見た。これは、実在をそのまま模写していると思われる概念が、実はこちら側の便宜で作られたものでしかないことを意味した。

次に、概念を用いた知識が一般に、私たちに「役立つ」ために作られている限り、知識は根本的に、実在そのものを表現してはいないことを見た。「役立つ」知識とは、それを使用する人の価値や関心を充足するために、実在を理解、統御する範囲で「役立て」ばそれでよいからである。そして知識とは一般に、この性質をどこまでも持っている。さらに形而上学の問題とは、このように限られた範囲の出来事に適用される、こちら側の便宜のために作られた概念枠を、その領域から外れた宇宙の究極問題にまで適用しようとするところに生じていた。

このように形而上学の問題は、事柄そのものではなく、私たちの概念枠に起因するという事実が、私たちの示そうとしたことであった。そして宗教経験とは、この思考から原理的に省みられない、思考自身の前提としての概念枠を覆し、実在と私たちとの間にあるフィルターを消滅させる推進力を意味した。また、この消滅によって現れるのは、単なる感覚的世界ではない。なぜなら、純粋な感覚とは、すでに知覚から概念化される部分を抜いた抽象にほかならず、それは概念と感覚さえ分離されていない、本来の具体的世界ではないからである。

概念がないところについては、思考ができない。それは、概念化されていない「もの」が、そこにあることではない。そこにヒュレーのようなものがあると見なしても、この見なし自体がすでに概念化だからである。概念枠以前の具体的実在とは、区別が「ない」と判断される、一様なヒュレーでさえない。また反対にラディカルな構成主義のように、概念化されなければ、そこは無であると見なすのでもない。無は一種の存在者だからである。こうした意味で、概念以前の具体とは、あるのでもなく、ないのでもない。「私」という概念以前の状態も、こうした具体のひとつであった。これらは、有無という区別を超越している。そして、有無という区別も、私たちの生活の中で「役立つ」ゆえに用いられる、便宜のための概念のひとつにほかならないのである。実在そのものが呈示され得るとすれば、こうした便宜を外れたところに開ける。宗教経験はそこへの推進力であった。

（1）　Searle, John, *Mind: A Brief Introduction*, p.195／『マインド―心の哲学』山本貴光・吉川浩満訳、三五八頁。

（2）　このような「私」の分離という仮説に対して、自我意識は左脳にあるのだから、こうした仮説は実際上ではナンセンスだ、という反論もあるかもしれない。それに対しては、まずこの分離仮説は思考実験であり、「私」という概念枠の前提が覆る事態の例示だと答えることができる。また、こうした事態を例示できるなら、左右二つの脳の分離に限らなくてもよい。たとえば、意識を成り立たせる脳細胞ひとつひとつがすべて独立に活動し出し、各々がすべて「この私こそ、かけがえのない私だ」と言い出す場合を仮定してもよい。ここで「私」は内側から無数に分裂することになる。各々の細胞の主張は、最初の私の意識からすると、私の主張であって、私の主張ではない。ここでも、「私」の単一性という概念的前提は覆り、一人称でしかないはずの主体が同時に三人称にも転じてしまっている。これも、「私」とは作られた概念であったことの、具体的例示のひとつである。

（3）　あらゆる概念が、その極限的な状況においては崩壊することを、積極的に論証する立場もある。そのひとつに、仏教における帰謬論証が挙げられる。これは、概念によって成立する対象が、そうした極限状況では成立できなくなることの証明を通じて、諸法の空を導く立場である。たとえば、まず心は実在すると仮定した場合、それが成り立たなくなる事態を示す。次に心は実在しないと仮定した場合も、それが成り立たなくなる事態を示す。実在してもしなくても不都合が生じるゆえに、心の有無という区別自体が無効になり、心は空であることが示されて行く。こうした概念使用の限界を、私たちの概念すべてが持っていることを示すのである。たとえば四津谷孝道『ことばによることばの否定ツォンカパの中観思想』大蔵出版、二〇〇六年、特に第六章「プラサンガ論法」などを参照。

（4）この考え方は、W・ジェイムズの『宗教的経験の諸相』に代表されるものである。『諸相』では、宗教経験における、他者が臨在している感じ、外部からの力の感じ、考えてもみなかったことへの気づきなどは、顕在的意識に対する潜在意識領域の関与と見なされる。しかし、この潜在意識領域が、個人の身体内で完結しているのか、外部への通路にすぎないのかは、宗教経験の現象だけからは判断がつかない、という立場が採られる。

（5）この構造は、ある世界観がその世界の内部をいかに精密に説明しても、その世界の全体自身はその外部から根拠づけられることはない、という本質的な構造と共通している。これは、物質の世界には価値はない、という考え方の根拠さえも揺るがす。物理主義者は、決定された物理的な客観的事物のみが存在して、価値的、道徳的な判断は主観的に付与されたにすぎないと見なす。そしてこの見方は、究極的に世界を無意味な自動展開と見なし、世界を空虚化することにもつながる。しかし翻ってみると、物理主義的な世界の全体自身が根拠づけられないならば、物理的世界のみが実在だとする考え方自体も、自らを根拠づけていないことになる。つまり、世界が意味や価値を持たないという主張の根拠は不在だということである。この不在の暴露は、存在に対する価値という二元的な区分以前に世界を引きもどすことになる。

こうした、世界の無意味の根拠が剝奪される事態は、具体的な物理的状況は全く変わらないまま、この物理的状態を包んでいる全体が変化することである。物理主義は物理的世界の内部を詳細に説明するが、その世界の全体の外については何も言えない。しかしこの全体の外が、内の物質的状態を全く変えないまま、根本的な性質を一変させてしまうのが、この剝奪の事態である。ヒックはこうした変化を、「われわれの超自然的な環境についての気づきが、われわれの自然的環境についての気づきと、その環境の中での生き方とを変化させる仕方」（Hick, John, *The New Frontier of Religion and Science: Religious Experience, Neuroscience and the Transcendent*, p.189／『人はいかにして神と出会うか—宗教的多元主義者から脳科学への応答』間瀬啓允・稲田実訳、二一四頁）として紹介する。日常的な例では、絵の輪郭が細部まで同じまま、絵の意味が完全に変わる場合がそれに類似している。この場合も、絵の物理的状態は、その外部、つまり絵の全体としての意味については何も語らない。物事の意味は、それが置かれている場所によって全く変化することがあるが、その場所自体は、観察される物事の中には現れないのである。物理的世界も、その全体の外側については何も言えず、そこは実証の範囲外にある。この「場所」や「実証の範囲外」については、次のような言葉も参照になる。「善い意志、もしくは悪い意志が世界を変えるとしたら、それはただ世界の限界のみを変えることができるだけで、世界の諸事実を変えることはできない。…世界はいわば、全体として弱まったり強まったりするのでなければならない。」(Wittgenstein, L., *Tractatus logico-philosophicus*, in: *Schriften*, Suhrkamp Verlag, 1960, 6.43. L・ウィトゲンシュタイン『論理哲学論考』野矢茂樹訳、岩波書店、二〇〇三年、六・四三。

(6) 私をそれ以外の存在から区別された、唯一特殊な何かとして考える思考様式は、独我論や私の存在を不可思議と見なす思考の前提になっている。この思考の前提以前、つまりこの思考によってとらえられた世界の成立根拠以前については、一度この思考に踏み入れた後では決してわからない。これが本質的な構造である限り、この根拠の変化によってもたらされることを、この根拠にもとづく思考の内部から考えたり予測したりすることはできない。

第二部

形而上学の問いはなぜ生じるか

第一章　プラグマティズムと形而上学
――W・ジェイムズとフェルディナンド・C・S・シラーを中心に

はじめに

プラグマティズムとは形而上学の領域を排除する立場ではない。むしろ直接的な観察対象とはならない概念的実在を、有用性によって形作られたものと見なすことで、形而上学の問題を新たな角度から照らし出す立場だと考えられる。もともとプラグマティズムは、その中心課題のひとつとして形而上学の問題を扱ってきた。そこでの問題意識は、立場によって多少の異なりはあるものの、検証可能な範囲を超え出る宇宙の領域が、どのようにその権利を持ち得るか、という点で共通している。概括的に言えば、ほぼ同時代に勃興した論理実証主義が、哲学の領域を実証性の範囲に限定して形而上学を排除しようとしたのに対して、プラグマティズムは形而上学的な領域をその有用性によって確保しようとした点で対照をなしている。

たとえばW・ジェイムズは、古典的な意味での物理的宇宙をプラグマティックな構成物のひとつと見なし、多元的な宇宙の一面にすぎないものと位置づける立場を展開した。これは彼のプラグマティズム的な実在論にもとづく議論であった。また彼と相互に影響関係を持ったイギリスのプラグマティストであるF・C・S・シラー（Ferdinand

Canning Scot Schiller 1864–1937）も、物質と精神との対立のような、宇宙を二分する形而上学的問題に対して、対立を形作る基本概念をプラグマティックな構成物だと見なすことで、それらの対立の根拠を覆そうとした。

このように本章では、形而上学の問題を、その問題を生み出す前提となる構成物が、すでにプラグマティックなものであることに着目して問題解決をはかる立場を検討する。具体的には、この立場を打ち出したジェイムズとシラーにおいて、彼らが物質から意識が生じることの問題、またペシミズムのような宇宙の無意味の問題、宇宙は一元的か多元的かという問いにどう対処したかを確認し、それらの問題点を探る。そこで最初に、彼らの方法の根本に見られる、宇宙の基本的構成物がプラグマティックであるとはいかなることかを確認する必要がある。それは、彼らの実在概念に強く結びついている。

一　ジェイムズのプラグマティズムと実在

まず、ジェイムズが実在と見なした事柄について検討したい。『プラグマティズム』では「実在」（reality）と表記されるが、それは「実在概念」と考えても意味的にはほぼ等しい。そしてその代表的なものとして挙げられるのが、「具体的事実」、「抽象的な種類の物事、および物事の間に直観的に知られる関係」、「すでに私たちに所有されている、他の真理の総体」（Prag p.102）[1]である。注意したいのは、これらの実在の内、直接に観察され、かつ普遍性を持つものはほとんどないことである。確かに、「具体的事実」や「直観的に知られる関係」は直接に観察されるが、それらはほぼ一回きりであり、普遍性は持たない。つまり、世界の基本的構成物にはならない。反対に「抽象的な種類の物事」、「他の真理の総体」は、複数の具体的事実に関して妥当する普遍性を持つが、それらの「物事」や「真理」自体は直接に観察されない。つまり、世界の基本的構成物になり得るが、私たちはそれらに直接触れることはできない。そして形而上学の問題を生み出すのは、この観察されないうえに普遍性を持つ実在なのである。ここから、「私たちの真なる観念の圧倒的な大多数は、なんの直接的な、あるいは面と向かった検証を許さない」(ibid., p.103) という言葉が、問題を投げかけてくる。それは、普遍性を持ったものほど直接的検証を許さず、しかもそれが真理と見なされ、形而上学的な問題の出所となるということである。

では、直接に検証されないのに、なぜそれは真と見なされるのか。それは、「真の観念は、私たちを有用な言語的そして概念的な方角へと導くのと同じように、私たちを直接的に有用な感覚上の目的地へと導いてくれる。」(ibid., p.103) からだという。ここに、「有用」と「目的」という主観的、目的論的な言葉が登場していることに注意したい。真なるものとは、純粋に客観的に存在し、検証されるものではなく、反対にこちら側の事情や目的との関係において実在するものなのである。そしてこの目的への「導き」を行う実在は、観察される対象ではないことに注意したい。つまり実在に関する「真の観念」とは、私たちに内在する関心を前提にして、目的へと導く媒介的な役割をなせばよいのであり、これは実在が直接的に検証されることとは異なる。反対に検証とは、私たちの目的や関心を離れ、純粋に客観的な対象についてなされると考えられている。つまり、検証は静的であり、「導き」は過程的である。

このように、直接に検証されず、私たちの目的に適合する「導き」を行う、という実在の性質は、「私たちの進行をもつれさせ挫折させることのない観念、実際に私たちの生活を、実在の仕組み全体へと適合させ順応させる観念」(ibid., p.102. 傍点原典、以下同様) だと言われる。これはある実在の観念が、私たちの目的実現に対立しない限り、真であり続けること、言い換えれば、目的実現にあたって反証されない限りで、その観念は真であり続けることである。これは、実在が直接的検証とは別の根拠から成立し、また実在が固定することなく可変的であり得ることをも意味する。つまり、実在の真理性は、目的従属的で、反証されない限り成立し、可変的であることを併せ持つ。ここから、実在が多元的に展開可能であることが導かれる。

この実在の可変性と関連して、「すべての私たちの真理は、『実在』についての信念である。そしていかなる個別の信念においても、実在は独立した何かとして、制作されたものではなく見出されたものとして、働いている。」(ibid., p.117) と言われる。ここで真理とは一元的な不変の存在ではなく、実在への信念、つまり可変的で主観的なものとして定義される。しかし他方で私たちは、実在を主観的内在的ではなく、客観的に私たちと無関係に独立して存在するものと見なしている。当然、そこへの信念としての真理も一元的客観的なものとして見出している。実際には、真理は多元的主観的であるにもかかわらず、それは一元的客観的なものとして映るのである。

さて、以上のようなプラグマティズムの実在論は、ここでの本題である形而上学の問題をどう扱うかに目を向けたい。私たちは「物質」を基本的構成物として宇宙を見ることができるが、そのとき「精神」はその宇宙からはみ出してしまう。宇宙は決定論的に説明され得るが、他方で私は、自分が存在する限り、私の自由意志を否定できない。これらは、基本的構成物を何と見なすかによって、宇宙が全く別様に現れてくる具体例である。ジェイムズの扱う形而上学とは、物質と精神、決定と自由、一と多、存在と無、機械論と目的論といった、宇宙を根本的に断絶させる見解のどちらが正しいのかを問う。宇宙はすべて原子の集合離散から成り立つとも言えるし、宇宙のすべては私の認識の内にあるとも言える。両者とも自らの正しさを主張するが、お互いに相手を根本的には論駁できない。決定論と目的論なども、同じような関係にある。これが形而上学の難問を生み出している。そしてどちらを用いても、私たちはこれまでの宇宙と現状の宇宙とを、同程度に辻褄の合うように説明できる。これをジェイムズは、「両方の理論とも、それらのすべての帰結を示してしまった、そして私たちが採用している仮説によれば、これらの理論は同一なのである。」(ibid., p.50) と表現する。

たとえば過去に発掘された多様な化石は、すべて進化論的な自然選択によっても、反対に神のインテリジェントデザインによっても、一定程度説明がつき、そして互いに相手を完全に論駁はできない。これが、インテリジェントデザイン説が滅びない論理的な理由であり、この構造は決定論対目的論、唯物論対有神論などにおいても同様である。そしてジェイムズは、こうした形而上学的な立場の断絶においてどちらを採るかは、それを選択する者の気質にもとづいた、「信じる意志」によると見なした。これはどんな理論についても、その最終的な正しさは根拠づけられているのではなく、信じられているという事実の表明であり、そこに根拠なき「意志」が関与することの表明である。(2)またこれは、形而上学的な問題に関する、ジェイムズの主意主義的な立場を示している。

しかし、形而上学の領域が実証知の彼方になぜ存在し続けるのかについては、主意主義よりも立ち入った考察が必要である。ここでは次の点を指摘したい。第一に、形而上学の領域は単に気質の問題からではなく、観察されたひとつの出来事に対して、複数の理論が並立して対置し合う構造という、どんな自然認識の根底にも必然的に存在する論理構造から成り立っていること。これは一般に、実証可能な領域の背後には、未決着領域が本質的に残り続け、それゆえそこに形而上学的見解が複数並立する構造である。この並立構造を形作る見解のひとつに対して、「信じる意志」の登場も必然となる、という論究が必要だと考えられる。

そして第二に、この形而上学的見解の各々の理論を支える、基本的構成物の性質自体を、プラグマティックな構成物として扱うべきこと。唯物論の基本にある「物質」、反対に唯心論の基本にある「精神」とが、和解不可能な仕方で対立することで形而上学的な問題が生じるとすれば、翻ってこれらの概念自体がなぜ正しいと見なされているのかを、私たちは吟味し直すべきである。

プラグマティックな真理は「有用」であるゆえに真と見なされるが、それは反対に、この真理は「有用」である範囲内でしか妥当しないことでもある。そしてこの「有用」範囲内に真理を限定すれば、形而上学的問題の土台が消滅することが考えられる。形而上学的な問題は、それらの真理が妥当する範囲外にまで、それらを適用させたことによって生じたからである。「物質」の客観的、延長的、決定論的性質に対する、「精神」の主観的、非延長的、自発的性質という対立構図によって生じた形而上学的な諸問題は、この「物質」や「精神」の適用範囲を、それらの「有用」範囲内に限定することで、根底から覆る可能性がある。そこで次に、ジェイムズ以上に、こうした実在の「限定」性に着目したシラーの主張を見たい。

二　シラーのプラグマティズムと実在

ジェイムズはその『プラグマティズム』において、シラーの思想について、パース、デューイ（John Dewey 1859–1952）と並び、プラグマティズムの代表的思想家として、多くを紹介している。その実在や真理についての考え方はジェイムズに類似する点もあるが、シラーはその初期より、実証科学と形而上学との関係について考察を深めていた点が特徴である。匿名で出版されたその最初の著作である『スフィンクスの謎』（一八九一）は、スフィンクスのように奇妙な姿に二分されてしまったものとして宇宙をとらえ、それをどのようにひとつに戻すかを中心課題とする。スフィンクスの下半身、地面に座っているライオンの胴体は実証科学を象徴し、それは具体的な観察知である。これは私たちの住む身近な世界を説明するが、最初の運動の原因といった究極の問題には答えない。そしてこの実証される世界の基本的構成物を、「低いもの」とシラーは言う。たとえば分子や原子など、法則に従う物質の基本単位はこれにあたる。

それに対してスフィンクスの上半身、人間の顔と空を飛ぶための羽は形而上学を象徴し、それは抽象的な知である。しかもそれは、身近な現象ではなく、もっぱら究極の問題に関わる。こうした問題に関わる概念が「高いもの」であり、たとえば最初の運動を創出し、それ自体原因を持たない純粋に自発的な意志などは、これにあたる。

確かにこれら二つは、互いに他方の説明も論駁もできない。互いに扱う領域の全く異なった実在の体系によって、住み分けているからである。しかしこれらの体系は対立しているのではなく、根本概念が異なっているがゆえに、お互いに分かち合うことがないのである。これは厳密には、二つの体系が実は対立関係にさえないことを意味する。ここで、ある概念の実在性が、その有効性の範囲内の実在性である、という実在の限定的側面を主張するシラーの立場が、意義を持ってくる。それぞれの根本概念が扱う領域をそれぞれの守備範囲に限定すれば、対立は意味を成さなくなり、分かち合わないことさえ問題ではなくなるからである。

ではそれらの根本概念の限定性は、具体的にシラーにおいてどのように考えられているのか。これはまず、形而上学ではない諸科学の基本概念も、それぞれの領域内で、仮の実在性を持つ、という彼の考えの内に見出せる。

「すべての物理的諸科学は、仮説的な最初の原理や、しばしば混乱した擬人化された秩序のすべての類にもとづいており、…それらは各々の科学の限界内でのみ役立ち、しばしば互いに衝突する。」(Riddles p.151)(3)

これは、物理学という領域内でも、最初の基本的な原理や秩序を何にするかで宇宙が異なって構築されること、さらに最初の原理の違いによって、物理的世界の姿も異なってくることを主張している。具体的にシラーは、「重力理論」と「波動理論」とが基本的に異なる立場であると見なし、それぞれの立場から見られた宇宙が異なるものであることを指摘する。そして、こうして生じる「争いを和解させる」のが「まさに哲学の仕事」であり、この和解は、「これらの仮説が究極の真理ではなく、特定の目的のために便利な公式であることを示すことによる。」(ibid., p.152) という。ここで「仮説」と言われている各々の基本概念は、「特定の目的」のためにあるにすぎない、という主張はシラーの特徴をなしている。これは、科学の基本概念がそのまま普遍性を持つのではなく、科学のそれぞれの領域内部において、特定の目的に役立つために考案された、主観的目的性を離れないことの明示である。つまり、宇宙の基礎となる、私たちから独立した基本的実在が複合されて現象が生じるのではなく、限定された領域における現象を私たちが特定の目的に向かって理解し、その目的実現に役立つ手段として、基本的な実在が構築された、という順序になる。ここに実在の、主観的な目的への適合性というシラーのプラグマティズムの萌芽を見ることができる。

この目的実現のための基本的実在を得る操作が「抽象化」だと、シラーは見る。その操作は「物事の側面の部分的な解釈を与える」ことであり、その成功は私たちにとっての「重要性」や「関心」によって左右されるという。そしてどの「抽象化」も、「全体を含むことのできない部分」だという点が強調される（ibid., p.161）。つまり、抽象化は私たちの目的に役立つ手段を形成することにすぎないのに、それらの集積が実在全体そのものであるかのように扱われることが誤りなのである。これによって世界観の対立が生じる。しかしこの対立の原因となる実在の抽象性、仮象性を暴露すれば、こうした形而上学的な対立の土台は崩壊することになる。

では、こうした役立ちのための抽象化ではない、基本的実在の姿を、シラーはどのように考えているのか。ここで比喩的に例示されるのが、細胞の原形質である。「この『単純な』原形質は、その分化された発展において、もっとも多様な構造と、もっとも多様な能力の分有をあてがわれる機能の、すべてを執り行う。」（ibid., p.153）という。原子の基本単位の性質は単純であり、集積しても理念上同質である。しかし原形質は、その各々の単位の中において、それが分化発展したときの生物の機能のすべてをすでに持っているという。ここから、原形質をモデルとして、宇宙を構成する基本単位が描かれ、物心の二元性の謎などへの解決が目論まれる。この基本的実在は、形而上学的な概念も含めた、すべての限定された役割を持つ、分化された概念の性質をすでに内在させており、そこへ立ち返ればあらゆる対立の根拠にまで戻れるからである。

しかし原形質は、有機的単位であっても、すでに客観的存在である。シラーの主張を徹底化すれば、「原形質」のような実在の基本単位において、主観と客観、自由と決定、感じと運動などが、同時に備わっていなければならないことになる。さらにシラーは、「私たちの形而上学は、具体的であらねばならず、抽象的であってはならない」(ibid., p.163) とも言う。だがこのように、世界の対立を融合させ、しかも抽象的ではなく具体的な基本的実在の設定が、そもそも可能だろうか。もし可能であるとしても、この単位から構成される世界とは、質量と延長の集積としての物質世界とは全く異なるだろう。そしてこの単位が、具体的にいかなるものか、シラー自身による記述は見えにくい[4]。

三　物質が先か精神が先か

前節では、基本的実在をどのように見るかで、宇宙の性質は全く異なってくることを見た。そして、物質と精神という二元論的な対立も、原子のように単一的、客観的に抽象化された基本的実在を設定したことで生じた。シラーの「原形質」は、その単一性を破る実在の例として仮定されたが、具体性に乏しかった。では、宇宙の基礎を作る本来の基本的実在は、こうした形而上学的な問題に直面して、どうあるべきなのか。言い換えれば、二元論的な対立を解消させる基本的実在とは、どういったものであり得るのか。

ジェイムズの基本的立場は、「実在物は単にそれ自身のありのままの自己であるばかりでなく、また漠然とそれ自身の他者としても扱われるだろう。」(PU p.67)[5]、というものである。実在は自己であり、同時に他者だという。これを矛盾として見るのは、自己と他者とを対立した枠組みに入れる私たちの概念的操作に起因する。つまり、矛盾は宇宙の側にもとからあったのではなく、こちらが宇宙を一元的に規定することから人為的に導かれた、ということになる。確かに学問的には、矛盾のない事物の姿が真理であると私たちは考える。しかしジェイムズは反対に、事物はこうした人為的枠組みによって抽象されて、初めて「それ自身の自我」になるにすぎないという。私たちの認識はこうしてのみ成立する。反対に元々の宇宙は、「自我」と「他者」とをともに含むという。つまりそうした元々の自然は、概念化されるとかえって矛盾を露呈してしまうことになる。

こうなると、宇宙を一元的にすっきりと概念化させることは実在化ではなく、かえって矛盾の種を作ることになる。たとえばある種の物理学に見られるような宇宙の一元化は、実在に近づくことではなく、かえって実在から遠ざかる操作だということになる。物理学も、「物質」という単純な枠組みを実在として、宇宙を一元的に見ることだからである。しかしこれが私たちの「合理的」思考の運命なのである。そしてこの一元化が「抽象化」に相当する。

これに関係して、形而上学の問題が生じる原因を、ジェイムズのような「抽象化」としての一元化ではなく、私たちに「役立て」るために、宇宙の基本となる概念として形作ったものを、究極の実在として誤認することの中に見出したのがシラーであった。

「物質、運動、無限という概念にそなわる困難や、物質世界の無限性、物質の無限分割可能性、運動の相対性といった概念のような混乱は、それらの概念が関係している事実が究極的であると想像することを私たちが止めるならば、それら困難や混乱のとげは抜かれる。」(Riddles p.276)

つまり、自然科学で妥当性を持つ物質の基本概念も、その一定領域内で有効であるにすぎないのであり、それを「究極」の範囲にまで適用しようとしたことから、形而上学の問題は生じたということである。ここには概念を役立ちの道具と見なすプラグマティズムの萌芽は明確に現れている。しかも、概念は役立つことで成立し有効になるという性質ではなく、概念は役立つ領域の外側には適用不能という性質が重視されているのが、シラーの特色なのである。

シラーがジェイムズと共通するのは、私たちの知る実在概念は、宇宙本来の姿を限定したものと見なす点である。ジェイムズは私たちの実在概念を、一面的な「抽象」であるがゆえに、「それ自身の他者」を生み出してしまうものと見なした。他方シラーは、実在概念は、それが役立つ範囲の外側については何も言えない点を強調し、しかしこの外側について何かを論じようとするから、形而上学の問題が生じると主張した。

ここで、それぞれの考えが具体的に示される事例として、脳と意識の問題に着目してみたい。近年、脳科学についての議論は盛んであるが、それは意識の特定の状態と、脳の特定の状態とが厳密に対応していることを説明すると考えられている。たとえば、脳がなければ視覚はなく、特定の視覚状態は特定の脳状態に厳密に対応する、と言える。しかしそこで、脳からどのように視覚という感覚が生み出されるかの説明はない。ジェイムズは脳と意識との関係について次のように言う。

「厳密な科学では、私たちは相伴 concomitance というあからさまな事実しか書きとめることはできない。すると物事が起こることの様態として、生産とか伝導とかについて語ることはすべて、純粋に過分に加えられた仮説であり、またその点で形而上学的な仮説である。[6]」(ERM p.88)

私たちに現象しているのは、特定の脳状態と特定の意識状態であり、そしてそれらが対応していることまでである。これが「相伴」の意味である。また、その脳状態がなければ、特定の意識状態、たとえば特定の視覚なども ないことはわかる。しかしこのことは、脳が特定の意識状態を「生み出して」いるのか、それとも脳は、意識の源であるもっと一般的な何かを、特定の意識状態に「作り変える」だけなのか、という問いには答えない。では、それでも私たちが、脳が意識を「生み出す」と考える理由は何なのか。それは、特定の意識状態の根拠に、より根源的な精神を置くのではなく、物質を置くことを私たちが選択しているから、ということになる。

この構造は、感覚される事物の背後に「物質そのもの」を置くか、それとも私たちに感覚を生じさせる高度な精神的実在を置くか、という問いからも見出せる。ジェイムズは、よく知られたバークリの学説としてこれを取り上げる。ジェイムズは、「物質的実体」を感覚の背後の実在と見なすスコラ哲学の考えに対して、「そうした考えをバークリは、外界を非実在へと引き下げるものすべての中で、もっとも効力があるものと主張した。」(Prag p.47) と付記する。私たちは、物質そのものを知覚することはなく、何かが物質として感覚されていることだけを知り得る。したがって私たちが知る範囲内において、感覚と物質とは等価である。

すると「物質とは、感覚にあるものに対して用いても、物質的実体に対して用いるのと、同じほど真なる名称である。」(ibid., p.47) ということになる。だから感覚の背後に、精神的はたらきには似つかない「物質」が存在するより、端緒から精神的実在が「物質」の感覚を生み出す方が理にかなう、という考え方が説得力を持ってくる。反対に感覚の背後に物質を置くことは、物質から感覚の発生を説明できなくさせるため、それゆえ「外界を非実在」にしてしまうという考えにも反駁できなくさせるという。それでバークリによる、

「あなたが理解し近づくことができる神が、あなたに感覚の世界を直接送っていると信じなさい。」(ibid., p.47)

という結論が示されることになる。物質ではなく精神性の根源としての神が、私たちに感覚を生じさせている、と

いうこの見解は、観察可能領域にもとづく経験からは実証も反証もできない。では私たちがこの言明を偽と見なして、「物質が感覚の背後に存在する」という言明を真と見なす理由は何か。それは、物質を感覚の根源とする方が、私たちの信念にそぐうからである。そしてこの信念は、感覚はより高度な精神を根源とする、という信念に対立する。そしてジェイムズにすれば、感覚の背後がどちらであっても、プラグマティックには等価である。しかも彼は、脳という物質が精神を「生み出す」のではなく、脳は根源的な精神から特定の意識を限定して「取り出す」、という考えも持っていた。この「伝達的機能」としての脳を仮定すれば、なぜ物質から質的に断絶した感覚が産出されるかという問題は解消されるからである。反対に、脳は精神の「産出機関」とすると、この断絶の問題に対して回答不能となってしまう。

この、脳の背後に関するプラグマティックな議論を、シラーはさらに詳細に行う。シラーは、脳が意識の産出機関ではなく、通り道だという見解を明確に打ち出す。

「なぜなら、たとえばもしある人が意識を、その人の脳が傷ついたときに失うのだとしても、脳への傷が意識の発現を可能にさせる機構を破壊したという説明は、この傷が意識の座を破壊したという説明と、同じ程度優れていることは明らかである。」（Riddles pp.295–6）

脳の損傷によって特定の感覚が麻痺したり、人格に変化が起きる場合、それは特定の意識が生じなくなったと見なしても、反対に普遍的な精神を特定の個別な意識状態に限定させる仕組みが破損したと見なしても同じということである。

「物質でできた器官は、原子の複合から意識を構築することはなく、器官が許す範囲の内側に、意識の発現を縮限させるのである。」（ibid., p.295）

これはジェイムズにおける脳の生産説と伝達説とのプラグマティックな並立より一歩進んで、脳が縮限機能であることの表明である。これには記憶理論が根拠になっており、どんな記憶も全面的には消失しない事実や、死に瀕したときの走馬灯現象が根拠に挙げられている。[7] さらに、走馬灯現象が高じて、物理主義からは「超自然的」として退けられるような現象までも説明できる点で、この説は優位だと見なされる。[8]

こうした脳の生産説と伝達説とを調停するプラグマティックな見解は、現代の脳科学や心の哲学が抱える問題にも重要な示唆を与える。たとえば、クオリアがなぜ存在するのかが謎になるのは、脳という物質に赤という質感が生じることの説明ができないことによる。しかし、これは「脳がクオリアを作る。物質が心を作る。したがってクオリア、心、生命は実在ではない。」という、現代脳科学の前提に立つことによって生じる謎である。この前提を厳格に守るなら、クオリアも意識も存在できない。

しかし、この前提から立ち去り、翻って「心が脳、物質という概念を作る。クオリアが物理主義的に翻訳されてはじめて脳作用が認められる。」としたら、なぜだめなのか。私たちが本当に知っているのは直接の経験のみであり、それが何から生じるかについて、直接に確認はできない。だとすれば、プラグマティックには、「脳がクオリアを作る」も「クオリアが脳（という概念）を作る」も、同等に可能な主張として成り立つはずである。そもそもクオリアは、「物理主義を前提として、そこに組み込まれない何か」、という論理的構図の中で初めて問題化する。その前提がないところでは、クオリアは問題化せず、クオリアという概念さえ生じない。それはあまりにあたり前なため、概念化される何かにさえ到らないからである。

さらに、さまざまな自然科学上の仮説は観察によって検証されるが、それらの根本にある「物理主義が正しい」という命題自体の、観察による直接的な検証方法はあるのか。この命題の正しさは直接には検証されない。しかし、この命題にもとづいた自然科学上のさまざまな仮説が実証され、それらの仮説とこの命題との大きな矛盾が見出されないので、この命題は普遍的な前提になっている、と言える。その限りで、ジェイムズによる実在の区分からすると、この命題は、直接に観察、検証されない、「すでに私たちに所有されている、他の真理の総体」に相当する。そしてそれは「真であると信じられているから真」、という特徴を持っている。これは、私たちの真理が一般に、その根底において必ず所持する特徴でもある。

四　ペシミズムへの態度

特定の領域でのみ妥当する限定された実在概念を、全宇宙の基本的構成物と見なしたことで生じたのが、脳と心との関係に代表される心身問題であった。次に、基本的な実在設定の誤りから帰結した、類似した事態の代表的なものとして、ペシミズムについて考察したい。これはシラーが取り組み、特にジェイムズではその宗教思想が解決すべき大きな課題のひとつだった。ここで言うペシミズムとは、人類は宇宙の膨大な時間の中でほんのわずかな時間だけ生を受け、結局死に絶え滅ぶ運命にあるのだから、生に意味はなく、また人類の存続にも意味はない、という考えに代表される思想である。個人の死、種の滅亡が絶対に避けられないという宿命論的な洞察がペシミズムにはあり、さらにそこには、当時一般的であった、宇宙の終末に関する学説も加わっている。これらの思想は、生は無意味であるという考えで共通している。そして、その無意味さは、物質が実在であり、心はそうではない、という考えを根本に持っている。課題は、この悲観的状態をどう転覆させるかである。

ジェイムズは、ペシミズムは合理的な方法では克服不可能だと考える。たとえば、進化は完成か、という問いがある。目的論では、世界が完全な方向に向かうとされる一方、機械論的な宇宙観では、無目的な自動展開が必然なので、進化は完成ではあり得ない。そしてジェイムズも、基本的に進化による完成は不可能だと見なす。それは「いかなる事物でも、あるいは事物の体系でも、宇宙的に進化したあらゆる事物や事物の体系の将来的な帰結は、死と悲劇であるとは、科学によって予言されているからである。」(Prag p.53)

機械的な宇宙観は宇宙の無目的を象徴し、さらに熱力学は宇宙の熱的平衡状態による死を予言し、必然化させる。このように、「この最終的な全き破滅と悲劇は、現在理解されているものとしての科学的唯物論の本質となっている。」(ibid., p.54)。こうして目的論が力を失い、科学的世界観が支配的になった時代では、人類の運命や宇宙の将来の絶望的な状態は、思考によっては絶対に覆らない。だがこれは近代に始まったことではなく、一度合理的な思考を徹底化させると、滅びや無意味にしかならないというのが、西洋古代からの思想の宿命だった。ストア派が、この運命に耐えることにしか活路を見出せず、そのための強靭な精神の鍛練が、彼らに残された最善の方策であったのも、古代から続くこの宿命の必然性のせいである。そしてストアのような態度は、ペシミズムとの、消極的でいやいやながらの和解にしかならない。それでもこれは、合理的思考に則った場合の、唯一の和解方法だったのである。これに対してジェイムズは、この状態を根底から転覆させる思想があり、それはルター以後になって初めて出現した、近世以降に特徴的な思想として位置づける。

ジェイムズはその『宗教的経験の諸相』において、この転覆を「二度生まれ」という文脈で説明する。これは一面では心理学的な概念であり、宿命について思考する狭い自我が、それを超えた広い自我によって転覆させられる事態として説明される。しかし問題は、自我同士の心理的な力関係ではなく、なぜ合理的に論駁不能な宿命論が覆るのかという、その論理的構造である。これは思考によってはどのようにしても理解ができない。ジェイムズが、

「二度生まれの宗教においては、世界は二階建ての神秘である。」（VRE p.139）[9]と、世界の「神秘」を強調するのも、自我の心理学的な力関係の文脈では、二度生まれ現象が説明可能なのに対して、論理的には私たちの宿命、ペシミズム、ニヒリズムの克服は不可能だからである。したがって、「自然的な善を断念し、それに絶望することは、真理の方向へと向けた私たちの最初の一歩なのである」（ibid., p.139）という主張は、合理的に見れば逆説にしかならない。

このように『諸相』では、ペシミズムの転覆を、合理性を超えた「神秘」と見なして、説明を回避するところがある。この意味で、ペシミズム自体を生み出している論理的条件への反省は見えにくい。しかし私たちは、自然的な善の転覆が、善の精神性や理想を切り崩す、物質性や肉欲、それらにもとづいた無目的な進化という論理的前提を必要としたのと同様に、絶望的運命も、それを成り立たせている論理的な土台を切り崩すことで転覆し得るのではないか、と仮定してみたい。

実際、ジェイムズは『プラグマティズム』において、この論理的な土台を「低い力」[10]と呼び、それが、「私たちがはっきりと見定めることのできる唯一の進化の階梯の内において、永遠の力、もしくは最後まで生き残る力である。」（Prag p.54）と、私たちによって見なされている事実を問題視する。「低い力」とは物質性であり、精神の中では物質的、肉欲的な本能を指す。ジェイムズは、「低い力」の転覆が、ペシミズムの解決をもたらすとまでは明言しない。しかし、なぜ「低い力」が実在と見なされたのか、という疑問は呈示する。なぜなら、「低い力」が「最後まで生き残る」実在と見なされたことで、「高い力」つまり善や、善をつかさどる精神性は、非実在化されたからである。では「低い力」の実在性、言い換えれば精神を唯物論化する考えの正しさは実証されたのか。そこでは先にバークリの学説で見た、「物理主義が正しい」という命題自体の、観察による直接的な検証不可能性の問題が再登場する。そこから考え直すと、根本が「高い力」だと仮定した場合、根本を「低い力」として前提にする場合と比べ、実証性という観点から見ていかなる不利な点があるのか、ということになる。

しかしこのように「低い力」の究極的な無根拠が示されたとしても、それが転覆した世界を理解する概念形式が未だ明確ではないことが、この転覆を私たちが不可能と考え、「神秘」として見える結果にさせている。たとえば原子の機械的な集合離散を世界の展開の基本と見なす理解の形式において、精神的存在が行う自発的な志向によって変化する世界は、理解不能であり「神秘」である。しかし、この機械的な自動展開の世界から、志向的な創造性のはたらく世界に転換したとき、生の無意味というペシミズムとは全く異なった姿に転換することになる(11)。

では次に、シラーはペシミズムの状況にどう対処したのか。まず、シラーにとってペシミズムとは、ジェイムズにおけるほど差し迫った課題ではなかった。それは、シラーは宇宙の悲観的な死が私たちの「物質概念」から導かれ、ペシミズムもここから生じることを最初から明確にしていたため、最初の段階から楽観的な進化論を選択しやすかったからである。すでに確認したように、一度「物質」概念を実在と見なすと、この概念から構築される決定された世界以外は考えられなくなる。しかしシラーは、「低い力」つまり物質の基本性質と考えられたものが、根本的な実在ではないと見なすことで、ペシミズムも最初から存在し得ない、という立場を採ることができた。この世界の土台の改変によるペシミズムの根拠の消滅という手続きは、ジェイムズより明確である。

このように、シラーでは、知識が究極のところで生じさせる形而上学的な問題は、その知識が前提とする「固定化」された基本概念が正されたとき、問題として成立しなくなった。ペシミズムとその根拠も同様であった。では問題の源である「固定化」された基本概念は、どのように作り出されたのか。シラーはこれを無条件に与えられたものでも、人間による恣意でもなく、すべてを生み出す「生成 Becoming」によって生じてきたと見なす。それは一種の目的論的進化の見解である。ここで「生成」以前の状態は、すでに「生成」され「固定化」された基本概念の形成以前であるため、生成され終わった概念枠の側からはとらえられない。

「私たちの現在の位相における知識にとってはかり知れない世界を、相次いで形成する、存在の相次ぐ位相があるかもしれない。その位相の存在は、私たちの世界の人間以前の進化によって示されるであろう。」（Riddles p.307）

私たちの現時点の位相とは、実在世界を映し出す一面にすぎない。これはどの時点での位相にも、宿命的にあてはまることである。そして進化によって位相はさまざまに「生成」し、それに応じて実在世界の照らし出され方も、さまざまに展開する、というのがシラーの基本的な考えである。最初から確定した基本的実在はない。宇宙は進化によって展開し、そのつど新しい位相は「生成」される。つまり、現時点でペシミズムを導く位相でさえも、「生成」された一段階にすぎないことになる。

すると、因果の形式や、宇宙の展開を決定論的に理解する形式も、「現在の位相」が作ったものにすぎないのか、という問題は残る。確かにシラーは、時間さえアプリオリな形式ではなく、物体の運動による推移を受け入れる相対的な枠組みと見なす。その意味では不変で独立したカテゴリーを極力設けない傾向がシラーにはある。以上からすると、宇宙についてのペシミズム的見解は、現時点で固定化された物質概念から帰結するものであり、だとすれば、その固定化を取り除き、「生成」によって物質概念をも可変的に展開させることで、ペシミズムの前提を成立させない、という構図は不可能ではない。

ただし、シラーの「生成」は、合理的な進化の根底に見出されており、非合理性、もしくは合理性を超えたものによって展開される、という考えは見られない。したがってペシミズムの消滅さえも、この合理的な進化の中に含まれることになる。合理性がすべてを包む世界は固定的ではないが、一元的世界である。それに対してジェイムズは、世界の土台の転覆は合理的ではなく、むしろ非合理的であることを容認する。つまり、合理性の世界と非合理の世界から成る多元性が考えられている。これは一面では分裂した世界であるが、他面では、一元的把握から一歩退き、安易な世界全体の把握を控えておく仕組みだと言える。

しかし、ジェイムズが合理性の限界を言う場合の状況については、慎重な検討が必要である。単に合理性の破たんを言うだけでは、安易な神秘主義になり、それは思考不可能な領域をも、「神秘」という称号で思考していることと同じになるからである。ジェイムズにおける合理性の限界については、彼の「物質」観を確認するのがひとつの方法である。それは、物質が精神との関係で、究極のところどういったものなのか、という議論である。

ジェイムズはスペンサー（Herbert Spencer 1820–1903）の『心理学原理』を引き合いに出しながら、私たちの「物質」概念、そして「精神」概念はともに実在を言いあてたものではなく、両概念ともに「粗雑」であることを指摘する。言い換えれば、両概念とも私たちの便宜によって仮設された、こちら側の構成物であり、その構成物にすぎないものを実在にすり替えることで、世界は二元的に分裂してしまったということである。それに対して実在は「物質」概念の彼方、そして「精神」概念の彼方に、概念化とは本質的に異なる存在様式にあることをジェイムズは主張する。この「彼方」の様式とはどのようなものか。

「物質」については、「『物質』とは、まさしく無限に繊細なもの」（Prag p.49）と言われる。「無限に繊細」とは、空間的延長の最小単位がないことではなく、概念的にどこまで追いかけても追いつかないことを意味している。私たちは物質について、ロックの第一性質のように、延長や運動や形などをその基本性質と見なす。しかしこうした枚挙可能な基本性質に、「物質」は限定されないというのが、ここでの「繊細」の意味である。他方で「精神という概念」も、「それ自身あまりにも粗雑であって、とうてい自然の事実のこの上ない精妙さを包むことはできない」（ibid., pp.49–50）という。ここで主張される「このうえない精妙さ」には、精神「概念」がどんなに発達しても追いつけない、宿命的な部分があることを意味している。「精神」について、私たちは自己内部のことゆえに知っているつもりでいる。しかし実はこれも「物質」概念と同様、こちら側の構成物であり、実在には追いつけないと考えられている。

「物質と精神という言葉はどちらも、あの一なる不可知な実在を指し示す象徴にほかならず、その実在において物心の対立はなくなる、と彼（スペンサー）は言っている。」(ibid., p.50)

ここで「不可知」と明言されている、物質と精神の彼方にある一なる実在は、概念を作り変えて到達できるものではない。むしろ、どんなに作り変えてもそれが概念である限り到達できない不可知性をその本質としていることになる。これは不可知論を批判し、「生成」によって実在が進化することで、形而上学的な対立を和解させる位相が形成される、と考えるシラーとは異なる点であろう。そしてジェイムズではシラーとは異なり、この和解は、理性の次元、概念の次元では起こり得ないのである。

そしてそこは、実在は物質か、それとも精神か、という問いが意味をなさなくなる次元である。「生命の原理が何であろうと、物質的なものであろうと非物質的なものであろうと、何の違いもない」(ibid., p.50) とジェイムズは言う。物質が不可知なまでに「精妙」であれば、生命が物質であっても、その尊さは変わらない。しかし人為的に構築可能で機械的な物質のみから組み立てられ、しかもロボットでもゾンビでもなく、さらに主観性と尊厳とを伴う物質複合体の姿を、私たちは今のところ考えることはできない。そしてこれが生命だとすれば、そこへの到達は合理的な概念を放棄することによってしか成し得ない、と考えるのがジェイムズなのである。このような、合理性と、そこを超えた宇宙とを区別するジェイムズと、実在は「生成」し変転するが、宇宙は合理的であり続けると考えるシラーとで、結局宇宙全体の姿は具体的にどう異なってくるかを最後に確認したい。

五　多元的宇宙か、一元的宇宙への生成か

合理性と、それを超える領域とからなる宇宙は、多元的ということになる。それに対して「生成」によって実在を刷新していく宇宙は、それが合理的である限り、一元的だと言える。なぜ、同じプラグマティズムの立場から、この多元性と一元性という相異なった宇宙像が帰結するのか。それぞれの立場が生じる根拠を探ることで、両者の特色と問題点とを明らかにしたい。

ジェイムズは自らの立場を「多元的宇宙」と規定するが、この立場は、私たちが概念的に思考する限り、宇宙の一側面しかとらえられない、という考えから導き出されていた。つまり、宇宙がそれ自体において多元的だという文脈ではなく、概念性、合理性が宇宙を多元化させる、ということである。この立場は、先にも触れた、実在は「それ自身の他者」である、という考えと深く関係している。

「通常の論理学はこれ（実在がそれ自身の他者であること）を否定する、なぜならこの論理学は、概念を実在物にすり替えているからである、そして概念とはそれ自身のありのままの自己であり、それ以外ではない。」（PU pp.67–8）

概念と実在とがどういった関係にあるかは、非常に重要な問題である。ここでは両者間には根本的な違いがあり、それは実在が概念の一面性を本質的に超え出ること、そしてその超え出たところは、その概念からすると「他者」にしかならないことを意味している。物質と精神（という概念）、決定と自由（という概念）などの対立に見られる

形而上学的問題も、この一面化に起因することになる。それに対して実在では、これらの対立の根本がもともとなく、それは概念から見れば矛盾を不可解な仕方で合一させているように映る。すると実在とは概念の側からすると、非合理的なものとしか映らない。反対に実在の側からすれば、概念化は実在の一面的な縮限にすぎない。すると、二元論のような根本的対立や矛盾も、合理性という実在の縮限から生じた派生的な出来事という位置づけになる。

確かにジェイムズの実在論は、世界を全体として認識する際には、論理を超えなくてはならないという思想のため、宇宙をひとつにまとめ上げる概念的「論理」は存在しない。では「論理」以前の実在の姿とはどういうものか。

「実在、生命、経験、具体性、直接性、望む言葉を用いよ、それは私たちの論理を凌駕し、論理からあふれ、論理を包囲する。」(PU p.96)

これは「意識の複合」が論理によっては不可能、という思想から導かれた言葉である。論理は意識を単純な観念に分けたため、それらをどうしたら複合できるかという問題を生じさせた。だが、もし単純な観念という論理が作られないなら、複合という問題は最初から生じない。しかもそうなると、この複合の不可能という問題は、単純観念という論理がなければ、問題でさえなかったということになる。これも、論理が実在を限定し、しかも私たちの合理的思考はその論理から抜け切れないがゆえに、世界の断絶が生じていることの具体例である。もともとの世界には論理による断絶はない。それゆえ論理では世界をつかみ切れない。自然は流れであり、連続である、という思想がここに読み取れる。

こうした実在としての「流れ」と「連続」とを象徴するのが、「生」と「死」という概念上の区別以前に位置する、実在としての「生命」である。

「私たちの一人が死ぬと、それはあたかも、世界の目の一つが閉じられるようなものである…。しかしその人の知覚のまわりを回っていた記憶と概念的関係は、より大きな地球的生命の中に、それまでと同様にはっきりと残る…。」(ibid., p.79)

死ねば、生命活動はそこで消滅するというのは、合理的な思考の結論であり、動かし難い。これは私たちが生命を物質的身体という「概念」や、個別性という「概念」で見るためであり、ここからすると、死は消滅であり、より大きな生命への同化ではあり得ない。ここで死は生と対立したままである。フェヒナー(Gustav Fechner 1801-87)的な「夜の相」でも同様である。それに対して実在の世界が「それ自身の他者」であるなら、死という「概念」も本当の実在ではない。フェヒナーの「昼の相」では死をより大きな生命への同化と考えるが、これは死が生命にとり込まれるのではなく、死と生命という対立が消滅する事態である。実際、死を生の否定として両者を区別する立場は、物質と意識との関係を説明できず、また死を無と見なす限り、否定的なものが永遠に存続するという不可解と恐怖とを生じさせてしまう。それでも生死の区別、物質と意識との区別は「合理的」なのである[12]。この「合理性」ゆえに形而上学の問題は生じ、反面この問題の解決には非合理を容認しなければならない。しかしこの「合理」の世界に対する「非合理」の世界こそが実在の多様性を包含し、多と一との区別を消滅させる根源になっている。

一方シラーは、合理的な「進化」、「生成」の果ての完全世界としての一元的宇宙を考えている。そのためには、「固定化」された、宇宙の基本的な構成物が、進化によって変化、発展しなければならない。これは楽観論的進化論であり、しかもここでの問題は、この変化、発展において、基本的構成物の根本的な矛盾の克服が必要なことである。この根本的な矛盾の克服があって初めて楽観的一元化に到れるが、この一元化ははたして「合理的」と言える範囲に含まれるのかを、私たちは検討する必要がある。

たとえば次のような矛盾はどうか。

「ひとつの無限な全体とは、底のない壺のように、言語矛盾であり、そこにおいて無限は全体を否定し、そして全体は無限を締めだしてしまう。」（Riddles p.253）

これは、空間的な無限を、ひとつの全体という場合の矛盾を示している。空間的に無限であっても、それをひとつの宇宙と呼ぶがゆえに、宇宙の果ての向こうはどうなっているのか、という謎が生じる。しかし「全体」も「無限」も私たちが用いる、宇宙を限定する概念にすぎず、これらの概念によって現れる宇宙がすでに一面的であることに気づくなら、宇宙の姿は根本的に改められる可能性がある。しかしこうした限定する概念の枠以前の宇宙とはどういうものか、限定された概念からは把握できない。

同様に、時間上の「無限」と「進化」との矛盾も指摘される。つまり、「…進化は事実であり、私たちの進化の形式は真であるとするならば、私たちは世界を空間と時間において有限なものとして考えなくてはならない。」（ibid., p.253）ということである。特定の目的へと向かった変化は、有限時間の内で初めて成立する。したがって、無限時間では目的への進化はあり得ない。この二つを両立させようとすれば、その宇宙は矛盾を抱えてしまうというのである。

さらに「無限」と「因果」についても、「無限への信仰は、すべての知識とすべての科学に必要不可欠な方法論的原則である因果性の概念と衝突する。」（ibid., p.253）と指摘される。因果は原因と結果、つまり始まりと終わりとを必要とする。この始点と終点という限定は、無限の構図とは相容れない。この矛盾は、無限が目的への変化とは相容れないことと軌を一にしている。このように、時間的な「無限」と、「進化」や「因果」という有限な時間的区分内での変化との両立不可能性は、「無限」と「過程」との矛盾として考えられる。これらも宇宙を限定する基本概念だが、これらの概念はあまりに基本的であるため、それらの矛盾を解消させる合理的概念を私たちは持たない。

こうした矛盾は、「過程」としての時間が、「無限」に続くという見解を、私たちの内に生じさせる。この見解は、宇宙の悲観的帰結をも生じさせる。私たち生命を取り巻く状況の永遠の悪化や、無限の虚無への進行は、「無限」と「過程」とが両立不能なら、もともと不可能なはずである。この虚無の無限をペシミズムやニヒリズムが主張するなら、それは元来成立不可能なはずの、「過程的な無限」なるものを誤って実在化しているからである。反対に、「進化」が「無限」に続くことも、無目的を生じさせる。つまりこれも無意味、ニヒリズムを生み出してしまうのである。

そこでシラーは、「時間問題の解決は、それが永遠性を再び獲得することのうちにある。」（ibid., p.263）と言う。[13] ここでの「永遠」は、時間延長の無限、つまり悪無限的な際限なさではない。むしろ、直線的、悪無限的な時間延長を超えた何かである。この「永遠」とは、「時間」と「無限」との矛盾を、本来的な意味で解消する次元である。同様にシラーは、「無限」と「目的」という基本概念を、「生成 Becoming」の過程途上の概念と見なすことで、この絶対的な矛盾は解消するとも言うのだった。このとき「時間」は、悪無限的な過程ではなくなる。それゆえ、虚無の無限なる増殖は不可能になり、宇宙が悲観的となる根本条件が解消されることになる。したがってこうした「永遠性」や「生成」は、ペシミズムの解消を導く。そこでは「全体」と「無限」との矛盾、「無限」と「因果」との矛盾といった、ペシミズムやニヒリズムの生じる根拠が根こそぎになるからである。

そしてこの解消は、シラーでは合理的宇宙の展開の内にあった。「永遠性」や「生成」という言葉は、宇宙把握のための基本概念の転換を意味しながら、それらはあくまで合理的なのである。一方ジェイムズでは、形而上学的問題の解消は、合理性の破れによって初めてもたらされた。こうした合理性の重視と、合理性の破れの重視との違いが、宇宙を一元的と見るシラーと、多元的と見るジェイムズとの違いにつながっていた。

おわりに

プラグマティズムの共通見解として、実在概念とは私たちと無縁に、宇宙の中にあらかじめ不変の形で存在する何かについての概念ではなく、目的遂行への有用性の相関項としてあり、また実在とは直接に検証することの不可能なものであった。

ただし、ジェイムズは実在概念の有用性を肯定的に評価する傾向が強いのに対して、シラーはその消極的な限定性に着目し、それを形而上学的な問題の出所として考察した。心脳問題については、直接の感覚や経験のみが私たちに知られる限り、脳による意識の産出は検証されない仮説だと見なす点では両者は共通する。そして両者とも、直接的な経験を取り巻く検証不能な実在についての対立した見解が、形而上学的な対立を生じさせていると見る。

他方、ペシミズムの克服については、ジェイムズはこの克服が生じること自体を神秘と見なす傾向があるのに対して、シラーはペシミズムを生み出す根拠となる実在概念が合理的な「生成」によって変転し、ペシミズムの土台を不成立にさせると見なす。

また宇宙論においては、ジェイムズは実在を「それ自身の他者」という、概念とは本質的に相容れない何かと見なし、宇宙の多元性を主張する。それに対してシラーは、宇宙を構成する互いに矛盾した基本的な実在概念が、「進化」と「生成」によって変転し、矛盾を克服することで、一元的な宇宙へと収斂して行くと考える。これは、さまざまな形而上学的な対立克服の終局に考えられた理想の宇宙でもあった。

このように見ると、合理性とその外側との境界をどこに引くかが、両者の違いを作っていると考えられる。シラーは実在が変転した、私たちに思考不能な領域までを広義の合理性に含めたが、他方ジェイムズはそこを非合理と見なしている。この点、ジェイムズは合理性の放棄を容認したと見なされ得る。しかし、合理性はその合理性を眺め正当化する視点を、自らの合理的体系の例外として隠し持つ必要がある。その限りで、宇宙を一元的な合理的実在と見なすことは、自己矛盾を抱え続けると言える。

（1）James, William, *Pragmatism, The Works of William James*, Harvard U.P., 1975. 以下 Prag と表記。

（2）宇宙の成り立ちに関する二つの形而上学的な選択肢があった場合、一方が誤っているがゆえに他方を選択するという形に、最終的に落ち着くことはない。たとえば無神論が真であり、有神論が偽であるということが最終的に実証可能であれば、有神論を選択する「意志」はその権利を失うかもしれない。これはジェイムズも認めることだろう。しかし実際は、この実証は不可能であり、そしてあらゆる形而上学的命題は、この実証不可能性の次元から生じているからこそ、形而上学的と呼ばれざるを得ないのである。ジェイムズの言う「意志」は、私たちがもはや実証不可能な次元に突きあたり、それでもなお、宇宙の選択に迫られる場合に、初めてその十全な意味を持つことになる。

一方で、この「意志」による選択が何のために必要なのかを、ジェイムズは問題にする。彼は、宇宙理解の仕方の違いによって、過去の宇宙についての理解がどう異なるかではなく、創られるべき未来がどう異なってくるかが重要なのであり、ここに「意志」が宇宙を選択する意義があると言う。たとえば、「未来を持つ世界」に住む私たちにとって、「このまだ創り終えられていない世界では、唯物論か有神論か？　の二者択一は、すこぶる実際的である。」(Prag p.52) という。このようにジェイムズのプラグマティズムでは、未来の行動に差異を及ぼす限りにおいて、形而上学の問いへの回答には意義があるとされる。

（3）F.C.S. Schiller, *Riddles of the Sphinx: a study in the philosophy of evolution*, London: Swan Sonnenschein & Co., 1891. 以下 Riddles と表記。

（4）矛盾対立する性質を包括し、しかも具体的である基本的実在がそもそも可能か否かは、大いに疑問の残るところだろう。シラーの原形質のような個別の単位ではないが、たとえば西田の「場所」は、そうした矛盾を同一化させた次元の一例である。そしてこの「場所」は、シラーの批判する抽象化には与していないが、それ自体は無限定で、何としても性質づけられず、語られ得ない。他方でシラーの基本的実在は具体的なので、何かとして語られなければならないだろう。

(5) James, *A Pluralistic Universe, The Works of William James*, 1977. 以下 PU と表記。

(6) James, *Essays in Radical Empiricism, The Works of William James*, 1976. 以下、ERE と表記。

(7) 記憶が脳に蓄積されるとは考えない立場には、たとえばベルクソンの記憶力理論がある。ベルクソンの『物質と記憶』は、脳細胞に記憶が宿るのであれば、脳の損傷によって、消失した記憶と残存記憶とははっきりと分かれるはずなのに、実際はそうならず、細胞の消失と記憶の消失とは対応していないことを指摘する。また失語症の研究の結果として、忘却とは記憶そのものの消失ではなく、忘却とはイマージュ記憶を運動に変換し顕在化させるのが不可能になることであるという。したがってイマージュ記憶は、脳細胞や運動機能とも異なったところに保存されているという。

(8) 「したがってこの説明は、唯物論が『超自然的』として拒絶した事実を理解することを、私たちに可能にさせることに加えて、唯物論に沿うように主張された事実にも、同じ程度よくあてはまるだろう。」(Riddles p.295)。本人が知らないはずの情報や記憶を語り始めるような自動現象は、唯物論からは錯覚か虚構として退けられるだろう。しかし記憶が脳の特定部位に宿るものではないという考えは、こうした「超自然的」現象と折り合えるうえ、自動現象を脳にその記憶が宿ることで生じた現象として説明することとも、同様に折り合えるのである。一方、唯物論的説明は、後者とは折り合えるが、前者とは折り合えない。

(9) James, *The Varieties of Religious Experience, The Works of William James*, 1985. 以下 VRE と表記。

(10) ここでジェイムズの言う「低い力」が、シラーの言う形而上学的な「高いもの」に対する、物質的な「低いもの」を念頭に置いていることは明らかである。

(11) 志向が創造に参加する世界に関して、ジェイムズは自らの晩年の草稿であり、『哲学の諸問題』の「補遺」に収録されている「信仰と信じる権利」において、「改善論 meliorism」を展開する。これは、世界は完成されたものではなく、完成途上にあり、しかも私たちの「意志」がその道のりに参加し、「私たちが結論を創造することができる」(強調原典) 世界である。これは私たちの志向や意志が、本質的に宇宙の創造に加わるという思想につながっている (James, *Some Problems of Philosophy, The Works of William James*, 1979, p.116)。

(12) 「私」と「あなた」という「合理的」区別についても同様である。私たちは、この二者が複合することは不可能であると考えている。しかしこれは、私とあなたとを別物にしている論理の形式による不可能であり、もしその論理が前提になければ、最初から複合の不可能という問題は生じない。たとえば「純粋経験」とは、最初からこの区別の形式のない世界である。だから「純粋経験」は、「私」と「あなた」とを区別する論理からは理解し難いのである。同様に独我論も、観察される他者の身体や行動、また私自身の身体や行動とは別に存在する、閉じられた独立した意識領域がある、という論理の前提によって生じる。この論理がなければ、他者に意識は存在するか、という問いそのものが意味を失う。

(13) 時間と永遠との関係については、次のようにも説明される。

「それゆえ永遠を理想と見なし、時間の否定としては見なすことはなく、進化の過程の中でその理想へと時間が変化する傾向を持ち、進化の過程の最後においてその理想へと時間が変化しようとすると見なすならば、世界の過程が時間の実在性に依存することの困難を解決することが可能になる。」(Riddles p.263)

この「永遠」は、等質時間の悪無限的な延長ではない。この悪無限に目的はあり得ない。それに対して、シラーは時間が質的に転換した状態を「永遠」と呼ぶ。この、言わば無時間的な「永遠」の中で、「無限」と「目的」との矛盾は消滅するのである。

第二章　なぜ汎心論が帰結するのか
——ジェイムズおよび西田の純粋経験への新視角

はじめに

純粋経験は、W・ジェイムズについても西田についても、主客未分に見られるような心理的な状態のひとつとして理解される傾向があった。しかし実際には、純粋経験とは心理的状態ではなく、むしろ存在論的なスタンスにその本性がある。たとえばデイヴィド・ランバース（David Lamberth）は、ジェイムズが自らの純粋経験説を、晩年になるにつれ「宇宙についての多元的な汎心論的見地(1)」と呼ぶ傾向が強くなった点を指摘している。また、西田も『善の研究』執筆の当初からの根本動機として、「実在は現実そのままのものでなければならない、いわゆる物質の世界という如きものはこれから考えられたものに過ぎない(2)」という考えがあったことを表明している。さらに同書第八章「自然」では、この実在から「主観的活動の方面を除去」したのが、「科学者のいわゆる最も厳密なる意味における自然」（同書、一一〇頁）だと主張している。そこで本章では、純粋経験がこのような「汎心論」的な帰結を導いた、しばしば見過ごされがちな論理的な道筋をたどり、その妥当性を検討する。そしてそれは、純粋経験が課題とした、形而上学的な問題の解決の如何を検討することによって明らかになってくる。

さて、近代以後の自然科学は世界を客観視することで発展してきた。それは実在の宇宙は決定論的で、因果的に形成されたとする世界観にもとづいている。この決定論的で因果的な世界とは、客観的、間接的に世界をとらえることで、見出されてきたものである。このような対象の間接性、客観性は、世界を対象として扱い、同じ現象を反復的に再生させて私たちに役立てるという科学技術の営みに貢献したことで、信頼を得てきた。物質という概念には、このような対象性と、そこへの操作の反復的再生によって、私たちに役立てられる可能性の意味が込められている。むしろこうした対象、反復、役立ちという性質から、物質や外界という概念が導かれ、それらが実在として見なされるに到ったと考えられる。そして物質である脳として私たちの精神をとらえることも、本来主観的で反復不能であるはずの精神を、物質や外界という反復可能なものの枠組みの中で規定しようとする試みのひとつに数えられる。

こうした世界観は、私たちが世界を操作するうえで大いに役立ってきた。しかし他方では、かえって形而上学的な問題を生じさせてしまう面も併せ持っている。たとえば主観や生命が物質からの派生物なら、それらの性質を伴わない物質状態からなぜそれらが発生したのか、という謎が起こる。また、決定論的、因果的な宇宙は、その因果系列がなぜ始まったかという問いにおいて、因果律という考えと根本的に相反してしまう自己矛盾を隠し持っている。

それとは反対に、哲学は主観的認識や主観的存在の確実性から出発することが多い。それは経験の直接性の重視と言い換えることもできる。この立場は、最も直接的にとらえられるものを実在と見なすことを特徴とする。現象学は近代におけるこの典型だろう。この背景には、客体としての物質や客観的概念が、直観や経験の直接性より実在的である根拠はないという考えがある。これは直接的な生きた世界の肯定であり、その世界における現れを世界の根底とする立場でもある。しかしこの見解からすると、物質や外界は、むしろ観念論的に見られることにもなった。実在が主観側に移行することで、今度は客観や物質の実在性が減じられる、という問題が生じるからである。実在を主観側に移行させると、因果律に関しても、物質の複合の結果が主観なのではなく、主観的な何かが因果律をも創り出したという説明が可能になる。すると、因果連関の始まりは何かが謎になるのではなく、今度は「始まり」という概念の端緒である主観とは何か、ということが問題化してしまう。

本章ではこうした問題意識から、脳という客観から作られるのでもなく、因果連関の主観的な起点でもない実在として、純粋経験を位置づける試みの妥当性を探る。そこでは、純粋経験から分化したものが、客観的因果連関であり、反対に主観でもあるという位置関係が試みられる。このような存在論的な位置づけにどこまで妥当性があるか、という問題である。それは、主観と客観、物質と精神との未分が、どうして原因と結果の未分と関係するのか、という問題でもある。

ここには、経験の直接性が実在であることの、さらなる根拠が要求される。私たちは、すべての判断が不可避的に持つそれ以上の根拠のない領域を、実在としての直接性の領域であると考えて行きたい。つまり直接性が無根拠にあることが、それが実在であることの根拠である、ということである。

一　心の基本単位の形態はどのようなものか

純粋経験がなぜ、物心が分かれていない中立的な実在として考えられるのか。そのためには、まずジェイムズの「思考の流れ」において、意識が粒子的単位ではなく「流れ」になる理由を確認する必要がある。「流れ」という様式は、粒子的な様式に対立する。粒子の集合だと、部分が実在であって全体はそれらの複合になる。そして同じ複合の仕方によって、同一の複合物が再び作られることが可能になる。つまり再現可能性が意味を持つ。しかし「流れ」では部分が実在化できず全体が実在となり、しかも同一物が再び複合され再構築されることができない。ヘラクレイトス（Hērakleitos around BC540–around BC480）的な「流れ」が再現不可能な理由もそこにある。したがって意識が「流れ」なら、意識が粒子的世界とは異なった存在様式を持つことを示す。

ジェイムズが「思考の流れ」にたどり着いた背景に、一九世紀後半にH・スペンサーやJ・ティンダル（John Tyndall 1820–93）などの学者によって、脳と思考との関係や、進化論のコンテクストで扱われていた「心―粒子mind-dust」理論がある。(3)これは心の基本単位を粒子として見なすものであり、したがって統一された心的状態が成立するためには、単位としての「諸観念」がひとつの統一へと連合される必要があった。しかしその際、各々の観念には各々の自立性、内的状態が独立して内在しているという問題がある。そのため心的状態の統一のためには、「構成単位がそれら自身以外の何らかの実在に『結び付けられる』(4)」ことが必要だと考えられていた。そしてこの「何らかの実在」として、諸観念から独立した「超越論的主観」が要求された。すると今度は、各々の観念から独立した主観とは何か、という新たな問題が生じてしまった。

そこで、主体とそれが所有する諸観念とを区別する思想、つまり「私」が「考える」と構造が問題を生じさせている、という点に注目したのが「思考の流れ」の発想であった。実際、「思いが思う」というようにこの区別を消去できるなら、諸観念の融合不可能性の理由がなくなる。個別主体同士の独立という構造が、諸観念の融合不可能の理由だからである。(5)

もうひとつ、純粋経験を準備させた背景として、「霊魂論」への批判的検討がある。この場合の霊魂とは各々の観念ではなく、非分離なひとつの全体としての、統一媒体の霊魂のことである。それに対して、物質的世界に対応する観念は、各々独立に分離している。そうなると、統一した霊魂は、どの観念に対応するか、という問題が生じる。各々の観念はそれぞれさまざまな内容を持つ。他方で霊魂は統一なら、観念と霊魂とは具体的に対応しようがない。こうなると、具体的な各々の観念に対して、不変の霊魂という考え方がかみ合わない。「即座に知られる事柄」はさまざまな観念であり、具体的である。しかし「霊魂それ自身」には、そうした内容的な多様性がない。しかもこの場合の「霊魂」は、具体的な経験内容を度外視した、抽象的な概念としてしか考えられていない。これは超越論的主観が、具体的経験からの推論を通じてのみ考えられるのと同じである。こうした霊魂の難点は、それが全体的な意識である一方、個別性、具体性を受け入れる余地に乏しいことである。

こうした心―粒子と霊魂との両方の難点を克服するために、「思考の流れ」が登場してきた。「思考の流れ」は、意識内容とその主体との区別の消去という特徴にもとづいているので、意識の不可分の全体性と、経験の個別性、具体性とを兼ね備えることができるからである。そしてこの「思考」の性質を、意識の性質としてのみならず、存在論的に拡張したのがジェイムズの「純粋経験」であった。この存在論的な性質については後に触れるが、その前に、意識の全体性と観念の個別性との調停という問題に、西田がどのように対応したかを見てみたい。

観念の連合の問題に関しては、西田の純粋経験における「統一」に着目する必要がある。ここでは要素が複合するのではなく、この「統一」した全体が分化することで、諸観念も生じることに特徴がある。これは意識の全体的な性質、つまり同時に二つ以上の内容を思考できない根本的な性質を端的に表している。西田は、原初的には未分化で一なる実在が、分化発展することでさまざまな対象や、認識主観が生じてきたという順序を主張する。認識主観でさえ、原初的にはその意識内容と未分であることが、ここでの要点である。

「先ず全体が含蓄的 implicit に現われる、それよりその内容が分化発展する、而《しか》してこの分化発展が終った時実在の全体が完成せられるのである。一言でいえば、一つの者が自分自身にて発展完成するのである。」（『善の研究』八五―六頁）

これはまず、自然主義的な粒子的世界の存在様式とは正反対である。粒子は要素的実在であり、純粋に客観的である。それに対して純粋経験は、分化されていない全体が原初的実在であり、そこでは客観性と主観性とが未分である。また、粒子的世界では要素としての各々の粒子が複合することで事物が作られる。一方純粋経験では、全体としての実在が分化することで各々の事物も観念も作られる。

そして純粋経験とは、意識の性質にとどまらない。粒子的世界を説明する原子論では、原子の複合はどこまでも物質のままであり、そこに主観性や精神の入り込む隙間がない。反対に純粋経験では、事物は原初的実在が分化したものなので、実在が分化、抽象化したものが物質とか精神とか呼ばれるに到るにすぎない。つまり、物質性と精神性との区分さえもがそこから生じてくる未分化な次元が純粋経験なのである。事物を分析して行った先に実在に行き着くのではなく、分析をなくすことで、もとの実在に戻るのである。

さらに純粋経験では、現象と本体との区分もない。原子論的な世界観は、原子から構成される物質本体と、私たちが知覚する現象という区分を所持している。しかし現象と本体という区分は、主観と客観とを初めから区分したことで生じた構図であり、もしその区分自体を前提にしないなら、現象と、そこに現れない物質本体、という区別がなくなる。物質本体とは、主観が認識する領域を、実在から切り離したため、その片割れとして生じたからである。しかし、一度この主客の区分に従った私たちは、その区分以前がどういう状態なのかは理解できない。それを理解する概念枠がないからである。それが純粋経験の理解を困難にしている点である。

二　物質と精神に対する純粋経験の位置

前節の西田の純粋経験についての検討で、それが物質と精神との区分を、根本的な前提にしない、という性質に簡単に触れた。そしてジェイムズの「思考の流れ」にも、物質からいかにして意識が生じるか、という問題意識がその根底にあった。延長と運動とが物質に伴う性質だとすれば、物質から意識が生じるとき、延長と運動が「感じ」にならなければならない。これはどのように考えても理解ができない。「心—素材 mind-stuff」や「心—粒子 mind-dust」の考えが、物質の基本単位にすでに心の性質を見たのは、この問題を最初からないものにするためであった。つまり、基本性質が根本的に異なるものとして物質と心とを区別したことに、問題の原因があったと考えたためである。

この問題意識から、ジェイムズは『心理学原理』において、物質にも純粋な精神にも還元されない実在を主張する。ここで「思考の流れ」は、各々独立した諸観念の連合という問題と、物質と意識という互いに全く性質の異なるものを接合させるという問題との、両方の解決への要求を満たすように作られてきた考えであることがわかる。この「流れ」は、物質や意識とは別の実在ではなく、物質や意識がその側面となる根源的な実在として考えられた。私たちは側面にすぎないものを実在だと考えていたために、一方から他方が生じることの困難が生じ、また観念を個別だと考えていたために、その連合不可能性が問題化したということになる。

心とは内容を伴わない無時間的な超越論的実在ではなく、つねに何かについての意識としてある。これは後期の『根本的経験論』で展開される、純粋経験からすると「意識は存在しない」という思想につながる。それは無内容な意識そのものという抽象物は存在せず、具体的経験の姿をとる、内容を伴う推移的な拡がりとしてのみ心が存在し得るという考えである。[6] そこからすると、脳作用のみが存在し、意識は存在しないという思想は、実在から抽象化された一方の概念をもって、他の概念を否定しているにすぎない。

このように、『心理学原理』における「思考の流れ」は、「思考」における推移や連続性を実在と見なし、物と心との二元的な概念の対応関係を究明する過程で形成されてきた。それは「思考」と、その媒介者としての脳との関係解明に、一定の見解を示した。さらに後期の「純粋経験」は、脳を含めた対象、さらに意識までもが、経験の連続からの分節化の結果出現するという、中立一元論的な存在論の構図をより明確化した。

こうした、中立一元論的な経験そのものを実在化する構図は、現代の心の哲学における機能主義的立場、つまり機能が実在的であり、クオリアはそれ自体実在性のないものと見なす立場とは相容れない。これらの立場は、経験の実在性を副次的にしか見ないからである。確かに経験を実在とする純粋経験の立場は、一人称的パースペクティブやクオリアを存在論的に保証する、という点では、J・サールのような生物学的な自然主義と共通する。しかし生物学的自然主義が、意識は脳という物質からの因果的産出物ととらえる点では共通しない。

また純粋経験は、実在を物心以前の一元的なものと見なす点では、物理的状態自体を情報状態と見なし、そこに物理的側面と同時に現象的側面を認める、D・チャルマーズの「両側面原理」や経験の遍在という考えと共通する。しかしチャルマーズが経験を情報状態と見なすのに対して、ジェイムズや西田の純粋経験は、それをあくまで情報に還元されない、推移的で生きた実質と見なす点で異なる。

西田の純粋経験も、意識か物質かという区分以前の実在を意味している。「余の真意では真実在とは意識現象とも物体現象とも名づけられない者である」(『善の研究』七三頁)という言葉は、それを明示している。純粋経験は唯一の実在として、物体以前である。そしてこのことは、それが意識以前であることも意味する。

意識以前ということは、経験とその所有者とが区別される意識状態、知るものと知られるものとが区別される意識状態が成立していないことでもある。

「もしこれ以上に所有者がなければならぬとの考ならば、それは明に独断である。」(『善の研究』七四頁)

この西田の言葉は、ジェイムズの「思考の流れ」にも共通する、所有者不在の考えを示している。また、所有者以前という性質は、意識でありながら誰の意識でもないという、意識の無名性と規定不可能性を表している。この規定不可能性は、意識を所有する誰かがどこから来たのか、というその由来を問うことの無意味化にもつながる。この私は何処から来たか、という霊魂の由来の謎と、物質から意識がどうして生じたかという謎とは、「何か」として規定され得るものを実在とするからその由来が謎になる、という構造を共通して持っている。所有者がいて、初めて意識は規定可能となり、その由来も問題化するからである。

また西田の純粋経験は、「唯一実在」であり、「統一」でありながら、何としても規定されない。この「唯一実在」としての経験は、自ら以外との区別を絶し、しかもそこでは、私という特異点が消失している。「何か」として対象を規定するには、その対象と他の対象との関係、区別を必要とし、その関係を形作る形式がなくてはならない。因果の形式はそのひとつである。だが根本的に規定不可能なものには、そうした形式があてはまらない。したがって因果の形式もあてはまらず、その由来を問えない。

これらは、物心、自他といった二分法以前に位置する語り得ない実在の、語り得なさの核心をなす。こうした、それ以上の根拠の追跡が無意味となる次元を実在と見なすのは、西田哲学全般にわたって見られる特徴である。

三　自我は「流れ」からどのように説明されるか

経験とその主体とを区別しないのがジェイムズの「思考の流れ」や純粋経験の特徴であり、それが「純粋経験は何処から来たか」という問いを不問にさせる特徴でもあった。では、経験を知る主体としての「私」とは、いかにして生じたのか。確かに純粋経験そのものにおいて自我は問題化されない。しかし経験の中には、経験の諸部分を見るが、それ自身は決して見られることのできない主体、つまり経験の中心としての自我が存在するように思われる。ジェイムズは『原理』において、経験の内、見られる部分を「客我Me」、見るはたらきの中心だが、それ自身は決して見られることのないものを「主我I」として区別した。ではこの「主我」は無条件の前提なのか、それとも究極的には存在しないが、存在するかのように見える何かであるのか。

基本的にジェイムズは後者の立場をとる。一般に主観とは、客観に対して、「知る」というはたらきの側を意味するが、必ずしもそのはたらきとは別にその所有者が存在することではない。最初に主観と客観とが存在して、そこに知るという営みが生じるのではなく、知るという作用の生起によって、経験の諸部分が主観的役割と客観的役割とに分節するのである。ひとつの全体から、それぞれ個別の自我がまとまってくる仕方はこれである。これは、私の不在の場に私が生ずる、存在の不可解さに対する一定の答えでもある。ジェイムズは、純粋経験の後に、経験内容を所持する「私有的経験」を見るが、それは「知る」ことから導かれてくる。

つまり、経験が「ただ在るだけ」の状態と、「〈それが気づかれること〉」との間にはひとつの飛躍があり、後者において「私有化」が起こっている。逆に「感じは、それ自身では、私のものとしてもあなたのものとしても感じられない」[7]。記憶をたくわえた経験によって「所有される」ときにのみ、感じや経験は、誰かのものとして個別化されて感じられる。つまり私有化とは、記憶が感じを取り込むことでもある。しかし最初の「知る」が起こるのには理由がないのか。これは「存在論的な難しさ」でもある。ジェイムズに則れば、そうした疑問は、実際には遍在する「知る」しかないのに、そこに加えて「知るもの」を設定してしまっているから、その「知者」による「知る」が生じた理由が問題になる、ということになろう。この「知る」と「知るもの」とを隔てるのは、記憶をたくわえた経験による取り込み、そしてそこに「私」を成り立たせる論理の枠組みが形成されることである。

同様に、クオリアがなぜ生じたかという問いは、「流れ」がもともと内的な質を伴うという考えがあれば、問う必要がなかったものとなる。実際、クオリアは物理主義的な意味での物質や、機能的システムのみに実在性を付与したとき、そこからはみ出る何かという形で問題化する。それに対して純粋経験は、この語れない質を、実在からはみ出るものではなく、実在の中心に置く。しかもこの質は、物理的な出来事に随伴するだけで、因果的なはたらきをなさない余剰という位置にはない。質や効力はもともと純粋経験とひとつにあり、反対に物理的な出来事と、そこに随伴する因果的効力のない余剰という構図は、純粋経験から離れることで生じたのである。

私たちが具体的な場面で出会っている経験、「私の」「あなたの」経験として呼ばれているものについて、ジェイムズは次のように語る。

「それらの経験が一体いかにしてそれら自身を生じさせているのか、あるいは、なぜそれらの経験の持ついろいろな性格や関係が、まさしく現れている通りのものになっているのか、私たちは理解に取りつくことはできない。」(ERE p.66)。

私の経験がなぜあなたの経験ではなく、私の経験なのか、またはクオリアがどうして存在するかという謎は、それらが自らとは別の何かから生じたと見なされるとき登場する。「私の経験」やクオリアの原因を探らなくてはならないからである。翻って、私の経験は「誰の」という特定性以前の経験であり、そしてこの質はもともとあるのであって、なぜ生じたかが問題にならない次元に立ったとき、謎は自ずと問われなくなる。右記の引用に続いてジェイムズは、「しかしながら、何かしらの仕方によって、それらの経験が作られることができるのを認めるなら、…それでも不合理なものは存在しない」(ERE p.66) と述べている。これは、そうなっているものをわざわざ問題化せず、そうなっているように認めよ、という意味にも読める。しかしもっと踏み込めば、経験とその起源とを分ける必要がないところを分けたから問題が登場した、という解釈もできるだろう。これらを分けない次元に戻れば、「不合理なものは存在しない」のである。

ここまで、物質的条件が原因となって、クオリア、もしくは知覚や経験が生じているという構図とは別の実在論として、ジェイムズの純粋経験について検討してきた。前者の構図から私たちが脱しにくいのは、この構図は自然科学をはじめとした、私たちが観察し、予測し、技術的に利用できる範囲での出来事には好都合なため、その範囲にいる限り、私たちはこの構図以外の世界を考える必要がないからである。しかし、形而上学的な極限については、この構図は問題を生じさせる。そしてこの、意識の原因という形而上学的な問題において、原因という考えを消去することで問題解決を導く方法は、西田の中にも見出せる。

まず、客観の実在性という問題を取り上げたい。客観だけを実在と見なすと、その世界をすべて記述し尽くしたとしても、その記述する主観だけは、実在から除外されなくてはならなかった。しかもその際、この主観がなぜ客観世界から生じたのかを説明することもできないのである。だとすれば、主観を実在に含めるためには、まず客観だけの実在という構図を根本的に改める必要がある。西田の、「我々に最も直接である原始的事実は意識現象であって、物体現象ではない」（『善の研究』七一―二頁）という立ち位置は、その洞察の現れのひとつとして考えられる。こうして西田は、物体そのものの恒常的存在を前提にせず、反対に「ただ類似した意識現象がいつも結合して起る」（『善の研究』七二―三頁）ことを物体存在の根拠とする。

これは客観的物質に対する、主観的な意識優位の立場に見えるかもしれない。類似した意識現象の結合を、物体現象の因果的関係の根拠と見ることは、意識を物体の原因として考えているように映るからである。そうなると、純粋経験における「直接性」の存在論的優位は、単に認識主観としての実体的な意識の優位性になってしまい、このような仕方ではその認識主観としての意識の出所をさらに考えなくてはならず、結局問題解決になっていないのではないか、という疑問も生じ得よう。

これに対して、ありのままの具体的世界、つまり「直接経験の事実」（同書、七一頁）を究極的な実在と見なすのが西田の根本思想であった。この思想に説得力を与えるには、客観に対する認識主観化という限定を受けた意識概念ではなく、限定を受けない直接経験が実在とされることの利点を考える必要がある。これについては、限定された、特に実体概念的なものや出来事はその原因を問えるが、無限定である直接経験の原因を問うことは不可能であり、この不可能性ゆえにそれが実在と見なされる存在論的な利点があると考えることができる。西田の中期以降の「場所」は、この無限定性を論理的に明らかにしたものとして位置づけられる。

四　純粋経験と生命の意味

一九世紀進化論における、物質からの生命発生に関する議論との関係で、「思考の流れ」の思想が形成された過程は、ジェイムズの純粋経験を考察するうえでこれまで見過ごされがちだった。それは物質的客観的現象としての有機体の形成から、生命現象において内的に経験される質がいかに生じたかという問題であり、前節でも触れた、クオリアのないところからいかにしてそれが生じたかという問題とも共通する。こうした、物質と精神という古典的な二元論から生じる問題に対して、純粋経験の中立的実在の性質が、いかに答えるかに着目する必要がある。

内的経験が単純な有機物を含めた無生物にはなく、一定以上の複雑さを持つ生物にはこの経験があるならば、その経験が発生する境界線が存在するはずである。しかしそこに客観的な観察を行うことはできない。反対に、意識がある生命体を分子レベルまで分解した場合には、それは無生物的な物質の集積となるが、それらをどのように複合しても、それらが意識を生み出すという事実を導けるものはない。これは、観察される限りでの生命現象と、そこに内的経験の質が伴うこととの間には、存在論的な断絶があることを示している。つまり、客観的に観察され得る生命現象の発生は原理的には説明可能だとしても、経験や意識の発生は、物質の複合から導き出すことのできない原理的な不可能性を含むということである。

ジェイムズはこの不可能性を、物的な粒子による「運動が感情となる」（PP p.149）ことの理解不可能性として表現する。それは「内的世界と外的世界との間の『深淵』」の存在についての指摘であり、純粋な精神から出発する観念論者も、単純な物質から出発する急進的進化論者も、この二つの世界の架橋ができないという。これらに対して一九世紀にW・K・クリフォード（William Kingdon Clifford 1845–79）や、H・スペンサーなどによって論じられていたのが「心—素材」の理論であった。ジェイムズの『心理学原理』第Ⅵ章「心—素材理論」では、次のように強調されている。

「もし進化が滑らかに機能しなければならないなら、何らかの形態の意識が事物の本当の起源において存在していたはずである。」（PP p.152）

このように内的な質としての生命を説明するには、この「素材」としての意識や生命を、初めから何らかの仕方で容認するしかないことをジェイムズ自身は認めていた。これは物心二元論が抱える意識の「形而上学的」問題を、その二元論的断絶は最初からなかったという仕方で解決する方法である。物体と「感じ」とを二元論的に分け、前者から後者が生じたと考える際に生じる謎とその解決は、事柄そのものの側に属しているのではなく、こちら側による実在の限定の仕方にあったということである。

すると次の問題は、二元的な実体の一方から他方が生じたのではない世界を認めるとしても、その二元的な区分以前の一者は何処から来たのか、ということであった。つまり、中立的な一元性の世界においても、その一元的な何かの出所は問題にならないのか、ということである。これは存在と無、出来事とその原因という、物心とはまた別の二元的区分から生じる問題でもある。確かにジェイムズはこれに明確には答えない。しかし純粋経験の無限定性は、そうした区分の無効化にも関係することが考えられる。

そこでさらに着目したいのが、西田が出来事一般とその原因という区分をどう扱ったかである。つまり、物心の二者を中立的な一者に包括するにしても、その一者の原因ということは、どのような条件の下で問題になるのか、という考察に着目する必要がある。それは、原因が問えない性質があり得るのか、あり得るとすれば、それはいかなる性質なのか、という問題である。この問題は、純粋経験の原因を問うことの無意味に関係する。

因果律とはつまるところ、どんな出来事にもその原因がある、という法則である。私たちはこれが出来事自身に属すると考える。しかし実際私たちは、出来事同士に内在する必然的結合を観察しているのではなく、特定の出来事同士がいつも伴って起きているという観察をしているだけであり、出来事同士の必然的結合それ自体を直接確認しているわけではないというのがヒュームの基本的見解であった。それに類似して西田も、「或現象に或現象が伴うというのが我々に直接に与えられたる根本的事実」（『善の研究』七六頁）だという見解を採る。因果律一般について、こうして西田はヒュームと同じ考えを持っているということができる。

さて、因果律の形而上学的な核心は、世界の始まりに関する議論にある。因果律が正しいとすれば、世界全体の原因があるはずである。しかしこの原因だけは自らの原因を持たないとすれば、そもそも因果律という法則に反してしまう。よって、世界全体の始まりは存在しないか、もしくは因果律という考え方を世界全体に適用することが根本的に間違っているかのどちらかになる。

「因果律は世界に始がなければならぬと要求する。しかしもしどこかを始と定むれば因果律は更にその原因は如何と尋ねる、即ち自分で自分の不完全なることを明にして居るのである。」（同書、七六頁）

つまりここで、因果律の外を考えられない思考形式自体が、限界に達している、という記述である。それは、因果律も前提を持って生じており、その前提の外にある出来事について、因果律は適用されないということとして理解できる。西田の言葉を用いれば、実在の限定によって初めて因果律も生じており、その限定外の出来事について、因果律は意味を持たないことになろう。そして純粋経験の一元性は、この「限定外」に位置することが考えられる。

その逆に、特定の最終目的への連関として、現在の出来事を位置づける形式も同様である。すべてが特定の目的に向かう世界の中では、現在の出来事はその目的への一段階でしかなく、目的とは無関係な、それ自身の意味を持たない。しかしこの見方は、最終目的という考えから特定の出来事を限定することによって、初めて成り立つにすぎないのである。

ではこの限定の外とは何か。客体を定立させ、その客体を何かとして分類することが限定ならば、限定ではその客体を客体自身とは別の概念枠で括ることが必要となる。対象を「何か」として見る際にも、この「何か」は対象とは別の概念枠である。そしてこの限定が私たちの言語の成立条件であれば、その限定以前を語る言葉は存在しない。こうした限定以前の実在は純粋な経験であり、「場所」でもあった。それは一切の限定以前にあるため、有無という対立以前でもある。有無の対立以前の「場所」が、いかに無から生じたか、という問いは無意味になる。そこからすると、「個物」という概念でさえ、その有や個体性という限定を受けていることになる。

さらにここでは、限定以前の実在の性質に関して、西田の生命についての考えに触れたい。生命が持つ意識や志向のはたらきは、それらのはたらき自身以外の何かのために生じているとは、西田は考えない。これだと生命のはたらきは、他の何かのための限定の結果になるからである。

「我々は生きる為に食うという、しかしこの生きるためというのは後より加えたる説明である。…小児が始めて乳を飲むのもかかる理由の為ではない、ただ飲む為に飲むのである。我々の欲望或は要求は啻《ただ》にかくの如き説明しうべからざる直接経験の事実であるのみ…」（『善の研究』一五八頁）

「生きるため」というのは、進化論的な生存戦略と言い換えてもよい。それは概念化された抽象的な目的である。それに反して西田は、生命の行いは、その行い自身のために行われていると言う。これは身近すぎる目的であるがゆえに、概念化以前にあり、語り得ない。西田では、生命は無限定なのである。

そして生命についてのこうした見解は、意識は何のためにあるか、という問いへの一定の答えでもある。進化途上で生存戦略のための機能として備わったのが意識である、という考えには西田は与さないことになる。(8)「何かのため」というのは、目的論的な論理に生命が組み込まれ、限定されてしまったことを意味する。

進化論にもとづく現代の自然主義的な意識論では、たとえば色彩のクオリアが生じた理由は、色彩による事物の識別が、白黒知覚の識別よりはるかに明確で効果的であるから、という論法がある。つまり色彩のクオリアとは生き残りに役立つ効果的な識別のための手段であり、これは生き残りという目的のための機能と位置づけられる。しかし、この特定の目的が、なぜ色彩経験そのものより根本的なのだろうか。そもそも誰がその目的を与えたのだろうか。この機能としてのクオリアという考えに、西田は反対だろう。生命現象を何か特定の目的に対する手段と見なすことは、特定の限定の枠に、生命を閉じ込めることになるからである。ここには、生命が無限定で、その無限定性を実在としてありのまま肯定しようとする西田の思想が見られる。

おわりに

近年、脳科学などの発達により、本章で触れたような物心の関係、自我、意識の発生、因果と目的といった哲学的問題は、自然科学的方法の中で解消されるという見解も存在する。現代の自然主義は一般に、その見解を採る。しかし、物質から精神がなぜ生じるのかという問いが、経験的知識の増大によって答えられるものではない、という見解も存在する。この問いは自然科学の問いではなく、自然科学的な方法が前提とする枠組みに関係するからである。

この章では、近代においてこの精神と物質との橋渡しをする考え方のひとつとしてジェイムズや西田の「純粋経験」を位置づけ、それが物質と精神との形而上学的な問題にどのような意義を持つかを検討した。そして、自然科学的に観察される客体ではなく、哲学的な直接性を実在として見なす根拠があるとすれば、それは何かを確認した。

意識と物理的自然との対立、現代風に言えばクオリア問題、自由意志と因果性、機械的決定論と目的論など、従来形而上学で論じられてきたトピックのさまざまな領域に関しても、純粋経験はその直接性の立場から、自らの見解を表明している。(9) これは純粋経験に関して、従来あまり着目されて来なかった点である。また純粋経験の立場は唯心論でもない。唯心論では実在の中心に「私の」心があるのに対して、純粋経験では「経験あって個人ある」（『善の研究』六頁）のであって、その限りで純粋経験は「私の」心以前の直接性に実在を見出しているからである。

こうした純粋経験の直接性から出発する説明は、知識の構造が自然主義的説明とは正反対である。自然主義的説明は、物理法則や、または生存戦略という、客観的対象や目的に還元されるものとして、クオリアや生命現象を位置づける。それに対して純粋経験の直接性の立場では、直接性自身が最初で最後の実在となる構造をしているからである。

しかし、純粋経験、または反対に自然主義的な実在のそれぞれが、なぜ原初的実在として考えられたかを問うて行くと、それ以上の合理的な理由がない地点に行き着く。確かにこうした実在が実在たる究極的な理由のなさに照らすと、直接性に実在性を付与することも、自然主義的な実在を実在と見なすことと同様に、恣意的選択と見なされるかもしれない。だが、それは吟味の不足という意味での恣意的選択なのではない。それはむしろ、知識一般はどこかで合理的に根拠づけられていない地点を持つことが運命づけられている、という意味での選択なのである。この選択の次元では、純粋経験と自然主義的実在とを、実在性に関して比較する枠組みがない。この選択より先は、どちらが正しいかという真偽成立の条件がないからである。

（1）Lamberth, David C., *William James and the Metaphysics of Experience*, Cambridge U.P., 1999, p.13. 同書では、ジェイムズの未公刊原稿と講義ノートに、公刊されたものよりはるかに多く、さまざまな形の汎心論への関与が示されていることが指摘されている（ibid., p.189）。

（2）西田幾多郎『善の研究』岩波書店、二〇一二年改版、一〇頁。

（3）James, William, *The Principles of Psychology*, *The Works of William James*, Harvard U.P., 1981, pp.149–56 etc.　以下 PP と記す。

（4）ibid., p.161.

（5）この個別主体が融合してひとつの心を作る際の問題は、『心理学原理』の中では、「物質―モナド理論」が抱える問題として扱われる（PP pp.179–80）。この理論では、各々の脳細胞がそれぞれ独立した意識の単位とされる。それぞれの細胞は、各々のモナドのように直接的な相互の連絡もないが、ひとつの中心的な枢要細胞に統御されることを通じて、全体としてまとまりのある活動を為すという。それによって、「自己結合」という連合論の問題を回避させる。しかしそこには、では脳の枢要細胞とは何なのか、という問題が残される。また、なぜ脳の側の意識の最小単位は細胞であって、それ以外のものではないのか、という問題も未解決になる。

（6）「思考の流れ」では、観念に相当する意識の「実質的部分」より、一見無内容な「推移的部分」に実在性が付与される。この「推移的部分」こそ、「何かについての意識」という、意識の根本性質を担うからである。そして、意識が必ず「何かについて」の意識であるという考えは、抽象的で無内容な意識を認めないという思想とひとつである。この意味で意識は存在せず、内容のない霊魂は存在しないのである。

（7）James, *Essays in Radical Empiricism, The Works of William James*, 1976, p.66. 以下 ERE と記す。

（8）この考えは、近年ではミリカン（Ruth Garrett Millikan 1933-）などが、その *Language, Thought, and Other Biological Categories*, MIT Press, 1984 のような著作で唱えている、目的論的機能主義の思想に相当する。生物の各器官は、自然選択にもとづく生存戦略の結果生じたものであり、意識の登場さえもそこに含まれるということである。しかしこれだと、なぜ生物は生存したがるのかという、この機能主義の根本前提について説明がつかない。さらに、生存という目的が意識を作り出したと仮定しても、反対にその意識こそが生存を目的とする主体でもあり、するとそうした意識が生存の手段化されるのは、ある意味本末の転倒となる。少なくともそこには、意識と生存目的との循環の関係が生じてしまう。こうなると、何か特定の抽象的な目的性を、あらかじめ生命現象に導入することは難しいことになる。

（9）こうした形而上学につながる、西田の問題意識の背景には、彼が高等学校の時代から、実在を物質的で客観的な「夜の相」に対して、細部まで具体的に生きている「昼の相」としてとらえていたフェヒナー（Gustav Theodor Fechner 1801-87）などに共感していたことが認められる。『善の研究』改刷版発行に先立つ、一九三六年の「版を新にするに当って」において、フェヒナーが西田による当初の『善の研究』執筆動機の記載とともに共感的に登場していることも、この事実を示していると言える。

第三章　私の消滅による自由

はじめに

ジェイムズと西田とは、それぞれの「純粋経験」への考え方に関してしばしば比較されてきた。しかしこれはおもに、両者の認識論的次元での比較であった。それに対して、ジェイムズの神秘主義研究と、中期以後の西田の場所的論理とが比較されたことはない。本章ではこの二つの思想が、形而上学的な問題、特に自由の存在に関して投げかける意義について考察する。従来、自由意志の問題に関しては、決定論に対して意志の自由が存在するか否か、という問いが立てられ続けてきた。ここではそれとは異なり、自由か決定かという選択的な問い自体から自由になる次元として、二つの思想を考えて行きたい。

自由と決定の問題も含め、形而上学的な問いにとらわれると、その問いの成立根拠を理解することはできなくなる。ジェイムズはその晩年の遺稿である『哲学の諸問題』で、万物の存在理由など、さまざまな形而上学の問いの形態を列挙している。それらは物事についての根本的な問いでありながら、回答はできない。しかし、こうした解決し得ないはずの問題に転換が起こるのが、『宗教的経験の諸相』で扱われる「二度生まれ」の経験であった。ところが、「二度生まれ」については心理学的な仮説は立つものの、なぜ解決不能な問題が転換するのかには、不可解な部分が残った。形而上学的な問いに実証的な回答は不可能だからである。ここでは、問いに答えるのではなく、問いの根拠自体を切り崩すことによる問題解決が求められて来るのである。

この解決は、統一不可能なものが統一する、西田の矛盾的自己同一の構造に類比させることができる。この自己同一とは、概念的な分別から分別以前の次元へと「転化」する節目を通じてなされるのが、その特徴である。実在を、決定された物体と見なすのが合理的思考の条件だとすれば、「転化」はこの見なしの枠組み以前への帰趨という意味で、合理性から逸脱している。「場所」や「行為的直観」において主張される「限定」の以前とは、この枠組み以前に相当し、またそれは分別ではなく、分別以前に戻ることだからである。自由と決定の問題に関しては、精神の自発性と物体の決定性という概念的区別以前の直観的な行為を、この矛盾の解消の次元として見なすことができる。こうした観点から、西田の「自己同一」という標語の指す事態が、形而上学の問題に照らすと何を意味するのかを考え直すのが、本章での課題である。

一　思考の前提と形而上学の問題

自由が存在するかしないかという選択が問題になる場合、どちらかの選択を合理化するための形式が必要となる。しかしこの形式は強固であり、たとえば決定論という立場が選択されたとき、そこからの例外を許さない。それは宇宙が、決定論的に一であることを意味する。しかし、ジェイムズは、『哲学の諸問題』において、宇宙は一であるか多であるかという伝統的な形而上学の問いを取り上げ、一という思考形式のアポステリオリと、私たちがその形式を最初に選択することの無根拠とを論じる。

「これらのいろいろな結びつきは、私たちが単一性という言葉を私たちの世界にあてはめる場合に、その言葉によって意味しているものの内訳にほかならない。[1]」

私たちが宇宙で観察しているのは、さまざまな現象が各々で結びついて生じていることの、習慣的観察だけであり、そこから宇宙が一であるという経験的な導出を行っているのではない。

「したがって物理的な観点からすると、絶対の単一性 oneness も絶対の数多性 manyness もなく、明確に規定され得る両方の混合様式があるだけである。」（SPP p.67）

現象同士を結合させるさまざまな因果の形式についても、私たちが実際にそこで因果的な連関を設定している範囲は、その連関を設定すると実際の場面で役立つという要求の範囲を超えることはない。したがって宇宙内のさまざまな現象の結合は、これらの役立ちの連関に対応した形で、多様に見出されているにすぎない。つまり因果連関については、プラグマティックな意味で各々の結合が役立てられているのみである。反対に、プラグマティックな必要性から離れれば、それらの結合や因果連関に意味はなくなり、それらの連関の存在さえもが役割を失う。それでも私たちは、絶対的な単一の因果的結合という理念だけは持ち続けてしまうのである。ジェイムズの「多元的宇宙」とは、単に世界が複数からなるというだけではなく、世界を単一の形而上学的概念に合理的に還元することの根拠のなさを暗示している。[2]

こうした「一」という理念からは、宇宙を単一と見なす前提にもとづく問題が生じてしまう。ジェイムズは『多元的宇宙』で、一元的観念論の思想を取り上げ、それが宇宙の単一性の確立のために、すべてを知る全知者を設け、それによって宇宙全体を包括する要求をしていることを示す。この思想では、宇宙はひとつの絶対的な精神だからである。一方この全知者は、全知でありながら、同時に私たち個々の人間のような、不完全な知しか持たない存在者の総体でもなくてはならない。すると全知であるはずの単一の統治者が、こうした不完全な知しか持たない者でもあるというのは、自己矛盾になる。

「私の論理的な良心をこんなにも苦しめたのは、絶対者それ自身というよりむしろ、ある種類の考察の全体である。その考察とは、絶対者が最高の見本つまり集合的な経験であり、その経験を構成するいろいろな部分との同一を主張しながら、それでもこれらの構成部分からかなり異なった物事を経験する、というものである。」（PU p.93）

これは神の完全性が悪、つまり不完全性をどのように許容するかという伝統的な問題にも通じている。この問題は絶対者の単一性を前提としては解決されない。反面、単一性という前提がないならば、問題は最初から生じていない。この、単一性という概念的前提を取り去る方法は、形而上学的問題の解決法であるばかりではなく、ジェイムズが実在と見なす次元がどこにあるかを示している。

こうした単一性から生じる問題の構造は、単一の決定論的宇宙の中のどこに、自由を保証できるか、という問題にも現れる。自由の存在のためには、物質的決定性を非物質的な精神が打ち破ることが要求される。この精神の焦点は自我である。すると、もしその精神と自我とが究極的に存在しないのならば、この自我の自発性に根拠を持つ意味での自由はない。しかしここで注意すべきなのは、精神と自我の存在を否定する概念装置以前においては、自由の反対の意味での決定性にも、同時に意味がなくなる可能性があることである。なぜなら、自由か決定かという問題に回答を出すには、すでに物質一元論や、精神と物質との二元論といった概念装置が必要であり、一方ここではこの装置自体さえもが消去されているからである。これは精神や自我存在という概念的前提を取り払ったうえで、そこで精神と対立する物質の側がどうなるかに着目すると明らかになる。

完全な機械論は、原子論的世界という概念形式を要求する。つまり世界はすべて延長と運動とを持つ物質の集積という前提がすでにある。よって、もしそこに精神的な自発性を持ち込もうとすれば、物質の世界の中に物質でないものという奇妙な何かが設定されてしまう。つまり一度原子論的世界が採用されれば、自発性は経験的に否定されるのではなく、論理的に不可能になるのである。しかし、この物質一元論的な世界には、物質からなぜ精神的なものが生じているのかを説明する方法が根本的に欠如している。物質とその運動とをいくら組み合わせても感覚や感情にはならないからである。すると、決定論の前提となる、完全な物質的世界という考えが、すでに何かおかしいことになる。そこで考えられるのが、物質と精神とをともにすでに実在の概念化と見なす方法である。こうなると実在世界は物質という概念以前であるため、決定論の条件が存在しない。決定論はすべて原子論的な概念形式の産物となるからである。ジェイムズが採ろうとした方法はこれである。

「それでも、概念の機能の背後へと全面的に退くという原理、実在の真の姿のために、感性的な生のより原始的な流れに注目するという原理においては、私たちに対して一つの道が開けてくる。」(PU p.127)

この「概念」とは個々の自我を実体と見なしたり、反対に宇宙を一様に原子のような物質として見る知性の結果であり、それは自由と決定などの形而上学的問題の根源でもある。そして「概念の機能の背後へと全面的に退」くとは、この形而上学的な問題に答えを出すことではなく、問題の原因を生じさせるものの以前へと退くことなのである。概念が「合理的」次元にあるとすれば、これは「合理的」次元の外もしくは以前であり、また概念を実在と見なすことが却って根本的な問題を生じさせるという考えがここにも見られる。

回答不能な形而上学的問いの特徴は、一度その問いの中に入ると、そこから逃れることが論理的に不可能な包括的形式を持っていることである。たとえば決定論が選択された場合、宇宙はすべてその機械論的決定性の中に組み込まれ、決定されていないものを考えることは不可能になる。この解決は、決定論に対して自由を主張することの内には見出せない。一度採用された機械論的世界観の形式において、決定性は閉じられた体系であり、そこから逸脱する自由は考えられないからである。したがって、この一元的世界観の形式以前に戻ることが、残された方法となる。

これは、形而上学の問いの形式からの離脱である。しかしそれは、この問いを放棄することではなく、実在の次元がこの問いの成立する次元以前にあることを示している。またこれは、形而上学的な問いへの回答ではなく、ある独特の気づきにおいて成立する、問いの次元の転換である。そしてこの気づきは、この問いの消滅という出来事として生じる。

「実在、生、経験、具体性、直接性、思う言葉を用いよ、それらは論理を超え、論理からあふれ出して、論理を取り囲んでいる。」（PU p.96）

確かにこうした方法は、問題の合理的解決とは異なる面を持つ。しかし、自由か決定かという選択自体を無効にする仕方での問題の解決は、問題への意識的な反省では達成できない、実在の次元の根本的な転換を示している。しかしこうして初めて、その担い手として宗教的な気づきの次元が関与し得るのである。逆に合理的解決は、すでに作られた形式のうえにしかあり得ない。

二　判断形式を超越する次元としての場所

ジェイムズは、自我や絶対者のような確定した概念は「合理的」であるが、同時に形而上学的な問題の原因でもあると見なし、その「背後」の次元に実在性を見出すことによる問題の解消を試みた。純粋経験はこの次元に相当する。一方、西田における場所の論理は、自らの純粋経験を述語論理の体系から展開し直したものと見なせる。したがって、場所の論理は、形而上学の問題を生じさせる論理の形式以前への回帰という点で重要性を持っている。たとえば、場所に照らすと精神とその自由はどのように考えられるのか。

「主語面を越えて述語面が広がるという時、我々は判断意識を超越するといわねばならぬ。主語を失えば判断という如きものは成立しない、すべてが純述語的となる、主語的統一たる本体という如きものは消失してすべて本体なきものとなる、此の如き述語面において意志の意識が成立するのである。[3]」

ここで「判断意識を超越する」ことには、主語Aを述語Bと見なす判断、およびその意識がないことを意味する。すべて述語であれば、そこには述語Bによって規定される主語Aはない。したがって、そこでは判断する「誰か」としての私も存在しない。私は主語Aを述語によって規定する誰かとして初めて登場するが、述語しかないところに判断者は登場し得ないからである。これが「本体なき」、「意志」のみの状態ということである。

すると判断者の登場しないところでは、選択的な意味での自由か決定かという区別も無意味にならなければならない。この選択には、私（A）が自由（B1）か、決定されている（B2）か、という選択的判断が必要になるが、判断意識の「超越」では、B1かB2かの区分を行うAがすでに存在しないからである。「意志の意識」とは、何かへ向かおうとするが、選択的判断は成立していない状態である。ここで西田は、選択的判断を超える意識と、判断的区別を超えた実在の次元とを重ねて考えている。それが西田の特徴でもあり、問題でもある点である。言い換えれば、判断を超えた私なき意識と、自由と決定という区別の存在自体が消滅する次元とが重ねられるからである。しかもそれが、実在の根源としての「場所」の性質につながってくるのである。

「我々は判断を意識する以上、判断以上の意識がなければならぬ」（「場所」一四三頁）とは、判断成立時でさえ、その形式のみで判断が行われるのではなく、最終的には判断から超越した意識がこの形式の背後にあることを意味する。それは形式化によって規定されることのない純粋な意識であり、あらゆる述語形式以前であるゆえに、選択的識別をすべて超越していることを特徴とする。

すでに「場所」論文の最初で西田は、「真の場所は単に変化の場所ではなくして生滅の場所である。」（「場所」七八頁）と語っている。変化とは、すでに有るものを容れる形式の中で初めて見出される。しかし生滅とは存在と非存在であるならば、その生滅をも映すことは、有か無かが問題にならないことでなければならない。したがってそこでは、有無を対象として識別する主体はすでにない。(4)「判断以上の意識」とは、すでにその次元にある。

ところで一般に、何かの行為や出来事などに対して、「意味あり」という判断がなされる場合でも、その意味の根拠は必ずどこかで尽きる。その先には、無意味の虚無が露になる仕組みになっている。根拠や目的を遡及する問いがニヒリズムを生み出すのはそのためである。しかし意味と無意味とが区別されないところで、無意味という意味は生じ得ない。そこには、究極の意味は何かという問いを生じさせる形式がないからである。それは意味ある世界の否定でもない。そこは意味以前だからである。そして否定としての「無」もない。これが論理の形式を用いる思惟が、その形式外の「判断以上の意識」になるところ、つまり「場所」に相当するところである。それはまず「妥当」の場所と見なすことができる。

「抽象的思惟と抽象的意志とは一つの門口の両面である。この門口を過ぐれば、自由なる意志の対象界に入る。この世界においては、すべて有るものは妥当的実在であり、叡知的存在である。」（「場所」九四―五頁）

この「妥当」とは偽に対する真なのではなく、真偽の区別を成立させる形式がないことを意味している。それに対して「抽象的思惟」や「抽象的意志」では真偽が成立する。真偽を成立させる形式にもとづいたはたらきが、それらの思惟や意志だからである。有意味か無意味か、決定論か自由か、という選択的区別も、それらのはたらきの産物である。それらは形式にもとづいた、抽象的なはたらきである点で共通している。そして「門口」以前は「自由なる意志」だと西田は言うが、この「意志」は、自らを自由か決定として選択的に区別する形式をも創造するという点で、この形式以前のはたらきでなければならない。「すべて有るものは妥当的実在」であるとき、その「妥当」は、それ自身への疑いをもはさむ余地がないことに特徴がある。これは、真偽の区別における真が疑われ得る真なのと対照的である。そしてこの根源的な「妥当」は、その根拠が問われ得ない。しかも、私たちの意識作用、判断作用、「抽象的思惟」は、みなこうした地点を必ず所持しなければならない。

「知識においては、無にして有を映すと考えられるが、意志においては、無より有を生ずるのである。意志の背後にあるものは創造的無である。生む無は映す無よりも更に深き無でなければならぬ。この故に我々は意志において、最も明に自己を意識し、意識の最高強度に達すると考えるのである。」（「場所」九八頁）

無から生じる意志には、原因は問えないとするのが西田の立場である。この意志は、因果の形式自体をも創造するものだからである。反対に決定性を破るという自由意志であれば、それは因果の形式内にありながら、原因を持たないという背理に陥る。その点、無からの意志は因果形式という知識の内部にはない点で、この背理以前にある。つまりこの因果形式以前においては、意志の原因という考えが無効になっており、したがって「原因がない」という考えの不合理が成立しない。その考えの真偽を判断する条件がないからである。

目的や対象があらかじめ存在して、そこに何かの理由で向かおうとするから意志が生じるのではない。原初的でそれ以上遡れない根源的状態から、次の段階として、その対象としての目的と、それに向かう意志とを区別する形式が生じてくる、というのが西田の基本的な考えなのである。「意志の原因」という考えは、こうして目的と意志とが分けられた後で初めて存在してくる。それ以前では、意志とそれ以外の何かとの区別はなく、意志の原因は意志自身の外にはあり得ない。これは意志以前の、ただ「見ること」としての意識にも近くなる。反対に、対象への欲求によって動かされると考えられる意志は、意志の客観化と、意志とその原因とを区別する形式が前提になければ成り立たない。それは意志を物理的な傾向性へ還元することとも同様になる。

確かにここには、形式化、客観化以前の意志と、客観的に観察される意志とのどちらに実在としての根源性があるか、という問題が含まれている。少なくとも私たちは、意志が客観に還元不能であることを認めることはできる。そして、客観化を行う最終的な根源となる視線は、それ自身の客観的原因を考えることはできないのである。

因果と因果以前、もしくは合理性と合理性以前との区別は、西田では知覚や概念に対する直観においても見出される。西田は「知覚は概念面を以て直観を切った所に成立するのである」とし、この「知覚の水平面」とは、「概念的思惟と平行して広がるのである、これを越えて広がるのではない」（「場所」一一二頁）としている。これは直観を立体、知覚や概念を平面と見なした比喩である。そして重要なのは、直観の世界が概念に従属するのではなく、直観の豊穣さの一断面にすぎないのが概念だということである。[5] 言い換えれば、直観の方が実在であり、概念は実在の射影にすぎない。形式や客観性が成り立つのは知覚や概念の平面であり、この平面は立体を包むことはできない。これは、概念が合理性の次元だとすれば、非合理と思われる次元にこそ実在の原形態を見ていることになる。反対に、決定論とは概念の平面においてのみ成り立つ法則である。そしてその平面上に描かれようとする決定性の対立概念としての自由と、立体全体の次元での自由とは、根本的に性質が異なるのである。

三　直観の場所と宗教経験

ここまで私たちは、自由か決定かという選択以前の自由が、論理の形式以前であることを見てきた。この自由の具体的な姿は、ジェイムズの『宗教的経験の諸相』の中にも見出すことができる。そのひとつの典型が、宗教経験における、神の意思の内にあることによる「自由」である。決定性の反対としての自由からは、この「自由」は拘束にしか映らない。つまりここでは、世界全体に関する、ある独特の転換が生じており、しかもこの転換された世界は、転換前の世界からは理解不能なのである。

『諸相』で論じられる宗教経験のテーマのひとつは、論理的に解決不能な宿命的な虚無が消失するという、その転換の推進力である。[6] たとえば、古代ギリシャでは、神々も逆らえないものとして、運命が位置づけられていたことをジェイムズは一例として取り上げる。この運命は「宇宙の法則」であり、これに対して揺るがすことのできないその過酷さに動じない精神の獲得が、たとえばストア派の徳に見られた。

「純粋で率直な道徳は、すべてのものの法則を、それを認めそれに従う限り、それを支配的なものだと思って受け入れており、しかしそれにきわめて重く冷ややかな心をもってに服従しており、それをくびきとして感じるのを止めることはない。」[7]。死や虚無に到る私たちの運命は絶対的な「法則」の下にあり、いやいやながらもそれを受け入れるしかないので、私たちには精神的鍛錬が必要なのである。虚無は虚無のままであり、それが転換することはあり得ない。しかしジェイムズはそれに反して、宗教の本質を次のように語る。

「しかし宗教にとっては、それが強く十分に発達して表明されるときには、最高存在への奉仕は、くびきとしては決して感じられない。気の進まない服従は遠く背後に置き去りにされ、歓び迎えるという雰囲気が…生じたのである。」（VRE p.41）

法則は決定論的で、かつ宿命論的な性格を持っている。そこでは人間の運命も、虚無や悪に陥ることから免れない。しかしそれに反して、右記における「歓び迎えるという雰囲気」では、永遠に対する虚無という判断さえ消し飛んでいる。反対に、神から離れた理知において初めて、永遠と虚無との対立の形式が成立し、虚無を避けたい「私」も生じる。ここで、理知によって観察された宇宙と、神への服従において現れた宇宙とでは、リアリティーが完全に逆転している。この逆転とは、虚無であった世界が絶対的な肯定に転換することであり、そこに諦念や忍耐の入り込む必要はない。つまり虚無が存在するまま、仕方なく受け入れるのではなく、その虚無を虚無たらしめていた根拠が消滅するのである。そしてこの次元では、私を縛る法則がないために、そこでの自由とは、「自分自身の手がその人に対してあるごとく、私は喜んで永遠の善に対してあろう」と表現されるような自由であり、それは決定性に対置された概念としての自由とは全く性質を異にしている。

「このような人々は自由の状態にある。なぜなら、彼らには苦痛や地獄の恐怖も、そして報償や天国への期待も消滅しており、そして永遠なる善への純粋な服従と、燃えさかる愛の完全な自由のうちを生きているからである。」（VRE p.43）

この作者不詳の『ドイツ神学』から引用された「永遠なる善への純粋な服従」も、選択に関する概念上の自由からすると、拘束としてしか映らない。しかしこれは、論理的な構築物としての「私」による選択が自由にならないので、拘束だと判断されるにすぎない。すると逆に、ここで「私」が構築される論理を解体すれば、「私」が自由に選択できない状態なるものが、成立しない。このように、今までの拘束が自由になるとは、拘束の方を意識的に選択の自由へと作り変えるのではなく、拘束を拘束たらしめていた条件の逆説的転換を意味している。「私」が構築される形式にもとづいている状態から、「無私」の獲得により、自由でなかったことが自由へと転換する事態がここにある。

無私の獲得は『諸相』の中で、さらに複数の例が示される。

「このとき以前には、私は非常に利己的でひとりよがりであった。しかし今、私はすべての人類の福祉を願い、私の最悪の敵をも情のある心をもって赦すことができるだろう。そして、もし私が神の御手の中で手段となることができ、誰かの魂の回心の手段となることができるなら、私はあらゆる人の嘲笑や冷笑にも進んで耐え、彼のためにどんなことでも進んで被るべきであるように感じるだろう。」（VRE p.158）(8)

これは宗教的な自由に関する素朴な描写である。回心を経た者から見れば、自由か決定かという選択上の区別は、「利己的でひとりよがり」な心によって初めて生み出されていた判断にすぎない。反対にこの「利己」心がなければ、最初から決定論の問題は生じていない。神の「手段」であることが拘束に感じられるのは、「私」の形式によって成り立つ判断がもたらしていることにすぎないからである。「神の御手の中」での自由とは、決定に対する自由なのではなく、自由か決定かという区別から解放されることなのである。

西田の「場所」も、知識の条件となる根拠を絶した位置においてとらえ直すことができる。純粋な意志に見られるように、それは知識以前だからである。そこでは、「知識の立場において我々に最も遠いと考えられるものが、意志の立場においては最も近いものとなる」（「場所」一四七頁）という言葉が意味を持つ。主語を超越し、知識の対象とはならないものは、知識でとらえられないという意味ではそこから最も遠い。しかし反対に、それは知識による判断さえ経ないという意味では知識以前であり、そこで純粋な意志とひとつにある。この極限的な近さにおいて意志は意志自身によって対象化されない。するとこの意志は、何を原因とし何の目的ではたらく意志か、という問いや、原因と目的との間に因果的関係を見出す知識をも絶している。

さらに「真の無の場所」では、「その窮極において意志をも越えて、上にいった如き純粋状態の直観に到る」（「場所」一一〇頁）という。ここでは意志のはたらきさえ絶している。対象化される知識は合理的だが、その根拠が尽きてしまう地点を持っていた。他方、直観は非合理的だが、その根拠への問いが、最初から、すでに生じないことを本質とする。そして西田はこの直観的領域を実在の根源とすることを選んだ。この理由は、有がその根拠を必要とし、反対に有の否定としての無も、無から有を生み出すという謎を抱えるのに対して、有無を超越すればそうした根拠や謎を絶するからである。直観自体は、有無を超越し、根拠を絶した判断である。そしてこの次元では、虚無の根拠さえも覆ることで、虚無の否定性が自らの根拠を奪われる。これは形而上学的問題の出所を消去させる、最も根底的な転換を導く。

「『或者がある』『或者がない』という二つの対立的判断において、その主語となるものが全然無限定として無となれば、ヘーゲルの考えた如く有と無とが一となると考えることができる、而して我々はその綜合として転化を見る。」(「場所」一四七頁)

「転化」という西田の用語を説明する一節である。このとき「ある」ところの何かと、「ない」ところの何かとは対立していない。それらを対立させる限定以前に戻っているからである。ここで「あるもの」「ないもの」という対立する主語が無限定、無差別になるのは、それらが対立する根拠を奪われることとひとつである。したがって「転化」とは、述語による個物の類化を超え、主語をも包括することで、有と無との対立以前に回帰することを意味する。重要なのは、有と無との対立が消滅する中で、自由と決定、意味と無意味、根拠と無根拠といった形而上学的な対立を生じさせる形式も取り払われて行くことである。これらが取り払われた次元では、形而上学の問いに答えが出るのではなく、それらの問いがなぜ生じていたかがわからなくなる。

こうした問いの消滅は虚無ではなく、測定不能な充実である。意志作用を超えた「真の直観」は、それ自体は観察されないまま、あらゆるものを「意味に充ちたもの」(「場所」一四九頁)にする。ここには理由も究極の目的もなく、今ここがそれ自体において「意味に充ち」ている。ここに究極目的の不在という虚無を成立させる形式さえ、すでにない。虚無は目的を対象と見なす形式があることで初めて生じるからである。

おわりに

ここまで自由の存在論的な位置について、物質の決定性を破る自由意志を発見するのではなく、物質や精神という思考の形式によって定められる概念以前に実在性を見出すことで、問題自体の消滅の道を考えてきた。そこから見ると、物質対意識、決定対自由という構図は私たちの便宜で作られた論理の形式を実在化して生じるものであり、この形式から解放されることが真の自由となった。物質を規定する形式がないならば、決定性を破るという性質の自由意志は、自ずから無意味化するからである。この形式の消去は、物質に対置される意識、さらに「私」という概念の消去とひとつであった。この消去はある意味合理性を超えているが、逆に見れば、合理性とはこの概念形式を前提にして成り立つにすぎない。そして根拠や目的、有や無といった形而上学的な諸問題も、この形式を前提にして初めて生じるのだった。

この概念的限定からの離脱について、ジェイムズはその領域を多元的に開き、これらの限定されない領域が合理的に根拠づけられていないことを認めながらも、その領域そのものを概念的に明確にすることはしなかった。それに対して西田は、前期からすでに、矛盾するものを統一する体系としてその領域を考えていた傾向がある。しかしそうした概念的体系化の努力の一方で、西田では形而上学で扱われる個別的な問題についての、具体的言及は少ない。これはジェイムズが形而上学の具体的な問題を、最初から考察対象としていたのとは異なっている。

このようにジェイムズは、有無の超越の論理を展開しないが、形而上学的問題の具体性、実存的な問題解決の推進力の明示において顕著であった。ジェイムズによる宗教経験の分析では、形而上学的な問いの消滅の次元が、実存的な問いの消滅点に重なった。たとえば形而上学的な自由が有るか無いかという問題の解決は、脱出不可能な悪の状態にある自己から解放された、絶対的自由の実現に重なった。そこでは私が自由意志で行為するのではなく、神の中に私が消滅することで、私の自由の有無という問題が根こそぎにされた。

同様に西田の絶対無の場所も、主語、主体としての個を形成する限定以前の次元に開ける。そこでは、物質の決定性と個の意志の自発性とを区別する形式が成立しない。したがって、意志の自由がない、ということが未成立である。このように西田は「絶対無の場所」の内実を、否定的な無から区別して詳細に概念化した。しかしジェイムズは、西田が抽象的な言葉で表現した有無の超越を、より具体的な実存の現場に即して言い表した。神の意志に従う自由における、死をも克服する次元の呈示はそれである。これはありのままの経験としての生死の超越である。しかし宗教経験における私の消滅によって悪から解放されることと、絶対無の場所において特定の誰かの意志、さらには意志一般をも超越することとは、根源的な自由の次元である点では共通している。自由と決定などの形而上学的な問題は、精神や物質などの論理の形式に実在を押し込めることで生じ、この限定への気づきを通じて問題自体が消滅し得ることを、本章では確認してきたのだった。

（1）James,W., *Some Problems of Philosophy, The Works of William James*, Harvard U.P.,1979, p.67. 以下 SPP と表記。

（2）宇宙の単一性と同じように、私たちが最初から前提として考えることで独我論などの形而上学的な問題を生じさせる要因のひとつに、自我がある。そして自我とは、さまざまな観念を結合させるはたらきにつけられた主知主義的な概念だと見なすのが、ジェイムズの基本的な立場である。また「この瞬間における意識的な自我、中心的な自我とは、おそらくその自我と、身体の差し迫ったもしくは現時点の行為との機能的な結びつきによる、その特権的な地位において決定されている」(James,W.: *A Pluralistic Universe, The Works of William James*, 1977, p.131. 以下 PU と表記）とも指摘される。つまり実在するのは連続した意識の場であり、自我とはそこに、後から機能的な要求によって設定された何かでしかない、ということである。自我は内的には「結合の感じ」でしかなく、また客観的には観察されることさえできない。私たちの思考に必ず伴うぬぐい去り難い何かである一方、それは究極的には概念の産物でしかないというのである。ジェイムズの純粋経験は、こうした自我概念の超越という性質も持っている。しかしジェイムズの後、純粋経験が自我存在の問題も含め、形而上学的問題の解消という側面から検討されることは希であった。

（3）西田幾多郎「場所」『西田幾多郎哲学論集Ⅰ』上田閑照編、岩波書店、一九九四年、一四三頁。

（4）「真の無はかかる有と無とを包むものでなければならぬ、かかる有無の成立する場所でなければならぬ。有を否定し有に対立する無が真の無ではなく、真の無は有の背景を成すものでなければならぬ。」(「場所」七七頁)。「何かが無である」という、述語としての無は、主語の側の有を前提にしている。しかしこの有をも包む無は、もはやこうした主語を定立させる無ではない。

したがって、主語を形容できる無とは、性質を異にする。それは無が場所に深められることである。

（5）「直観的知覚」では「意志作用」のうえで知覚が成立しているが、それが特定の形式化された判断の枠にあてはめられず、そこでは純粋に何かへ向かうという理性作用のみがある。よってその向かうことが遮られるという否定性はまだ生じ得る。それが「真の直観」にまで到ると、この意志作用の方向性までがなくなり、ありのままに「見る」という状態になる。そこにおいては遮られることさえないゆえ、否定や無は一層入り込めない。そして、自由と決定との区別は、有無の区別の消去に伴って問題から消え、世界は虚無に関する問いさえもが入り込まないまま、純粋に肯定、充実されることになるのである。

（6）このように西田において、判断を超えた意志は、方向性を伴う「働き」を所持するのに対して、ただ「見る」ものでは、そのはたらきもなくなる。これが直観の次元であり、そこでは論理的な判断形式に加えて、方向性もない。そこではすべてのものが「妥当」する、直観的な自然の状態とも言える。しかし、その次元が世界を転換させる推進力の場として位置づけられる傾向は弱い。

それに対してジェイムズが言う経験の「究極の質感」（ultimate qualia: SPP p.107）とは、客観的形式を脱した意志そのものであり、西田に照らせば判断を超えた前述語的な意識に相当する。そこですでに実体的な自我や、意味と無意味、自由と決定との区別は消失している。しかし、『諸相』で扱われるような宗教経験は、この「質感」が方向性を伴ったまま、受動的な価値体験にまで高められたものであり、意志の方向性や世界の性質の転換が、むしろこの価値を形作っている。これは、西田の「直観」や「見るもの」には中立的、中性的性質が強いのとは対照的である。また、ジェイムズの宗教経験が現実の苦悩やニヒリズムなどを転覆させるという、現実の意味のコンテクストの具体的転換と強く結びついているのに対して、西田が扱う「見るもの」は、直接そうした問題意識とは結びついていない。またそれは「大円鏡智」などの、仏教概念との類似性も窺われる。

（7）James,W., *The Varieties of Religious Experience, The Works of William James*, Harvard U.P.,1985, p.41. 以下 VRE と表記。

（8）『諸相』第九講「回心」の冒頭で論じられる、Stephen H. Bradley と呼ばれる男の体験記録からの引用。そこでは人間の性格の、「ある予想もされなかった深さ」という人間の心理的な多層性、把握不可能性が主題になっている。しかし本章では、この心理的多層性を、世界把握の論理形式の違いとして再解釈した。ある論理的形式の中に現れる世界から、別の論理的形式の中に現れる世界について、またはある価値の世界から別の価値の世界については理解不能である。なぜならそれは、単に心理的な断絶ではなく、存在論上の断絶としてとらえられる必要があるからである。

第四章　無の成立条件——そして無が無意味化する次元

はじめに

合理的に説明される世界は、私たちの主観とは無関係に、独立して成立しているように思われているが、実際には一定の前提となる枠組みの中で成立する。つまり合理的世界には一定の隠された前提がある。そして、そこを問うことが哲学の役割となる。これは私たちが本書で一貫して採ってきた立場である。

ここでは題材として主にニーチェ（Friedrich Wilhelm Nietzsche 1844–1900）を取り上げる。ニーチェは知識の前提の無根拠をすべて暴露しようとした哲学者で知られる。ニーチェは普遍的な概念の成立根拠に先入見があることを指摘するからである。そこでこの指摘の徹底性についてまず確認する。この徹底は、一種の虚無を暴露することでもある。本書のテーマである、形而上学の問題が所持する前提について考えるうえでも、ニーチェはそれを鋭く暴露した哲学者として、極めて示唆的な見解を示している。これが本章でニーチェを取り上げる理由である。

そして、あらゆる知識に前提があるなら、世界が本質的に虚無を抱えているという知識の中にも、一定の先入見があることになる。その結果、虚無自体の成立に問題が生じている、という構造が見つかるはずである。これは本書で形而上学の問題の消去のために試みている方法だが、それはニーチェのニヒリズム自体の中においても見出されてきたことであり、虚無の自己矛盾の暴露とも言えるその意義は、知識とその前提という問題一般を考えるうえでも示唆的である。

さらに、価値づけられた意味の破壊が虚無だとすれば、これは意味に対する無意味、価値に対する無価値という構図に則っており、この構図自体に根拠がないことの暴露が、かえって無意味ということをも不成立にしてしまう場合がある。これも虚無の成立条件の転覆である。実際に、世界に関する類似した論理的帰結が、一方では消極的なものとして受け取られ、他方ではそうならない場合もある。たとえば死すべき魂という概念は、一般に消極的なものだが、それを成り立たせる条件によっては、積極的なものにもなり得る。たとえば有限な生は時間的無限性に到れないという、時間延長だけからの観点では消極的かもしれないが、反対に生は時間的有限性や無時間性においてのみ充実するという見方からは、時間的無限性の方が無機質で消極的なものとなる。

本章では存在と虚無、意味と無意味といった、形而上学的な次元で対立する世界がそれぞれの言語の枠組みによって成立していることを確認する。そして、これらの枠組みは、お互いに双方とも根拠を所持しておらず、しかも私たちの世界はこの根拠なき次元をどこかで必ず持たなければならないことを確認する。虚無さえも言語の枠組みによって生じることは、この枠以前に遡ったところには虚無さえないことでもある。そしてこの枠以前の次元へは、虚無の問題も含めた形而上学的な問題の出所の探求において行き着くことを確認したい。

一　ニーチェによる実体と法則否定の論理

まず、世界において当然と思われている仕組みの根拠が剥奪されていく仕方を見たい。最初に取り上げるのはニーチェによる原子論批判である。私たちにとって原子とは、物質の基本単位であり、当然のごとく世界を構成する、あまりに基本的な実在であるからである。

「物理学的原子に反対して。世界を把握するためには、私たちは世界を算定可能でなければならない。世界を算定可能であるためには、定数的な原因がなければならない。現実にはそのような定数的な原因が見つからないので、私たちはそうした原因をでっち上げている――これが原子である。これが原子論の由来なのだ。(1)」

世界を把握するには、世界の予測が可能でなければならない。このための形式が因果律である。私たちは、確定された定量の原子が存在し、空虚な空間を運動しているため、この因果律が成立していると、当然の常識として考えている。原子と空虚という世界の成り立ちは、あまりにあたり前な基本構造である。もし、定量の原子も空虚な空間も確定できないとしたら、世界は「算定可能」にならず、決定論的な因果律も存在し得ない。そしてここでのニーチェの卓見は、世界が原子と空虚から成り立つから、世界は「算定可能」なのではなく、反対に「算定可能」にしようとする意図が最初にあって、原子と空虚という仕組みが後から案出された、と看破したことである。

「物理学者たちは『真なる世界』を、彼らのやり方で信じている。それは確固とした、すべての存在物にとって同様な、必然的な運動のうちでの原子の体系化である。つまり彼らにとって『表面上の世界』は、各々の存在者にとって各々の仕方で近づくことのできる、普遍的で普遍必然的な存在の側面に還元される（近づくことができ、またそのうえ、適合するようにされた――『主観的に』そのようにされた側面である）。しかしそのことによって彼らは誤りを犯す。彼らが想定している原子とは、あの意識の論理にしたがって、つまり遠近法主義にしたがって推論された、―それゆえそれ自身主観的な虚構でもあるのだ。」

「…そして最終的に、彼らはこうした状況の中で、知らないうちに何かを放置してしまった。それが逃れ難い遠近法主義であり、これによって各々の勢力中心は―たんに人間が行うだけではなく―自らによって残りの世界全体を構成している、つまりその勢力において世界を測定し、手で触れ、形作っているのである…彼らはこの遠近法を設定する勢力を、『真なる存在』に数え入れることを、忘れてしまっている。[2]」

この二つの引用の内、最初の方では、ニーチェはアトムなどの物理的な基本概念の虚構性を指摘している。世界を同質化し、必然的運動の下に置くことで、世界を「算定可能」化にするために考案されたのがアトムだとするのがニーチェの見解だった。しかし、この「算定可能」化を行おうとするはたらきについては、ニーチェは根本的に肯定している点に、私たちは注目すべきである。このはたらきが「遠近法主義」であり、これが世界の根底ではたらいていることが省みられないから、アトムが「真の世界」だと誤解されている、という論法である。しかもその「遠近法主義」にもとづくことによって、人間がアトムを考案しただけではなく、世界がその全体において構成されているのだという。

ここでニーチェが否定するのはアトムであり、それは作られた普遍概念の一種である。しかし彼がこの「遠近法主義」を肯定するのであれば、では他方で、この遠近法主義自体は作られた普遍概念ではないのか、あらゆる普遍概念の否定を主張しても、「遠近法主義」自体はその否定に含まれないのは問題ではないのだろうか。同様にニーチェは、この遠近法を成立させる「勢力 Kraft」も否定することはない。つまり普遍概念の根拠の虚構性を指摘する一方で、その虚構性を成り立たせているものが、新たな形而上学的な独断性を所持しないかがここで問題とされなくてはならない。これは、あらゆるものを否定する主張さえ、その主張自身を否定することはできない、という問題にもつながる。

またニーチェは、普遍概念を破壊する一方で、こうした普遍概念にもとづくことで生じていた形而上学的問題を解消させるという考えはあまり見られない。たとえばアトムという概念の解消によって、空間の無限分割が可能か否かという問題が自動的に解消するような類の言及はない。しかもニーチェの普遍概念批判においては、アトムのかわりに「勢力」が主張されるように、以前の形而上学的実在に別の特定の形而上学的実在が取って代わるような事態が生じている。しかし前章まで私たちが検討してきたような、普遍概念の破壊による形而上学の問題解消においては、ひとつの形而上学的実在の消滅が、新たな別の形而上学的実在に取って代わることはなく、問題解消とともに問題の所在さえわからなくなったのである。

さて、法則否定の代表的な議論として、次に因果の不成立を示すニーチェの主張を見てみたい。原因と結果とは事物自体に内在するものではなく、アトムと同様に、何かに役立てたり都合よく世界を説明するために因果概念も作り出された、というのがその趣旨である。そこでニーチェはまず、出来事の「原因」という考えの出所を、根拠なきものとして批判する。一般に因果律ではすべての出来事には原因があると考えられ、またこれは私たちの世界観の根底を形作っている。そこに彼は疑いをはさみ込むのである。

「記憶するための符号や、簡略化された定型表現を本質と見なし、ついには原因として見なすという私たちの悪習。たとえば、稲妻について、『稲妻が光る』と語ること。もしくは『私』という、ちょっとした語でさえそうである。見ることにおける遠近法の一様式を、見ること自体の原因として再び設定すること。これが『主体』や『私』という作り事の仕掛けであった。[3]」

稲妻と光とを分離することは、本来はできない。同様に、「私」と「見る」とを分離することも本来はできない。実際に経験そのものには「見る」という行為しかない。この原因を作って符号や表現のような言語形式によって分離したところに、主体という虚構が生じるという。


「私たちは原因に関するなんらの経験も絶対的に持っていない。この概念の全体は、心理的に後から組み込まれたものであり、私たちが原因であり、つまり腕はそれ自身を動かすという主観的な確信からやって来ている…しかしこれは誤りである。

　私たちは行為から行為者を区別し、そしてこの図式について、あらゆるところで使用するのである、―私たちは、あらゆる出来事について行為者を求める…

　私たちは何をなしたのか？　私たちは振舞いの最初からある、力、緊張、抵抗の感覚や筋肉感覚を、原因として誤って理解したのである。

　もしくは、これこれを為すという意志を、そこに行いが引き続くがゆえに、原因として理解したのである―原因、すなわち―[4]」


出来事の原因とは、私たちが安心するために探し求められた「主体」にすぎず、出来事自体が所持するものではない、というのがここでの骨子である。普通、私たちはまず主体があってその作用として出来事が生じると考える。つまり出来事は主体に付属するもので、この主体に原因を見て取る。しかしニーチェは主体の方が後になってこしらえられたものだと主張し、全く逆の見方をする。では、主体とその作用とを分離できないとすれば、何が「ある」のか。原因が否定された後の出来事の正体は、一体何なのか。実際これは、本当に存在するものは何か、言い換えれば実在とは何かという問いにもなる。


「『原因』なるものは決して存在しない。原因が与えられているように思われたり、原因が出来事の理解のために引き合いに出されているいくつかの場合では、自己欺瞞が示されるのである。

　私たちによる『出来事についての理解』とは、何かが起こったこと、そしてそれがどのように起ったかということについて責任をもつ主体を、私たちがでっち上げたことのうちにある。

　私たちは、私たちの意志の感じ、私たちが『自由である感じ』、私たちの責任のある感じ、そして私たちの行為の意図を、『原因』という概念にまとめあげたのである。

—動力因と目的因とは、この根本概念においては同一のものである。

私たちは、ある作用がすでに内在している状態が示された場合に、その作用は説明されていると考えるだろう。

実際私たちは、作用の図式にならって、あらゆる原因をでっち上げる。作用が私たちに知られたものである…

反対に私たちは、何らかの事物について、それが何に作用するかをあらかじめ言うことはできない。

物、主体、意志、意図—これらすべては『原因』という概念に内在している。

私たちは、あるものが何ゆえに変化したのかを説明するために、その事物を探す。いったい原子でさえも、そのように考えてつけ加えられた『事物』であり『原主体』なのである…」[5]

　原因や主体の典型が原子だとニーチェはここで言う。私たちは原子という基本単位がまずあって、それが運動して出来事が生じると考える。しかしその構図は誤りであることがここでも繰り返される。では原因や主体などがでっち上げられたのは、どういった経緯なのか。それがニーチェの言う「意志」によるはたらきだということになる。

これは先の遠近法主義自体を作り出している「勢力」とも共通する。それは「本能」でもあるだろう。しかし原子や遠近法のでっち上げと、それを行う「勢力」や「本能」などのはたらきとを、厳格に区別することはできるだろうか。これらが再び、原子や遠近法自体の「原因」という概念で説明されてしまうことはないだろうか。ここには、普遍概念の否定が、再び新たな普遍概念の自己主張に陥る危険性が含まれている。ではこの「勢力」を、私たちはどのように扱ったらよいのだろうか。それは原子のような実体的なものと同列に扱われるのか、それとも同列に扱われ得ない何かであるのか。これが明らかになって初めて、世界において何が実在なのかを問題にできる。

「原因とは作用する能力という、出来事に対してつけ加わるように案出されたものである。カントが考えたような、原因性の感覚なるものは存在しない。人は驚き、不安に思い、そこにすがることのできる何か既知のものを求めるのである。いわゆる因果律という本能は、なじみのないものへの恐怖に過ぎず、その中に何か既知のものを発見しようとする試みに過ぎない。

原因を探し求めることではなく、既知のものを探し求めることである…」[6]

原子も私たちの、「原因」を探し求める意図から導き出された、という趣旨は同様である。しかもこの主体とは、変化の中でも変わらないものを求める私たちの精神的傾向に起因するとニーチェは考える。その根本にあるのは、馴れない変化を受け入れたくない恐怖だと、ここでは指摘される。そしてこの恐怖は、因果律という概念を考案し、宇宙を計算可能にしようとする意志と同じ役割を果たしていると言える。したがって、「原子」や「因果」が設定されたところに、それらと無関係なはずの原初的な感情のはたらきがあったことを、ニーチェはここでも主張していることになる。

意志と恐怖とは、少なくとも感情の側面であるが、それが本能や動物的感情などの心理学的な概念に還元されると、生の実体化という、原子や原因が持っていたものと同じ性質を再び持ってしまうことになる。これを避けるためには、意志や恐怖を担う「勢力」が、本能のように概念化されたものとは根本的に異なる性質として理解される必要がある。

また右記のニーチェの主張では、原因も、行為主体も、同様の発生経緯を持つものとして扱われている。しかし原因の存在は因果的決定論につながり、行為主体の存在は自由意志につながる。ところで、決定論は行為主体が存在しないという、主体の否定につながる一方、反対に主体の存在は自由意志の肯定であり、決定論の否定である。したがって原因と行為主体とは、同様の経緯で作り出されたとされながら、世界の存在様式に関する全く反対の帰結を導く。したがって、ニーチェが同時に主張する、原因の否定、および行為主体の否定は、前者が自由意志の肯定、後者が決定論の肯定という、正反対の帰結につながる。こうなると、どちらの帰結がニヒリズムなのかがわからない。つまりニヒリズムの意味も、何を視点とするかで根本的に異なってくることになる。

ニヒリズムとは、あるべきものがないという思念の中に生じる。すると結局、何があるべきとされるかによって、ニヒリズムの姿も変化する。あるべきものの性質が正反対ならば、ニヒリズムの姿も正反対になる。さらに言えば、実はあるべきものが特定されないならば、ニヒリズムも最初から成立しないことになる。そして実はこのニヒリズム不成立の世界が、実在の姿なのではないか、というのが私たちの提案である。

二　自我存在への批判

そこで次に、実体性を否定するニーチェの議論の中で注目すべきものとして、自我は存在しないという趣旨の主張を見てみたい。

「『存在するのは事実だけである』として、現象のところでとどまる実証主義に反して、私はこう言おう。違う、まさしく事実なるものは存在せず、解釈だけが存在するのだ。私たちは出来事『それ自体』を確認することはできない。ひょっとすると、そのような何かを欲することは無意味かもしれない。『あらゆるものは主観的である』と、あなたがたは言う。しかしすでにそれが解釈であり、『主観』とは所与ではなく、解釈につけ加えてでっちあげられ、解釈の背後にはめ込まれた何かである。解釈の背後にさらに解釈者を設置することが、最終的に必要だろうか？　すでにそれが作り話であり、仮説なのだ。[7]」

解釈されるものの裏に「事実」があるのではない、また解釈の裏に解釈者はいない、解釈行為とは別に解釈する主体はない、というのがここでの主張である。先の原子論にあてはめれば、原子の状態が事実そのものなのではなく、原子でさえすでに解釈だということになる。しかし、それではニーチェの言う「恐怖」や「勢力」は解釈ではないのか、という問題が直ちに生じる。もちろん、こうした感情の背後に「無意識」や「本能」を考えることもできない。事実の背後に原子を考えることはできないのであれば、感情の背後に本能を考えることもできないからである。

それでも、「恐怖」や「意志」や「勢力」だけは、「解釈」ではないとどうして言えるのかという疑問は残る。つまり、たとえば「本能」のようなものを何か根源的な位置に設定すれば、それは直ちに「解釈」として退けられるはずなのに、なぜ「解釈すること」だけは、自らが「解釈」として退けられることがないのか。それは、「解釈」にならない例外が存在するのか、という問題でもある。もしそうしたものがあるとすれば、何かとして固定化、規定化されることをどこまでも退けるものでなければならない。それは言語で表明されることさえ不可能かもしれない。

次の引用は、自我という典型的な「解釈」のひとつから、それ以前に引き戻ると何に到るかの検討を通じて、その「何か」の性質を暗示させるものである。

「すべての哲学は、理性の運動が依拠しているいろいろな前提を、最終的に明らかにしなければならないのか？ 我々による実体としての自我への信仰、私たちはすべてこの自我の実在性にしたがっていろいろな事物に実在性を帰属させるが、そうした自我への信仰を、明らかにしなければならないのか？　もっとも古い『実在論』がついには明らかになるのは、人間によるすべての宗教史が魂への迷信の歴史として再認識されるのと、時期を一つにしている。ここに制限がある。我々の思考自身が（実体と偶有性、行為と行為者などの区別とともに）、あの信仰を含んでいる。この信仰を捨て去ることは、もはや思考するのが許されないことを意味する。(8)」

自我とは普遍概念であり、主体と作用との区別における主体であるが、デカルト（René Descartes 1596–1650）的な明証性が追求した主体は、単なる運動主体ではない、特別の性質を持つ主体である。この主体は、運動主体一般のように、客観化を許さない。そして、こうした特別な主体が、その作用と区別されることによって、「主体的」

に物事を考えること一般が可能となる。反対に見れば、世界について考え、操作可能にするために、主体と作用とを分けなくてはならなかったとも言える。ならばこれは、ニーチェの言う一種の「解釈」に相当するだろう。

これに対して、引用最後の「思考するのが許されない」という言葉が意味を持ってくる。ニーチェの言う「解釈」以前の世界は、厳密には思考の形式にはないことを、この言葉は暗示している。「実在」という言葉があてはめられるとすれば、この形式以前の次元である。したがって「自我」を否定し、「解釈」以前に戻った世界は、ニーチェの文脈からすれば思考できない。

しかし、ニーチェの主張全体と照らして気をつけなくてはならないのは、思考が否定されても、「勢力」や「力への意志」は否定されないことである。そうなると「力への意志」とは、客観的に観察可能な「意志」ではなく、何かの生物学的能力として説明可能なものでもない。したがってそれを、「本能」のような客観的概念で語ってしまうと、ニーチェは自己撞着を起こすことになるはずである。「原子」でさえ虚構なのだから、客観化された「意志」が虚構ではない、というのはおかしい。したがって「力への意志」は徹頭徹尾語り得ない何かでなくてはならない。

そこで次に取り上げたいのが、ニーチェが「理性」、「意識」の否定の先に打ち立てる「無意識」の位置である。「解釈」としてのそれらが否定されるなら、否定された状態を何とか説明しようとする言葉が「無意識」になるからである。よって、彼の「無意識」は「理性」や「意識」ではない。したがって自由意志にはもとづいていない。そうなると決定論的、機械論的な自動が「無意識」なのか、ということにもなる。するとそれは機械的な法則の実体化になってしまう。そこをどうするのかに着目する。

「力への意志―道徳

『自由意志』による道徳の結果としての演技屋。

力の感情のより高い状態（その完全性）自体もまた、原因に依拠していなければならないこと——したがって直ちに推測されるように、意志されなくてはならないことは、力の感情自体の展開における進展である。
批判：すべての完全な行いはまさしく無意識的であり、そしてもはや意識されていない。意識は不完全でしばしば病的な状態を表現している。意志によって条件づけられたものとしての、意識されたものとしての、弁証法をともなう理性としての、人格的な完全性とは、劇画であり、自己矛盾の一種である。意識の程度は、まさしく完全性を不可能にする…これが演技屋の姿である。[9]」

意志の根拠としての「理性」は存在しない。存在するなら、「理性」が根拠になって意志が生じているという、原因と結果、主体と作用の構造になってしまう。根拠としての「理性」は、こうした因果構造に則っているという理由からも否定される。そして、「理性」の否定としてニーチェは「無意識的」と言う。しかし、そうなると今度は、無意識が因果的決定論という法則に組み込まれた、客観的概念になってしまうという問題が生じる。これは「勢力」がそれ自体実体化されないか、という問題と同じである。

二〇世紀の精神分析では、無意識は本能的な欲求であり、すべての精神的な作用の根源となっている。しかしニーチェの場合、これが新たな実体になってはならない。物理的状態であってもいけない。ニーチェは原子も否定しているのだから、すべての精神作用の原因として、生物学的な本能や、物質を主張することはできないはずだからである。ここで、自我への「信仰」を捨てたとき、「もはや思考するのが許されない」というニーチェの言葉の意味が再考されなくてはならない。主体と作用、原因と結果の構造をすべて否定した先に現れる「無意識」を、再びそれらの構造から説明することはできないからである。ここで説明は、説明自身の自己否定を導く。何かとして説明したら、即それは主体と作用、原因と結果の形式に入ってしまうからである。しかし説明しなかったら、それは何ものでもない。ニーチェは「無意識」の問題に関して、この二つの条件の中間にはさまれてしまうと考えられる。すべてが遠近法的であるという主張自体は遠近法的ではない、すべてに根拠がないという思考自体の根拠もまたない。ニヒリズムの思考に自己自身を含ませることは不可能であり、この不可能性の構造は、こうした具体的な問題の中で露見してしまうのである。つまり原子、実体、矛盾律などの否定と、否定の普遍化との間の断絶をどう埋めればよいかは問題として残るのである。そして、ニーチェの思想はこの断絶の埋め合わせをなさなければ自己矛盾を抱えたままになる。

三　論理学的な根本原則への批判

私たちが持つ根本法則への批判として、次にニーチェによる矛盾律批判を見てみたい。私たちは矛盾律をすべての公理の根本とし、したがって矛盾律に従わない合理的思考を見出すことはできないと考えている。つまり、矛盾律に従わない合理的思考は考えられないという立場にある。しかし、すべての公理の正しさが矛盾律にもとづくとすると、矛盾律自体の正しさは何にもとづくのかが問題になる。さらには、こうした矛盾律批判の論理自体は、矛盾律に従っているのかまでが問題になろう。

「アリストテレスにしたがい、矛盾律はすべての根本命題のうちでもっとも確実な命題であるとしよう、そして矛盾律とはすべての立証がそこへ立ちかえるものであり、矛盾律の中にすべてのその他の公理の原理があるとしよう。だとすれば、矛盾律とはその主張について何を根底においてすでに前提としているのかを、ますます厳密に熟考すべきことになるだろう。矛盾律によって、現実的なもの、存在するものに関して何かが、その何かを矛盾律があたかも他のどこかからすでに知っていたかのようにして、主張されているのだろうか。つまり現実的なもの、存在するものには、お互いに対立する述語の帰属が承認されることはできないと、あたかも他のどこかからすでに知っていたかのようにして、主張されているのだろうか。それとも矛盾律は、現実的なもの、存在するものには、お互いに対立する述語の帰属が承認されるべきではないと、言おうとしているのだろうか？　だとすれば、論理学とは真なるものの認識への命令ではなく、我々に真であると称すべき世界を、設置し整えることへの命令であることになる。

まとめると、この問いは次のようにして投げかけられている。論理学のさまざまな公理は現実的なものに適合しているのか、それともそれらの公理は現実的なものについて、私たちのためにまず『現実性』という概念を創出するための基準であり手段であるのか？……しかし前者を肯定することができるためには、すでに述べたように、存在するものをすでに知っていなければならない。これはまったくありえないことである。したがって矛盾律が含むのは何の真理の基準でもなく、真として妥当すべきものについての命令なのである。[10]」（強調原典）

矛盾律とは、Aと非Aとは同時に成り立たないという法則で、これがなくては私たちの思考が成り立たない、論理の基本にあると考えられているものである。こうした論理の基本法則とは、現実の現象すべてにあてはまると一般に考えられている。また、論理の法則はそれ自体においてアプリオリに正しいとも考えられている。しかし私たちは、現象と論理自体とのどちらを根拠として、論理法則の正しさを信じているのか、明確に意識していない。

矛盾律のような論理の基本法則が、現実の現象すべてにあてはまるから正しいのだとすれば、「現実的なもの、存在するもの」すべてを調べ尽くしたうえで、この法則がそれらにくまなく行き通っていることがまず認められていなければ、証明にはならない。しかしそれは私たちが、帰納的に調べることによってしか確かめることができない、無限の作業を要求する。

矛盾律を正しいと考える右記のもうひとつの方法は、矛盾律をアプリオリに正しいと見なすことから出発する方法である。しかしそうすると、矛盾律はそれ自体が具体的に調べられる以前に、無条件で正しい、という前提がなければならない。しかしそれは、帰納的に確かめられた正しさではあり得ない。だとすれば、すべてが矛盾律に従うべきだという「命令」がまずあるしかない。

ここで、現実がすべて調べられたうえで、そのすべてを貫く論理が発見されるのではなく、現実以前に「正しい」とされる論理学がすでに打ち立てられていることになる。それどころか、この「正しい」論理学に従うべく、「現実」の方が描かれてしまっている、ということが明らかになってくる。つまりこの矛盾律が支配する「現実」とは、論理学から先取られた、さかさまの「現実」であり、本来の現実とは正反対という帰結になる。本来の現実の姿が「真理」だとすれば、この論理学によって描かれた「現実」とは「真理」ではなくなる。そこでニーチェはそれを、「真として通用すべきものについての命令」によってあらかじめ工作された「現実」にすぎない、と指摘するのである。

「あらゆる論理学の命題が（数学の命題も含めて）前提としている、かようなそれ自身同一なAなるものが存在しないと仮定してみるならば、このAはすでに仮象性であり、したがって論理学は単なる仮象の世界を前提として持っていることになろう。実際のところ私たちが矛盾律を信じているのは、いつも引き続き矛盾律は正しいと証明しているように見える、無数の経験がもたらす印象によってである。『事物』—それがAへの本来的な基盤である。事物への私たちの信仰は、論理への信仰のための前提である。論理学におけるAは、『事物』によって後から構築されたものとしての原子に同じである。[11]」

このような主張は、私たちが絶対に当然だと思っている法則でも、最終的には何にも支えられていない、という強烈な批判精神にもとづいている。しかしこの根拠の不在という考えは、ニーチェ自身の主張がよって立つところにもあてはまるのではないか。現に、矛盾律が単なる命令であることの理由として、ここでも「印象」という新たな本能が根本に置かれている。これは、先の因果律批判において、原因としての「主体」を考えるのが「因果律という本能」だという主張に類似している。そこで因果律さえも創り出す「因果律という本能」がどこに根拠を持ったかが問題であったように、ここでも「印象」の根拠を問題化せざるを得ない。

さらに、矛盾律が「命令」にすぎないなら、なぜ私たちは、その「命令」が誤っておらず、現実に妥当していると考え続けているのだろうか。誤った「命令」であれば、歴史上葬られてきた理論や見解と同じく、とっくの過去に葬られたのではないか。ある理論の正しさの基準には、その理論が現実に妥当しているという以上のものがあるのか。突き詰めれば、理論の現実への妥当とは別に、その理論の正しさがあるのではない。これらがニーチェへの反論として考えられる。

加えて、矛盾律を否定するニーチェの思考が、矛盾律を含む論理法則に従ってはいないのかを問題にしなくてはならない。矛盾律は命令だと仮定しても、ニーチェの矛盾律批判自体も厳格な論理によって説得力を獲得している限り、彼自身の「論理」は何を根拠としているかという問題が、問われないままであるのはおかしいからである。

これは、私たちが何かを立論するとき、その足もとについては必ず問われない部分が残るという一般的な構造と関係している。世界についての説明は、その説明自身が立脚する地点については説明できない。物理主義は、物理主義を語る自らの地点自体については説明しなかった。反対に唯心論は、唯心論の主張自体が立脚する精神的実体の出所について説明しなかった。このような構造に照らすと、ニーチェの、すべての根拠を否定するニヒリズムの主張自体に、自己撞着を起こしている次元があることが、明らかになってくる。

四　言語構造による形而上学的問題の発生

実体と運動との区別は、主語述語の言語構造に則るというのが、ニーチェの主張であった。さらにこの実体と運動、および原因と結果という区別の中に、ニーチェは世界を算定可能なものにしようとする動機や、未知を避けようとする恐怖を見た。これらの動機や恐怖は言語構造ではないが、これらの結果生じた世界理解の構図は、一定の言語構造をなしていた。したがって世界も、その構造の姿において現れることになった。空虚な空間の中に、粒子的な物質の単位が動いている構造、そして原因と結果によって連結された世界の構造は、それぞれの言語構造にもとづく世界像である。

しかし、このような構造を構築したがゆえに、構築以前にはなかった問題が生じる。まず原因と結果との連結からは決定論が導かれ、それゆえ自由意志は存在しないのではないか、という問題が生じる。粒子的な物質の単位が存在のすべてであれば、自由で自発的な振る舞いはないのか、そして物質以外に意識の坐はないのか、という問題も生じる。これらは形而上学的な問題であり、言語構造によって世界を算定可能にしようとしたゆえに生じた問題だということになる。反対から見れば、この言語構造がなければ、決定論も、さらにそこから導かれる自由意志の非存在という問題も最初から生じなかったことになる。

さて、ニーチェによれば、そもそもこうした言語構造に則った世界は、世界の算定可能を意図した動機によって作り出されたものにすぎなかった。ならば形而上学的な問題とは、その根拠となる言語構造に則った世界が虚構である限り、そもそも問題として意味がないことになるはずである。さらにこの考えを延長すれば、ニヒリズムの根拠となる虚無さえ、こうした虚構の言語構造によって生じたものであり、虚無も同じ仕組みによって消滅するはずになる。しかしニーチェには、こうした虚無や否定を空じ去るという方向の考察はない。それはニーチェが因果律や原子論などの積極的な知の体系を理性の言語による虚構と見た一方で、ニヒリズムや虚無などの消極的な事柄も、同じく知の体系を構成する言語にもとづくという考察を行わなかったことが、理由として考えられる。ニーチェはあらゆる知の解体を言うが、それは伝統的な理性という積極的な知の解体を意図する一方で、消極的な体系を構築している知の方はその射程に入っていないと言える。

虚無さえ言語構造によって成り立つことの究明に入る前に、言語構造が形而上学的な問題を生じさせる仕組みをもう少し確認して行きたい。まず取り上げたいのが、異なった言語の形式によって作られる、異なった宇宙像である。私たちは宇宙そのものがまずあって、それを理解する言葉を作り出しているのではなく、私たちの言語の使用から、それに沿った宇宙像を創出している部分がある。すると当然、言語の形式が異なれば、創出される宇宙像も異なることになる。

さて、形而上学的な問題を突き詰めて行くと、私たちは必ずお互いに対立する正反対の結論に行き着いてしまい、それは私たちの純粋な思考形式が宿命的に持つ帰結であると見なす考え方がある。この代表的なものが、カント(Immanuel Kant, 1724–1804)が宇宙論の二律背反（アンチノミー）と呼んだ、形而上学的な主張の対立の構造である。これは、異なった言語形式から生じる異なった宇宙像である。この二律背反においては、宇宙についての互いに正反対な二つの主張とも、それぞれの反対を仮定した場合には矛盾に行き着く、という論証によってそれぞれ自らを正当化するとされる。たとえば時間には始まりがあるという主張と、始まりがないという主張とは、両方とも自らの反対を仮定した場合には矛盾が生じるという論証を通じて、それぞれ自らを正当化する。

ここで具体的に検討したいのが、先にニーチェでも取り上げた因果律である。この場合も、因果律を破る自由があると見なす立場と、宇宙はすべて因果律に支配されているという立場とが対立する。前者は自由意志の肯定、後者は決定論である。この場合、それぞれの立場とも、自らの主張が妥当する領域を持っているが、それは他方の主張が扱っている領域の事柄を説明していない、という構造を持っていることに注意したい。二つの立場はともに、自らの前提と、限られた妥当領域がありながら、それを超えて、それぞれの見方で宇宙の全体を説明しようとするのである。

さて、まずカントにならって、因果律を破る自由があるという歴史上の主張の要点を見たい。それは、自らの見解と対立する、因果的な自然法則のみが支配する世界を仮定した後で、次のように反論するという。『純粋理性批判』の、因果律に関するアンチノミーを論じた箇所では次のように要約されている。

「さて、しかし自然の法則とは、充分にアプリオリに定められた原因がなくては何も生起しないということである。したがって、すべての原因性はもろもろの自然の法則にしたがってのみ可能であるかのような命題は、その制限されない一般性においては自己矛盾してしまうのであり、したがってこの自然法則にしたがった原因性は唯一の原因性として想定されることはできないのである。

このことからひとつの原因性が想定されなくてはならない、それはこの原因性を通じて何かが生じることであり、しかも原因がそこよりさらに以前に、別の先行する原因を通じて、必然的な法則にしたがって定められることなしに生じることである。つまりそれは原因の絶対的自発性であり、自然法則にしたがって進行するもろもろの現象の系列が自ら自身から始まることであり、それゆえ超越論的な自由である。[12]」

自然の出来事には必ず原因があるという、原因性の法則をここで仮に正しいこととしよう。だが原因性は、私たちの観察する限りでの自然現象にあてはまるとしても、この考え方の「制限されない一般性」、つまり自然現象の系列の一番始まりの出来事についてはあてはまらない。つまりここで、原因性が自然法則に従うことと、自然法則の究極の始原を考えると原因性を絶対的に逸脱してしまうこととの間に、決定的な自己矛盾が生じることになる。しかも、この一番始まりの出来事は、私たちの観察対象ではない。つまり経験される範囲に関わる説明が、経験されないが存在の根源に関わる次元について説明しようとすると、矛盾を生じさせてしまうのである。そこで、出来事には必ず原因があるという最初の仮定が批判され、そこから宇宙の始まりが原因のない自発性であることが肯定されて行く。この宇宙の始まりが原因を持たないことについて、カントは次のようにコメントする。

「したがって、思弁的理性が昔から非常に大きな困惑において設定してきたものは、まさしくもっぱら超越論的であり、そしてそれは、継起する諸事物や諸状態の系列が、自分自身から始まる能力を想定しなくてはならないか否かに、ひたすら通じている。そのような能力がいかにして可能であるかは、必然的に答えられることはできない、そして私たちは自然法則にしたがった原因性についても同様に、以下のことをアプリオリに認識することで満足しなければならない。それは、私たちがまさにある特定の存在物によって別の存在物が成立させられる可能性を、どのような仕方でも把握できなくても、そしてこの場合には単に経験に依拠しなければならなくても、そのような原因性は前提とされなくてはならないことである。[13]」

出来事に必ず原因があるという考え自体が、経験から帰納的に与えられたものにすぎない。それは、出来事の原因が絶対に存在することは、直接に示すことはできない事実を表している。しかし反対にそれは、宇宙の始原に原因がないこともあり得る、つまり原因に規定されない純粋な自発性が存在する、という考えの方にも妥当性を与えることになる。

確かに宇宙の始原のような、出来事の系列が自分自身から始まる状態を経験的に認識することはできない。それでもこの始原がないと、宇宙の存在を説明できない。同様に、因果法則がなぜ成り立っているかを把握できないとしても、因果性を前提としないと自然法則を説明できない。因果性とは、純粋に経験的には、特定の出来事に別の特定の出来事が伴って起きていることの観察による概念であり、その経験から事物間の必然的結合の観察が導かれるわけではない。その意味では事物間の必然的結合としての因果性とは、宇宙の始原と同様、経験を超えるのである。

カントのこのコメントからは、彼流の総合的判断の立場からの、認識領域を経験の範囲へ限定する意図が読みとれる。経験からは、因果性の必然的結合は導けないし、反対に宇宙の始原が因果性から逸脱していることも導けないのである。そして経験を超える範囲については、いかなる前提に議論がもとづくかで、正反対の結論になる。しかし私たちはこの範囲にまで、あたかも経験がそこに到達し、実証しているかのように、いともたやすく踏み込んでしまっている。それによって問題が生じるのである。

次に、世界が因果律、言いかえれば自然法則に支配されているという、カントが例示する思想史上の主張を見たい。この主張は、自然法則を逸脱する自発性が存在すると仮定した場合の問題点を指摘することによって、自発性を否定する立論である。それは端的な自発性を仮定する立場についての説明から始められる。

「そうすると、この自発性を通じた系列のみならず、この自発性自身を、系列の産出へと定めることになる、つまり原因性が端的に始められることになる。つまり確固とした法則にしたがって生起する行為が定められるものが、そこに何も先行しないことになる。しかし各々のひとつの行為の開始には、まだ行為していない原因の状態が前提となっている。そして行為の力動的な最初の開始は、先行するちょうどそのような原因とは、原因性においてまったく何の関連も持たない状態、つまりその原因からはいかなる仕方でも帰結しない状態を前提としている。したがって因果律に対する超越論的自由、そして作用する諸原因により継起する諸状態のこうした結びつきは、それによって何の経験の統一も可能にならず、したがってそれはまたいかなる経験の中にも見出されることはない、それゆえ空虚な思考の産物なのである。(14)」

ここから読みとれるのは第一に、この主張が因果律を逸脱する出来事はあり得ないと唱えていることである。「各々のひとつの行為の開始には、まだ行為していない原因の状態が前提となっている」とは、行為にはその原因がある、という考えを示している。これはある意味説得力があるが、その説得力とは、私たちもこの因果律の外を考えられない言語の枠内にいることを意味する。

より着目すべき第二の点は、行為に原因があるというだけではなく、その批判として、「原因性が端的に始められる」という、因果律をも破る出来事をどのように位置づけて行くかという問題である。素直に読めば、これは、因果形式を前提として、その形式内のある出来事の原因がないこととして理解するのが妥当だろう。しかしここで検討しなければならないのは、因果形式を前提にして、そこに純粋な自発性を認めることと、それに対して因果形式自体がないところからの因果性自体の出現とを、区別して考える必要性である。出来事の原因のあるなしという問題は、因果の形式があって初めて成り立つことである。しかし、この形式ができる以前の状態について、「原因」をそもそも問えるのかは、根本的な問題となる。それは全くの「カテゴリー錯誤」ではないか、という疑念が生じかねない。ここに、因果的決定論の正しさは、その決定論からは導けない、という問題が見えて来る。これは物理主義の正しさが、その物理主義自身からは導けないという問題と共通する。

さらにカントはこの第一原因の自発性をおかしいとする主張、つまり決定論的主張に対して、次のようにコメントする。

「そのような無限の継起が、最初の一項なしに生じる可能性、そこからすると残りのすべては単に後に続くものにすぎない、そうした一項なしに生じる可能性は、このすべての残りの継起の方からは把握可能にはならない。しかしあなたがたがこの把握不能ゆえに、この自然の謎を捨て去ろうとするならば、あなたがたは多くの総合的な根本性質を投げ捨てることを余儀なくされるのがわかるだろう、それはあなたがたが最初の一項と同じくらいわずかにしか把握できない根本効力である。そして変化一般の可能性さえも、あなたがたに判然としなくなることを余儀なくさせる。なぜなら、あなたがたが経験を通じて、そうした変化が現実的であると見なせないならば、あなたがたは、どのようにしてそうした存在と非存在との絶え間ない連続が可能であるかを、決してアプリオリには考え得ないであろうからである。[15]」

最初の自発的な一項がないという決定論的な主張に対しても、カントはそれを正しいと見なす立場ではない。自発的な最初の項を観察できないからといって、把握不能なものすべてを捨て去るのなら、そもそも変化一般をも承認できなくなるという。言い換えれば、最初の自発的一項の問題と同じく、必然的結合としての因果性も究極的には把握不能なのだから、前者の問題を謎として放棄するなら、後者も放棄せざるを得ないということである。つまり、経験から厳密に立証できないことを棄てるのなら、始原の自発性だけではなく、自然法則もすべて捨てざるを得ないということである。したがってカントは「把握不能」なこと、つまり厳密な意味で経験を超えることを全否定しているわけではない。経験から見出せるものを超えて、経験されていないものを打ち立てる際、その正しい方法を見出そう、と言っているだけである。周知のように、理論理性の対象ではなく、実践理性の対象に関する議論において、カントではこの傾向が強くなる。

ただここから私たちが理解できるのは、正しい認識の根拠となる経験の範囲とは、実は極めて狭いということである。ヒュームを出すまでもなく、因果律でさえ、正しい認識になり得ないと言われているからである。しかもこの第三アンチノミーでは、宇宙の最初の第一項という認識が正しいのか、それとも因果性という自然法則の認識が正しいのかで、根本的な矛盾が生じていた。この二つを両立させることはできない。私たちはここで、どちらか一方を選択する場合の根拠を欠いた、対立する二つの言語体系にはさまれる。ここでどちらか一方の体系を選択する根拠はなく、どちらの枠が正しいかをはかる尺度も存在しない。そして大事なことは、私たちの言語体系は一般に、必ずこうした根拠なき選択の次元を所持していることである。しかも、対立する二つの体系が両方とも根拠なき場合、一方が他方を否定し去ることもできない。そして私たちは二つの体系をともに捨て去ることもできない。この場合、二つの体系とも、無前提の次元から生起した、世界把握の枠組みとして肯定されざるを得ない。

カントはこうした相反する体系の同時成立が起こる理由は、基本的に私たちの認識の形式にすぎないものを、世界そのものの姿だと思ってしまうことにあると考える。因果によって決定されているという主張、反対に自由意志が存在するという主張、また時間の無限とか有限という区別は、世界の側の問題ではなく、私たちの側の問題によって生じたというわけである。これは、本書での私たちの言葉を使えば、言語の形式によって表出された世界を、世界それ自体だと思うことに相当する。ニーチェの言葉で言えば、論理による「命令」によって表出された世界を、私たちは世界それ自体だと思っている、ということである。

五　永劫回帰思想の根拠――何がニヒリズムを形成するか

前節ではカントにおける宇宙論の二律背反を手引きにしながら、私たちは根本的に対立する複数の宇宙像を持つこと、そしてそれらの宇宙像の根柢には実証不可能な前提があること、さらにこうした実証不能な前提はどんな立論の根底にもひそんでいることを確認した。この前提は実証不能であるため、正しいか誤っているかが意識されない。したがって、異なった前提にもとづく複数の宇宙は、どれも自らの宇宙像のおかしさには気づかない。むしろ自らが唯一の宇宙像だと信じて疑わないことになる。したがって、ある特定の宇宙像が極めて深刻なニヒリズムを形成する場合でも、その宇宙像は自らの前提に気づかないがゆえに、そのニヒリズムを不可避で深刻なものと考えているにすぎない可能性がある。

こうした観点から、ニーチェのニヒリズムの代表とも言える永劫回帰を見直してみたい。気をつけなければならないのは、ニヒリズムが一定の根拠なき前提を持つことによって生じているのを発見することで、実は宇宙は幸福なのだ、という結論が導かれるのでもないことである。なぜなら、宇宙は幸福に帰結するという思想もニヒリズムと同じように、疑われない前提にもとづいて形成された思想のひとつにすぎないからである。

さて、ニーチェは原因という概念、矛盾律という概念などの、理性による世界表出の虚構性を主張したが、ニーチェ自身も、「勢力」に見られるように、自らが正しいと思う世界を積極的に呈示したことはすでに確認した。しかしこの正しさとは、ニーチェが批判した理性の能力によって作り出された正しさと、同じ問題を持ってしまうことはないのかについて、さらに検討するのがここでの課題である。言い換えれば、理性の言語形式によって作り出された世界へのニーチェによる批判自体が、そこで批判された言語形式を再び踏襲しただけのものに陥っていないか、という問題である。

次に引用するのは、ニーチェが呈示する時間論であるが、彼の主張する永劫回帰が成立するためには、ある重要な条件も必要なことが示されている。この主張を行うニーチェ自身の中に前提や先入見はないのか否かが、ここでの着眼点である。もしニーチェ自身の前提があるならば、永劫回帰説自体に妥当性がなく、したがってそこから生じるニヒリズムは実は存在しないことになる。以下、ニーチェの永劫回帰の時間論から、その構造を探ってみたい。

ニーチェは宇宙の始原を認めない。これは、時間を有限とし、宇宙に始まりを見出す立場が、時間の方向を根本的に逆向きに、つまり過去から現在へと眺める方向で考え、その時間を有限だと見なしているからだと彼は言う。(16)そこには、創造主を設定しようとする「下心」があるとも言う。これに反し、ニーチェは時間が無限だという。しかし、もし時間が直線的に、つまり過去から未来の方向へ不可逆的に無限だとすれば、すでに過ぎ去った時間も無限であるから、宇宙内のすべての推移はすでに終わり、すでに無限の昔に、宇宙は終極状態をむかえていなければならないと言う。しかし実際この宇宙はまだ終極状態をむかえてはいない。したがって宇宙は無限時間であり、かつ直線的ではない構造でなければならない。こうなると、円環的無限時間が、始原を認めず、まだ終局状態ではないという、この二つの条件を満たす唯一の説明方法となる。こうして円環的時間構造をした宇宙が、永劫回帰構造とされることになるのである。この構造は、宇宙には始まりがなく、しかも始まりから目的へという一方向性もないという、ニーチェの考えを満足させる。ではなぜ、無限時間の中では同じことが繰り返されるしかないのだろうか。

「世界を、定められた量の勢力と、定められた数の勢力中心として考えることが許されるならば——そしてそれ以外のあらゆる考え方は決定的ではないままで、したがって使いものにならないとすれば——ここから次のことが導かれる、つまり世界はそれが現存することで行われる巨大なさいころ遊びの中で、計算可能な限りの回数のさまざまな結合を行い続けなければならないということである。無限の時間の中ではあらゆる可能な結合が、いつか一度は達成されることになろう。それどころかさらに、そうした結合は無限の回数、達成されることになろう。そしてあらゆる『結合』と、それらのその次の『回帰』との間において、あらゆるすべての可能な限りの結合が行われなければならず、そしてこれらのあらゆる結合のおのおのが、同じ系列におけるあらゆる結合の順序すべての条件となるならば、そこから絶対的に同一の系列の循環が証明されることになるだろう。それはすでに無限回頻繁にくりかえされた循環としての世界であり、そうした遊戯を永遠にわたって演じてゆく循環としての世界である。[17]」

永劫回帰という名前は広く知られているが、その思想の中身と、なぜそうした考えにならざるを得ないかは、あまり知られていない。ニーチェ自身も、明確にその理由を述べている箇所は少ないからである。『ツァラトゥストラはこう言った』や『悦ばしき知識』の中でも、明確にその本質が述べられることは少ない。しかし『遺された断想』の中にはその骨子が浮き彫りになっている箇所があり、これもそのひとつである。

ここから読み取れる限りで、永劫回帰思想が成立する理由をまとめたい。キーワードは「定められた量の勢力と、定められた数の勢力中心」という言葉である。さらに「時間には始原も目的もない」、という考えが条件としてここに加わる。この二つの条件を踏まえると、たとえばもし世界がA、B、Cという三つの「勢力中心」から成り、かつ無限に時間が流れるなら、世界にはA、B、C、AB、BC、CA、ABCという組み合わせが起こるしかない。しかもこれらがランダムに、無限に繰り返されるだけになる。これは「勢力中心」がいくら多くなっても、本質的には同じことである。ただし、「勢力中心」の数量は無限であってはならず、有限の一定数である必要がある。

これが「定められた数」という言葉の意味である。

これらの条件を踏まえると、私たちの世界では、結局同じことが必ず無限回繰り返されるしかなくなる。これは、一度きりの出来事は存在しないという、恐るべきことを意味する。したがって同じ歴史、同じ社会、この同じ脳を持つ存在さえ、無限時間の中では無限回登場させられる運命にあることになる。これは私たちの存在や行為も、この無限回のサイクルの構成要素にすぎないことを示す。そしてここからは、いかなる新しさも目的も価値も剝奪された究極の無意味な繰り返しが帰結するしかない。今を生きる私たちの存在の究極の無意味という、ニヒリズムの完成である。

しかしこうしたニーチェの永劫回帰の思想自体にもその前提があるというのが、先から論じてきたことであった。この前提の第一には、ニーチェは原子論に根拠がないと見なしていたにもかかわらず、「勢力中心」という考えは、世界を一定の力の単位と、それらの複合に還元する思想であり、原子論とは別の仕方での、要素主義的思想の踏襲ではないか、ということである。これは、ニーチェもその時代の代表的な考え方を批判しながら、暗にそこからの影響を免れていないことを暗示している。このことは、世界がそうした「中心」の単位に分割されなければ、永劫回帰はその根拠を奪われることをも意味する。

前提の第二には、これらの「中心」が持つ「勢力」とは何かという問題がある。それぞれの「中心」が持つ「勢力」も、ニーチェが批判した原子や矛盾律などと同様、ニーチェ自身の根本概念である。したがってこれらも原子などと同様、根本的な前提概念ではないのか。そしてもしこの「勢力」がなければ、「勢力中心」は運動を停止してしまい、一定の時間の後は運動のない世界が帰結する。こうなっても永劫回帰は成立しない。

第三には、始原があるという理論の条件となる、「完結した無限の不成立」に、ニーチェ自身が与しないことである。言い換えれば彼は、「完結した無限」成立の立場を最初に選択していることである。「完結した無限」の成立とは、過去から現在へという方向において、時間的無限が成立しているという考えであり、それは時間の始原の存在を否定する考えであった。神の存在を立証しようとする立場は、この考えを「不成立」としていた。しかしこの「完結した無限」が成立するか否かは、証明されず根拠なき選択に任される次元にある。「完結した無限の不成立」に与し、始原とそこでの神の役割とを肯定するのも、そこに与せず始原なき無限時間を考えるのも、それぞれ最終的根拠を持たない。ニーチェの円環的時間という考えは、後者を選択するニーチェ流の態度と考えられる。そこには「神の死」を主張する、ニーチェ自身の「下心」を否定できるのだろうか。しかも、この選択は根拠づけられておらず、根拠なき態度によるものである。

さらに「勢力」に関して、ニーチェの「力」概念には根拠があるのか、それとも根拠を問えないのか、という問題もあった。根拠を問えないのであれば、それが永続するという保証がどこから来るのか。もし永続しないのであれば、出来事の自由な組み合わせにも限界が生じ、永劫回帰という無限が生じ得ない。それとも時間とは、出来事の推移に対して私たちが命名しているにすぎないものであり、時間自体には無限も有限もないのか。この点は不明である。このように、あらゆる思想の根拠を否定して行くニーチェのような立場でさえ、その時代から何らかの影響を受けており、その足元には隠された前提が潜んでいる。したがってニーチェ思想をニヒリズムと呼ぶなら、ニヒリズムも前提があって初めて生じる思想、つまりその前提の解体によって消去されることのできる思想ということになる。

おわりに

ニヒリズムは無条件で生じるものではなく、ある特定の考え方の枠組みにもとづいて生じる。よって異なった枠組みにニヒリズムの思考がもとづけば、たがいに異なった、ある場合には矛盾したニヒリズムが生じることがある。たとえば、ある場合には直線的に始原と終末とを持つ時間がニヒリズムになる。そこでは、いずれ世界は永遠の虚無に陥るからである。別の場合は、円環的時間がニヒリズムになる。無限の循環によって世界は永遠に存在し続けなければならないからである。一方では永遠の死滅がニヒリズムであり、他方では永遠の継続がニヒリズムとなり得る。全く正反対の事柄がそれぞれ異なった虚無を形作ることになってしまっている。

結局ニヒリズムとは、特定の理想が破壊されることで生じている。しかしその理想を支えるものの方も、根拠なき選択によって選びとられている。つまり、普遍的なもの、または理想的な状態がまず想定され、それが滅せざるを得ないことでニヒリズムが生じるのだが、何が普遍的、理想的かの根拠は一定しないのである。ある場合には永遠の生命が理想とされるが、別の場合では永遠の時間は苦の永遠性として理解される。この意味でニヒリズムとは、理想的な何にこだわるかによって、性質が異なるものとなる。そしてこのこだわりに、根拠はない。これは、ある立場のニヒリズムから見れば、別の立場におけるニヒリズムが、むしろ積極的な思想になるという、互いに矛盾したニヒリズムの相対的構造となるのであった。

しかしこの相対構造とは違う次元も存在する。どんな立場のニヒリズムであれ、その否定的性質の徹底が、ニヒリズム自身へと届くことによって、ニヒリズム自体を消滅させる、というのがそれである。それはニヒリズムの相対化ではなく、言わば絶対的な次元での、ニヒリズムをその内側から超越することである。たとえば、実体、永遠性、超越者などを追求するのが従来の形而上学だとして、それらの無根拠を暴露するのがニヒリズムであった。しかし、そうした積極的なものを否定するには、この否定自体が徹底性を持つ必要がある。つまり、すべてを否定することは、否定自身への否定でもなくてはならない。さもなければ、この否定は積極的なものへの否定を通じて自らを絶対化するという、自己憧着に到るからである。

さらにこの不完全な否定は、たとえば永遠性などという積極的なものとは正反対の理想を掲げる思想への否定はできない。永遠の生を否定したところで、その否定の方向は、永遠に生きることを苦とする立場の理想は否定できない。この意味でも積極者の否定というニヒリズムは、徹底的なニヒリズムたり得ないのである。

したがって私たちは、永遠に生きるということの理想、そして反対に絶対的に滅ぶという悲観さえもが、ともにそれらの根拠を剝奪される次元を探る必要がある。これは、否定自身への否定の徹底でもあり、そこでは否定するという行為が最終的に自己崩壊しなくてはならない。それは絶対的な否定の結果、否定されるべきものが消滅した世界である。そこでは積極的なもの、消極的なものという区分がすでになくなっている。

これは、意味のある世界と意味のない世界という区分にも相当する。意味ある世界は目的性を持ち、意味ない世界は無目的に展開される、という区別は一般に理解されやすく、そこでは直線的な目的論的時間の世界は前者、永劫回帰のような円環的時間は後者だと考えられている。これが、永劫回帰がニヒリズムと見なされる理由である。しかし、世界全体が目的を持つことは、必ずしも自由意志を保証しないという点で、消極的にもなり得る。スピノザ的な神の摂理の世界に自由意志はない。反対に、私たちが絶対的に自由であっても、それは自由であるように呪われている、というサルトル（Jean-Paul Sartre 1905–80）のような見解もある。むしろ、目的性と決定性という区別が消失する次元において、「意味ある」世界と「意味ない」世界との区別の消失も成就し、そこに実在と意味の根源を見出すこともできる。

同様に、私たちが物理的自然自体は無価値であり、そこに「意味はない」と判断する際、その判断は冷めた物理的自然とは別に、そこに私たちの意図が加わって初めて意味づけが生じる、という考え方にもとづいている。では物理的自然がそもそも、自然自体ではなく、私たちの構成による産物だとしたらどうだろうか。そこでは、物理的自然には「意味はない」という判断でさえ、すでに構成され、限定を受けたものにすぎないことになる。自然そのものがあるとすれば、それは「意味はない」のではなく、「意味はない」という判断以前であることになる。これは「意味のない」世界の根拠を奪うことによる無意味が、不成立となることであり、それは否定の徹底によって否定自身が不成立となる構造にも重なる。ここで「意味ある」ことと「意味はない」こととの区別は消失している。

この構造は、「意味がある」「意味がない」という二分法の消去についてのみならず、ニヒリズムという思想の出所である、虚無の消去についてもあてはまる。虚無は否定の無であるが、この否定の無が、ある限定によって初めて成立しているのであれば、ニヒリズムはその根拠を奪われることになる。この限定が取り払われたところでは、虚無は不成立である。たとえば西田の言う「場所」とは、そうした虚無の不成立の次元を示唆する。したがって「絶対無」は虚無の根拠の不成立であり、したがって有と無という区別自体の消滅という観点から見直されなくてはならない。

（1）*Nietzsche Werke, Kritische Gesamtausgabe, Nachgelassene Fragmente, Herbst 1885 bis Herbst 1887*, Berlin・New York: Walter de Gruyter, c1974, 7[56].『ニーチェ全集　第Ⅱ期、9　遺された断想　一八八六年末―一八八七年春』三島憲一訳、白水社、一九八四年。これはニーチェが晩年に書き残した断片集である。永劫回帰思想が表明されると言われる『ツァラトゥストラはこう言った』などよりも、彼の思想のエッセンスが短い文の中に明確に述べられている箇所が見られるのが、この断片集の特徴である。本章で参照した理由もそこにある。

（2）*Nachgelassene Fragmente, Anfang 1888 bis Anfang Januar 1889*, Walter de Gruyter, c1972, 14[186].『ニーチェ全集　第Ⅱ期　11　遺された断想　一八八八年春』水上英廣訳、白水社、一九八三年。

（3）*Nachgelassene Fragmente, Herbst 1885 bis Herbst 1887*, 2[193].『ニーチェ全集　第Ⅱ期　9　遺された断想　一八八六年末―一八八七年春』。

（4）*Nachgelassene Fragmente, Anfang 1888 bis Anfang Januar 1889*, 14[98].『ニーチェ全集　第Ⅱ期　11　遺された断想　一八八八年春』。

（5）ibid., 14[98].

（6）ibid., 14[98].

（7）*Nachgelassene Fragmente Herbst 1885 bis Herbst 1887*, 7[60].『ニーチェ全集　第Ⅱ期　9　遺された断想　一八八六年末―一八八七年春』。

（8）ibid., 7[63].

（9）*Nachgelassene Fragmente, Anfang 1888 bis Anfang Januar 1889*, 14[128].『ニーチェ全集　第Ⅱ期　11　遺された断想　一八八八年春』。

（10）*Nachgelassene Fragmente, Herbst 1887 bis März 1888*, Berlin; Walter de Gruyter & Co., 1970, 9[97].『ニーチェ全集　第Ⅱ期　10　遺された断想一八八七年秋――一八八八年三月』清水本裕・西江秀三訳、白水社、一九八五年。

（11）ibid., 9[97].

（12）Kant, Immanuel, *Kritik der reinen Vernunft*, Hamburg: Felix Meiner PhB, c1956, B474.　イマヌエル・カント『純粋理性批判（三）』天野貞祐訳、講談社学術文庫、一九七九年。

（13）ibid., B477.

（14）ibid., B473-6.

（15）ibid., B477-9.

（16）時間を現在から過去に遡る方向は無限だが、時間を過去から現在にたどる方向は有限であるとして区別し、後者を神の存在証明の「下心」だと見なすのは、ニーチェの重要な着眼点である。反対にニーチェは、前者を自らの無限論の根拠としている。二つの方向を区別する主張は、以下のように展開される。ニーチェの主張は、過去から現在への方向が有限だから、現在から過去への遡及も有限だとして、宇宙の始原を確定させようとする主張を断罪するものである。

「最近、過去という後方に向かっての世界の時間的無限性という概念の中に矛盾を見出すことが何度も試みられた。たしかに矛盾自体は見つかったが、そこでは先頭を最後尾と取り違えるという代償が確実に支払われた。この瞬間から始まって過去の後方を目指しながら、『私はこのようにして終点に到ることは決してないだろう』と言うのを阻止することは誰にもできない。それは私がその同じ瞬間から未来の前方へ、向こうへと無限に目指して行くことができるのと同様である。この無限の過去への後退という正しい概念を、現在にいたるまでの無限の前進というまったく実行され得ない概念と同一に見るという誤りを私が犯そうとしようものなら―私はそうしたことをしないように用心するだろうが―、つまり私が（前方の未来への、あるいは後方の過去への）方向を論理的に重要ではないものとして設定しようものなら、そのときはじめて、私は先頭、すなわちこの瞬間を、最後尾としてつかみ取ることになるだろう。」（*Nachgelassene Fragmente, Anfang 1888 bis Anfang Januar 1889*, 14[188-3].『ニーチェ全集　第Ⅱ期　11　遺された断想　一八八八年春』。強調原典）

ここでは過去に関する時間の二つの方向について、大きな違いが指摘されている。ひとつは過去から現在の「この瞬間」までの方向である。「無限の前進」とは、その方向の時間の長さが無限だと考えられたものである。もうひとつは現在の瞬間から過去への方向である。そしてニーチェは、前者に関して、つまり現在までの「無限の前進」という考えは誤りと認める一方、後者に関して、つまり現在から過去へと無限に遡る「後退」は「正しい概念」だと言う。ここまでは先に述べた通りである。

着目すべきなのは、ここで批判されている有限時間論が持つ前提である。それは、現在の「この瞬間」までの時間の無限があり得ないという主張とは、ある時点で終っている時間系列の全体が無限であることはあり得ないとする主張と、同じだという前提である。それは、完結した全体が無限であることはあり得ないという前提である。これをニーチェは指摘するのである。そしてこの「完結した無限の不成立」という考えは、カントの二律背反で、時間の始まりに関して対立する二つの議論が闘わされたとき、始原の存在を主張する側が採用した考えと同じなのである。だがこの考えは、カントによれば、根拠づけられたものではない。

次に着目すべきなのは、ニーチェ自身は、現在から過去への無限の「後退」という考えは、過去からこの現在までの時間の、「完結した無限」とは、全く異なると見なした事実である。これが、彼が現在までの「無限の前進」を否定しつつも、過去への無限の「後退」は認める論拠となっている。つまりニーチェ自らは、現在という一点において時間直線の一端が途切れていても、過去の無限性を認めるのである。これはニーチェ自身の思想であり、これも根拠づけられているわけではない。現にこの無限の主張も、カントが二律背反の無限時間論に対して下した、その無限論をも退ける判断とは異なっている。つまり、ニーチェ自身の無限時間論も、永劫回帰思想という彼自身の立場から意図されており、この点で有限時間論が神の創造を「下心」にしていたことと同じなのである。

カントは二律背反の吟味ののち、世界の時間的無限の主張も有限の主張も無意味であると見なすが、ニーチェは過去の無限性の主張については自らそれに与する立場をとる。そしてこの立場は、過去における時間の始まりを主張する立場が隠し持つ、「下心」への批判とひとつに成り立っていた。この「下心」とは、繰り返すように、神の創造の論拠を得ようとするため、過去の特定の時点を始まりとして見出そうとするものであった。「下心」を持つ者は、過去の「後退」を、過去からの「前進」にすり替え、その無限の「前進」の不可能を唱えることで、始原の時点を設け、神の創造を立証しようとしたとニーチェは言いたいのである。だがそうだとすれば、ニーチェ自身もまた、この始原の時点を設けようとする論理を否定する論理を選択したのは、ニーチェ自身の、神の否定を意図した判断だったということができるのである。

(17)　*Nachgelassene Fragmente, Anfang 1888 bis Anfang Januar 1889*, 14[186].『ニーチェ全集　第Ⅱ期　11　遺された断想　一八八八年春』。

第五章　問いの消滅

はじめに

「無」とは、あるべきものが得られないという、あるべき充実への志向が否定される事態としてまず考えられる。ここで「無」は消極的な性質においてしかはたらき得ない。そしてこの場合の「無」は、あるべきものへの志向という、特定の能動性を前提として、そこへの否定として用いられる言葉にすぎず、その志向がなければ「無」という言葉はもともと用いられない。つまり「無」の性質は、この志向のないところでは登場することはなく、ましてやその性質を抽象させた、消極的な「無」という実質そのものが直接に現れることもない。こうした意味で、たとえばベルクソン（Henri Bergson 1859–1941）は、その『創造的進化』において、「無」は存在しないという議論を展開した。

それに対して、「無」を呼び起こす最初の契機となった、あるべきものへの志向の方にも根拠がないことが示され得る。それが「無」の根拠が空じられるという事態であり、無を無効化する事態である。これは消極的なもの、否定的なものとしての「虚無」の根拠を消滅させるという意味において、積極的な性質を持った「無」である。そしてこうした積極的な「無」は、事態としては、たとえば宗教一般に見られる経験において自らを現わすだろう。しかしこの「無」という事柄は一見わかりやすいように見えて、なぜこれが宗教の事柄であり、消極的ではなく積極的な何かなのかと問われると、なかなか説明は困難である。そこでここでは、形而上学的な謎とその解決という、直接に宗教的とは言えないが、それでも宇宙と、その中に登場した人間存在の根底に関わる事態を通じて、この積極的な「無」の一側面を探る。それは虚無の無効化という考察困難な事態であり、それがどのようにして起こるかを、いくつかの角度から検討してみたい。

一　「始め」以前への遡及

形而上学的な問いかけは普段忘却されていることが多いが、一度それに取りつかれると、その他の日常的な事柄はすべて些細なことに一変してしまうような、底知れぬ奥行きを秘めている。しかし、なぜその問いは底知れぬものとして見えてしまうのだろうか。

一般的に見れば、宗教はこうした問いに何らかの仕方で答えを与える役割を担うように思われている。しかしその与え方は本当のところ、その問いに明確にかみ合う解答を授ける、という形式は採らない。無論、方便として明確な解答を授ける場合はあるだろう。しかし、本義において、宗教的な次元とは、解答を授けるのではなく、むしろその問いの出所に関してはたらきかけるものだと考えられる。それは解答をあいまいにすることとも異なる。しかしこのはたらきかけは、問いに明確にかみ合うものではないために、明文化され、誰にでも共通した意味において明示される性質も持たない。そして、この問いの出所とは、問いかけの対象へと没頭すればするほど見えないものとなってしまうため、そこに気づくことは、対象的なものを理解する仕方とは、根本的に異なった性質を含んでいるのである。たとえば禅の公案などは、そこに気づかせることを主眼とした手立てのひとつであろう。

さて、それでは形而上学的な問いと、その前提とは具体的にどのようなものか。次に挙げる例は、荘子（around BC369–around BC286）撰と言われる『荘子内篇』の「斉物論」からの引用だが、まずはそれを題材に検討してみたい。

「始めなるもの有り。未だ始めより、始め有らざるもの有り。未だ始めより、夫の未だ始めより、始め有らざるもの有らずというもの有り。」（斉物論第二）

私たちの世界が存在している限り、それには始まりというものがあったはずである。しかし、もし始まりを想定した場合、そこには自動的に、始まり以後と始まり以前という区別が生じてしまう。さらに、始まり以前なるものが考えられたとき、そこには自動的に、この始まり以前という状態さえもが、生じる以前という状態を考えざるを得なくなってくる。いわば、これが始原に関する形而上学的な問いかけが必然的にもたらしてくる困難である。存在しているものにはその始まりが必ず要求されてくる一方で、時間の系列は理念上、どこまで遡っても必ずそれより前を考えることが可能だからである。したがって始原の謎は必然的に、存在していることの謎をその根底として要求してくることになる。

「有なるもの有り。無なるもの有り。未だ始めより有無せざるもの有り。未だ始めより、夫の未だ始めより有無せざるもの有らざるもの有り。」（同所）

私たちとその世界は明らかに有だと考えられている。しかし有は必ず有ならざるところから生じてきた。そこが無と呼ぶべきところだろう。しかし一度無をそのように規定すると、こうした無とは何から生じてきたかが自動的に問題化してしまう。そこに、未だ有無の区別もないところが要求される。しかしこうした追求は、始原の問題と同様、無限に繰り返されたとしても解決を見るものではない。無論、このような記述を老子的な「玄」の主張に類比させて、思想史的な文脈に沿った定式的な解釈を行うことは当然可能であろう。だがここでは、本質的に答えの出ない問いかけがなぜ生ずるのかという問題意識から、その出来事の構造を、その事柄自体に着目して検討し直してみたい。

二　なぜ有無が分かれたのか

「俄《にわか》にして有無す。未だ有無の、果して孰《いず》れか有り孰れか無きかを知らざるなり。今我則ち已《すで》に謂う有り。未だ吾が謂う所の其れ果して謂う有りや、其れ果して謂う無きや。」（同所）

ここには、謎が生じたことに対して、二つの意見が述べられている。ひとつは、この無と有とが分離した理由が「俄」である、つまり原因についてそれ以上論及できるものではないことである。これは形而上学的な問いの思索力不足に由来する、消極的態度と見なすことも可能かもしれないが、他方では、その論及できないということに、ある積極的な側面を見出すこともできる。それは、有無の分離ということが、宇宙の側に属している原因不明の事態なのではなく、私たちの思考がどうしても陥らざるを得ない根源的な前提に由来し、その前提があって初めて生じてくることになった何かなのではないか、という指摘である。つまりこの、私たちの側の前提がなければ謎は生じなかったという指摘であり、しかもこの前提はあまりに当然のごとく私たちの思惟以前に暗黙に存在している形式であるため、それ自身について反省がなされることは通常ほとんど不可能であることが、そこから暗示される。さらには、この前提に対する根本的な反省は、その前提に従ったままの状態では不可能である。なぜならそれでは、この前提を眺めるために、再びその前提に暗黙に従うことにしかならないからである。

では荘子はその前提を具体的にどのようなものとして考えていたのか。これが右記の引用文に見出せる二つ目の意見である、「私たちは実のところ、有無についてはは何もわかっていない」という主張に関わってくる。この世界は疑いなく存在しており、私たちが存在していることも至極当然である、というのが私たちの常識、もしくは常識以前のコンセンサスである。しかし荘子は、その前提に根本的な疑問を投げかける。「有無の、果して孰れか有り孰れか無きか」という問いかけは、宇宙の始原を設定し、この宇宙について思考する際の前提をも覆す問いである。これは、それなしでは私たちの思惟を思惟として遂行することも不可能になってしまうような、根源的な形式への疑問でもある。しかもそれに加えて荘子は、「未だ吾が謂う所の其れ果して謂う有りや、其れ果して謂う無きや」と、これらを思惟する「吾」の有無に対しても疑問を投じる。デカルトの方法的懐疑でさえ、世界の存在については疑えるとしながらも、考える私が有るということまでは疑い得ないとした。いわばこの根底を司る有は、西洋における哲学的思惟の出発点のひとつとも見なし得るものである。しかし荘子は、この有無ということさえ、はたして本当に区別することができるのか、わからないと言うのである。自分が今言ったことさえ、有ると見なせるのか、そうとは見なせないのか、わからないと主張する。これは有ということ自体が独立ではなく、すでに無に対して自らを限界づける前提を持っていることを示している。さらにこの主張を敷衍するならば、無という問題は、有という出発点を前提にして初めて生じたということになる。極論するなら、無から有が生じたことに謎が集約されるのであれば、その有という思惟形式の出発点が本当に前提とされるに値することなのか問うべきだ、ということである。「俄にして有無す」の「俄」という言葉には、宇宙の有、吾の有という前提、そして有無を分けたことの根拠なさへの洞察が凝縮している。したがって荘子は、まさしくこの出発点について「知らざる」、つまり「根拠なし」という態度をとることによって、形而上学的な問いかけにおける袋小路を、その出所から消去しようとしているのである。

三　謎は認識の形式による

さて、荘子の場合は、形而上学的な問いへの答えを見出そうとする努力が陥る袋小路がまず問題化され、その問いの出所として、問いが前提とするものを見出し、それを消去するという順に話が進んだ。これに比類する見解として、私たちの思考の形式についての論及から出発して、それが根本的には答えられないものについての問いを準備してしまい、そこに謎が生じてしまうという順に話を進めた議論のひとつに、ウィトゲンシュタイン（Ludwig Wittgenstein 1889–1951）の『論理哲学論考』における考察がある。たとえば、私たちが抱く生と死の謎に関する、次のような議論には、そうした問いの前提の消去の態度が見られる。

「人間の魂の時間的不死性、つまり死後におけるその永遠に継続する生は、どのような仕方においても補強されないばかりでなく、何よりこの仮定は、それによって人が達成したがっているものを遂行することは全くない。」

（『論考』6,4312）

来世というものがあるのだとすれば、必ずその来世以後に私たちがどうなるかが問題になってしまう。もし来来世ということを考えたとしても再びそれ以後が問題化してしまい、それが続く限り永遠の生命という要求が満たされることはない。しかし、この問題が解決不能なのは、時間という形式を前提にして、生死の問題を考えてしまっていることによる。この問題解決については、次のような方法が呈示される。

「永遠性ということの下で、無限の時間継続ではなく無時間性が理解されるならば、そのとき現在の中を生きる者が永遠に生きることになる。」（『論考』6,4311）

生の問題を、時間という、以前と以後とを分け、配置させる形式の中で考えること自体、究極的に根拠を持つことなのか。右記の記述の背後には、そうした根拠への疑問さえ窺える。さらには、自分はどこから来たのか、自己がなかったところからどうして自己が生じたのかという謎、ひいては無から有が生ずるという事態の中に含まれる謎も、この時間形式の中で以前と以後とが区別、配置されることを前提とする。ではこの謎はどのように解決したらよいのだろうか。

「時間空間における生の謎の解決は、時間空間の外部にある。」（『論考』6,4312）

ここで外部というのは、まず時間空間内という領域があって、それとは区別された、時間空間外という領域がさらに存在し、その二つの領域が私たちに認識できる境界線によって分け隔てられている、という構造によって確定されているものではない。なぜなら、境界線の確定ということは、その内側にも外側にも、時空的な形式が通用することを条件にして可能になることであって、その形式に則る限り時空の内と外との境界線を見ることは不可能だからである。しかもこの時空という形式は、私たちが具体的な事物について考察しようとするときには不可欠であり、あまりに当然の前提としてすでに用いているものでもある。したがって、もし時空の内部と外部との境界線の確定が可能だとすれば、それは実在する時空間においてではなく、純粋な論理空間においてのみ行えることとなる。するとと次に行うべきなのは、時空に代表されるような形式をあまりに当然に使用してしまうことから、どのような結果が導かれるかの考察である。すでに取り上げたように、「時間空間の外」ということは、当然の前提としての時空形式に則ったままでは、具体的に考えることは不可能である。しかし、この時空形式という前提のあまりの当然さと、純粋な論理として「外」なるところが可能になる、という二つの事態が融合するとどうなるか。実は形而上学的な謎の発生とは、これらが融合した事態に由来してくるものと考えられるのである。

「死とは生の出来事ではない。死を人は体験しない。」(『論考』6.4311)

死後の問題は、直接に形而上学的な問題ではないかもしれない。しかし、死後とはどういうものかを考えてしまう人間の本性は、形而上学の謎の発生と類似した構造を持っている。つまり、生という時空の内部にあるものをはかる形式に則ったまま死をも推し量ろうとするとき、死は具体的な体験として考えられてしまい、その結果死後は問題として浮上するのである。死後にその形式を当てはめることは本来できない、つまり死は生において通用する形式から徹頭徹尾隔絶されたものであるという意味で、生の出来事ではなく、それにもかかわらずこの形式をあてはめようとするところに問題が生じてくる、ということになる。

「たとえ死に際しても世界は変化しない、世界は終わるのである。」(『論考』6.431)

この言葉は多様に解釈が可能であろう。その解釈のひとつとして、ここで言われている「世界」を、私たちの生の事柄があてはめられる形式の通用する範囲、そして「死」をその形式が通用しない範囲と置き換えて考えることも可能である。この生の事柄の形式はあまりにも身近であるために、私たちはそれが通用しない範囲にもそれを妥当させようとしてしまう。それがこの文脈で言えば、死後における「世界」の様子を考えることである。形式が通用しない範囲にそれを妥当させようとすることから謎は発生する。さしあたりその形式を無理矢理あてはめた範囲は、暗黒のようなものとして立ち現れてくる。私たちはこの形式をあらゆることに用いてしまうので、それが妥当しない範囲を無意味としてではなく、無という意味において存在している何かとして把握してしまうからである。実際、この無意味ということを理解に持ち込むことは難しい。理解とは普通、すでにこの形式の妥当を前提にしているからである。では、この無意味ということは、どのような例として暗示できるだろうか。

「私たちの生に終わりはない、それはちょうど私たちの視野に限界がないのと同じである。」（『論考』6.4311）

形式があてはまらないところを暗黒と考え、あてはまる範囲を生として見るならば、そこに「終わり」が生じる。そしてそれは境界線として認識されることを条件とする。しかし形式の妥当しないところを端的に無意味とするならば、「終わり」という線は引けない。境界線の認識自体が不可能になるからである。それは私たちの視野の外に何が見えるのかを考えて見ればよい。そこは暗黒なのか、という問いがそもそも無意味なことがわかる。そして視覚領域とそうでない領域との境界線は見ることなどできない。視覚が前提とする形式が視野の外には妥当していないからである。したがってそこには暗黒ということさえ成立不能なのである。いわゆる実存的な虚無は、この暗黒と同じような発生の構造を持つ。したがってこの構造の端的な不成立の中には、虚無の入り込む隙間さえない。

同様の事柄は、わかりやすい事例として、たとえば宇宙の果てを喩えにすることもできるだろう。宇宙空間を向こうへ向こうへとたどって行くことを仮定すると、私たちの常識的な時空感覚では、つねにそのさらなる向こう側が考えられてしまう。それはどこまでたどっても同じことが繰り返される。したがって、もし宇宙の果てというものが考えられるとしても、その果ての外側は何かが問題として必ず浮上してしまう。そしてこの時空感覚に従っている限り、その「外側」の領域は謎もしくは暗黒として存在してしまうのである。もちろん宇宙空間の問題に関しては、三次元の空間を二次元の球面を比喩として考えるなど、さまざまな解決法はある。しかしそれらに共通しているのは、向こうへ向こうへとたどり続けることの中から解決を導き出すのではなく、このような追求を生じさせている形式の側を変化させることである。それは別の角度から考えるならば、一度生じた謎を解決するのではなく、謎を発生させる問いを最初から生じないようにさせることである。

四　謎を謎としていたものからの解放

人生の意義に見られるような形而上学の問題に話を戻せば、その謎は、私たちがある形式に気づかずに従う中から生じている限り、その形式の中に現れる事柄を扱うことで解決を見出すことはできない。反対に、その形式自体を無効にすることから解決が導き出される可能性が出てくることになる。しかしこの形式は、この形式に従う中からは決して見えてこない。だが、この形式自体の無効化ということが、本来求められるべき「無」という事態を成り立たせてくるのではないかと考えられる。そしてこの「無」は、決して対象化されることはない。なぜなら私たちの対象化を行う思考は何かの形式に従うことを条件としており、それに対してこの「無」は、その形式自体の無効化に関わる何かだからである。形式に従うことの外部には、すでに普通の意味で無と言われるものさえ成立し得ない。形式の及ぶ範囲の外部は無意味だとする言明自体、この範囲の内と外との区別を前提としてしまうが、本来この外部は、無意味という言明さえ不可能なところだからである。反対に虚無とは、この形式に従ったままの状態で、形式の外側を見ようとすることから生じる事態として、特徴づけられることになる。

すると次の問題が生じる。もし認識形式が無効となる事態に本来の「無」が相当しているとするならば、結局のところこの「無」とは認識されるべき世界をすべて否定してしまうことにならないか。

「表明することのできない答えに対しては、問いもまた表明することはできない。

謎は存在しない」（『論考』6.5）

この記述では、世界の内、つまり形式の及ぶ範囲の内でしか、問いと答えとが成立しない、と主張されている。すると、謎は形式の内から外を問うから生じるので、その問いがなければ謎も最初から存在しないということになる。その意味で、「謎は存在しない」のである。この答えと問いとの関係は、実存的、もしくは形而上学的な問いかけと、その解決の方法にも敷衍される。

「人生の問題が消滅したときに、人はその問題が解決したことに気づく。

（このことは、人生の意義が長い疑念の後に明らかになった人たちは、その後、どこにその意義があったのかを言うことが出来なくなってしまうことの理由ではないだろうか。）」（『論考』6.521）

「人生の問題」とは、根本的に私たちの認識形式のあてはまらないもの、つまり形式の外についての問いである。つまり、それを問いとして立てることがそもそもの誤りだったのであり、この解決はその問いの立て方を消去することだという表明である。この解決法はこれまで確認してきた事柄と共通する。

しかしここで読み取れるもうひとつのことは、人生の意義を「言うことが出来なくなってしまう」ことは、閉塞された感覚とも無縁だということである。ここには生への限定や抑圧とは全く無縁な、むしろ解放された感覚が感じ取れる。確かに、「神は世界の中には顕現しない。」(『論考』6.432)という表明に見られるように、答えを出すことの可能な、「語り」の及び得る領域の徹底的な外部に、形而上学的な問いの解決の場所を「示す」態度が、『論考』期のウィトゲンシュタインに見られることは、しばしば指摘されてきた。しかし、人生の意義ということが問題ではなくなる体験では、すでにこの「示す」ということさえ必要ではなくなり、それが積極性への契機となっていることが見てとれる。それをこの問題からの、積極的な解放としてとらえることが許されるならば、なぜそうした解放への道筋が可能になるのかを、さらに検討しなくてはならない。

五　感性的世界の復権

ここで話をもう一度荘子に戻してみたい。荘子は先に引用した斉物論の箇所において有無の区分の根拠さえも否定した後で、次のように言う。

「故に知は、其の知らざる所に止まれば至れり。」

オーソドックスな理解においては、人為的な余計は策略や狡知をめぐらさなければ、道は自ずから成就する、ということとして受け取れる。この場合第二番目の「知」は分別知、第一番目の「知」が本来の知恵ということになる。しかし、二番目の「知」を、暗黙の前提としての形式を用いた対象知としてとらえ直すならば、この「止まる」という態度は、本質的に答えの出ない問いを控えるというだけでなく、それ以上のより積極的なはたらきを準備させる、という意味になる。その積極性が、第一番目の「知」の特性として集約されてくるのである。ここにも、世界を消極的な何かに閉じ込める思想は見られない。では、形式を用いないことの積極的なはたらきとはどのような仕組みで生じるのか。次は禅の指南書として有名な、一二世紀ごろに活躍した臨済宗楊岐派の禅僧廓庵の『十牛図』からの引用である。

「本来清浄にして、一塵を受けず。有相の栄枯を観じて、無為の凝寂に処す。幻化に同じからず。豈に修持を仮らんや。水は緑に山は青うして、坐《いなが》らに成敗を観る。」

これは第九図の「返本還源」からの引用である。第二文に見られるように、「有相」を否定して無為に所在を置くことは、一見消極的な態度として映る。しかし実際これは消極的であるどころか、禅的なコンテクストでは、「有相」で生じるとらわれからの解放であり、万象の移り変わりをその生きた姿のまま直観できるようになる積極的な事態とされる。なぜなら「有相」とは、形式にあてはめられることによって初めて生じるものであり、逆に「無為」においては、「有相」の形式を通じて覗かれ、秩序づけられていたものが、形式を外されて、生きたまま現れ出てくることができるからである。つまり形式を消去することは、世界を限定された形の中においてとらえることからの解放であり、その形から派生していた問題から自由になること、そして同時に形式によって取りこぼされ、押し込められていた感性的な領域の事柄が、そのままの姿において復権、実在化してくることでもある。この意味において、形式が外されたところに見出されるものは「幻化」では全くない。しかも、この状態を保持しようとする努力も必要ない。それはもともとここにあったからであり、反対に問題を生じさせる形式の方が、後から人為的な努力によって付け加えられた何かだからである。

おわりに

以上で考察してきたように、第九図の「坂本還源」、つまり「本に返り、源に還る」という表題の意味は、後から加えられた手段や形式を離れ、もともとの場所に還るならば、それらの手段や形式によって生じていた問題は消滅すること、もともと計らいは必要なかったこととして解釈できる。実際、実在した禅僧の体験記や、または南伝仏教系の行法に関する証言などを伺っても、行によって生み出されて来るのは何もない空虚な状態としての世界ではなく、全く逆に自分の身体も含めた世界全体が、今まで気づかれなかった仕方で、その細部まで生き生きと澄みわたって見えて来ることなのだという。つまり抽象的な概念や法則に則ったものだけではなく、それらからこぼれ落ちるものも含めて、世界がその全体において実在として立ち現れるのである。

私たちの概念的思考がそうであるように、世界をあるひとつの側面から見る抽象化を行うと、それ以外の世界の厚みは捨象されてしまう。たとえば物質という尺度から有機体の現象を観察する場合、そこに生命の直接性は捨象されてしまうといった具合である。ある形式に則った私たちの概念的思考は、そこにあてはまるものだけを実在として扱ってしまう。逆にこの形式に則らず、そこから自由になれるならば、すでに実在とそうでないものとの区別は存在しない。感性的なものの実在化とはこうした具体相としての実在の実現として理解できる。したがって形式の排去がそこに則って生じていた問いの排去でもあるならば、ウィトゲンシュタインが述べた問いの消滅も、却って世界を全体として、その具体相のまま肯定する事態として解釈できるのである。

第三部

根拠と場所——形而上学をめぐる西田哲学との対話

第一章　形而上学の問いと西田場所論

はじめに

場所に支えられずに思考は不可能だが、場所自体は思考の対象とはならない。そして場所は思考の前提を司る。ここでは、この前提に支えられて初めて成り立つ思考のひとつとして、形而上学の問い(1)を位置づけてみたい。私たちは、論理の中に映し出された世界を実在だと思う。たとえば物質は原子という実在で、それ以外の存在はなく、私たち人間の全体もそこに還元されるという考えも、粒子的な物質を根本前提とする論理によって、その実在性を獲得している。注意すべきは、私たちの思考とは必ずこうした疑われない根本前提を持たなければならないことである(2)。またこの前提は私たちの知的な営みに役立つものである一方、それが世界の全体に対しても適用されると、解決困難な問題を生ぜしめることがある。粒子的な物質の単位が実在の基本だとすると、なぜそれとは全く異質な意識が生じるのか、などはそうした問題のひとつである。

これは形而上学的な問題についても例外ではない。したがって形而上学の問いも、その論理の根本前提へと立ち戻ることで解消される可能性がある。西田的に言えばそこが場所であり、心と物質との対立もそうした成り立ちを持つことが考えられる。場所論の意義は、場所が思考一般に不可欠な問われない根本前提を包括していることにあり、またそこに場所の問題点もある。本章では、思考の根本前提のところに場所があるなら、反対に一見解決不能な形而上学的な問題も、この問題を構成する論理の前提となる場所に戻ることで消滅する可能性がある、という方向で論じる。そこで特に、心に関する形而上学の問いが前提とする論理の事例を取り上げ、その解消をはかることを通じて場所論の可能性を問い直す。形而上学的な問いが生み出す対立や矛盾も、その思考が場所から形成される論理の形式に基づくからこそ生じるということである。

この対立や矛盾は、それを包摂する上位概念によって解消されるのではない。逆にどんな概念によっても解消されない矛盾を生み出す形式を支えるところに、場所があると考える。心と物質という矛盾、私と私でないものという矛盾もそれにあたる。そしてこの矛盾を作る形式を支える場所とは、「行為的自己」としても言い換えられ得るだろう。(3) 相異なる形式に則って行為が意味づけられることで、そこに相矛盾する主張が形成される。ある行為を目的志向的と見るか、機械的自動展開と見るかもそれらの形式の相異による。しかし、これらの相矛盾する主張を生ぜしめる行為そのものの現場に、既成の形式を当てはめることはできない。これは論理以前であり、その意味で「直観」の領域でもある。矛盾の形式を支える場所とは、この直観的な次元としての行為でもある。以下、こうした思考の前提や矛盾をも生み出す場所とは何かを確認していきたい。

一　場所論から見た意識の複合問題

まずは意識に関する私たちの常識的なとらえ方が、解答不可能な、言わば形而上学的な謎を導くところを見たい。そこで題材として、ウィリアム・ジェイムズの「意識の複合」の考え方を参照する。そしてこの「意識の複合」の不可能の問題がいわゆる「合理性」にもとづくことから生じ、またこの解決の場として「純粋経験」をとらえ直せることを確認する。つまり、観念が統合されること、もしくは私が他の私と融合することは合理的には不可能だが、この不可能性は実在を抽象化させる私たちの認識形式によって生じているにすぎないことが、「純粋経験」によって示されるのである。しかもこの認識形式を通じた世界像を、私たちは合理的と呼んでいると見なすのがジェイムズの立場なのである。では「意識の複合」の不可能の問題とは具体的に何か。それは、私はあなたではなく、それらが同一の存在になることの不可能性に代表される。この不可能性は「精神の全体性」[4]から生じる問題であり、さまざまなレベルで考えられる。結論を先取すれば、この「精神の全体性」という前提以前に立ち返ったとき、問題は解決するのではなく消滅する、ということである。

たとえばそれぞれ異なる観念は、それぞれ独立した全体であり、それらを結びつける何かは、各々の観念自身の中には見出されない。[5]しかし各々の観念は、事実として結びつき、経験を構成している。このとき、諸観念を結びつけているものは、決して客観的に観察されることはない。確かに諸観念の「連合」や、諸観念を結びつける「超越論的主観」という考えもあった。しかし連合される諸観念とは別の、それらを連合させる何かは、連合という出来事の中には見出されない。さらに超越論的主観も、一面ではこの出来事の説明のために考案されたが、この主観自体は世界の中に見出されない。つまり見出されないのに前提とされ、諸観念の統一の要となる性質に、超越論的主観の不可思議が集中している。[6]しかもこの主観は単一である。これは「私」を分割することは背理であるという考えとつながっている。「私」と他の主観との融合は不可能というのも、同じ考えから導かれる。そしてこれらが、私たちの意識観を形成している基本的な論理なのである。しかし、このような超越論的主観同士の融合不可能という考えは、もし絶対的観念論におけるように、宇宙全体の精神が想定される場合、その精神を構成するはずでありながら、各々独立した個体であることを特徴とする個別の意識や生命はどう融合するのか、という問題も生じさせてしまう。さらに超越論的主観の存在は、私が「存在する」ということでもあり、私の存在理由は何かという問題が浮上する素地にもなっているのである。

「精神の全体性」からは、次のような推論も可能である。「私」と「あなた」は、思考内容のある部分を共有できる。しかし思考内容の共通部分を少しずつ増やして行って、部分的に「私」が「あなた」になる、ということは考えられない。最終的に思考内容の全体が同じになったとしても、依然として「私」と「あなた」とを区別する何かが存在している。「私」と「あなた」との思考内容がすべて同じというだけでは同じ存在にはならず、代替も不可能である。これは、意識では全体が優先であることから導かれる性質であり、原子の集積による物体では部分が優先である場合とは鋭く区別される性質である。物体AとBとが全く同じ原子とその結合様式から出来ていれば、AはBによって代替可能である。しかし、あなたの身代わりとして私が死ぬことで問題が生じないことはあり得ない。

これが、客観の存在様式とは根本的に区別された、主観性の存在様式と考えられるものの特徴である。仮に他人と意識内容が同じでも、私は他の誰でもないこの私だと思われるのは、この主観性の独特な存在様式にもとづいている。しかし問題は、この存在様式は無前提ではなく、一定の論理の形式に則って初めて生じている、という仕組みなのである。だとすれば、この形式の解除によって、意識の複合問題や「私」の形而上学的な問題は消滅し得ることになる。しかし、完結した全体ではない「私」とは何なのか、理解はできない。「私」に関する私たちの思考のすべてが、すでに完結した全体として「私」をとらえる論理のうえに乗ってしまっているからである。「私」の意識であって、かつ「私」には属さない意識というものは、経験的にではなく論理的に不可能である。「私」と「私ではないもの」とを明確に分けるのが、「私」の論理の前提だからである。もしそのような意識が可能になるとすれば、精神の全体性、そして完結した「私」の全体性が前提とならなくなるときである。この出来事が生じ得た場合の重大性は、「われ思う」の「われ」にもとづく、哲学上の主要な問題が消滅することにある。たとえば独我論もそこに含まれる。世界に私以外の主観は存在していない、もしくは私が死ねば世界もそこで終わるという考えも、「われ」の完結した全体性から導かれる。そしてこの問題の解決は、「われ」の存在論や、独我論の枠組みの中からは理解できない。

ジェイムズや西田の純粋経験が、こうした「私」の形而上学的な問題の消滅という角度から論じられることは少ない。しかし実際に純粋経験は、「私」や精神の全体性に則った世界理解、意識理解の枠組みの手前にあり、またこれが純粋経験の「理解し難さ」の根本にもなっている。西田の場所はこの性質の延長上にある。場所からすると、「理解」の方が限定された「論理的形式」に則って成立するにすぎない。したがってこの「理解」の外とは、一度前提とされた「論理」の外であるにすぎない。もし論理に現れたものがすなわち実在であればこの「外」はあり得ない。しかし「論理的形式」が後から作られた形式であるなら、この論理の外に出るにはその論理の手前に立ち戻ることで成就される。しかもそこは実在の根源でもあることになる。

逆に見ると、経験を論理によってとらえることで初めて、「私」という主観性、そして精神の全体性は生じる。「私」を分割することが不可能なのはこの論理が前提とされているからである。そして一度この認識形式が成立すると、これ以外に私たちは経験をとらえる方法を持たなくなり、しかもそれが「合理的」な認識と見なされるに到る。しかし、この形式で世界をとらえることによって、形而上学的な謎も生じることが問題なのである。そのひとつとしての独我論の視点は、謎は世界の側にあり、こちらの形式の側にあるとは考えない。しかも独我論の論理は合理的と考えられるゆえに説得力を持つ。すると、謎はこの合理性ゆえに生じていることになる。反対に、西田の純粋経験はこの合理性の形式が未だなく、またすでにない状態であり、この意味で「私」の形式以前であると同時に、合理的な経験認識以前である。実際ジェイムズも、意識の複合という形而上学的な問題に直面したとき、「私は最終的に、論理をはっきり、きっぱりと、そして取り戻すことのない仕方で断念せざるを得ないことがわかった。」[7]という。これは安易な非合理主義への逃避ではなく、逆に形而上学的な問題の方が、私たちの合理的認識形式ゆえに生じているという洞察によるものである。[8]

二 形而上学的な問題の手前としての場所

こうした合理性と形而上学的問題との両方の根源として、西田の場所論の意義を考え直すことができる。まず場所は、意識としては個別意識ではなく意識一般として、つまり「誰か」としての個別の主観的な意識を形作る際の限定を取り払ったところにある。これは論理としては、「私」を基本単位とする合理的な認識形式が成立する手前を意味する。そして、場所は述語による限定以前というその性質によって、主客という限定も持たない。これらは、ジェイムズ、そして西田自身の純粋経験が備える根本的な実在としての性質である。しかしその実在についての説明が合理的態度によるとしても、この実在が合理性を超える側面を持つ限り、その説明は、自らの試みによって、自らの合理性をある意味破壊しなければならないという、根本的な自己矛盾を抱える。確かに西田は、「しかし単に非合理的なるものが実在と考えられるのではない、理性によって到達できないとともに、何処までも理性化せられるべきものでなければならぬ。」(「場所」九五頁)とも言う。しかしこの実在が、理性化しようとする努力の彼岸にどこまでもあり続けることは、その実在の合理化不可能性を逆に浮き彫りにしている。

この合理性の超越を意識の複合に照らして見るならば、場所とはまず「我と非我との対立を内に包み、いわゆる意識現象を内に成立せしめるもの」(「場所」六八頁)である点が着目される。つまり、我と非我との合理的な融合を不可能にする論理が生じる手前にあるのが場所なのである。これは、意識を必ず誰かに属する意識と見なす、私たちの思考の手前でもある。したがって、特定の私や、私の意識以前であるがゆえに、場所においては私の存在の謎ということが最初から生じ得ないことにもなる。

さらに純粋経験や場所は、それ以上何かとして性質づけられない。西田のタームを使えば、それ以上述語的に限定されない。これは、それ以上の根拠を持たないことをも意味する。一般に、限定されないものを、私たちは考えることはできない。何かを思考の対象とする限り、それは主語として思考されるが、主語として思考される限り、それは何かとして限定されてしまうのが論理の必然だからである。しかし、この必然の手前にあるのが、何にも分節されていない意識、そして場所の正体である。場所は、それ自体何かとして分節され規定されることはできないが、一切の判断の出所となる。そして、それ以上の根拠さえ持たない。

形而上学の問題とは、元来根拠づけの営みが成り立たないものについて、何か根拠を見つけようとするところに生じる。たとえば、私たちは「私」の存在根拠を考えるとき、原因を追求する、一定の「論理の形式」の中で行うしかない。しかし「私」の真の姿が、意識一般としての場所のように、そうした形式からすべて外れているなら、「私」をこの「論理の形式」の中に入れることは、「私」の矮小化でしかない。したがって真の「私」は、それ自身の根拠を追求する論理の形式の中にはなく、この意味で「私」自身を特定の枠組みの中で根拠づける判断や思考は不可能になるのである。しかし西田は、それでもまだ「有無対立」の判断、つまり「私」が「有」ると「無」いとの区別は存続していると言う[9]。それに対して、「真の無」は思考形式におけるこの最も根本的な分節をも脱する。そこはあらゆる判断区分以前であるため、判断の起点にはなるが、それ自体は有としてさえ判断されない。西田はこうした有無の超越によって一切を解決しようとする。しかしここで、「論理の形式」一般と「有無」とを区別することが、具体的な形而上学の問題解決にどこまで有効かが問われなくてはならない。

「真の場所」については、判断されるものが「その矛盾に移り行くことが可能でなければならぬ、類概念の外に出ることが可能でなければならぬ。」（「場所」七八頁）とも言われる。何かの「反対」とは、一定の類概念の中で可能なことである。黒に対する白は、色という類概念の中で初めて可能となる。それに対して「矛盾」するものは、その類概念の中では決して成立しない。私であって私でないという矛盾物は、人称性の概念形式の中では成立しない。これが可能になるには、この概念形式を外す必要が出て来る。これが「類概念の外」ということで、そこはもはやどんな述語によっても概念化されない。

さらに、「真の場所は単に変化の場所ではなくして生滅の場所である。類概念をも越えて生滅の場所に入る時、もはや働くということの意味もなくなる、唯見るというのほかはない。」（「場所」七八頁）と言われる。一般に「変化」とは、何かの尺度に則っていなければ可能ではない。速度の変化、温度の変化などもそれぞれの尺度の中で可能である。これは黒と白との違いが、「色」という概念の中で可能になることと同様である。そうした尺度さえをも生じさせるところが「真の場所」だが、この段階ですでに、場所は形式そのものではなく、形式さえをも可能にさせるところとなる。しかしこれだけでは、「生滅」をも含むものにはならないと西田は見なす。つまりそこでは主体が有か無かという区別が、主体が私か他者かという区別とは次元の異なったものと見なされていることになる。これが西田の特色である。

「真の無はかかる有と無とを包むものでなければならぬ、かかる有無の成立する場所でなければならぬ。有を否定し有に対立する無が真の無ではなく、真の無は有の背景を成すものでなければならぬ。」（同書、七七頁）

絶対無の場所の原型となる記述である。「有の背景」とは有に対立する無ではなく、有無の対立さえをも成り立たせるところである。その次元は有でも無でもなく、ここは「私」の存在対非存在、生対死という対立以前であり、それは「判断其物をも内に含む」ことの徹底に相当する。

さて、このような場所における有無以前では、存在者がどこから来たかという問題が成り立たなくなる特色がある。それは、どこからという問いに答えが出るのではなく、その問いを成り立たせる形式が消滅するという解決であることに、独特な性質がある。それは、根拠の超越という先に扱った問題を、存在の起源への問いという側面からとらえ直したものである。存在者に対してその起源を問うことはできる。「私はどこから来たか」、のような実存的な問いはこうして生じる。それに対して、絶対無の場所の起源を問うことは無意味である。つまりこの場所の起源はわからないのではなく、そうした問いの形式にあてはまらないのである。これは注目されることの少ない側面であるが、場所はこの側面から再検討されなくてはならない。存在に対立するものは、非存在もしくは「無」である。しかしこの類の「無」は、それ自身が存在者となることで、さらにその起源や根拠を問題化させてしまう。宇宙の始まり以前を無と仮定しても、その状態さえ、どこから来たかが問題になってしまう。したがって「絶対無」とはこの問題化の手前、問題化以前でなければならない。それは存在者にならない無であり、西田のタームを借りれば、「超越的述語面」としての「無」である。[10] そしてこの無は、有無の区別にもとづくあらゆる思考を支える根拠でもある。そしてすべての存在者の根拠は、それ自身の根拠を持つことにはならないはずである。しかし、根拠を持たないとはいかなることかを、私たちが考えられないことが問題なのである。

ここで翻ってみると、存在者の根拠への問いには一般にその問いが遂行される形式が必要であるが、この形式自身だけは根拠への問いからまぬがれていることに気づかされる。そしてこの構造はどこまで行っても残り続ける。言い換えれば、存在者の根拠は問われ続けて果てがないが、その問いの遂行自身の根拠は、必ず問われないまま問題から外れ続ける。そしてこの遂行自身の根拠に場所を重ねることができる。判断の超越、有無の超越という場所の性質は、必然的に根拠への問いからの超越と重ならざるを得ない。

場所では「主体が対象へと深められ」、主語が述語へと一致していくという。それらの特徴は主体の無化として論じられてきたが、この無化が根拠の追求を超越することを、どのように導くかがここでの課題である。そしてこれは、根拠という存在者の追求に用いられた形式自身と、その追求の主体との、両者の無根拠が暴露されることでもある。それは形而上学の問題から場所論を再検討する場合に着目されるべき点だと考えられる。次に、それ以上の根拠なき根底の性質について、生の根拠という観点からさらに検討したい。

三　生の根拠と場所

場所は具体的にどのように根拠への追求を超越するのか。根拠への問いには、生の意味、世界の意味への問いも含まれるが、それらに言葉によって意味を与えるのでも、無意味として空虚を付与させるのでもないのが場所である。先立って「私」と「私」でないものとの矛盾を消去するところとして、場所を見出した。それは場所が、矛盾するもの同士をつなぐ抽象的な論理形式ではなく、反対に、矛盾するものを作り出す形式を解消させる特色を持っているからだった。

ここで場所を「行為的自己」に置きかえて考えてみたい。この次元における行為とは、行為自身とは別の思考形式にあてはめられ、意味づけられるのではない。反対にそうした意味づけに必要な論理形式の方を、その行為が創り出すという順序であることに特徴がある。したがってこの行為は何の形式にもあてはめられず、限定されていない。この意味で行為は限定以前の場所の性質に重なる。

そうした行為が創り出す論理には、究極の根拠や目的を求める思考形式も含まれる。これらの不在は私たちに虚無をもたらす。しかし行為がこれらの思考形式をも創り出したのなら、この行為自身はその究極物への思考形式の手前にあり、したがってその形式が生み出す虚無さえ未成立であるところにも位置している。するとそれは形而上学的問題の消滅にも関与する。世界の究極的な意味、無意味などの形而上学的問題がこの思考形式からもたらされる限り、この形式をも生み出す原初の行為の次元では、無意味という意味さえ未成立だからである。

具体的にこの次元における行為を、ニヒリズムとその解消という事態から見て行きたい。私たちの生に意味はあるか、その究極的な目的はあるのか、というのは実存的な問いである。そして、生の理由が一度仮設されても、必ずそのさらなる原因が要求される。反対に目的が仮設されても、必ずその目的はさらに何のためにあるのかが問題化し、この問いの連鎖は尽きることはない。この無限遡及は結局、生の理由や目的の空虚に行き着くしかない。つまり、知を用いて私たちの生について考えた場合には、必ず、無意味無根拠につきあたってしまう。私たちは刹那的な視点より、長期的な知的視野に真理を見出し、また実在はこの視野にこそ見出せると考えている。したがって、この実在性の基準から私たちの運命を見れば、それは無意味無根拠にしかならない。私たちの肉体は必ず灰に帰し、人類はいつか必ず絶滅し、この種が地上にいたことを伝える何ものも永久に消え失せる。

「あらゆるものの背後には、全ての死という偉大な恐るべきものが、一切を包みこむ暗黒がある。[11]」

こう考えることは、意図的なペシミズムとは見なされない。私たちをとりまく状況を冷静に考えれば、必ずそうなるよりほかはないからである。自然科学的な世界観は、これに一層のリアリティーを与える。

「今日の純粋な自然主義や一般に流布した科学的進化論にとって、すべて究極的に見出されるものである、凝結する寒さと、薄暗い憂鬱と、あらゆる永遠の意味の不在とを、周囲に張り巡らせてみるがいい、そうすれば、感動の興奮はたちまち止むか、もしくはむしろ不安の身ぶるいに変わるだろう。[12]」

たとえばダーウィニズムにとって種の進化は自動的な自然選択の産物であり、神の創造や意志、目的はそこにはたらいていない。したがって人類も、意味や目的があって登場したものではない。人間も物質である限り、そうした自然的な選択からまぬがれることはない。

このように、合理的な思考をたどればたどるほど、私たちの生と人間の運命とは、虚無をまぬがれないと思われる。憂鬱に関する哲学上の本質とは、その原因が気分や雰囲気に関するものである以上に、悲観を導く命題が、論理的には絶対に回避不可能なことにある。生の意味を論理的に考えると、そこには無意味という回答しか出てこない。ジェイムズが『宗教的経験の諸相』において扱った「二階建ての神秘」としての宗教的救済が「神秘」と呼ばれる理由は、この解決不能な事態が解決することにある。しかもその解決の具体については、直接に体験していない者からは理解が不可能なのである。

『諸相』では、この増殖する虚無への論理的な対処不可能性が語られる。そこでます特徴的なのは、伝統的な「形而上学」による「説明」と、「二階建て」構造による宗教的救済とが鋭く区別されることである。確かに「形而上学」による「説明」は、実体としての「自我」の存在などによって生の意味を説く。これは霊魂の不滅の観念と関係している。しかし虚無の増殖構造に入り込んでしまった者から見れば、ではこの実体とは一体どこから来たのか、という次の問いが生じてしまう。知的な説明は必ずどこかに、それ以上説明されないまま問われない地点を隠し持つが、虚無の増殖構造はまさにこの地点を暴露し、そこに疑問を投げつけ続け、それがこの際限のない問いを形成するからである。

四　虚無自身の根拠の不在

知的な説明の裏に隠された「問われない地点」の暴露が虚無の出所だとしても、翻って虚無を増殖させる問いかけ自身の方には、まさにこの「地点」がないのかが次に問われる必要がある。虚無を増殖させる問いも知的な営みのひとつである限り、その問いだけはこの「地点」と無縁であるのはおかしいからである。そしてまさしくこの「地点」とは、場所的なものだと考えられるのである。場所とは概念の形式の出所でもあるため、場所自身を概念枠にあてはめ、何かとして言い表すことはできない。そして虚無を増殖させる問いも、その出所としての「地点」を言い表すことなく、自らの営みを続けている。したがって、虚無の増殖が隠し持つ「地点」自身の無根拠は、客観的に言い表されるのではなく、この増殖の営み自体がどこかおかしいという、営みの内部からの内発的な直観によって示される。この直観は、増殖していたニヒリズムが底をつく、という事態でもある。これは直観であるゆえに、自らが前提とする「地点」を持たない。これは、虚無を増殖させる「地点」についての客観的な説明の場合には、その説明自身が前提とする「地点」が再び生じてしまうこととは対照的である。

この直観は、『諸相』のコンテクストで言えば、推論を行う理性が信仰の力を無視する権利はないこと、そして「神を認めることと生きることとはひとつであり、同一のこと」(13)を確信する直観に相当する。これは合理的思考からは導き出せず、理性による判断を根拠に持たないゆえに、誤りであるように映る。この思考では理性の判断の正しさが実在性を持つからである。ところで、理性が世界を見るための概念には、世界を述語的に性質づける形式が必要である。しかしこの形式の正しさの根拠は、その理性からは問われない。すると理性の根拠が実は問われていないなら、なぜ理性は自分から見て同じく根拠のない信仰より優れているのか、という疑問が提起されざるを得ない。現に理性で生を把握しようとすると、生の本質はそこから抜け落ち、また生についての答えられない問いが残る。私の存在理由、生の究極の意味などはそれにあたる。それに対して生自身は行為そのものであり、それ自身は述語化されず、根拠づけの形式を超え出ている。したがって生自身を理性の根拠に置くことは、述語化されず根拠をも超越した何かによって世界を包んでいくという、場所的な世界把握の仕方にも共通している。この把握は論理の形式以前であるため、この世界把握の真偽について、概念化された答えは与えられない。しかしそこで生はその根拠も無根拠も超越し、謎を残さない。それは生死に徹することそのものである。

もし生の意味のような形而上学的な問いに概念化された答えが出るとすれば、ある実体的なものが回答として与えられるしかない。しかしこれは、その実体はなぜ存在するかという問いを必然的に捲き起こした。それに対して場所や行為自身には、そのさらなる根拠という構造が成立しない。このように、実体的なものを対象とする思考と場所的な事柄の把握とは、ある独特な断絶を持っている。

この断絶を結ぶためには、ジェイムズによる「二階建ての神秘」の考察の趣旨に則るならば、有限な生に無限なるものを持ち込むことが必要となる。[14] これは概念と概念を超えたものとの関係、語り得るものと語り得ぬものとの関係を接続させることである。「生の意味」の究明が無限に遡及されるとき、その遡及の操作回数は無限であっても、質的には有限領域の出来事でしかない。それに対してここの意味での「無限」とは、こうした虚無を増殖させる問いの構造自身が超えられることとの直観である。それは概念を超えた何かにほかならない。この「無限」の経験とは、一定の問いの形式構造の根拠なさが、別の概念によって説明されるのではなく、その形式構造の無効が、自身の内からおのずと示されることである。この示しに理由はない。

ここで、西田において「矛盾の統一」として言われる直観、場所、行為の意義が再考されなくてはならない。この場合の矛盾とは、上位概念によって統一されるものではなく、逆にどんな概念によっても決して統一されない。

しかしそれこそが、形而上学や生の問題解決についての、場所論の可能性に関わると考えられる。

「現実は有限と無限との矛盾的自己同一でなければならない。行為的直観の現実は、いつもかかる矛盾の自己同一である。有限と無限との対立の立場から、それを有限ということもできなければ、無限ということもできない。」（「論理と生命」二七五頁）

有限と無限とがつながる状態では、そこに「有限」と「無限」という対立概念を作る形式が生じてはいない。この形式未生状態が「行為的直観」に相当し、ここからすると有限や無限という概念さえも限定を受けて初めて生じるものにすぎない。しかし概念の側から見れば、有限や無限は各々だけで世界の全体に行きわたる形式であり、[15]各々の地平からとらえられる世界の姿以外を考えることはできない。たとえば、際限なく世界の根拠が遡及されることから導かれる虚無も、ここに生じ得る。それに対して「行為的直観」は、このように概念的に限定されたことで生じた虚無が、実在ではなかったことへの気づきでなければならない。

この直観において、「永遠の今」という、生の意味の概念的追求からは決して行き着かなかった境地も実現する。この「永遠の今」も「永遠」と「今」という、絶対的に矛盾するものの同一化であり、しかもそれは、二つを包摂する概念による同一化ではない。これらを包摂する概念はないからである。したがって西田は、それらの「永遠」や「今」という概念がすでに実在から離れた抽象であると見なすことで、それらの対立の形式自体を無効にするのである。この対立形式は、「頭で作った」装置にすぎないからである。これは上位概念による対立解消とは全く異なる、「矛盾的自己同一」の特性でもある。この対立の形式の無効化は、虚無とその増殖の形式さえも、「頭で作った」ものにすぎないという示唆を私たちに与える。

「真に無の立場においてはいわゆる無其者もなくなるが故に、すべて有るものはそのままに有るものでなければならぬ。有るものがそのままに有であるということは、有るがままに無であるということである、即ちすべて影像であるということである。」（「場所」一〇八頁）

ここで無其者がないということは、有の対立項としての無がないことである。有るものがそのままに有るということは、有が虚無に帰すことや、有の意味、無意味が問題化する条件が生じていないことである。つまり有がそのままで不問の根底になっている。この根底は「有るがままに無」、つまり有無という矛盾までも統一させる直観においてある。概念ではなくその直観を根底としているため、その根底の内に現れるものは概念によって追求されず、あるがままにあるしかない。そしてこの根底は概念ではないため、そのさらなる根拠ということが問題にならない。

この統一の現場は何か特殊で神秘的なものではない。反対に、こうした概念的な性質の消滅によって現れるものは、徹底的に具体的でそれ自身において意味を持った世界である。それは理由や目的への問いや、生の謎を生じせしめる論理の形式以前にあるため、そこに虚無の入り込むすきまがない。反対に、論理の形式化によって初めて生じることができるのが虚無なのである。

おわりに

ここでは西田の場所論を、ジェイムズの純粋経験や神秘主義研究を手引きに、形而上学的な問題の解決への示唆として検討してみた。そこでは論理の形式を通じて現れる世界の手前に戻ることと、問題の解決とは同時であり、それらは「直観」において実現した。

場所の次元では、形而上学の問いは無意味なものとなる。しかしそれは、特定の種類の言語を真として、形而上学を疑似命題とする立場でもない。少なくとも場所からすれば、たとえば科学の言語も形而上学の命題も、ともに各々の論理の形式に則って生じ、その意味では実在の抽象である性質をまぬがれない。実在を、論理的客観化以前の直接性に見出すのが場所や純粋経験の基本的な立場だからである。しかしそれは、科学の言語を全否定するのではなく、真理の根源に立ち戻って、そうした特定領域の真理が唯一の真理として特権的に見なされることを控えさせることだと考えられる。

しかし、形而上学的な問題に対する場所的な論理の特色は、その問題に対して客観的な論理では理解不能な転換による解決を生ぜしめることにある。これは形而上学的な命題の出所に対する、ある意味全面的な否定への気づきである。この転換は場所論の積極的な特徴であると同時に、反面大きな問題点でもある。転換される客観的論理には科学的認識の基礎を支える形式も含まれるが、それを世界そのものであると見なす立場から見れば、この転換は世界からの奇妙な逸脱となってしまう[16]。しかし反対に場所論の側からすれば、この客観的論理の方が実在の一側面しかとらえていないことになる。

場所論の意義は、客観的論理の形式に現れるものを、直ちに実在と見なすことを、一旦無効にさせる点にあった。実際に、場所は形而上学の問題や生の意味への問いに対しては、問題自身の根拠不在を示す意義があった。そして場所への立ち返りは、ことに形而上学や生の意味の問題に関しては、その問題を生み出す論理が、世界に備わるのではなく実はこちら側が構築した形式にほかならない、という気づきを生ぜしめたのである。そしてこの論理の構築以前の次元では、その論理によって生じていた問題も消滅することになった。さらに、この構築以前へ戻るところに開示されるのが直観であり、この直観は「行為的自己」にも重なった。

行為の「意味」を考えるとは、行為と意味とが分離され、行為とは別のところから、その意味が問われていることである。現在の行為の意味を、未来の目的の実現の内に見る立場なども同様である。生の「意味」への問いは、こうした外からの視点を前提にして生じる。それに対して行為的自己や行為的直観の本質は、行為とその意味とが分離していないことにある。これは行為の意味や根拠を求めた結果、それらがないということではない。そこでは、行為とは別の意味がすでに成立しないからである。したがって行為自身における意味とは、形而上学の問いの手前においてないという、先の場所論の特色につながる。これは、「根拠がない」という概念を成立させる論理の形式がないという、先の場所論の特色につながる。これは、「根拠がない」という概念を成立させる論理の形式がないて実現する充実にも一致する。そして「生れること、生きること」（「論理と生命」二六九頁）とは、こうした行為自体における、意味への問い以前の、形式なき充実の状態に相当すると考えられる。

このように、西田場所論は形而上学の問題に関しては、解けない謎を生ぜしめる論理の根拠を司る次元へと私たちを立ち返らせることで、その謎を丸ごと消滅させる意義を持っていた。しかし、こうした論理形式以前へ戻ることは、科学の論理のように、実際に役に立っている論理をどう扱うかという問題も残した。また、場所が論理の手前だとしても、それでは場所以前や場所の根拠が考えられないとはいかなることなのか、という問いも生じ得よう。これらの問題について、さらに具体的に検討される必要がある。

「場所」『西田幾多郎哲学論集Ｉ』岩波書店、一九八七年。
「論理と生命」『西田幾多郎哲学論集Ⅱ』岩波書店、一九八八年。

（1）　形而上学の定義はさまざま存在するが、ここでは「一体世界はどのようにして存在するようになったか？　それは存在しなくてもよかったのか？」「すべての事物はひとつの起源を持つか？多数の起源を持つか？」などの問いの形で表される命題を対象としている。それらは、問いとして立てられるが実証的な回答が不可能であり、かつ世界の根本に関わる重大さを呈するという共通性がある。具体的には、ウィリアム・ジェイムズが『哲学の諸問題』で呈示した類の問いがそれにあたる（James, *Some*

Problems of Philisophy, The Works of William James, 1979, pp.21–2)。

（2）ある思考の根拠をたどって行くと、必ずそれ以上根拠づけられていない地点にたどり着く。そしてそれは本質的に反省されない性質を持つ。しかも私たちの思考は、こうした地点なしには成立し得ない。そしてこれらは場所の性質にも共通する。本章では、こうした思考の根源であると同時に、問題の出所として場所を扱う。

（3）特定の概念形式の中において行為を意味づけるのではなく、ここでは逆に、そうした意味や概念形式自体を創造する現場を行為として考える。こうした行為はそれ以上の根拠がなく、純粋な創造の場所である。つまりその行為には、それを把握するための概念形式がもはやない。行為的直観と場所とは、これらの根源的な創造の現場という性質において共通する。

（4）精神の全体性という特徴と、そこから生じる問題については、"The Compounding of Consciousness", in: James, *A Pluralistic Universe, The Works of William James*, 1977, p.89 etc. を参照。

（5）白の絵の具と黒の絵の具とを混ぜると灰色になる。これは特定の色の絵の具の成分は、それだけで独立した全体ではないからである。このように、絵の具の成分も含めた物では粒子的な「部分」が実在である。それに対して、白の観念と黒の観念とを融合させて同様のことは起こらない。これは、観念や意識は全体が実在であるという、その「全体的」な性質を表している。

（6）ジェイムズはこの主観を「超越論的なひも」と言い、この主観は連合の問題を、不可解な自我に移しただけで、超越論的主観を持ち出すことで根本的な解決にはならないと見なす。James, *The Principles of Psychology, The Works of William*, 1981, p.349 を参照。

（7）James,William, *A Pluralistic Universe, The Works of William James*, 1977, p.96. 強調原典、以下同様。

（8）ここでは「私」の有無の超越を、合理的認識を形作る形式以前の領域としてとらえた。そして「私」の有無とパラレルな自由意志の有無についても、その対立の超越がこの合理的認識以前の領域と密接に位置づけられる。本書第二部第三章「私の消滅による自由」を参照。

（9）この有無対立とは異なり、ウィトゲンシュタインの言う「独我論を徹底すると純粋な実在論と一致する」（Wittgenstein, Ludwig, *Tractatus Logico-philosophicus*, in: *SCHRIFTEN*, Frankfurt am Main: Suhrkamp Verlag, 1960, 5.64）状態は、「私」の形式を除去すると、「私」の有無までもが超越されてしまう例である。これは西田の考え方とは異なる。本章で参照した例では、西田は「私」の形式を除去しても、「私」の「有無対立」は残ると考えているからである。

「独我論」は「私」がアプリオリに存在すること、反対に「純粋な実在論」は「私」がどこにもないことから導かれる。したがってこの二つが一致するとは、「私」があり、かつない、という状態である。これは精神の全体性としての「私」を前提とした立場からは思考不可能である。そこで意識は「有」るか「無」いか、もしくは「白」の観念で満たされているか、それとも「黒」の観念によってか、等となるしかないからである。しかしこの不可能性は、全体的性質を前提とする意識の性質に則るゆえに生じている。逆にこの形式に則らなければ、謎は生じず、またそのとき、「私」の存在様式はガラリと転換する。つまり、全体的性質を前提としなければ、意識の有無対立も消え去ってしまうのである。純粋経験や場所としての意識とは、これに相当すると考えられる。それは「形而上学的な主体」という前提以前に戻ることでもある。本書第三部第四章「規則が立ち現れる場所——ウィトゲンシュタインと西田における根拠なき根源についての考察」を参照。

（10）しかも本来言葉にならないはずの次元を、「無」として明言することも西田の特色である。この意味で「絶対無」とは、言語化可能性と不可能性との、微妙な境界上に立っている。

（11）James, *The Varieties of Religious Experience, The Works of William James*, 1985, p.118. ニヒリズムは私たちの思考の形式の産物であり、そこで生じる虚無の量的無限は、この前提としての形式を消去した際に開示される質的な無限とは全く区別される。本書第三部第二章「場所論から見たニヒリズムの問題」を参照。

（12）James, *The Varieties*, p.120.

（13）ibid.,p.154.

（14）ibid.,p.153.

（15）たとえば機械論的な物質は「有限」の一事例であり、この場合原子以外の基本単位は宇宙に存在しないという考えにしかならない。そして宇宙は無意味なままである。反対に概念としての絶対者は「無限」の一事例であり、これも宇宙のすべてを包括し得る。しかし両方とも概念であり、このとき「有限」と「無限」とを接合する、それらの上位概念はない。

（16）たとえば、自由や創造性についての西田の見解は、決定論的な世界観からの転換を要求する。生物の進化において傾性や習慣の役割が増すことは、生物の自発性の否定の方向で論じられることが一般的である。生物は進化しても物質の決定された関係の複合という考えが、この背後にはある。それに対して西田は「自己形成」を実在として見る立場に立ち、傾性や習慣作用を形作る論理以前に、この「形成」の場を見出そうとする。この「自己形成」への転換の仕方は生物の物質化の前提を覆す点で独特である。確かにこれは物理的決定論からは理解不能である。しかし西田にすれば、生物を物質化する方が、すでに形式化を根拠なく選択する態度に則っており、根拠なき実在の限定ということになる。

第二章　場所論から見たニヒリズムの問題

はじめに

場所とはすべてを包むトポスとしてつねづね語られてきた。他方で私たちには、無限に拡大してあらゆる場所を超え出ると考えられるものがある。たとえば無限に広がる虚無もそのひとつである。私たちの存在理由はどこまで探っても見出せないという遡及の際限なさは論理の必然であり、条件づけられない虚無の自己増殖によるもののひとつだと考えられる。

その一方で場所はその理念からすれば、こうした虚無の無限の広がりをも、ある一定の懐の中に収めなければならない。これは一見不可解な事態である。この懐は私たちを包む限り一定の大きさを持った全体と考えられるが、するとそれが際限なき無限さえも含むことは不可解だからである。つまり場所の懐に大きさはあるが、その際限なき無限をも包むという条件からは、果てがない何かでなくてはならない。場所とはこうした矛盾もその内に含まなくてはならない。私たちは場所にもとづいたうえでは際限なき無限を見るが、それは場所から派生した無限であり、その意味では限定されている。つまり場所自身からすればその無限は限定されているが、無限を見る私たちの視線からはそれは何にも限定されず際限なく増殖するものとして映るのである。この何にも限定されていないように見えることと、実はその無限定の外見はより大きな枠から見ればある種の限定の産物であることとの断絶が、いまだ限定を受けた場所の視線と、最奥の場所にまで広がった視線との断絶に相応しているのである。場所への気づきとは、このような今まで考えることのできなかった次元へと視野を拡大させる転機に相当する。場所とはそれだけを見ると取りつくところのわかりにくい概念であるが、こうした具体的問題との関わりを考えることで、その性質は明瞭になる。

本章の課題は、このような虚無をも無化する可能性を、西田的な場所論を手がかりにして探ることにある。場所は、その最も限定を受けない超越的述語面においては絶対無とも言われるが、この無も抽象的な言葉としてはとらえどころがなく、それが消極的な無をも無効にして行く様を具体的に確認する必要がある。その消極的無には「無意味」という無も含まれ、まずそれをも一種の有と見なすのが絶対無の次元である。そして絶対無とは、虚無をも包む次元である限りどこまでも虚無とは区別され、しかも虚無の中からは決して気づかれない性質を備えている。また場所が有の場所か絶対無の場所かで区別されるとするならば、そこにはこの世界全体をおおう虚無をも包み込むか否かという区別が深く関係してくる。つまり有の場所は単に存在者を何かとして分類したり把握する尺度でもあるが、絶対無は世界全体の外、思考され得るすべてのものの外に関係するという点で独特である。ここで絶対無とは、いかにして思考を超えているのかが問題化する。これは標語としての絶対無において省みられなかった論点である。

以下、虚無の無限性、無意味の本質を確認した後、そうした無限の消極的契機をも包み込むものとしての場所の性質を確認して行く。虚無や無意味はそれを極限化すると自らの限界に突きあたる地点があり、この限界とは私たちに把握不可能であるにもかかわらず実在の根源的役割を担うことを、絶対無の場所を通じつつ示すのが本章の目的である。

一　無限の虚無

虚無とはそれにあてはまらないものを許さず、世界にそこから逃れ得るものは考えられないという本質を持つ。私たちが自分たちや世界の存在に関する考察を推し進めて行けば必ず消極的な方向に収斂し、究極がそのようである限り世界はあらゆるところで結局は虚無の支配下にある、という見解がその本質をなしている。

たとえば私たち自身の死を含めた、あらゆるものが持たなければならない終わりという観念は、現在の生の充実や事物の持つ意味を結局は無に帰させることができる。どんなに充実した強い生であれ、どんなに意義深く影響力のある権威でさえ、終焉を避けることはできない。この思いは私たちの生の意味とは恣意的な産物であり、そこにもともと意味はなく、そうした空しさを隠蔽するために私たちがかりそめに意味などという言葉をあてがっているという考えさえ生じさせる。そこでは物質の機械的で必然的な運動が実在であり、意味とはそこに恣意的に付加された非実在である。そして問題なのはこの思考は論駁不可能だということである。それはたとえば物質の機械的で必然的な運動とは、原因があって結果が生じるという因果の関係にもとづき、この決定性は宇宙が物質である限り例外はなく、宇宙においてそれが行きわたらないところはない、したがって意識や自由意志といった観念は私たちの無知ゆえの虚構であり、決定性の例外となる可能性は微塵も認められないといった考えを引き起こす[1]。

この思考は無条件に正しいのだろうか。確かに物質が因果的に閉じており、宇宙はすべて物質であるという前提を認めれば、それ以外の結論は出てこない。すると可能性としては、実在とは私たちが規定しているところの物質以外の何かではない、という考えに問題がないのかが問われる必要がある。それは本来の姿の「自然」と、私たちの概念のひとつとしての物質との違いについての問いでもある。これに関してたとえば西田は次のように言う。

「自然はただ必然の法則に従って外より動かされるのである、自己より自動的に働くことができないのである。それで自然現象の連結統一は精神現象においてのように内面的統一ではなく、単に時間空間上における偶然的連結である。いわゆる帰納法に由って得たる自然法なる者は、或両種の現象が不変的連続において起るから、一は他の原因であると仮定したまでであって、如何に自然科学が進歩しても、我々はこれ以上の説明を得ることはできぬ。」（『善の研究』一一〇―一一一頁）

自然が「外より動かされる」と見なすことは、その観察によって得られる事柄のみを実在と見なすことである。つまりそこでは客観性のみが実在である限り、当然そこには物質間の志向性は最初から容れる余地はない。したがって物質同士の内在的な連結はなく、外面的な連結のみとなる。その意味で客観的事物同士の関係は偶然的連結につきることになる。意志による必然的帰結がないからである。そして客観性を徹底させるなら、自然は空間的延長に還元される定常的な一様性を呈し、そこに例外はなくなる。

「また右の如く自然を純物質的に考えれば動物、植物、生物の区別もなく、凡て同一なる機械力の作用というの外なく、自然現象は何らの特殊なる性質および意義を有せぬものとなる。人間も土塊も何の異なる所もない。」（『善の研究』一一二頁）

このようになると、物理的事物の分析からは、いくらそれが予測困難な蓋然的側面を含むと見なしても、実在が含む個物的な具体性や「機械力の作用」に還元されない自由は導かれ得ない。だがこのような見解に対する西田の方法は、実在を客観と認めたうえでそこから生の具体性や自由の存在領域を見出そうとするものではなく、反対に分析の前提となっている枠組みの手前に戻るものとして理解できる。それは機械的運動という考えを生じさせているそもそもの根拠の方へと視線を切り替えることであり、そのことは説明の道具立てそのものの解体を意味する。そこに本来の実在としての自然、もしくは「直覚」が立ち現れる。「然るに我々が実際に経験する真の自然は決して右にいったような抽象的概念でなく、従って単に同一なる機械力の作用でもない」「この直接に与えられたる直覚的事実の自然は到底動かすことのできない者である。」（『善の研究』一一二頁）とは、この本来の自然の立ち現れの意味で理解される。

このように『善の研究』では、この客観的自然の手前の実在が「意識の立場」もしくは「心理主義」（同書、九頁）の文脈で述べられる。しかしこの「直覚」という言葉は、客観的には説明し得ないものを、ひと跳びに客観的な言葉で表してしまっている点ですでに認識上の根本的な困難を内包し、さらにこうした象徴的な表現は、「直覚」に到る具体的な道のりについての考察を欠落させる。それに対して「場所」は、この実在領域を反省されない「述語面」と見なし、その領域を論理の方向から詳細にとらえ直す。客観的自然は意識によって構成されるのに対して、「直覚」は直接的経験ゆえに対象とはならない。それは、述語面も主語を対象化するのであり、それ自身は対象ではないこととしてとらえ直される。これは述語と意識とに共通する性質である。そして、真理は客観的に構成されるが、その最終的な根拠が決して省みられないことと、意識はその極限において反省されないこととは同じ事態の両側面として見なされるのである。(2) このように西田は確固不動に見える客観的自然の手前に実在の領域を見出し、そこを意識や場所として特徴づけることになる。

さて私たちは、客観的自然は虚無で終わるしかないことを見てきた。すると客観的自然が何らかの前提を所持する事実は、たとえばニヒリズムの典型例のひとつである虚無の時間的無限が宇宙から意味を奪う仕組みも何らかの前提を持つことを示すのではないか、という問いを生じさせる。私という個人の死後の時間の経過は無限であり、それは生きていた時間と比べて無限倍の長さを持ち、二度と生き返ることはない。また人類の死滅後、その死に絶えた状態は人類が生存した時間の無限倍の長さを経過しなくてはならず、二度と私たちの仲間が宇宙のどこかに現れることはない。その虚無の長さは、私たちが考えることのできる時間がどんなに長くても、その厖大な時間をさらに二乗した長さより、さらに無限倍長いのである。私たちと宇宙の運命をこのように見る限り、未来に意味や希望はない。私たちの先にあるものはすべて永遠で無限の虚無と暗黒に飲み込まれる。これは厳然たる事実として論駁不能であり、またそうした無限の虚無を避け得ない私たちの生は絶対的に無意味である。この思考の前提などあるのだろうか。

しかし別の形の虚無の構造を考えることで、この前提は間接的に示される。たとえばニーチェ的な永劫回帰がもたらす無限の繰り返しという無意味は、この無限の虚無から生じる無意味とは異質である。永劫回帰思想は、宇宙を構成している要素が有限であるなら宇宙で生じる可能的な事象も有限個の要素の組み合わせにすぎず、したがって結局宇宙は同じことの組み合わせを超えることはなく、新しいことは何ひとつ生じ得ない、という透徹した思想とひとつに成立している(3)。つまり私たちの生も含めて宇宙は無限に繰り返し、この新しさの絶対的不在が絶対的な無意味として現れるのである。これは、私たちの死後における直線状の時間的無限の虚無が、二度と繰り返さない得体の知れなさの暗黒に対する私たちの無限小という無意味を生じさせているのに対して、永久に同じことが繰り返される反復の無意味として構成されている点で大きく異なっている。これらは同じく無意味を産み出すが、その方向が正反対である。前者は既知のものを無限に凌駕する虚無であり、後者は永遠に既知のものしかないことによる虚無である。この極端な断絶は、虚無もそれを産み出す何らかの根拠から初めて生じ得ることを示している。宇宙を無意味とするか、それとは異なった積極性として見出すかも、同じようにこの前提に左右されると考えられる。それがここで私たちが取り上げたい「場所」なのである。それは究極的には有と無とを超えた次元にある。逆にそれらを超えていない前提にもとづいた場合に虚無が生じるのである。

二　「無意味」の構造

場所は認識されない。しかし反対に眼前の世界が、従来決して見出されなかった姿で現れることを通じて、場所自体の変化や変容が示されるというのが、私たちにとって可能な経験である。単純な例を挙げれば、ある同じ事物をあるときは長いと判断していたのが、今度は短いと判断する場合、その変化は事物が判断される基準や尺度の変化によって生じる。しかし私たちがその事物に注目している際にはその尺度は意識されない。確かにその尺度について反省すればその尺度自体を何かとしてとらえることはできる。しかし今度はその尺度を有としてとらえるための形式が別に要求され、そのとき私たちはそのとらえの形式の方を意識することはない。この意識されない形式があらゆる認識や思考にどこまでも伴い続けることが、すべての認識される有にとっての本質的事態なのである。(4)

しかしこのとらえられない尺度や形式自体も、翻って一種の有にほかならない。したがってこの尺度や形式が設定される論理空間は知性が把握できる有の論理空間を出ることはない。「有の場所」と言われるのはこれである。一方、この把握可能な有を超え出ている点に、無の場所と言われる何かの本質的特徴がある。それはこの有の論理空間全体をも包む。この有無を超えた場所から現し出された世界は、有の場所からの視線では理解不可能である。有の場所による視線から、有無を超えた場所の視線へと拡大することは、有の場所同士の変更によって同じ事物を見る尺度を変更することとは大きく異なるからである。有の場所同士における認識尺度の変更においてはその尺度は反省可能だが、有無を超えた場所へと反省の視線を客体的に投げかけることは原理的に不可能である。この場所は主客対立や実在の客体性を超えるからである。有の場所と有無を超えた場所との断絶は、現在の瞬間における私たちの生を無意味なものと見るか、それ自身で意味を伴ったものと見るかという断絶にも相応している。それは世界全体の現れ方の転覆にも相応するからである。この転覆と場所との関係をまず確認しておきたい。

「斯く自己の中に無限に自己を映し行くもの、自己自身は無にして無限の有を含むものが、真の我としてこれにおいていわゆる主客の対立が成立するのである。」（「場所」七二頁）

有無を超えた場所はそれ自身が無であることによって、かえって無限の有を収め、包み得る。無限に増殖する虚無もこれに含まれ得る。「自己自身は無にして」というのは、場所自体は虚無としても定義できない無限定であることを意味する。しかしそこにもとづいて有は「何かとして」生じる。虚無さえもこの有であった。逆にその無限定の次元まで引き戻ることで、「何かとして」現れていた世界は、その現れの性質を全く転換し得るのである。これを意識の側面から述べると次のようになる。

「一方に対象が作用を超越すると考えられるのみならず、一方に意識の野も作用を超越してこれを内に包むものと考えられねばならぬ。而して意識一般の野が対象を容れて無限に広がると考えられた時、対象は意識一般の野において種々なる位置を取ると考えることができる。」（「場所」七二頁）

「意識一般の野」とはそこに対象構成的な自己さえも形成される、どのような作用をも超えた無限定の意識である。よってそれは「何かとして」規定されないため、意識作用の対象にはならない。したがって「無限に広がる」「意識一般の野」は、反省すれば対象化され得る有の場所とは異なり、どこまでも有としての把握からすり抜けて行くのである。

この有無を超えた場所からの世界の変転、およびそれに相応した意識の変転とはどのようなことなのか。それは「無限に広がる」意識の変転である限り、この変転の意識をも内に包み対象化する意識は考えられない。だがそこに、無意味としか現れなかった世界がその無意味性をも脱却する事態が考えられる。機械論的な自動展開によって意味と目的とを剝奪された私たちの生がそれ自身の価値と意味とを取り戻すことは、世界の有を司る仕組みを根底から作り変える意識と深く関係するからである。つまりそこで「意味」の姿が全く転換するのである。この変転について、「無意味」の世界から「理解」することはできない。この変転は無意味が成立する以前、機械的自動性以前にまで立ち返る出来事であり、その認識不可能なところこそが有無を超えた場所だからである。

「意志の背後における暗黒は単なる暗黒ではなくして、ディオニシュースのいわゆる dazzling obscurity「光り輝く暗黒」でなければならぬ。かかる立場における内容が対立的無の立場に映されたる時、作用としての自由意志を見るのである。」（「場所」八八―九頁）

ここでは無の場所においては機械的決定性と自由意志との対立も未成立であることが示されている。自由か決定かという二者択一を行うなら、そこには択一の根拠が要求される。「対立的無の場所」とはそうした根拠であり、それはさらなる根拠を要求する。それに対して「光り輝く暗黒」は対立を超えており、それにはさらなる根拠もない。すると「光り輝く暗黒」において意志は自らが自由であるとの意識さえ持たない。しかしこれが「対立的無の立場に映され」て初めて、自由と決定という区別が生じる。

ここから生の決定性の無意味を説明するとどうなるか。確かに決定論の視線からは、現在の瞬間から意味と無意味との産出を見る「無の場所」は無知にしか映らない。しかし無意味という見解は客観性に実在を限定するという前提から生じており、その点で有の根拠を所持している。それに対して「無の場所」には前提がなく、そこでは主観も客観も未分であり、自由も決定もない。それらは「対立的無の立場」から見られたとき初めて二者択一の一方に分類され、対立が生じているにすぎず、分類以前の状態は本来「対立的無の場所」から区別され判断されることはできない。この有無を超越した場所からの視線では、意識や意志などは次のように分類される。

①「意識」。ここで知識が成立するが、場所が「限定」を受けることでそれが成立する。知識成立のための「時間」が流れ、客観が経験から分離し、それに対する主観が認められる。

②「意志」。これは「真の無の場所」にあるものが知識側から見られた状態に相当する。意志である限り決定に対置された自由の側に分類されるが、「真の無の場所」では自由という区分にさえ相当しない。

③「真の無の場所」においてあるもの。直観に相当し、あらゆる対立は未成立であり、鏡の比喩によって示される。あるがままにあるという境地でもある。

「真の無の場所」には「主客合一者」があり、これが対象界に映されたのが意志とされる。この考えを徹底させるなら、ニヒリズムがもたらす「無意味」という意味も、実在の「限定」が意識を通じて創り出すものとなる。根拠のあるなしという問題もそうした「限定」によって生じるなら、その問題が消滅する地点は、私たちの生の意味があるか否かという問いが消滅する地点にも一致することになる。これは分別的な知識の未成立の地点であり、それはニヒリズムの成立根拠の消滅点にも重なるからである。

西田的な場所はそこから「無意味」さえもが産出されるところであった。しかしその場所がどのようにして虚無をも包むのかはまだ疑問として残る。虚無はそれ自身で無限性を持ち、それをも包むということには不可解な点があるからである。これを質的な無限ということから再検討したい。

三　虚無の限界

「包摂判断の述語面が述語となって主語とならないと考えられた時、それが私のいわゆる場所としての意識面であり、これに於てあるということが知るということであるというのが、私が『場所』の論文において到達した最後の考である。」（「左右田博士に答う」一七九―八〇頁）

述語となって主語とならないとは、そこが全くの無限定状態であることを意味している。すると虚無に関する知がこの場所に「於てある」ならば、知が世界を無限の虚無で一元化しても、その無限は量的に無限に見えながら質的には限定を受けてしまっていることになる。つまり否定一方の虚無はどこかで限定された単純性にもとづいており、これが消極性の理由になっているのである。そして虚無という消極性は、世界が有と無という根本区分を条件とした無の側へと限定されることで生じ、その限定が虚無の単純性を形作っている。しかしそれをも包む場所の無限定性は知の全体を質的に包括するゆえに、知られることは不可能である。「述語となって主語とならない」とはこのことである。それが知られるとすれば、それは場所への気づき、つまり知を経ない直観であるしかない。しかも有無の区分にもあてはまらない「真の無の場所」は、あらゆる知の枠組み以前に据えられるゆえに、もっぱら直観によってしか接近できない。しかしそれゆえ、有無の区分のあてはまる事柄の全領域を包む。「場所が何らかの意味において判断の述語として限定せられ得るかぎり、…いわゆる知識が成り立つことができる。これを越ゆれば直観の世界に入る、私の真の無の場所というのはかかるものを意味するにほかならない。」（「左右田博士に答う」一八〇頁）

この限定による知識成立は無限の虚無の成立においても同じである。そして限定されない場所には、何ものでもない意識の場が据えられる。「有無対立の立場から真の無の立場に移る時、その回転の点において、カントのいわゆる意識一般の立場が成り立つ。」（「場所」九三頁）とはこの意である。「意識一般」は判断を行うが、それ自身はほかの何かと比較され判断されることはできない。したがってそれは何かとして分類されることが不可能で、突き詰めれば心でも物でもなく、もはや意識という規定さえ不可能である。それは心と物、さらに有と無という最も一般的な限定の背後にあるからであり、まさに思考上の限界である。

絶対無とはこの意味で全く限定されない場所であり、場所による限定がなければ、知識は成立しない限り、絶対無は知識の対象ではあり得ない。反対に虚無が限定によって産出されるとすれば、虚無の量的無限性も限定の産物にほかならないことがここからも理解される。つまり「無の場所」は虚無の量的な無限を質的に超えている。無の場所は思考されることによって生じる無限性を、思考を超えることによって質的に凌賀している。その極限まで無限定な性質は、無でありながら同時に無の消極性を打ち消す、規定不可能な積極性を備えている。このように、思考できるものから虚無が生じ、また思考できるものは場所的な前提を必要とすることから、無限の虚無さえも、その限界点が見出されるのである。では無の場所を見ようとするのではなく、反対にその場所から虚無を逆照射するとどうなるか。

「真の無はかかる有と無とを包むものでなければならぬ、かかる有無の成立する場所でなければならぬ。有を否定し有に対立する無が真の無ではなく、真の無は有の背景を成すものでなければならぬ。」（「場所」七七頁）

「真の無」のさらなる背景は存在し得ず、考えられない。それが、「真の無」が有になり得ないことの意味である。したがってこの「無」以前を考えることは全く無意味である。述語づけされないとは、論理的に特定の位置を持たず、それ以前を考えることが不可能であるだけではなく、無意味であることをその本質的特徴としている。これは考えられ得る存在物がその起源や根拠を持つこととは全く異なる。反対に「無」と規定された無は、すでに対象化された無であり、そこには無とは区別された認識主体が存在している。よって有化されない無には、無を認識する主体はない。主体が対象へと深められて行き主語が述語へと一致して行くことと、主体自らが無化して行くことは同じ事態なのである。ここに質的無限定が開ける。

この「真の無」に対して、確かに虚無は宇宙の全体を覆うがゆえに、虚無の外というのは考えられない。しかしこれは単純性にもとづいた量的な無限であった。つまりこの無限は、無限でありながら特定の論理空間における無限なのである。したがって量的無限を超えるとは、この論理空間の外に出ることなのである。無限を作り出す論理空間は先のまた先という虚無の形式を産み出す一方、論理空間の根源としての質的無限には「その先」という構造、同じく「根拠のさらなる根拠」という構造がない。反対にこの構造は、特定の限定された質の中で量化される仕組みにおいて初めて生じ得るのである。つまり「真の無」からすれば、虚無とは実在の一側面のみを宇宙全体と見なす狭隘な視野によって初めて生じる奇特な存在者となる。西田でも概念的知識においては、「なお作用を見る」と言われる。作用とは特定の尺度の中で、ある状態から別の状態へと変化することで認められ、その限りでこの変化は、あてはめられるべき限定された形式を要求する。それに対して「直覚」は、「作用の意味を失う」「単に妥当的なるものを見る」（「場所」九〇頁）と言われる。この「妥当」には、そこに変化の形式がないため、量の大小、限定された尺度に則った変化がない。あらゆる尺度を無効化して、ただ見られるのみである。しかしそれが意味の源泉、根源的な質にほかならないのである。それを西田は「述語面が無」となることと言う。直観とはこれであり、述語による限定からは見えなかった宇宙のありありとした姿が浮き彫りになる境地である。

四　思考の中から思考の外へ

「働き」が形式を通じて宇宙をとらえる視線は、一定の論理的枠組みの方を形相的な実在と見なし、直接に経験される具体物を質料と見なす。将来における明確な目的から現在の意味を規定する立場もこれに同じであり、したがってその将来が虚無であれば、そこから生じる現在の「無意味」も、この枠によって初めて生じることになった。つまり虚無はこの枠を通じたとらえの「働き」を必要とし、それは述語による主語の限定と関係していた。これらの思考と「働き」と虚無との関係をさらに追求したい。

「働くというのは主語面が述語面に近づくと考えられる如く、また述語面が主語面に近づくことである、述語面が主語面を包んで余地あるかぎり働くものとなる。働くとは主語面を包んで余ある述語面が自己の中に主語面を限定することである、包摂的関係を述語面から見ることである。」（「場所」一五〇頁）

主語とはもともと何にも限定されていない。これは個物がそれだけでは何とも表現できない無限定の「それ」であることに同じである。しかし述語が「それ」を限定して「余ある」ならば、述語が優位となり主語を規定してくる。そしてこの述語の優位性は実在の全体を広く抽象化する枠組みを形作る。そして実在の抽象化はその抽象面に無限の虚無さえ創出する。反対に抽象面のない「それ」においては有限と無限との区分さえ生じていない。それは虚無が無限増殖するための形式が成立していないことも意味する。ここではその形式において生じる意志や、そのはたらきも未成立である。

「この故に一つの包摂的関係はその主語面を含んで余ある述語面からは意志であり、その主語面に合する範囲においては判断であり、述語面の中に含まれた主語面においては働くものとなる。」（「場所」一五〇頁）

これは主語と述語との両者から包摂的関係をとらえ直した言葉だが、これが認識の形式が実在化され、そこに「作用」が生じている状態を三つの地点から言い表したものである。述語面は「意志」で主語面が「働く」と言われるのは、主語にあたる事柄はそれ自体では自発的ではなく、あるがままの実在の姿であることを意味している。そこに述語の形式が自らをあてはめようと「意志」することで、主語はその形式から先取されてしまうのである。これがまさしく思考の条件である。逆に述語面が意志せず、主語面の性質において自らを見返すことがあるなら、そこでは述語の形式性が脱実在化する。つまり質料にすぎなかった主語面が実在の中心となることで、世界がありのまま現れるようになり、世界の実在の色分けが反転するのである。これが意志から直観に到る事態であり、思考は自らを超越する。ではそのとき述語面は何として言い表されることになるのか。

「しかし述語面が自己を主語面に於て見るということは述語面が真の無の場所となることであり、すべてこれに於てあるものが直観となることである。」（「場所」一五一頁）

「述語面が自己を主語面に於て見る」とは、述語形式が脱実在化するとともに、主語となる個物がそれ自身として浮き彫りになることである。ここで主語はどのような仕方でも限定されず、個物はその個物性になると同時に、述語は無となる。問題はこの無が否定的な無である限りは未だ限定の域を出ないことである。無としても定義されないようになって初めて述語面は限定の形式を行使しないものとなり「真の無の場所」となる。当然これは語り得ない。この場所に置かれた個物は最も一般的な次元にまで深められているがゆえに、述語的限定の内では決して見出されなかった仕方で現出する。意志や「働き」の消滅としての直観はここで生きてくる。

この限定の離脱の次元から見ると、虚無という規定のためにも虚無として判断する述語面による限定が存在することが理解される。この虚無は量的に無限に広がることはすでに見た。したがってその無限の虚無さえをも包むことが質的な無限の役割となるが、この量的無限を包むとはいかなることかは、私たちの思考がその量の尺度となる述語形式に則る限り理解不可能である。この量的無限からの超越が最も一般的な限定を行うものの特徴であり、それが「真の無の場所」の性質となる。同様に有と無という区別を生じせしめる最も根本的な限定は、有を前提とする述語の論理からは理解できないことも、同様に「無の場所」の思考不可能性を示している。

「述語面が無限大となるとともに場所其物が真の無となり、これに於てあるものは単に自己自身を直観するものとなる。一般的述語がその極限に達することは特殊的主語がその極限に達することであり、主語が主語自身となることである。」（「場所」一五一頁）

「述語面が無限大」かつ「無」になるとは、それが質的に無限定になることであり、そのとき主語は述語への、被限定的関係を失い、それ自身においてのみ現れる。これが「主語が主語自身となること」、つまり個物が個物自身において際立つことである。これは述語的限定を無とするゆえに、思考から超越し、直観の領域に入ることは確認してきた。「一般的述語の極限」とは述語的限定の解除が最も一般的な極限的な次元にまで深められていることであり、「特殊的主語の極限」とは最小の類化でもとらえられない個物それ自身の極限的な個性を意味する。

西田はこうした述語の一般化の極限と個物の特殊化の極限との一致状態を「見るもの」と言ったのである。「見るもの」とは静的な印象を受けるが、その視線は幾重にも構造化された限定の枠組みにある世界を根底から改変する原動力として機能する。それは限定の枠構造すべての手前へと立ち戻る視線であり、限定によっては決して思考され得なかった仕方で世界が再び立ち現れるようにすることを意味する。この立ち現れは、虚無の克服という私たちが考察してきた課題に関して決定的に重要である。なぜなら「見るもの」とは、虚無の無限の広がりさえ実は量的な無限であり、さらに無という消極性さえ有無に関する最も一般的な限定の結果生じることを暴露し、そうして私たちの視線をこのような限定以前へと転換させる状態にほかならないからである。

そしてこの転換は意識的に行われるものではない。意識的な推論はその形式と、述語面からの意志、はたらきの内部で行われるしかないからである。「見るもの」における世界の立ち現れはそれとは根本的に異なっている。殊に虚無を意識で解決できない事実、つまり虚無の外の思考不可能性は、この虚無の根拠を消滅させる転換の意識超越性を明示している。つまり「見るもの」とは、意識ならざる「意識の根底」からの視線に相当するのである。ここで「見るもの」は、対象へと向かう主体の消滅ということから再検討される。見る主体がある限り、そこには見られる像が考えられる。ここにはすでに像に対する「私」が設定されている。それが未成立なのが「見るものなくして見る」と言われる状態である。ここに見られる像はなく、「意識の根底」がただ「表現」する、と言われる状態になる。この場合、像に向かう意識がないゆえに、そこに対置される「私」もいない。像とはすでに反省による間接性を介しているからである。

「表現作用の意識においては、我々は主観的意識なくして見るのである、それは主観的意識を包んだ意識でなければならぬ。」（「働くものから見るものへ」三五頁）

「表現」にはすでに主観はない。しかしそれは主観の未成立ではなく、「主観的意識を包んだ意識」と言われている。そこで像を構成していた形式は脱実在化する。この場合の「包」む「意識」とは主観的な自覚を持つ意識ではなく、その外側がすでに考えられない、根拠なき根源である。そしてこの次元への立ち戻りによって初めて、世界は主観的形式を取り払った姿で浮き彫りになる。このように考えると、「表現作用」とは認識形式を脱実在化する直観に相当する。この直観は形式の外に出るという意味では述語面の拡大であるが、反対にそれによって個物はその個物性において際立つという意味では主語の特殊化の極限でもある。そしてこの極限に到ることは、彼岸から此岸へと実在の重心の転換をもたらす点で虚無や無意味の転覆という問題にとっても決定的に重要である。述語的限定の状態では形式の方に実在性があるため、「今ここ」の事柄は外の尺度によって測られてしまうが、その尺度から脱去することは、個物と普遍という、類や種に関する枠についてのみならず、未来の目的を価値根拠とする状態から現在そのものを根拠とする状態へという時間的に中心となる位置の転換にもつながるからである。私たちは場所の深まりが一般性の極限にまで達することによって、虚無の根拠となる形式枠をも超越する可能性について考察してきた。この超越は「私」を主観とすることで成立する認識の範囲の超越でもあり、それゆえ特有の超越性と不可解さも所持しているのである。

おわりに

ここまで私たちは、ニヒリズムが場所的な考察によってどのように解決され得るかを考察してきた。ニヒリズムの必然性は、虚無的な状況についての考察を進めるに比例して無限に増殖した。たとえば生の目的はどこまで求めても終局目的に達し得ない構造を持ち、その限りで生は最終的に根拠づけられた意味にたどり着くことは不可能である。また生は必ず終わりに達し、死後は虚無であり、その虚無の時間の無限性はおよそ考えられ得るどんな量によっても測ることはできない。この事実は現在の生を無限小の虚無に陥れ、あらゆる行為から意味を剝奪する。この類の虚無は無限増殖するだけではなく、宇宙にその虚無から免れる例外を許さないため、この虚無によって積極的な事柄は宇宙から絶対的に根絶されてしまう。それは宇宙が物質からできている限り、物理的因果性のあてはまらない事物はない、という考えにも共通している。

これらの思考に対して場所的な論理は、この無限増殖する虚無のどこかに例外的な領域を見出そうとするものではない。これでは虚無を産出する思考の前提は覆らない。反対に場所的論理は虚無を生み出す思考の根拠の側に気づかせることによって、その消極性の根源を絶つのであった。しかし場所は私たちの思考の根拠である述語面を司る形式でもあり、それは虚無を生み出す思考の側からは決して気づかれることはなかった。しかも最も一般的な限定を行う場所とは、述語形式一般とは異なり、それが対象化されることは原理的に不可能だった。これが虚無さえもそこに根源を持つ「真の無の場所」の特色であり、それは私たちの思考の最も一般的な次元に関わり、有無をも超え、どんな思考形式にもあてはまらないゆえに認識不可能なのであった。そしてこの「真の無」は、それを担う意識経験の側からすれば、自覚的な意識はすでに成り立たないところであった。それは虚無も含め、世界を構成する意味を担う意識の構造が無化される次元でもあった。しかし「無」ゆえに何も機能しないのではなく、反対にその次元にまで意識が深まることによって、形式枠の脱実在化とともに、世界における個物が自らにおいて意味を産出し、未来に対しては、現在が意味を獲得することになった。しかもこの次元への意識の深まりは、その次元を何かとして把握することとは全く別の事柄であった。(5)

確かにこの把握不可能性は、虚無の超越という事態の中に根本的に不可解な点を残す。しかしその不可解さゆえにそれを「神秘」とさえ銘打つことは、本来どんな概念枠をも外れているものを再び既成の枠組みの中に引き戻すことになる。また虚無の超越が認識領域に入らないという主張に対しては、この超越を証明する前にその存在を前提にするという根本的な論点先取を犯しているという疑念も生じかねない。しかし私たちの知が、私たちの生の営みのひとつにすぎない、つまり生が知のみでは尽くされない事実を認めるならば、直接に経験されるしかないことを、知の対象にはならないという理由で実在から排除する理由はない。「真の無の場所」とは西田にとって「情意」の領域とも見なされるが、それは単なる感情ではなく、知の限界の外としての位置と、それにもかかわらず獲得される実在性という、相反する性質の交錯する地点において浮かび上がる特有の質として見なされなくてはならない。(6)

『善の研究』岩波書店、一九五〇年、二〇一二年改版。
「場所」『西田幾多郎哲学論集1』岩波書店、一九八七年。
「左右田博士に答う」『西田幾多郎哲学論集Ⅰ』。
「働くものから見るものへ」『西田幾多郎哲学論集Ⅰ』。

(1)　この運動の例外は因果の関係にあてはまらない現象であり、それは宇宙の出来事はすべて物理的現象であるとする限り不可能である。物理的現象は因果的に閉じているからである。私たちの身体も物理的なものである限り、種の進化の過程や個体が所持していると思われている自由意志も、機械的な自動展開の一部でしかない。よって進化に目的はなく、自由意志と思われている事柄は物理的決定性のメカニズムを私たちが知らないがゆえに存在するとされる虚構にすぎない。

私たちの存在はつまるところ原子の偶然な結合にすぎない。進化とは自然選択と突然変異との偶然な組み合わせで生じ、種の生成には目的がなく、そのつどの環境にたまたま適応したものが次世代に残って行く仕方で種は交代し続けると考えるなら、特定の種の存在は意味のない産物であり、したがって人類の存在にも特別の意味はない。そして進化はこうした自然の自動展開によって生じている限り、個体はその展開に組み込まれた一要素にすぎず、それ自体の存在意義はない。

こうした無意味は宇宙を埋め尽くし、例外を許さないように思われる。しかし私たちが問題にしたいのは、この無限の無意味を作る思考にも何かの前提があるのではないかということである。

（2）生の具体や自由のみならず、客観化の視線の手前では「意味」も、無意味との区別を通じて規定される形では生じない。そこでの「意味」は「無意味ではない」という形ではなく、より直接的で質の異なった実在として現前する。しかしそれが「意味」の語り得ない実質なのである。

（3）ニーチェは「世界が定められた量の勢力」しか持たぬとすると、「世界はその現存における大規模なさいころ遊びの中で、計算可能な回数の結合を行わされることとなる」、しかも「無限の時間の中」では、可能な結合が「無限回完遂される」ことが証明されてしまうという。ここから「すでに無限に幾度も繰り返され、そして自らの遊戯を無限に演じてゆく循環としての世界」という考えが必然的に帰結する（*Friedrich Nietzsche Saemtliche Werke 13, Nachgelassene Fragmente, 1887–1889*, Berlin, dtv de Gruyter, 1980, 14–188-5）。これは新しさなく繰り返されるだけの閉じた世界、という思いから生じる究極の無意味である。本書第二部第四章「無の成立条件―そして無が無意味化する次元」を参照。

（4）このような形式は虚無の発生にもはたらいていると私たちは考えたい。生の意味を無化する論理は決定的に思われるが、たとえば私たちが原子の結合にすぎないという考えから生じる虚無は、原子に実在性を集約させる思考形式を前提にして初めて可能である。しかし一旦生じた虚無からは、この形式は気づかれないのである。

（5）たとえばトルストイは「懺悔」において、自らの「生の無意味」の体験を吐露し、それでも考えれば考えるほど奈落に落ちて行く自らの運命の消極性が、「何かの力」によって限界に達したことを述べている。そしてそれを境に、自らの生活の事柄が「一切の意味を失う」と同時に、一切が「新たな意味をもって現れてきた」（「懺悔」トルストイ全集十四『宗教論（上）』河出書房新社、昭和五一年（再販）、三八二頁）と言う。一切の事柄の意味を転覆、再生させるにもかかわらず、それを行う当体を何かとして語ることができないこの性質こそ、「真の無の場所」が私たちのあらゆる一般的な思考形式をも超えた最も包括的な場所であるにもかかわらず、決して認識されることはできない、という性質と一致している。

（6）　このように決して認識対象とはならない反面、実在にほかならない性質は、たとえば昨今盛んに議論されるクオリアなどにもあてはまる。これは概念内容としては空っぽだが、その直接性は世界の事実から排除することはできない。反対にこのクオリアの実在性の方から世界を見直すと、概念的な世界の方が相対化され、絶対性を剝奪されるのである。「真の無の場所」はこの相対化を、述語化の超越という地点から行っている。

第三章　創発主義的生命論と場所論的生命論

はじめに

生命科学の発達した今日でも、生命は物質に還元されるのか、それとも独自の存在性格を持つのかという問いが投げかけられることがある。生命を物質とするのが物理主義だとすれば、それに対して霊魂論、生気論などは、生命が物質以外の何かから成るという、思想史上の立場であった。現代において、これらの立場が時代錯誤的だとして一笑に付されるとしても、決定論的で内面のない物質の集積が、自発性と感覚を伴う生命になることには、不可思議の念がぬぐいきれないのも確かである。

本章では、この物質と生命との間を、まず「創発」(emergence)の立場から、次に中立一元論としての「場所」の立場から考察し、それぞれの長所と問題点を吟味する。この二つの立場は、物理主義でも二元論的断絶を唱える立場でもない。その意味で物理主義と霊魂論との両極端から距離を置いた慎重な立場として、検討に値すると考えられる。

「創発」説は生命を、物質から生じながら物質の性質に還元されない特徴を持つものと見なす。これは、物質にはない本質的に新たな「性質」（property）であり、またそこに「創発」の不可思議が集中する。このような「創発」は、世界の基本的存在を物質としながらも、生命や意識を物質とは別の「性質」と見なすことで、両者の断絶の領域を、古典的二元論とは違った仕方でブラックボックスの位置として設定するものである。現に物理主義からすれば、生命や意識も物質の一様態である限り、それらの発生メカニズムは物理的に説明されなくてはならず、こうした創発の思想は無知の産物として映る。

この創発説に、本章では中立一元論を対置させる。この立場は、物質でも精神でもない一元的な実在を根本に据える。そこでは物質も精神もこの一元的実在に含まれるため、それまでなかったものが創発する必要はない。そしてこの実在においては、物質と精神との断絶も根本的には生じないことになる。しかし他方で、この一元的実在とは一体何かという問題も生じる。

さらに、この実在からすると事物の始原、時間の始原はどうなるのか、という問いも生じる。創発説は、基本的な実在を物質と見なす限り、因果律を基本的な前提にしたうえで、時間を直線的にとらえる。しかし中立一元論は物質を実在としない限り、創発説とは異なり因果律を前提にしないのかが問題化する。つまりこの実在の分化から因果と時間さえもが生じてきたのかということまでが問題となる。本章ではこの一元論の事例として、ベルクソンの純粋持続と西田の「場所的論理」とを取り上げる。

一　創発とはどのようなことか

まず創発という概念を明確にしたい。つまり、創発とは何であり、何ではないのか。ティム・クレイン（Tim Crane 1962– ）によると、まず創発説には、「依存」（dependence）と「区別」（distinctness）という一般的特徴があることである。たとえば生命体はその身体を分解すれば分子や原子になる点で、下部の階層である物質に「依存」している。他方、生命体は自発的な傾向性や自己複製、感覚や意識といった、物質にはない「性質」を「創発」している点で、その階層から「区別」される。

次に創発説は、「物理主義」ではなく、反対に「二元論」や「霊魂論」でもない。「物理主義」だと、創発される事柄は結局、「存在」においても「性質」においても物質と「区別」されない。生命独自の性質と考えられているものは、結局物理的に説明され得るからである。反対に「二元論」だと、生命は最初から「物」から独立しており、「物」への「依存」がない。生命の本質となる精神は、物質の「性質」とは異なり、それに加えて原子のような物質の複合としての「存在」でもない。

だが創発説では、「存在」が物質であるなら、物質と異なる「性質」がなぜ生じるのかが大きな問題となる。ひとつは、システム構成物の共同効果、つまり「共同性」によって新たな「性質」が「創発」されるという。「共同性」による創発は、物質にはない精神性などの「性質」を生み出すと考えられている。そしてこの新たな「性質」に、物質である下部階層にない「新しさ」、下部階層への「還元不可能性」、物質の相互作用からの「予測不可能性」などが見出される。ここで疑問になるのは、創発される「新しさ」が原理的に「非因果的」なのか、それとも下部階層から実際上予測不能であるという非原理的な「新しさ」にすぎないのかである。確かに創発説では、「干渉」という共同効果による新たな「性質」の出現や、化学物質からの生命発生を可能にする進化の経過としての「歴史性」などが主張される。しかしこれらを物質の因果的決定性を破るような「新しさ」と見なせるのか。これを、決定性を破ると見なす側は「強い創発説」、否定派は「弱い創発説」と呼ばれるが、それぞれについては検討が必要である。

ではこうした創発説の哲学的意義は何か。まず、もし物理的一元論が支配し、創発がないとすれば、「新しさ」

は存在しない。そこには一元性が支配し、根源的に何かが変わるという意味での改善はない。決定論が行きわたるため、努力や変化の意義は存在しない。基本的には、死んだ機械的なものに還元される世界である。反対に、もし真の創発があるとすれば、それは一元的に還元されない「性質」のある世界になり、新しさ、多元性、改善、努力や変化が意義を持つことになる。努力や変化によって、決定性を破ることに生命の意義があるとすれば、決定性を破る「下方因果」を認める「強い創発説」ではそれが保証される。

この生命の意義に関して、生物学、生理学の知見を踏まえ二〇世紀半ばに活躍した物理化学者、哲学者で創発論者のマイケル・ポランニ（Michael Polanyi 1891–1976）は、下方因果を容認する立場にある。彼は、たとえば中枢神経系から放出される神経伝達が、脳の物理構造が行う神経伝達よりトップダウン的である点に、その固有の意味を見出す。さらに生物進化のシステムについても、物理的、機械的なシステムにはない「生きているメカニズム」の性質を見る。(2) そしてアリストテレス（Aristotelēs BC384–BC322）の「完全現実態」（entelechy）の概念を導入し、未だ存在しない目的が、現在のシステムを先導する役割を認める。(3) この目的論的思想は、ポランニ流の「生気論」（vitalism）とも見なされる。なぜならこの目的という概念は、あくまで機械的で物理的な「存在」が、複合によって新たな「性質」を生むのではなく、機械的で物理的ではない何かの因果的作用を認めることになるからである。これはポランニがベルクソンの「生命の跳躍」を容認したことにも通じている。当然これは、現代の生物学や、自然選択の基本路線を堅持するネオ・ダーウィニズムなどと鋭く衝突した。(4)

しかしこのような物理主義と生気論との狭間に立つ創発説の意義は、二〇世紀後半になって、心の哲学や脳神経科学における神経生理的システムからの心の創発という形で再び注目されることになる。(5) たとえばＤ・デイビィドソン（Donald Davidson 1917–2003）における、物質と心は存在として同一だが、それらを支配する法則が異なるという非法則的一元論、Ｈ・パトナム（Hilary Putnam 1926–2016）における、物質的に相異なった状態から同一の心が生じ得るという心的事象の多重実現可能性の思想、K・ポパー（Karl Popper 1902–94）やJ・エックルス（John Eccles 1903–97）における、物理的作用としての脳作用と、自発的な自我作用との区別など、さまざまな議論が展開されている。それらに大枠で共通するのは、物理的「存在」を前提にしつつも意識や心が物質の中でどこまで独自のはたらきをなすのか、という問題意識である。これは物理的「存在」を前提にしつつも、生命の「性質」が「存在」を超えるぎりぎりの領域に迫る、創発説の問題意識と共通する。

二　創発概念とその問題：下方因果について

a　「下方因果」の根拠

創発される「性質」は物理的「存在」を超え出るのか否か。そもそも「性質」と「存在」とは区別されるのか。そしてもし「性質」を超え出て、「存在」まで作り変える創発現象があるとすれば、それはどういった事態なのか。これらは創発説が「下方因果」（downward causation）を認めるか否かの議論において集中する。宇宙のすべてのものは物質の基本単位の集積なのに、なぜそれらの運動の合成による「上方因果」とは別の因果性が生じ得るのか。この上方因果の合成で尽くされるなら、人間の自由意志と思われることも、実は決定されているのではないか。これが「下方因果」否定派の要点である。

では「強い創発説」は、下方因果をどのように肯定するのか。もちろん、物質とは異なった「生気」の類を最初から肯定すればそれは可能だろう。だがここでは、生気を退けかつ下方因果を肯定する「強い創発説」の例として、哲学者のフィリップ・クレイトン（Philip Clayton 1956– ）が示す事例を見てみたい。これは物質の基本単位が「存在」であることを認めつつ、物質の上方因果の決定性に支配されない、意志の自発性をも容認する思想のひとつとして吟味に値するからである。クレイトンが示す下方因果の具体的事例には、以下のようなものがある。

①　全体としての秩序。この秩序は原子論的な部分の合成とは異なる。

これは、原子という単位同士の単純な力学的合成と、原子が複合してできたシステムを司る秩序とは異なるという主張である。そこでは、「ある先行状態についての完全な知識が与えられたとしても[6]」、複雑な物理現象から生じる創発は予測不能だと言う。これは反決定論的、反ラプラス的な主張であり、どんなに複雑な現象でも単位粒子の運動の複合として解明される、という理念と正面から衝突する。クレイトンはこの予測不可能性の具体例として、個別分子同士の相互作用の範囲より長い距離まで、その作用が伝達されるよりも短い時間で一瞬にしてつながる、システムとしてのまとまりを挙げる。「システムの構造的特徴―それはシステムそのものの創発的特徴であり、いかなる部分に関係した性質でもない―が、そのシステムのあらゆるところの状態を決定し、それゆえその結果として、そのシステム内部の個々の粒子のふるまいを決定する。[7]」この原理的予測不可能性は、部分の合成とシステムの特徴とを区別し、後者のうちに前者にはない因果性を認めることで成り立つ。

②　心的因果。物質同士の因果とは異なる因果。

この「心的因果」とは、心的出来事同士の間で生じる原因と結果の関係であり、それは物質同士を司る因果とは別物と見なされている。それをクレイトンは、脳内シナプス状態の集積にも還元されない「強い創発」を示す思想だと考える。志向性や主観的状態は、客観的にはシナプスの状態の複合として記述されるとしても、主観的には独自の因果的効力があるという考えがここに見て取れる。これはR・チザム（Roderick Chisholm 1916–99）の「行為者因果」にも類似した立場である。しかし行為者因果に対しては、結局物理的因果に還元されるという意見も根強い。それに対してクレイトンは、「因果的効力のない心的出来事の進化は、進化の歴史の内部に、受け入れ不可能な異常を示すだろう。クオリアや経験される質を生み出す、生物の測定可能な資質は、それらが行う因果的な役割を何も持たないのに、なぜ発達したのか[8]」と言う。志向性や主観性に因果的効力がないなら、進化においてそれらが滅びず、反対に発達してきた理由を説明できない、という自然選択による形質の進化を逆手に取った議論を行うのである。

b　下方因果は機械的因果に還元可能か

心的因果のような下方因果が機械的因果、つまり上方因果に還元可能だと見なす考えは、次のような喩で考えられる。気体の「圧力」は一見、それぞれの気体分子自身が各々だけでは持つことのできない、化学上の事態だと思われる。しかし、「圧力」とは一定の空間内に存在する分子の数と、その分子運動が引き起こす物理的な運動としても記述可能である。このとき、化学上の文脈は物理的文脈に置き換えられる。一種の還元である。同じように、「心的因果」は、脳内の物理的状態に還元可能ではないか。

この疑問に対する反論としてクレイトンがまず挙げるのは、量子レベルのランダム性である。これは上から下方向ではなく、下から上方向への非機械的因果という特徴がある。ここからすると、線形的な原子運動の因果性の方が創発された「性質」であり、基本的「存在」ではあり得ない[9]。また同じく物理学者で、クレイトンと共に近年の創発をめぐる論文集である『創発の再登場[10]』を共編した量子物理学者ポール・デイビス（Paul Davies 1946–）も、宇宙に「原因のない出来事」を容認せざるを得ない状況において、線形因果の否定を「無料の昼食[11]」という言葉で容認する。線形的因果性の未成立を仮定しなくては、宇宙創造の説明がつかないからである。しかも、これが哲学的に重要なのは、因果法則自体がアプリオリな所与ではなく、作られた可能性を導く点である。物理法則がどのようなものであるかは物理学の課題であるが、この法則を創出するものは、その法則ではあり得ない。したがってそうした法則自身の始原をどう考えるかというのは、哲学の課題になる[12]。

このように、線形因果とは異なった量子レベルの性質についての議論は、さまざまな形で行われている。これらがマクロレベルでも保証されるには、量子レベルのランダム性が、マクロなレベルで相殺されないことが条件となる。これについてはさらなる実証的な検討が要求される。反対に、もし決定論が正しいならば、まず線形的な因果が基本的な「存在」である証明が必要なはずである。この証明がないと決定論は論点先取になるはずだが、現時点でその証明はない[13]。

このように、基本的「存在」と、階層的分節化が創発という思想の前提であったはずだが、ここで基本的「存在」の方は、量子的ランダム性によって、再考を迫られる可能性が指摘された。また、この「存在」のさらなる起源を片方の極とすれば、未だ出現しない創発段階はどうなるのか、という問題が別の極として呈示され得る。生命の有機的状態、さらに人間の心は創発の終点とは限らない。宇宙は将来的に、今の宇宙の物事から予測のつかない何を創り出し得るか、ということである。これも創発説が設けた出発点に根拠がないことの対極として発生した問題である。

三　階層的世界と分化発展する世界——創発する世界と一元的実在から分化する世界

a　二つの世界構造

次に創発説の階層構造とは全く異なった世界、つまり出発点となる単純な存在物から、生命、意識現象への階層的発展とは反対に、無限定な全体から物質や生命へと分化する世界を考えてみたい。創発説では、階層的に創発した性質は最初の単純物には見出され得なかった。これに対するのが、無限定な実在が分化することで世界が作られると考える中立一元論である。この考えは特異なものではなく、古代から近現代までのさまざまな思想家がその系列に入る。アナクシマンドロス（Anaximandros around BC610–BC546）の「無限定なるもの」、シャンカラ（Śaikara around700–around750）の梵我一如、スピノザ（Baruch De spinoza 1632–77）の汎神論、ヘーゲル（Georg Wilhelm Friedrich Hegel 1770–1831）の絶対的観念論、W・ジェイムズの純粋経験、ベルクソンの純粋持続、T・ネーゲル（Thomas Nagel 1937–）の「どこでもないところ」などもそこに含まれる。それらに共通するのは、世界は根源的にひとつの未分化な実在から成り、物質と生命、主観と客観などはこの実在の分化によって区別されているにすぎず、しかも分化によって生じた性質は、何らかの仕方でその最初の実在に内在したという考えである。これは、創発によって本質的に新たな「性質」が生じるという考えとは異なる。

b　基本的「存在」だけは創発されないのか：創発説の前提の問題

ここで、中立一元論から見た創発説の問題点について確認したい。まず、創発現象において各階層の「性質」が創発されるなら、原子のような基本的「存在」だけは創発されないのはおかしいという点である。創発を徹底させるなら、創発説が前提とする「存在」さえ、不変の出発点ではあり得ない。それを不変の何かと見なすことは創発説自身の自己矛盾である。

この基本的「存在」は、宇宙の誕生理由においても問題化する。基本的粒子を創発されない、あらかじめ「存在」するものとして前提にする限り、宇宙誕生においてこの「存在」が創られることはあり得なくなるからである。つまりここで、基本的「存在」も創られたという考えを容認せざるを得ない。

これは物理法則についてもあてはまる。物理法則は普遍的であると考えられ、すべての因果的関係はその法則の中で行われる。しかし、宇宙の創造においては、この法則の普遍性自体も創られたはずである。すると、法則自体を創る法則とは何かが問題化し、結局どこかですべての法則が無意味化する地点に逢着せざるを得ない。つまり法則に関しても、基本的「存在」と言えるようなものがない地点が剝き出しになるのである。

反対に中立一元論は、現在さまざまに展開している物事の法則や性質は、原初の一元的実在に含まれていたと見なす。この場合、法則や性質は最初から明確化していないにすぎず、それらは一元的実在の中に潜在的に含まれていなくてはならない。その意味で、無いところからなぜ有るものが生じてきたか、という謎は免れている。ではそこで始原の問題はどのように扱われるのか。この一元論では、直線的時間や因果形式さえも、実在の「分化」によって生じたと見なすことになり、この実在では因果的連関を遡ったところに始原があるという構図さえ成立していない。つまり、始原の謎を生じさせる因果的連関も、限定された実在を説明するために後から出来たという見解を採ることになる。

始原の謎へのひとつの答え方として、創発説からは、基本的な「存在」と基本法則とは原初からあり、それ以前についての問いは無意味だと見なす仕方が考えられる。これは、創造に関する謎を最初から拒絶する態度に相当する。それに対して中立一元論は、一元的実在の中に形式や法則が潜在的にあったと考えるが、この形成理由やその過程について、本質的に観察不能であることになる。法則は法則自身の形成について、自己観察できないからである。これらの意味で、創発説は創造の問題については議論から除外し、中立一元論はそれを自己観察不能な、一見非合理なものとして自らの体系に含むことになる。そこでは素材を認識するための形式や法則は、素材の様相に合わせて自ずから生じると見なすしかない。したがって二つの立場はそれぞれの仕方で、創造を問題として抱えている。

だが、二つの立場がより顕著に異なってくるのは、宇宙内部での創発現象における存在の断絶に対する見解である。たとえば物質から精神がなぜ生じるかは、物質のどのような性質から精神の性質が生じるかという探求方法では永久に解決されない。それは精神と特定の物質との対応関係を調べることを超え出ないからである。創発説はこの二者の断絶を「創発」として、言わばブラックボックスとして見る。物理主義が創発説を無知の産物と見なすのはこのブラックボックスのためである。それに対して中立一元論では、「物質」と「精神」という対立は、一元的実在に対して後から付加された枠組みの問題と見なす。ここでは二者の対立を前提としてそれらの関係を考えるのではなく、対立そのものは最初からなく、むしろこちら側の問題であると考える。そのためこの一元論ではブラックボックスは存在しない。

c　二つの立場の近さと隔たり

しかしこうした一元論に対しては、創発説からの批判もある。クレイトンも言うように、まずこの一元論は「精神的側面と物理的側面とが、どのように、なぜ関係づけられるか表明することがない」という指摘がある。さらに、「心を因果的な意味で、物理的世界や自然史へと実際に関係づけることがない」、つまり自然史における心の役割とその存在理由を説明できないという点も指摘される。[14] 創発説が心を、自然史や進化における必要性から創発してきたと見なすのに対して、中立一元論はその必要性を説明できないという主張である。もとから心があるなら、生物による環境への反応の複雑化に応じてそこに心が発達する必要を説明できず、この点で中立一元論には進化的視点が欠如しているということになる。

これに対して一元論の側からは、第一に「心」の範囲は非常に広く、「心」とは自覚的意識だけではなく、原始的な志向性、感じ、広い意味での経験までがそこに含まれれば、進化史と中立一元論とは矛盾しないという反論が考えられる。一元的な何かは、広い意味での「心」に相当するからである。反対に心が創発すると見なすと、物質から心への断絶は、合理的な架橋はできない。現に創発説の立場からは、「宇宙を理解することのできる心を持った生物を生み出す宇宙の能力は、それ自身何らかの、宇宙の根本的な特徴である」[15] と言われているが、これは無から心が生じた理由を説明できないことの表明であると解釈できる。つまり創発説は、心が無い段階から心が創られる断絶が謎となり、中立一元論は原初から心を含む宇宙を設定することで、宇宙の内部にはこの謎が生じないようにしたのである。

また中立一元論は、物質もしくは精神を、実在の側面であって実在そのものではないと考える。したがって物質から精神が生じるのは、現象としてそのように見えるだけであって、実在としては、側面に限られない次元において、連続していると考える。そこからすると創発説は、物質と精神との間が実在の次元において断絶している。中立一元論からすると、この断絶は現象と実在との混同によって生じたことになる。

現にこうした物質と精神との断絶に関しては、創発説の立場にあるサミュエル・アレクサンダー（Samuel Alexander 1859–1938）も、結果的に汎神論に肯定的な見解を表明するに到っている。彼は、私たちが物質と見なしているものは「神」の「身体」にすぎず、この「身体」だけを見ている限り、永久に「神」を見ることはないとする。しかし「身体」が「神」の一側面にすぎず、「精神」がこの「身体」と不可分にあると気づくならば、創発されたように見える「精神」は、「身体」同様、無限定な「神」からの分化にすぎない。「神」は物質から断絶しているのでも、宇宙の外にあるのでもない。私たちの物理主義的前提を取り払うだけで、「神」はすでにここにある。彼が「宇宙は神の身体であり、その外部に身体はない。[16]」と言うのはそのためである。

このように、創発説は中立一元論と対立する点がある一方、物心断絶の問題に関しては歩み寄る点もある。では物質からの断絶的飛躍として精神を見る創発説の立場は、中立一元論のような無限定な全体からの限定として物心を位置づける一見正反対の立場と、どのように折り合い得るのか。次に私たちは、この問題意識から中立一元論としての西田の「限定」という考え、つまり実在に後から付け加えられた枠組みとして精神と物質とを位置づける考えの特徴と問題点とを、創発説との対比において確認していきたい。

確認する。

四　西田の「自然」

a 「自然」についての『善の研究』における記述

ここで中立一元論的な思想のひとつとして西田に着目したい。そこでまず彼がこの立場を選択した動機について確認する。

「…自然を純物質的に考えれば動物、植物、生物の区別もなく、凡て同一なる機械力の作用というの外なく、自然現象は何らの特殊なる性質および意義を有せぬものとなる。人間も土塊も何の異なる所もない。」（『善の研究』一一二頁）。

生物も無生物も、原子とその運動の集積と見なせば同じである。しかし、この見なし方が、実在をとらえたことになるのかという疑問が、西田の問題意識であった。

「然るに我々が実際に経験する真の自然は決して右にいったような抽象的概念でなく、従って単に同一なる機械力の作用でもない。」（『善の研究』一一二頁）

「原子とその運動」として見るならば、「人間」と「土塊」は何の違いもない。しかしこの見方を「抽象的概念」による見方だとするのが西田の特徴であり、問題点でもある。「生命」はその「抽象」的な枠組みの中には見出されないからである。この「抽象」に対して、西田は直接的な経験を実在とする方法を探求して行く。

「…統一的自己があって、而して後自然に目的あり、意義あり、甫《はじ》めて生きた自然となるのである。斯の如き自然の生命である統一力は単に我々の思惟に由りて作為せる抽象的概念ではなく、かえって我々の直覚の上に現じ来る事実である。」（『善の研究』一一五頁）

「生命」と「物質」とを隔てているのは「統一力」の有無であることがわかる。この「統一力」は「物質」の枠組みの中には現れない[17]。それは客観的に観察されるのではなく、経験の直接性において、内的に「直覚」されるしかない。「抽象」や「客観」の枠を通じては、決して現れてこない。つまり「統一力」とは、物質や客観より経験に実在性を認めたとき、初めて見出される何かでしかない。

この『善の研究』の時期の西田に、まだ実在の「限定」という考えはない。しかし、目的、意義のある「直覚」が物質的な自然より実在的であり、反対に「純物質的」なものは「直覚」の抽象にすぎないという思想がこの時期ですでに明確になっている。この「抽象」が「限定」に相当し、それに対して「直覚」は無限定な「場所」に相当することになる。

では『善の研究』の時期と「場所」論文の時期とでの違いは何か。両者において「直覚」は重んじられるが、「統一」という言葉は「場所」の時期にはほとんど用いられない。むしろ「統一」は「働き」の中に取り込まれ、これに対して「只見る」ことが究極の位置に来る。そこで「統一」や「働き」と、「只見る」との違いが問題化する。

『善の研究』での「統一力」は、ベルクソンの「持続」が、内的にしか経験されない、生成する生命であり、その限りでひとつの統一した力動であるのと近い。そこにはどこか新たなところへ向かう意志的な方向性がある。それに対し、西田中期での「場所」における「見るもの」は、そうした意志的な方向性をも超越している。「意志」さえ、何か新たな存在者への方向であるのに対して、「場所」では新たな存在者へという方向性も超越しているからである。こうして意志の超越によって真に無限定的な根源に到るため、この根源としての「場所」は「無の場所」と呼ばれるのである。(18) この「無の場所」から「見」られた「自然」こそが、「物質」などのフィルターで枠づけられる以前の、真に無限定な「自然」なのである。

b　「限定」の意味

物質がまずあって、そこから精神が生じるのが「創発」であった。それに対して、物質も精神も、「場所」の「限定」として見なすのが場所的論理である。したがってこの「限定」の意味が、場所的論理では要点になってくる。物質的世界は「限定」された世界であり、それを外すという手順が、「只見る」ことへと導くのである。その具体的手順がここでの問題である。

この「限定」の「外し」に類似した記述は、ベルクソンが知覚の成立について説明した箇所にも見られる。それについて『物質と記憶』から引用し、参照してみたい。

「それゆえ、あなたが説明しなければならないことは、知覚がどのように生じるのかではなく、どのように知覚が制限されるのかである。(19)」

この記述の背後にあるのは、物質という量から、知覚という質が生じる仕方は説明できないという考えである。反対に、量と質とがともに含まれているところから、それぞれが「制限」されるならば説明がつく。そして物質や精神と言われるものは、この「制限」されたものに相当するという考えが窺われる。

「あなたが物質を等質的な運動に還元するならば、そうするとどこから質が生じるのだろうか。とりわけ、事物とイマージュとのつながり、物質と思考とのつながりをどのように考えると言うのか。これらふたつの語の各々は、それらの定義において、他方に欠如しているものしか所持していないのだから。[20]」

ベルクソンの基本的な考えでは、実在としての「直接的なもの」が、私たちにとって「有用なもの」として見られるとき、「物質」や「意識」と見なされる。同じく、原初的なものとしての「イマージュ」が緊張すると「精神」となり、弛緩すると「物質」になる。ここで「直接的なもの」や「イマージュ」は、ともに与えられた全体である。そこからすると「等質的な運動」はすでに全体を「制限」したものにすぎず、この複合からは生命の生きた「質」は出てこない。確かに、たとえばロックの言う第一性質的な運動を原初的実在と見なすと、なぜそこから第二性質的な感覚が生じるのか、そこに人知を超えた「創発」を持ち出す以外、説明するのは難しいというのは、ひとつの考え方となる。

西田の「場所」も、それが限定されることで、物質や精神が生じる点でベルクソンの構図と共通する。しかもイマージュの制限として知覚が成立するというベルクソンの主張がまだ認識論的であるとすれば、西田では「場所」の限定が物質や精神になるという意味で、より存在論的である。さらに「場所」からすれば、「直接的なもの」や「イマージュ」というものさえ、「限定」の産物だろう。知覚と記憶が二元論的に対立する構図も、西田には見られない。ここもベルクソンとの違いである。その意味で「場所」は未規定性を徹底化しており、それゆえ「無」と呼ばれる。ベルクソンの「直接的なもの」が未だに「有」であって、相対的な無を許さないのに対して、「場所」は徹底的に無限定という意味で、絶対的な「無」なのである。

c　知識と生命——二つの存在様式

知識は三人称的で分節的であり、生命の直接経験は一人称的で連続的である点が異なると言われる。ここでは前者が後者とは本質的に異なる点について、別の角度から見直してみたい。それは、知識とは知識自体のためではなく、根本的には自分自身以外の何かに役立つために自然や物事について説明し、それが物事同士の関係の説明になっていることである。しかも役立つためには、それ以上の説明を必要としない。脳と精神についての知識も同じで、精神を操作するために脳の神経細胞の興奮状態を解明するとき、脳と精神との対応関係以上への踏み込みや説明を必要としない。すると、この説明には必ず、「そうなっているから」という未説明の部分が残され続ける。

この限りで、脳による精神についての説明では、精神の原理的な領域には到る必要がなく、また到ることができない。脳と精神との間に「未知のエネルギー」のような何かの媒介を仮定したとしても、今度はそのエネルギーと精神との関係が問題になり、構造的には同じことの繰り返しになる。この知識の構造は、いわゆる実用的知識に限らない。知識一般の本質構造がこれなのである。脳と精神とが根本的には対応関係でしかないことは、知識の構造から見て、ある意味当然であり、知識においてこれを超えることは不可能である。

そして、この知識の本質構造とは異なった事物把握の仕方として特徴づけられるのが、直接的な経験である。知識では、脳と精神とを分けたうえでそれらを接続することが試みられるが、直接経験にはこの手順の前提がないからである。そして知識は有用性である限り何かへの手段であるのに対して、直接経験では経験がそのまま目的であり、目的と手段とが未分離である。この意味で直接経験は、知識の対象となる次元とは別の、ひとつの存在論的な次元である。ベルクソンの「持続」はこの存在論的な次元のひとつだが、それを客観的に指示することは不可能でありながら、「持続」とはあるとしか言えない何かである。つまりそれは、客観的知識の自己否定を通じて、その限界面において直接に接するしかない何かである。

知識の有用性とは、知識が世界を一定の目的や関心の下に把握することから免れない性質を意味する。これは世界を特定の形式で切り取ることであり、それが「限定」となる。そしてこの限定された世界を実在と取り違えることで、その形式に由来して生じた問題の方をも、実在自身に由来する問題と取り違えることになる。心身問題、物質から生命の発生、無から有が生じる事態といった形而上学的な問題は、この形式によって実在を区分し、その区分を実在そのものの姿と見なしたために生じたと考えられる。形而上学的な問題は、有用性のための実在の「限定」に起因するのであれば、この「限定」の消去が問題解決の道となる。実際、西田の「矛盾の自己同一」は、この「限定」以前、有用となる知以前に戻ることによる、問題の出所の消去として理解できる。それは事物同士の対応関係についての間接的な知から、直接経験によって実在と接することへの転換によって、矛盾を生じせしめていた形式を消去することに相当する。

五　矛盾と生命

実在を形式の中に入れ込むと、実用的に役立ち、また対象的に把握可能になる。「物質」のみならず、「精神」や「生命」という概念でさえこの形式によって意味を獲得する。しかし「精神」や「生命」は、この形式によって「物質」と和解不能な対立関係にも入る。「矛盾」として把握される事態のひとつはこれである。ここでは、この「矛盾」がどのように成立し、西田の中でどのように解消されるかを見る。それは形而上学的問題の出所の究明による解決である。

a　時間論としての「不連続の連続」

西田における「矛盾」の代表的な例に、時間の「不連続」と「連続」との対立がある。これは優れて時間的な対立概念である。今ここで、「不連続」を経験における非決定論的世界、「連続」を物質が機械的に運動する決定論的世界という観点から見直してみたい。

「連続」は、西田のコンテクストでは、時間的な前後の客観的区別として読み替えられる。過去、現在、未来の区別は、それらが一連の時間軸の中で前後のつながりの関係に入ることで可能となる[21]。これは事物同士の外的接続関係の成立であり、事物同士の因果的関係もこれによって生じる。この因果的関係は決定論を導き、この関係が一度確立されると、そこに本質的な新しさはなくなる。

こうした因果関係による世界の説明は、世界内での有用性には優れている。しかし宇宙全体の「始まり以前」や「終わり以後」という謎を作り出したのもこの因果性である点に、注意が必要である。因果は、宇宙の全体という考えに「始まり」の原因を要求するが、宇宙全体の原因は何かという問いに答えはないからである。この解答不可能性は同時に、宇宙全体の有に対する無という、究極の相対無の出所にもなる。

それに対して「不連続」は、存在するのはこの現在であるという立場である。換言すれば過去と未来とに接続する現在という区別が滅しており、因果的前後関係の位置づけの未成立の状態である。決定論は因果的前後関係によって生じるが、「不連続」はこの因果性に対する非因果性ではなく、両者が分化していない状態である。ここに決定対自由、機械論対目的論という対立以前の自由が成り立ち、無限の過去から決定されるのでも、無限の未来の定点へと向かうのでもなく、そのつどの創造と新しさがそのまま肯定される状態が成立する。ここからすると、「始まり以前」「終わり以後」を考えるのは無意味である。因果性は現在が構成した形式であり、始まりや終わりも、この形式の内部と外部との境界として生じるにすぎないからである。それに対して因果性以前では、この内外の区別さえ生じていないのである。また「不連続」では、世界は客観的に分節されてもいない。客観的分節化を有用と見なし実在に値するものと見なす実用上の要求が成立していないからである。つまりそこでは、実在は客観であるという見解が未成立である。

しかし西田は「不連続の連続」という仕方で、二者が相即していると言う。これはどういうことなのか。ここに、無時間的な不連続を根源に見ながらも、連続にも実在性を認める西田の立場が見て取れる。両者は矛盾しながら、ともに成立する。つまり「矛盾の自己同一」として「不連続の連続」が考えられていることになる。これはどういった事態なのか。まず類似した例を挙げながら、そこへ接近していきたい。次の道元（1200–53）の事例は、導きの糸となる。

「たき木、はひとなる、さらにかへりてたき木となるべきにあらず。しかあるを、灰はのち、薪はさきと見取すべからず。しるべし、薪は薪の法位に住して、さきありのちあり。前後ありといへども、前後際断せり。[22]」

ここには「たき木」と「はひ」との時間的区別（連続）に対して、「灰はのち、薪はさきと見取すべからず」（無時間的不連続）とがまず対置される。しかし、「前後ありといへども、前後際断せり」、つまり連続でありながら不連続なのである。これは時間的前後の区別と無時間的絶対との相即であり、時間に関する「矛盾の自己同一」である。

問題は「連続」において時間の終わりと考えられていた事態が、この「不連続の連続」によってどうなるのかである。つまり死はどうなるのか。

「人のしぬるのち、さらに生とならず。しかあるを、生の死になるといはざるは、仏法のさだまれるならひなり。このゆゑに不生といふ。[23]」

ここでは生から死への移行という、連続的な時間的区別をそのまま認めつつ、なおもその移行ということは仏法の真理の次元において超越されることが示されている。死に対する概念として生が位置することは否定されず、かつそれが実は真実の姿ではない、という二重性がここに示されている。これは時間的な「前後あり」と無時間的「前後際断」との相即であり、それが「死即生」である。

そして「前後あり」の連続的時間直線においては、生の「始まり以前」と「終わり以後」とが生じ、そしてそれらが出生の謎、死後の謎となる。しかし、不連続で時間直線の未成立においては、出生以前、死以後の存在領域がない。ここで、この謎の消滅と、連続的時間直線の消滅とは相即している。

さて、西田において連続の世界と不連続の世界とは、どちらがより根源的なのか。これは「相即」という言葉だけからは導けない。それでも西田は、不連続の方に重心を置いている。これは、客観世界の中に主観があるのではなく、むしろ主観的世界から客観が形成されるという見方になる。この見方は、世界内での有用性という観点からは転倒かもしれない。しかしこの一見転倒した見方が、私たちが始原の謎や終末以後の問題に突き当たったときどのように有効になるのか、そして一般に、有用性のヴェールが剝がされた実在世界とはいかなるものなのか、さらに検討が必要である。

b　「直線的」宇宙と「円環的」宇宙との自己同一

西田の言葉づかいをさらに見て行きたい。「直線的」宇宙は、何かから何かへ向かうという一方向的な展開であり、「ノエマ的」と言われる。これは、客観的で対象論理に従うという意味であり、ａの区分では「連続」に相当する。過去、現在、未来が等質であるという意味で時間的中心がない一方で、中心がない直線がどこから始まるのかという謎を持ってしまう。「創発」との関係では、単純な存在物から複雑なものが「創発」して行く中で、最初の「存在」だけが創発されない例外となるのは、この「創発」の階梯が「直線的」宇宙を前提とし、その結果始まりの端を生じさせてしまうことに相当する。

それに対するのが「円環的」宇宙である。これは客観化以前の主観的構成に関わるという意味で「ノエシス的」であり、「不連続」である。客観化以前であるため、直線内の時間的位置によって限定されず、そのため始めと終わりとが生じていない。この比喩のひとつが「無限円」であるが、この円は無限ゆえにその果てが見えず、いたるところが中心であり、かつ中心ではないと言われる。しかし、始原の問題で重要なのは、この無限円には始まりも終わりも成立しておらず、いたるところが現在であって現在ではないことである(24)。これは純粋に円環的、主観的、ノエシス的な事柄が、究極的には「私」という中心点をも消滅させることであり、その結果「私」はどこにもおらず、あらゆるところにいることになる。これが「場所」における、述語による限定の不可能な領域に広がる「ノエシス的超越」領域でもある。「私」もなく、過去から未来への過程の中に位置づけられる「現在」も定められないところでは、始原や終末という概念も無意味となる。そしてここには、「創発」の出発点としての不変の「存在」もない。

「生命」は、本来的には「円環的」と言えるが、その実際の活動は「直線」「円環」の両面を持ち、特に知的活動は「直線的」なものといえる。この限りで、「生命」は架橋できない矛盾を抱えることになる。一般に、矛盾する二者の架橋のためには、その二者を統合する上位の概念枠を設定するしかないが、「直線」と「円環」とはそれぞれ各々で宇宙の全体であり、二者を包摂する上位概念がなく、概念的統合が不可能である。これが絶対的に矛盾する関係である。この限りで「直線」と「円環」とは、西田の「絶対矛盾的自己同一」の課題になる。絶対的に矛盾する項同士は、上位概念によってではなく、そもそも矛盾関係を成立させている基本的述語の枠組みの解体によって二者の対立を無効にするしかない。「絶対矛盾的自己同一」は神秘的直観だと揶揄されることもある。しかし矛盾する項同士を包括する、より上位の概念がない限り、反対に各々の項の述語枠の方が解体されねばならず、したがってその結果直観性を余儀なくされるのである。そしてこの解体を極限まで推し進めたところに、「無」の意義がある。

c　無に関する見解

西田の「円環」的時間で不可解なのは、ではこの時間がどこで始まったのか、という問いが生じ得ることである。それは「円環」も「無」から生じた「有」であることを免れないという疑念が残るからである。「円環」は「いつ」始まったのか、それともこの問い自体が無意味なのか。

ベルクソンは『創造的進化』において、「無」は「実践上の関心」からの要求にもとづく「あるべきもの」が、「ない」という形式から生じた概念にすぎないと見なした。[25] それに対して純粋持続における生の活動には、無が介入する余地がない。この持続は実用上の要求に応じた有無に分節されておらず、徹底的に有のままだからである。これはなぜ無から有が生じるのかという形而上学的問いへの、ひとつの答えである。これは「持続」と「活動」という絶対的な有の立場から、無を疑似概念とすることで、無から有へ、有から無への移行の謎を消去する立場である。ここからすると、「持続がいつ始まったか」という問いは、持続を空間化、客観化させて初めて成り立つ形式を使って、その形式の元の出所である持続の形態について問うという錯誤であることになる。形式は持続を抽象化させた結果作られたものにすぎないからである。

それに対して西田では、「有」とは正反対に、あらゆる規定や概念枠以前にある無限定の徹底という意味で、「無」が呈示される。もともと「無」なのだから、無から有への本質的な移行はない、という考えがここから読み取れる。ではなぜ西田は、ベルクソン的な「持続」や「跳躍」という「有」とは異なって「無」を唱える必要があったのか。西田の思考を推測するならば、「無からなぜ有が生じたか」という謎は、この有を前提とする「持続」「生成」では解決されないと彼が見ていたからだと考えられる。「無」から「有」が生じるというのは、絶対的な矛盾であり、「死」と「生」も絶対的な矛盾である。こうした矛盾を解消させる「無即有」「死即生」の可能性が、「矛盾的自己同一」の究極問題であるが、それを西田は、「もとから有る」のではなく、「もとから無」である「場所」という、形而上学的問題を生み出す条件が無い次元を見出すことで解決しようとしたと言える。どんな概念によっても包摂不可能な「絶対」矛盾は、「無」によってしか「同一」化できないと西田は考えるからである。このはたらきにおいて、「無」は積極性でもある。ベルクソンに言わせれば、これらの矛盾は無を持ち出さなくても、持続において解決すると言うだろう。しかし生を有とすると、未生や死後も有であるというのは理解できない。むしろ、生の有という前提を覆す方が、未生や死後の側からすると解決を導くかもしれない。実際、西田も用いる禅の言葉である「不生」とは、「無」の側から生死の謎を消滅させる考えである。[26]

ベルクソンが無を疑似概念と見なし、持続は徹底的に有と考えても、その有はどこから来たかが問題化する、と西田は見なすだろう。[27] この有無の区別をも超越することに、西田の絶対無の意味がある。だが、事物一般がその原因を持つなら、絶対無だけは原因を持たないのか、つまり絶対無だけは因果性の系列外なのか、という疑問も残るかもしれない。これは、絶対無としての場所と因果性との相克問題になる。「創造の原因」は一般的に形而上学の謎であったが、絶対無はこれを例外的に払拭できるのか。それとも西田は、絶対無という規定不可能な概念を持ち出し、それを因果系列の例外とすることで、創造の問題に関して論点先取をしているのか。

ベルクソンは物質の機械的展開によっても、宇宙全体の目的という強い意味での目的論によっても、生命の進化については説明不能と見なした[28]。この進化の規定不可能性は、純粋持続の仕組みにもつながるものだった。こうなると、純粋持続には機械的原因も究極目的もないので、「純粋持続の原因は何か」という問いは無意味になってくる。持続からすれば、機械論も目的論も後から派生した形而上学的観念だからである。私たちは持続が因果的形式の乗り越えになるのか疑問を残す。しかし持続からすれば、この疑問自体が「人間の行動の諸形式[29]」に縛られているがゆえに、後から生じたものにすぎない。

他方、西田は原因と目的という問題意識から遡及して場所に到ったのではなく、最初からすべてを包むものとしての「無の場所」という一元的根源を設定する傾向が強い。根源であるがゆえに、絶対無の場所では「生死の対立」や「有無の対立」も成立せず、それゆえ存在者同士に生じる原因と結果との関係も未成立である。したがって、場所はどこから来たかという問いに対しては、因果性は場所から生じた形式であるゆえに、その形式を用いて場所について問うのは錯誤である、というのが西田からの回答として考えられる。確かにもともと何もないという無の思想は、因果形式のみが超時間的に存在することを否定する。この思想は、時間をアプリオリな形式と見なす立場とは異なるからである。そして特定の法則の中では、その法則内に見出される存在者の原因は問われるが、その法則を用いてその法則自身の原因を問うことはできない。何かの存在者の原因は、その存在者を包む、その存在者以外のものにあてはめられて、はじめて問われ得るからである。しかし「場所」を、それ以上包むものは考えられない。「場所」の原因は何なのか、という問いが無意味だとすれば、それはこうした原因への問いが可能になる条件を満たさないからである。形式自身の生成については、無から有が生じたとも言えない。有や無がその形式にあてはめられて初めて成立するからである。その意味で「場所」は、有か無かという区別においてとらえることが不可能である。

おわりに

創発とは、存在者同士の断絶を埋め合わせる概念として考えられた。物質から生命が生じ、高分子からは意識が生じる。これらは一見埋め合わせのできない断絶であり、そこを創発という概念で補った。つまり創発とは無知を埋めるための方便と見なす立場もあった。それに対して場所論は、ここで言う物質、生命、意識などの側、つまり概念化される存在者のすべてが後から作られたものであり、実在ではないと考えた。そして実在ではなく、こちらの有用性や便宜によって作られ、概念化された存在者同士が断絶しているのはあたり前であった。この場所論的立場からすると、創発はこちらで作られた存在者を、そのまま実在と見なすことで生じた存在者同士の断絶を埋め合わせる装置であった。場所論からすれば、創発が埋め合わせを行う断絶は、すでに実在の限定を受けた存在者を、実在そのものと取り違えることによって生じたことになる。こうして死から生、生から死への移行の謎も、生や死をそれぞれ後から作られた概念的存在者ではなく、実在そのものと見なすことによって起こった。もしこれが起こらなければ、死後は何か、生まれる前は何か、という問題も意味を失う。さらに、「以前は何か」という仕方の謎の発生は、突き詰めれば宇宙が生じる以前の謎の発生にも通じるのであった。

これらは物質か精神か、決定か自由か、死か生かという選択において、どちらかの側に立つのではない。それぞれの区別をもたらしている枠組みの手前に戻ることが、この場所論的立場の特徴であった。そして、こうした枠組み以前に戻ったところで直接的に経験されるのが、場所論的な生命の特徴であり、これは機械論的な物質に対立するのではなく、また反対に物質から独立した霊魂を唱える立場でもなく、むしろ唯物論も、それと対立する唯心論的立場の両者をともに包含する位置にあった。

ベルクソンの「持続」も、この概念的な枠組みを、「実践上の関心」から生み出されたにすぎないものと見なしたうえで、この「関心」以前の直接性への帰還に相当する実在である。そしてこれも、間接的な対象知が生み出す形而上学的な問題を消去する性質を持っていた。しかしベルクソンと西田とで異なるのは「無」の位置づけであった。ベルクソンにおいて「無」は「あるべきものがない状態」として、実践上の欠如が形式化されることで成立する、疑似概念にすぎなかった。また、「持続」は意志的でもあった。それに対して「場所」は「意志」や「働き」ではなく、ただ「見る」ことであり、すでに意志でさえなかった。ここでは「あるべきもの」という対象希求はなく、したがって対象の欠如もない。したがってここに否定的無は生じ得ず、したがって否定的無に対する有もないという意味で、「絶対無」なのであった。

問題は、こうした否定的無のない状態が、時間的始原や終末の問題に対して何を言い得るかであった。ベルクソンからすると因果概念も、「実践上の関心」から生み出されたことになる。またこの因果によって、時間的前後の関係も生じた。しかし「持続」はこうした「実践上の関心」よりも論理的に先立つため、因果性にも先立つはずであった。西田でも因果性は対象知の産物である限り、絶対無の場所は因果に先立つことになる。こうした、因果に先立つという考えは、一見奇妙に思えるかもしれない。しかし、たとえば生命の誕生の瞬間とそれ以前、死の瞬間とそれ以後は、時間的に定められた位置関係を持つように見えながら、翻って生命の主観的経験に即すならば、誕生の地点も、死の地点も体験できない。つまり生と死とを、同一形式上で境界分けすることができない。誕生以前と死以後の時間、そしてそれらの時間と生の時間との区別は、因果形式の生み出した客観的時間形式上で初めて成り立つからである。

こうした生死一如の時間は、始原と終末とが表された時間に対して、それらが消滅した時間ということへと敷衍できる。つまり生以前と死以後の問題を一般化して行くならば、宇宙の創造以前と宇宙消滅の後とが、なぜ謎なのかという存在一般の問題につながるのである。ベルクソンの「持続」は、生命の生死の問題には触れるが、宇宙的な存在一般については主題的ではない。それに対して西田の「絶対無の場所」に意義があるとすれば、有無の超越によって、この存在一般の問題をも消去し得る可能性を開くことであった。この存在一般の問題が、直線と円環、不連続と連続などの「矛盾の自己同一」によってどう処理されるのかについては、さらに具体的な検討が必要である。

『善の研究』岩波書店、一九五〇年、改版二〇一二年。
「場所」『西田幾多郎哲学論集Ⅰ』岩波書店、一九八七年。

（1）Crane, Tim, "The Significance of Emergence", in: *Physicalism and its Discontents*, Carl Gillett and Barry Loewer (eds.), Cambridge: Cambridge U.P., 2007, p.208.

（2）Polanyi, Michael, *Knowing and Being: Essays by Michael Polanyi*, ed., Marjorie Grene, London: Routledge & Kegan Paul, 1969, pp.226-7.

（3）Polanyi, Michael, *The Tacit Dimension*, Garden City, NY: Doubleday Anchor Books, 1967, p.44.

（4）これは、ポランニなどの二〇世紀の「生気論」が進化の動因を、単にダーウィニズムの自然選択に反する意味での、個体の努力や個体の意志と見なしていたことを意味しない。現に彼らの「生気論」が参照したベルクソンの「生命の跳躍」は、進化の動因をダーウィニズム的な偶然の産物でも、ラマルク（Jean-Baptiste Lamarck 1744-1829）的な個体の自発的努力でもなく、個体にも環境にも還元されない「はるかにより深い何か」（Bergson, Henri, *L'Évolution Créatrice*, Paris: Félix Alcan, 1908, p.185. アンリ・ベルクソン『創造的進化』合田正人・松井久訳、ちくま学芸文庫、二〇一〇年、二一八頁）として見ており、そこからすると前二者はともに、そこへの後追いによって概念化されたものにすぎなかった。さらにこの、ベルクソンが「進化の運動の実在的本性」と言ったものは、初めから機械的に決定された本性でもなく、世界全体の目的へと導かれたものでもない。この本性に関する生命の哲学は、「機械論と目的論を一度に乗り越えることを主張する」（ibid., p.54 ／ 七六頁）ものであり、この把握しがたい性質は、この進化運動の動因が本質的に概念的把握からこぼれる何かであることを示している。

（5）二〇世紀後半において創発説は、特に複雑系システム科学の分野でも注目された。複雑系では単純な物理的相互作用から予測のつかない現象がしばしば見られる。たとえばセリウムイオンの酸化還元を伴う化学反応系での、Belousov-Zhavotinsky 反応は、一般の化学反応系から予測できない挙動として取り上げられる。こうした複雑系科学は、カオス理論などへと発展して行くが、それらにおいて注目されるのは、それまでなかった対象の相（すがた）が突然見えるようになる、「相転移」と呼ばれる現象であり、これが創発に相当するか否かが問われるのである（クリストフ・マラテール（Christophe Malaterre）『生命起源論の科学哲学』みすず書房、二〇一三年、一一六頁）。

（6）Clayton, Philip, *Mind & Emergence: from quantum to consciousness*, Oxford U. P., 2004, p.66.

（7）ibid., p.75.

（8）ibid., p.101.

（9）量子論的レベルでの線形因果を否定し、量子レベルにおける心的性質を唱えるものとしてクレイトンが引用する物理学上の立場に、たとえば心と脳との関係に、「量子ゼノン効果」と言われる量子の自発的役割を認める見解もある（Henry, P. Stapp, *Mind, Matter and Quantum Mechanics, Springer*, 3rd ed., 2009, pp.261-73 etc.）。

（10）Clayton, Philip and Davies, Paul (ed.), *The Re-Emergence of Emergence*, Oxford U.P., 2006.

（11）Davies, Paul, *God & the New Physics*, Simon & Schuster Paperbacks, 1983, pp.214-7.

（12）「原因のない出来事」についてはデイビスなどのほかに、日本においても、電子一個が通るチューブに個々の電子を規則正しい間隔で通した際、それらの電子が形作って行く粗密の密度波の現象に着目し、それを電子の「意志」と呼ぶ山田廣成（1946-）などがいる。他の電子と衝突しない個々の電子の運動は、自分自身以外の原因がないにもかかわらず、互いに秩序的な振る舞いを形成して行く現象についての機械論的説明がつかないからである（山田廣成『量子力学が明らかにする存在、意志、生命の意味』光子研出版、二〇一一年、二一―三頁など）。

（13）クレイトンの議論を敷衍すると、「下方因果」としての心的因果は、主観的状態が客観に還元不能なことを理由にした場合にも保証される。この還元不可能性のひとつは、主観による自己予測の不可能である。線形的な因果を前提とした場合でも、客観的状態とは違い、主観が自らの将来の状態を予測することはできない。つまり、量子的なランダム性を導入しなくても、宇宙は宇宙自身を予測できないことになる。反対に予測可能な線形的世界は必ず、その世界から因果的影響を受けない外部からの視点を必要とする。

（14）Clayton, *Mind & Emergence*, p.158.

（15）ibid., p.177.

（16）ibid., p.168

（17）いわゆる有機体の哲学においても、自らを他と関係しつつ他から区別し、自らの目的を実現して行く「統一力」のはたらきが、生命の中心に置かれる。しかも生物体のみならず、万物にこれを見出そうとするのが有機体の哲学の考えである。しかしこの「統一力」は物理主義の文脈で説明されることはできない。客観化ができないからである。また有機体の哲学の側でも「統一力」は内的に前提とされるのであって、実証的に観察されるものではない。

(18)　ベルクソンの「純粋持続」は、客観的実用的知識の性質ゆえに生じていた形而上学的な問題が、その客観的道具立ての解体によって解消される次元である。そしてこの「純粋持続」は目的へ向かう方向性を持った連続であるが、ベルクソンではこの方向性をも包括する次元は設定されない。それに対して西田の「場所」は、「働き」という方向性をも包括している点で、「純粋持続」よりも無限定である。そしてこの「純粋持続」と「場所」との違いは、ベルクソンが持続において「無」を疑似概念として扱ったのに対して、「場所」はあくまで「無の場所」であることの違いにも表れている。「純粋持続といい得るものはなお時を離れたものとはいえない、更にかかる連続をも越えたものでなければならぬ。それは永遠に現在なる世界、真の無の場所における有である。」（「場所」一〇七頁）。ここに「場所」は「純粋性質」として、「持続」の連続性をも越えた不連続、つまり「無」であることが明示されている。これは「統一力」を究極とする『善の研究』での「純粋経験」が、「無」ではなく「実在」であったのに対して、すでに「統一」の必要もなくなった「場所」が、それ自身の統一の必要性をも超越して、「無」に到っていることとの違いにも相応している。

(19)　Bergson, Henri, *Matière et Mémoire: essai sur la relation du corps a l'esprit*, Paris: Presses Universitaires de France, 1953, p.38.　ベルクソン『物質と記憶』合田正人・松本力訳、ちくま学芸文庫、二〇〇七年、四三頁。強調原典。

(20)　ibid., pp.37–8 / 四三頁。

(21)　これとは反対に、「連続」を純粋経験の主客未分の流れにあてはめるべきだという意見もあるかもしれない。しかし純粋経験は、要素に還元不可能という意味では「連続」的に見えるが、時間的には客観的前後関係や因果を絶している点で無時間的、つまり「不連続」と言える。その考えに則って本章では、「連続」を時間的前後の客観的つながりの成立として扱う。

(22)　道元『正法眼蔵（一）』「現成公案」水野弥穂子校注、岩波文庫、一九九〇年、五五頁。

(23)　同書、五六頁。

(24)　「無限円」に過去から未来へという時間形式があてはまらないならば、それは目的論と機械論とに対してどういった位置にあるのか。古典的目的論は、最終目的が将来の宇宙に設定されるため「直線的」であり、その最終目的は神の意志に任せられる。そこにもし神がいないのであれば、創造以前も、最終目的後も謎となるだろう。同様に機械論的決定論も、宇宙は未来へ向かっては自動展開するが、最初に与えられる運動がいかに生じたかを説明しない。つまり目的論も機械論も、客観的宇宙が所持する謎と同じタイプの謎を内包している。始原と現在、終末とが直線的、客観的に位置づけられるからである。それらに対して「無限円」は客観的に規定された中心がないため、現在に対する始原や終末の位置を定めることができない。言わば、あらゆる時間的位置が現在だからである。したがって、始原以前や終末以後の謎が生じる条件が未成立の状態にある。

(25) Bergson, *L'Évoltion Créatrice*, p.322 etc. /『創造的進化』合田正人・松井久訳、三七七頁など。このように、ベルクソンはすべてを「有」と見なすことで、「無」の概念によって生じる謎を疑似問題とする。しかし、「有」全体の始原の謎や終末の謎を主題的には扱っていない。

(26) ベルクソンではすべてが有なので、無から有へという変化はあり得ない。しかし西田からすると、ベルクソンが認めなかった無は相対無でしかないことになろう。その理由は、無が「有用性の不在」の結果生じたと見なすだけでは、その有用性の希求自体の誕生の向こう側にある無、さらにこの有用性が生じる以前の無が不明になるからということになろう。確かにベルクソンは、「もし物質が絶え間ない流れとして現れるなら、私たちの行動のいかなるところにも終わりは割り当てられない」(ibid., p.324 / 三八〇頁)と言う。しかしこれは世界内に無があり得ないことの主張にすぎず、始原以前、終末以後に相当する、世界や時間の外の「無」を直接に扱った議論ではないと考えられる。それに対して、世界や時間の外がすでに考えられなくなる次元として、絶対無の意義があるとも言える。

(27) 一方ベルクソンによれば、「無」は「〈全体〉の観念と同じくらい包括的で充満したものでもある」(ibid., p.320 / 三七六頁)であると言う。そこから、「無」はこの「〈全体〉の観念」には対立しないことが導かれる。「有」「無」の対立は、二者によってひとつの〈全体〉のそれぞれの部分を形作ることで初めて生じる。どちらか一方がそれだけで〈全体〉を成すならば、両者は対立し得ない。この〈全体〉を、すべてが「有」としての純粋持続だとすれば、「無」は、「有」そして純粋持続とは対立しないことになる。これは「無」がないことを、「有」が徹底的な全体であることを根拠にして導く立場である。つまり「有」の側から〈全体〉を徹底させ、その外部を無効にしようとするのがベルクソンである。それに対して西田は、「無」の側から〈全体〉を徹底させ、有無の対立、つまり区別を無効化させたと言える。ベルクソンの「有」に問題があるとすれば、徹底的な「有」がどこまで「無限定」であり得るか、そしてその「無限定」ゆえに、どこまで始原以前や終末以後の問題に対処し得るかだと考えられる。

(28) ibid., p.54 / 七六頁。

(29) ibid., p.321 / 三七七頁。

第四章　規則が立ち現れる場所
――ウィトゲンシュタインと西田における根拠なき根源についての考察

はじめに

この章の目的は、私たちの行為や価値づけは最終的に根拠づけられないという自覚のうえで、それでもいかにしてニヒリズムに陥らず、それらの行為や価値に積極性を見出すことができるかを考察することである。最終的な根拠がないとは、私たちの根拠づけはそれ以上が端的に問われない地点を必然的に所持することである。この、根拠が端的に問われない地点とは、そこにおいて「その先は」という構造が消滅する地点、したがってそこでは絶対的根拠が見出されないうえに、根拠なしという消極的判断さえもが成立せず、翻って肯定的、否定的判断がともにそこから創り出される根源であることを確認する。この、「その先は」という構造の消滅は私たちから理解不可能な一面を持っているが、その理解不可能から理解可能への転換が、根拠不在の消極性から積極性への転換でもあることを見て行く。私たちはこの消滅点をウィトゲンシュタインの規則論における「岩盤」や、西田における「無の場所」を導きの糸にしながら考察したい。

行為や判断の理由を探れば、さらなる理由が無限に遡及されるか、ある根拠の地点より先が端的に問われないか、根拠の循環になるか、のいずれかになることが指摘されている。[1] いずれも最終的に根拠づけられてはいない。そして無限遡及の場合には問われた最終地点の先は必ず根拠なき深淵が広がってしまい、端的に問われない地点より先は無自覚か問いを拒絶させる命令かになり、循環の場合にはそのサイクル全体が無意味として立ち現れる。私たちの問いはこの無根拠がその本性上虚無的であるのかということだが、本章では最終的な根拠がないことを通り越して、徹底的に奪われ尽すことに到るならば、無根拠の根さえ消滅して、それが積極性への転機になると考えて行きたい。

一　規則の知られなさ

最終的根拠が本質的に知られないこととして、ここではまずウィトゲンシュタインの「規則」の性質に着目したい。

「ある規則の把握が存在する、それは解釈ではなく、規則の適用の場面場面において、私たちが『規則に従う』と名づけ、また『規則に背いて行為する』と名づけることの内に現れるものである。[2]」

ここで「解釈」と「現れる」こととが区別され、規則は本質的に後者の仕方で私たちの具体的経験の内に示されるとしている。「解釈」とは何かとして把握されることであり、規則はそうした把握の外にあり続ける。その意味で規則は客観的に定立される認識から外れ、むしろその客観認識を背後で支えつつ、それ自体は客観化されない形式となる。これは有名な規則のパラドックスにおける「規則に従うと信じること」と「規則に従うこと」との相違にも対応する。「従うと信じる」場合には、これに従うものとして客観化され解釈された規則がまずあるが、この解釈は解釈する行為自身がもとづく規則を背後に持つ。そしてその規則も、自らが客観化されることで解釈され得る。今度はこの解釈も、自らがもとづく規則を隠し持ちその解釈がなされ得る。そしてさらにこの解釈についての解釈…という遡及構造が生じる。この構造をたどる限り、私たちは「規則に従う」ことの本質に到れない。この事実は、普段私たちが規則に従う仕方が規則の客観的な「把握」以前にあり、この仕方が私たちの実践的世界の姿であることを示している。ここでの行為は解釈以前にこの実践世界を形成し、その規則が厳密に何なのか、という解釈はここでは未だ成り立っていない。この解釈以前の事柄を、行為や思考の根拠としての根源的な規則と見なすならば、それはつねに思考の外部にしか存在し得ない。しかしこの根源的な規則がなければ実践や思考はあり得ないという、根本的な矛盾がここに見出される。この解釈以前の事柄は、それ以上の根拠を問題化することが原理的に不可能であるようなところである。(3)

ここで着目したいのは、思考にはそれが根拠なき規則によって営まれている次元があるが、その次元の事柄は無意味なのではなく、無意味さえも成立しないということである。規則が実在として解釈され、かつそれがもはや根拠にもとづけられていないと見なされる場合、そこには根拠のなさという無意味性が生じる。しかしこの「解釈ではないような規則」の次元では、規則は解釈された実在ではなく、行為とともに生み出される動的な枠組みである。ここで思考は規則の向こう側を見ることはできない。この規則は行為と思考とを根底にして、その現場とともに生み出されるからである。その意味でこの根源的な規則は根拠づけの構造を脱している。反対に何かとして根拠を解釈する、根拠を追求する思考は、根拠の向こう側がどこまでも謎であり続ける仕組みを作り出す。したがって根源的な規則は、こうした「果ての向こうの謎」が生じてしまわないために、何かとして知られてもならない。

確かにこのような最終根拠は『確実性について』では「ある種の神話」とも言われる。(4) 神話とはその根拠はないが、根拠への問いを拒絶するような形で私たちに対して権威を持つものである。根拠がないにもかかわらず、私たちの世界の根拠の説明であるものが神話だからである。そして神話的信念の下にある人には、その根拠を問おうという発想が生じない。神話の転覆は世界の転覆だからである。神話的に世界を説明する観念の体系は、その体系の中で神話の真偽を問うような経験命題ではなく、反対に経験的な知識や信念の枠組みの方を定める命題である。つまりこの命題は、その根拠がないという点で、真偽が問われ得る命題とは決定的に区別される。この命題は論証の出発点なのではない。反対に何かを論証する営みの中に、すでにその命題の真偽が問われないままに組み込まれており、その意味で論証の対象となる明確な地点でさえない何かなのである。

こうした命題をウィトゲンシュタインはムーア（George Moore 1873–1958）命題と言い、しかもそれを明示される事柄としても見なさない。つまり彼の言うムーア命題は認識、解釈されることなくして私たちの行為や思考の正当性を支えている命題ということになる。認識されればそのさらなる「根拠」が問われ得るが、ムーア命題はその根拠の特定性を絶対的に超越していなければならないからである。[5] つまり思考の最も根幹となるものが、最も知られてはならないという根本的な逆接を自らに引き受けている。この事実は、私たちの合理的思考が、その思考領域に現れないところで、その合理性に含まれないものにもとづいていることを示している。

また神話の場合は観念の体系として語られても何ら違和感はない。しかし「ここに手があることをあなたは知っている」というようなムーア命題は、あまりに私たちの思考や実践の根幹に組み込まれてしまっているゆえに、それが明示、解釈されることが却って異様である。これは「私たちの信念の根拠なきこと」[6] と言われ、語られず理由なき「河床」の性質をより強く所持している。信念は根拠があったら信念ではない。根拠があれば、それに支えられた「信念」は「合理的判断」にすぎなくなり、信念の本質とは相反してしまうからである。

こうした信念が明示、解釈から隠れる性質に着目した点でウィトゲンシュタインと西田には共通点が見られるが、その扱い方については異なっている。ウィトゲンシュタインの場合、ムーア命題にあたる根源的信念は「蝶番」とも呼ばれ、それは決して見られることはないが、思考体系全体の「均衡」がとれなくなった場合には覆される存在である。その限りで「蝶番」は全体の要点であるが、最終的根拠は全体であって、その全体の外を考えるのは端的に無意味となる。それは全体の原因をたどると全体自身に行き着くという循環構造でもある。この限りで「蝶番」をめぐる全体は徹頭徹尾有のままであり、実在の全体がまず有として定立されている。(7) それに対して西田の絶対無は有無の根拠としての無の場所であり、そこでは有の場所自身が有の場所の根拠になるという循環構造はとらない。無の場所は有を含みながら有ではない何か、しかも決して認識対象とならない何かとして考えられている。次にこの有の根拠としての無の場所が西田でどう考えられているかを見たい。

二　根底としての場所

ウィトゲンシュタインにおいて、「蝶番」としての規則が有無を外れるという主張はなく、解釈されない命題の場合でもその有は前提となっている。それは『論考』において有が論理の前提とされていることに通じている。(8) したがって有から思考が成立するのであり、有無の差異以前から分別によって、有に関する思考が生じるという考えではない。それに対して西田では実在の原初的全体は有として規定することさえできない。全体に含まれる実在同士に分別的な関係が生じることで、初めて有無の対立も生じる。そして私たちの思考も、この分別的な関係によって始まる。すると、この関係以前である無の場所を思考することは原理的に不可能なはずである。有でも無でもないことは、思考の条件としての最も根本的な分別以前だからである。したがって無の場所は名づけられることはできない。西田はそれを概念的「限定」と、それがない状態から説明する。するとここで、有無の区別という「限定」

が思考にとっていかなる役割をなすかが考察される必要がある。

「我々の概念的知識が特殊化せられて行くに従って、一歩進んだ特殊は前の一般的なるものを内に包んで行く、最後に如何なる意味においても苟も概念的に限定し得られる一般的なるものが全然内に包まれても、なお判断の主語述語の関係から真に無の場所というものが考えられる、即ち真に思慮分別を絶した、真に直接なる心というものが残るのである、かかる場所に於てあるものが真に直覚的なるものである」(「左右田博士に答う」一八二頁)

このように西田は概念的限定が最も取り除かれて行き着くところを「真の無の場所」とし、そこに「思慮分別」の超絶と有無の消滅とを重ね合わせている。右記の引用の文脈において、一般的だったものが特殊になるとは、前の一般をさらに一般的なるもので包むことである。最後に概念化され得る最も一般的なるものに到るが、これはそれ以上の概念的な外部を持たないにもかかわらず、この最後の一般的なものを主語とする述語的領域があるという。それが「真に直接なる心」、もしくは「超越的述語面」であり、そこが有無の区別の超絶である点が西田の特色でもある。この直接性は、ウィトゲンシュタインにおける、それ以上根拠づけられない規則の底、「岩盤」にも相当する。岩盤はあらゆる規則の根拠であるから、それを特定の規則で根拠づけることはできない。これは「超越的述語面」がもはやどんな述語によっても限定される次元にはないことと共通している。しかし直覚はこの規則化や概念化の底という性質よりも、「無の場所」という存在論的な性質を前面に出して語られる。

この有無以前の扱いについて検討したい。ウィトゲンシュタインでは分別以前の根源にあっても、はたらきは創り出され、それは自ら規則を創出する根源的行為とされる。それに対して西田における「無の場所」はすでにはたらきではなく、純粋に「見るもの」とされる。ここからすると根源的規則はすでに何らかの有としてのはたらきである。しかしそのはたらきとは何か。この問いに関して、『確実性』の「子供は本が存在すること、椅子が存在すること、などなどを学ぶのではない、本を持って来ること、椅子に坐ること、などを学ぶのである。(9)」という言葉は、「本を持って来る」、「椅子に坐る」という、まだ何のために行われているのかわからない動作でさえ、すでにはたらきであり規則の端緒であることを示している。そこで私たちは、どうして無に対する有を問題にするのかに注目しなければならない。

「確かにのちには存在への問いが生じてくる。『一角獣は存在するか』などの問いが。だがこのような問いは、通常はそのような存在への問いに相応するものが現れ出てこないがゆえにこそ可能なのである。(10)」

ここで「存在」は、決して解釈されることのない根源的規則に値するものとして理解する必要がある。根源的規則はそれが問われないがゆえに、すべての行為の根拠となることができた。それと同様に「ものが有る」ことも、それが当然として問われないがゆえに、ある特定の対象の有無を問題にするうえで不可欠な土台になる。それに対して「一角獣」に関する問いは純粋に有無の区別の産物であり、それは有という問われない前提があって、そこへの否定という論理的操作から生み出される。最初の段階では有という解釈や概念は未成立であり、無とはその次元に与えられた否定的な形式的操作の結果である。この操作は形式的であるからこそ現実から遊離し、「一角獣」という現実とは何の関係もないものについて、真面目に問うことを可能にさせるのである。

ウィトゲンシュタインでもこの問われる以前の有は絵画の直視を以って例示される。絵の原初的肯定は有であり、しかもそのように解釈される以前の有である。この解釈以前という性質は原初的な「岩盤」に同じであり、すでにほかの何かによって基礎づけられるという性質を脱している。これは西田が「無の場所」における「見ること」

の事例として芸術的直観を挙げることにも共通している。「見ること」は何かから何かへのはたらきではなく、それ自身は何によっても限定を受けない。しかしこの原初的直観は西田では「真の無」であり、解釈以前の「有」とは言われない。しかも西田の芸術的直観は表現上「無」と言われることに加え、本質に関する質的洞察を含んでいる点においてウィトゲンシュタインの絵画の事例とも異なっている。この「有」以前の事柄を「無」として積極的に表現するのが西田の特色である。

「真の無はかかる有と無とを包むものでなければならぬ、かかる有無の成立する場所でなければならぬ。有を否定し有に対立する無が真の無ではなく、真の無は有の背景を成すものでなければならぬ。」（「場所」七七頁）

「有」の背景は「無」である。しかしこの「無」が有化されればたちまちその解釈が成立し、そのさらなる背後が問題化する。したがってこの「無」は決して有化、対象化されない無でなくてはならない。これを西田は決して主語とならず、述語のみになるという性質からとらえる。「無」が主語になるとき、それはすでに対象化された無となる。しかし述語となるのみの「無」とは、それが他の何かによって限定、つまり述語によって性質づけられることがないため、対象化されない。したがってこの「無」を対象化する主体もない。つまりここで、もっぱら述語となることと、主語が述語へと一致して行くことと、主体が対象へと深められ自らが無化して行くこととは同じ事柄として成立してくる。この「無」とは異なり、ウィトゲンシュタインは根源的規則を無とは言わない。しかしそれは有以前の有であり、無さえ入り込む隙間のない有の姿である。これを次に、根拠なきゆえに無意味をも生じさせない次元として検討したい。

三　「無意味」の消滅

意味ある行為とは、何かの目的を達成させることの内に見出される。その限りで意味とはその目的を根拠とし、その目的は私たちの必要性にもとづいている。その点で意味ある行為とは、必要性による根拠づけの構造の中にある。そこからすると、反対にこの根拠と目的のない行為は無意味ということになる。この考え方からすると、根拠なき根源的行為は無意味となる。しかし行為の根源性を徹するとそうはならない。無意味という判断がなされるためには、無意味という意味を規定する基準が必要になるが、この根源的行為の次元においてはその基準さえ未だに成立していないからである。その点で根源的行為は意味と無意味との彼岸にある。「このことはまさしく、私がこの（生の形式としての）確実性を、正当と不当との彼岸にあるものとして把握しようとすることを意味する。つまり、さながら動物的な何かとして。[11]」（括弧内引用者）とウィトゲンシュタインは言う。それは「正当と不当との彼岸」であり真偽以前であることと同様である。それは西田の無の場所が否定的な無の根拠でもあることに相応する。「動物的」とは、その行為が意識され、正しいか否か、意味があるかないかと判断される以前に、すでに行為主体がその行為そのものであることを言い表している。この、判断以前の行為は「初に業《わざ》ありき[12]」とも言い表される。この段階では有意味と無意味との区別も含めて、その「業」に対するいかなる客観的判断や評価も成立しておらず、その根拠のあるなしという区別をも絶している。[13]

「業」とはそれ自体においては正しくもなく誤りでもない。それが他者や共同体、もしくは過去の実践との関係を持つことで正誤は成立してくる。しかも重要なのは、その正誤はそのつど明確に定義づけられたあらかじめの基準に照らし合わせて決定されるのではなく、全く逆にその正誤判断の実践から正しい基準が形成されてくる事実である。つまり正誤についての実践が基準に先行し、基準が明確でなくても実践と判断とが先行しているのが私たちの現実なのである。よってこの実践はそれ以上の根拠づけを絶しており、根拠づけの構造の中にそれを組み込もうとすることは背理となる。同様に私たちがある行為を有意味または無意味と見なすときにも、厳密な基準より判断の実践が先立っていることも事実なのである。

ではなぜ私たちは意味と無意味との区別が成立していない根源的行為を無意味な機械的自動性と見なしてしまうのか。確かに私たちは根拠のあるなしによって意味と無意味とを区別し、根拠が「ない」と見なされることを無意味と判断している。しかし実際には根源的行為とは、根拠が「ない」という判断さえをも生み出す現場である。意図的行為の反対としての「自動」という概念もそこから生じる。しかし私たちは根源的行為を何かとして考える場合、その根拠の有無の区別がなされる論理空間の中にその行為をあてはめるしかない。そこでは根拠が「ない」ことの未成立は理解できないのである。

また私たちは自発的行為と決定された行為とを区別する。原因に還元されない新しさを生み出すのが自発的行為だとすれば、機械的な因果系列に組み込まれ、決定されるという形をとるのが決定された行為である。そしてこの行為には生きた意味は見出せない。しかし根源的な行為はこの決定された行為でさえない。決定性とは、決定的か非決定的かを区別する規則に従ったうえで、自発的性質を持たない行為の方に与えられる名である。「因果連関」とはこの規則にあたる。それに対して根源的な行為は、この「因果連関」という規則をも創って行く「業」にあたる。したがってそれは、一度客観化のフィルターを通して見ると決定的に見えるが、それは因果性の規則にあてはめられて初めて見られる姿であり、実際それは決定性の条件をも満たしてはいない。反対に自発性とは、因果性の規則を前提として、それを断ち切るものとして成立する。言い換えれば、この因果性の規則を前提としなければ成立しない。根源的行為がこの規則をも創って行く「業」であるなら、そこに決定性はなく、したがってこの決定性を断ち切るということもない。しかしこの根源的な創出の行為については、この創出以前についての思考枠を私たちが持たないために、それを何かとして性質づけることが不可能なのである。これは有意味でも無意味でもない行為と同様で、何によっても述語づけされない。

「言語ゲームは言わば予見不可能な何かであることを、あなたはよく考えておかねばならない。私はこう思う。それは根拠づけられていない。理性的ではない（もしくは非理性的でもない）。それはここにある――私たちの生と同様に。(14)」

分化していない事柄について思考不可能であるのは、それを何かとして見ることが不可能であること、つまり述語によって包摂できないことによる。これは西田の「真の無の場所」についての思考不可能性にも共通するが、この「無の場所」は有無という分化の超越が思考不可能性に重なっている点で、ウィトゲンシュタイン的な根源的規則とは異なっている。私たちは因果性の規則「以前」を思考できないのと同様、有無「以前」を思考することはできない。西田は有無を超えることを「類概念の外に出ること」と見なし、「或物」が「その矛盾に移り行くことが可能」になることと表現する（「場所」七八頁）。

ここでの「矛盾」は「反対」とも異なっている。「反対」は一定の類概念の枠内で可能なことであり、それに対して「矛盾」とはその類概念の内では決して成立しないことである。決定性は自発性の「反対」であり、因果性の枠組みの中では特定の運動が決定されていて同時に自発的であることはあり得ない。もしそれが可能だとすればそれらの区別の枠組みが無効になるしかない。そこでは決定と自発は、反対である関係の成立以前のところから照らし出される。それは矛盾の解消、矛盾の同一化でもある。

さらに西田は、「真の場所は単に変化の場所ではなくして生滅の場所である。類概念をも越えて生滅の場所に入る時、もはや働くということの意味もなくなる、唯見るというのほかはない」（「場所」七八頁）と言う。生滅とは有と無であり、それらが「反対」でさえなくなるとは、それらを区別するカテゴリーが無効になることである。そして西田はこの有無という区別が無効になる地点を思考の限界に位置づける。「類概念を場所として見ている間」はまだ「潜在的有」にある。それに対して「類概念をも映す場所」にあり、「働きを内に包むものを見る」とき、「無が有を包む」ことになる。つまり西田では「働き」は類においてなされ、類をも含む場所においてはすでに「働き」はない。そうした場所の性質は、「形式と質料との融合せる対立なき対象」（「場所」七九頁）とも言われ、この「形式と質料との」対立を超越する性質と、思考形式をも創出する性質とはウィトゲンシュタインの根源的規則にも共通し、ともに私たちの思考の限界外に位置する。つまりこの形式を超えたものを純粋な有とするなら、それはもはや同様の意味における無と区別がつかない。

このように西田では類概念の超越から有と無との超越に到り、しかもそこでは純粋に「見ること」のみが成立した。それに対してウィトゲンシュタインでは根源的規則から意味と無意味との未分に到り、しかもそれは「初に業ありき」としての行為、はたらきに直結した未分であった。そこからするとウィトゲンシュタインは分別の超越を、「無の場所」や「見ること」として概念化した西田とは異なり、むしろ概念以前の行為において、その超越を直示している。この「無根拠」や「無意味」をも成り立たせない原初的行為は、根拠への「疑い」さえ、この疑われない領域に基づいてなされるという事実をも明らかにしている。次に疑いもひとつの言語ゲームであることを通じて、この原初的行為をさらにとらえ直して行きたい。

四　疑いという規則

私たちは「これは緑である」という言明は誤りであるという疑いをかけることができる。しかしこうしたすべてを疑おうとする試みについてウィトゲンシュタインは、「だがこういった慎重な試みも、どこかで終わりに到る場合にのみ意味を持つ。終わりのない疑いは、決して疑いとなることはない。[15]」と言う。確かに単なる論理的操作としてはどんな色に対しても「疑い」の操作は付加され得る。「緑」は錯乱によって発せられている言明かもしれないし、緑が誤りで赤も誤りかもしれない。しかし注意すべきは、この「疑い」の操作はその形式性ゆえに、既成の言語ゲームに実質的な問題を何も起こさないことである。「緑」という判断の誤りは、それが他人の判断との齟齬を導いたり、信号機の見誤りで事故を起こしそうになったとき初めて問題化し、反対に「緑」という判断をいくら行ったところで問題が生じないときには疑いは空転する。そこで疑いのゲームを営むことはできない。これはたとえばデカルトの方法的懐疑が疑いとして空転し、最終的に「神の誠実」によって世界のもと通りの肯定に帰着せざるを得なかった構造と同様である。根源的地盤は言語行為の事実そのものであり、それにさらに根拠があるのではない。ここでゲームのひとつとしての「疑い」も、その根拠を持つことによってではなく、実質的な営みを持つことによって初めて「疑い」として成り立つことになる。

そしてこの実質的な営みは全く気づかれず、計画もされていないはたらきから始まるのであり、こちらから記述され設定されるものではない。「そしてひとは正常な状況を認めはする、しかしそれを正確に記述することはできない。正常ではない状況を記述する方がはるかに容易である。[16]」からである。「これは木であることを私は知っている」はすでに「正常な状況」の「記述」である。それが実は張子であることが判明したとき初めて、「これは木である」

あると思っていた」という、「正常ではない」言明が生じる。「正常な状況」は世界の根底として進行し、「記述」や「反省」を絶している。反対に私たちがこの世界の根底の「状況」を反省する際には、今度はこの反省の根拠となる別の疑われざる根底が必要となり、この根底だけはその際にも反省されることがない。そしてこの構造はどこまでも続く。この構造は「疑い」の場合でも同様であり、背後の根底のない「疑い」は成立しない。したがって「すべて」を疑う行為はあり得ない。その「疑い」にさえ、疑われざる根底が必要だからである。

存在への疑いもこの背後の根底としての事実の次元が下地になくては成り立たない。たとえば私が自分の手の存在を疑えるのではないか、という問いに対してはこう言われる。

「しかしそのように問う人は、存在についての疑いが言語ゲームの中でのみはたらくということを見落している。したがってまず問われなければならないことは、そのような類の疑いがどのように見えるかであり、これはそれほど造作なく理解されるものではない、ということを見落としている。(17)」

この手の存在への疑いも、懐疑論という言語ゲームの遂行の中で初めて成立すること、そしてこの疑いを実質化する言語ゲームの体系がなければ、その疑いは空転する。つまり存在も無前提ではなく、「私の手」が機能しているゲームの遂行が、手の「存在」に先行している。反対に、仮に自分の手が誰かによって非存在だと宣言されても、その手を用いた日常的活動には何の差異も生み出されなければ、この宣告はいかなる手の営みの実質にも関わりがない。しかしもしこの手が突然「私の手」ではあり得ない自分勝手な活動を始めたら、それは異様ではあるが「私の手」のゲームを実質的に破壊する力を持つのである。

こうして、これが「私の手」であることの根拠が不問のままであるように、私たちにとっての自明の事実や存在を疑うことの根拠は不問のまま伏されている。それは世界の根拠一般が問われないままで成立しているのと同様の構造である。このようにして無根拠を消極的に見なす思考自らの根拠が不在ならば、消極性の根が絶たれることによってこの思考が積極性に転じる道が開ける。これは世界を無意味と見なす判断の形式が絶たれることでそれが積極性に変わる構造にも類似する。消極的な無を形作っているものの根源が消去されるからである。したがってそこでは根拠と無根拠、積極性と消極性という区別さえも根絶される。

こうして「根拠なし」という思考自体にも根拠なき規則が控えているという構造は、西田の無の場所が有の根源であるとともに、虚無の根源でもある構造に共通する。ウィトゲンシュタインの根源的行為が無意味という意味をも産出する根源ならば、西田では虚無という消極性を産出するのも、無の場所からのはたらきとなる。しかも無の場所はあらゆる規定性を脱した意識一般の場所でもある。それは何者でもないが「見ること」を担い、それがないと意志、はたらき、判断などがあり得なくなる一般的な意識である。この、場所が意識であるという性質は、ウィトゲンシュタインの規則の根源にある行為がはたらきであり、そしてそこに意識は問題になっていないこととは異なっている。この西田における意識の普遍化と、ウィトゲンシュタインにおける意識の無化との関係について最後に触れておきたい。それらは究極の普遍化が究極の無化と重なる地点において一致を見せると考えられるのである。

五　規則の根底と主観の消滅

ウィトゲンシュタインでは語られず、西田ではあまりにも手前にあるために気づかれなくなるのが意識である。規則は反省以前であり知の対象でもなく、規則に従うことは意識的には営まれ得ない。つまり何かに従うと「信じる」意識の前提に相当するのが根源的な規則であり、ここに意識は介入し得ない。それに対して西田における有無の区別を超えた「真の無の場所」には、「意識一般」が満ちている。この点で根源的な規則では意識について語られず、他方「意識一般」は何らかの意識であるという違いが見て取れる。確かにこの「意識一般」はすでに物事を分別するという意味での意識ではない。その点では意識の潜勢態とも言える。そして西田はこの分別する意識以前を「情意」としても語る。しかしこの「情意」は特定の感情として分類ができず、また何か特定の対象についての「情意」として規定されることもなされない、私たちの個別的意識に属す性質以前の未規定性の内になければならない。つまりこの「情意」は誰かの「情意」であるという帰属性がないことにその特徴が集約されねばならない。それは主体が「無の場所」へと深められることによって、主体の存在がすでに問題ではなくなることに共通する。それはもはやそれ以上述語によって性質づけられず、何の限定も受けない領域として主体が世界に広がってゆくこととひとつである。

「何処までも判断的知識の背後に見られねばならない述語面という如きものが、私のいわゆる場所であって、それはカント学者の認識主観に相当するものといってよい。唯、従来の考え方の如く主観を統一点というように考えないで、包容面というように考える点において異なるのである。」（「場所」一八六頁）

述語は主語となる何かを分類することで、知識化するものであるが、述語的概念自身も何かとして分類される限りはその背後を持ち続ける。しかしこうした基礎づけ構造は、それ以上の背後が問われない地点を宿命的に持っている。その意味で述語としての場所は、その背後がすでに問われない段階に達したとき、規則の「岩盤」に等しい性質を所持する。しかしそこに意識が満ち、しかもそれはすでにはたらかず、ただ見る意識だとされるのが西田の「無の場所」なのである。さらにこの場所は極ではなく「包容面」だということは、もはや特定の主観の意識として限定されないばかりでなく、質的にも空間的にも、主体とそうでないものとの区別の消滅を意味している。カント的な超越論的主観は直観の対象ともなり得ないため何としても規定されず、それが実体であるとか単純であるという区分も不可能だが、それに加えて西田の「無の場所」としての主体は、自ら何でもないものになることによって、宇宙とそれ自身との区別さえ失っているとも言える。

「無の場所」における意識が真性の自我であるとすると、それを限定したものを真の自我と考えることは誤りであり、この誤りは見方を変えれば、限定された自我を有と見なす視点がもとづく根拠に気づいていない状態から生じている。ここで「私」はアプリオリな有と考えられ、「私」を形作る枠はそれ以上が問われず、それなしでは思考さえ不可能な世界の根源的な形式と見なされている。そして「私」の存在に理由が見出せないという謎も、この形式枠の、理由なく設定されるという、その根源性があって初めて生じている。しかし反対に、この枠の無根拠が露になり枠自体の消滅に到ったとき、私の存在の謎もその成立根拠を失う。これは問題解決ではなく、問題自体の消滅、しかも何が問題であったのかがわからない仕方での消滅である。何が問題かの理解は、その問題が成立する認識枠がなければならないが、この謎の消滅ではこの枠の方が霧消してしまうからである。これは私が無であるという認識とも異なる。私の謎の消滅は無を無として認識させる枠組みの消滅にも重なっているからである。

私と私ではないものとの形式的区別さえ、枠の消滅とともに消えることになる。これは意識が超越的述語面として限定なく広がることに等しい。反対に枠は意識を限定する形式であり、それは述語化を構築する知識の根源でもある。したがって枠のない状態や、枠の消滅に「ついて」知的理解をなすことは不可能である。無論その枠によって成立していた謎も、枠のないところからは理解不可能である。

「斯く自己の中に無限に自己を映し行くもの、自己自身は無にして無限の有を含むものが、真の我としてこれに

おいていわゆる主客の対立が成立するのである。」（「場所」七二頁）

「無」であり「真の我」としての自己は、無限に自己自身と有とを含む。無が否定的意味としての無ではない限り、これが自己の必然的な姿となる。無限定としての無はあらゆる限定を含まなくてはならないからである。この限定が思考の条件である限り、無の場所は思考以前であり問題以前である。自己を述語の方に深めて行くことは、私が徹底的に限定されず、概念としては消滅して行くことであると同時に、私を徹底的に宇宙全体に広げて行くことによってすべてが私になって行くことでもある。それはウィトゲンシュタインにおける、厳格に成し遂げられた独我論と「純粋な実在論」とが一致する地点としての「自我」とも同様である。[18] 徹底された独我論においては自我の自我性が究極まで推し進められる。[19] すると自我は、独我論を形成する、自我ではないものとの比較と関係とを司る形式までをも絶してしまい、その結果自我を成立させていた土台をも根絶してしまう。そこでは究極の自我と、もともと自我などどこにもないこととが区別なき地平が開ける。しかしこの「純粋な実在論」では自我が存在しないのではなく、自我が存在しないという判断がすでに成立不可能なのである。反対に自我のない実在論を徹底化させて行くと、そこに自我はもとから問題にならないがゆえに、自我や精神と対置された、無機質な世界の存在というものが意味を持たなくなる。そこに広がるのは自我のない世界ではなく、自我のないことが未だに成り立たない世界にほかならない。これら二つの方向をたどって行くと、一方はすべてが徹底的に自我であることによって自我という定立が無意味化すること、他方はすべてが非自我であることの徹底によって、非自我という定立が無意味化することを通じて、自我の存在と非存在との未分という地平に到っている。西田の「真の無の場所」についても、そこで主観的自我が絶対化されるのではなく、それはすべてが自己であることと自己が全く非存在であることの一致として見直される必要がある。

おわりに

本章では、私たちの知が必然的に所持している根拠なき領域とは、あらゆる信念が暗黙に所持する前提であり、世界の無根拠や無意味、さらには懐疑といった世界の根拠を奪う消極的な判断さえその領域を不問のまま所持していることを確認した。ここから世界の否定の無効化を通じた積極性が開ける道筋が探られた。ニヒリズムの見解や存在についての謎も私たちの知の産物である限り、この問われない根拠にもとづいて成立している。ウィトゲンシュタインの規則と西田の場所との検討は、この消極的な無をも覆し得る道筋の探求でもあった。

意味や無意味、真や偽という判断もそこに自明の規則が前提とされなければ不可能であった。そしてその規則以前は有意味でも無意味でもなく、そこから両者ともが分離する根源的な行為が見出された。これは西田においては無と有との境界がない「真の無の場所」に相当したが、ウィトゲンシュタインの根源的な行為ははたらきであり、他方で西田の無の場所ではもはやはたらきはなく、見ることのみがあった。ここに言語の限界という問題意識と、感性的な直観との相違が見出された。また疑いと謎とが機能するには、それらを実質化させるとりまき状況がすでに必要であり、それが言語ゲームや有の場所に相当した。反対にそれらがなければ疑いや謎も空転することになる。

さらに主観と客観とが成立している場合、客観が形式にもとづいて構成されているのと同じく、主観もその構成された客観に対置するものとしてこの形式にもとづいていた。しかもこの形式は主客が成立している限りは気づかれないことを本質としていた。反対に主観が形式以前に引き戻るとき、根源的行為や自己の無が見出された。これは根源的な「業」の状態、および無の場所へと自己が深められて行くことにも相当した。そしてこれは無の場所においてすべてが自己となると同時に自己が消滅する状態であり、それは徹底された独我論と純粋な実在論とが一致する地平にも相当した。それは世界の根源は何かという謎と、自己存在の根拠は何かという謎とが重なる地平で、同時消滅することでもあった。

「左右田博士に答う」『西田幾多郎哲学論文集Ⅰ』岩波書店、一九八七年。
「場所」『西田幾多郎哲学論文集Ⅰ』。

（1）これはミュンヒハウゼン（Muenchhausen 1720–97）のトリレンマをはじめとして、近年でも議論されることが多い論理構造である。それは、あることにはその根拠があるという、充足根拠律の思想に対するアンチテーゼにもなっている。それに対して本章は、根拠がない地点から先の謎を、その地点を作ってしまう、根拠の系列自体の無根拠を確認することによって解消させる試みである。

（2）Wittgenstein, Ludwig, *Philosophische Untersuchungen*, Ludwig Wittgenstein Werkausgabe Band 1, Frankfurt am Main, Suhrkamp, c1984, 201.

（3）私たちは規則的な行為を「解釈」することができる。しかしその「解釈」はあくまでそれまでの行為の全体を可能な限り思い浮かべた限りで、それらの既成の行為を説明するにすぎないのであり、実際今後生じるであろう行為も含めて、「解釈」する自分自身をも含む行為の本質を言いあてるものではない。私たちにはせいぜい、行為の一定の段階において、それまでの行為の全体を根拠づける規則を発見したり「解釈」したりすることまでが可能なのであり、この限りで規則の「解釈」はどこまでも行為自身に追いつけない。この解釈の遡及構造は、この遡及のどの過程においても、必ず規則的と考えられながらも解釈されていない行為が存在し続けることを示している。

（4）Wittgenstein, *Ueber Gewissheit*, Werkausgabe Band 8, c1984, 95.

（5）つまりムーア命題は他の何かによって基礎づけられるのではなく、行為が全体として成立している事実に、自らの根拠を持つことになる。そしてこれはムーア命題に見られるような、根源的な根拠の本質的な構造なのである。

（6）*Ueber Gewissheit*, 166.

（7）たとえば絵画の直観はそれ自体何にも分化していない純粋性の内にあるが、ウィトゲンシュタインではそれもまず有として定立される。しかしそれは有として表現される以前の有だと私たちは考えたい。それが有とされるのは、初めに有ありきというウィトゲンシュタインにおける前提のためであり、これは彼の、論理語が使用されるためには有が前提になるという考えに共通している。

(8) 『論考』では「論理は世界を満たす。世界の限界は論理の限界でもある。それゆえ私たちは、論理の内側にいて、『世界にはこれこれのものは存在するが、あれは存在しない』と語ることはできない。」(Wittgenstein, *Tractatus Logico-philosophicus*, Werkausgabe Band 1, 5.61) と主張される。これを野矢茂樹は「語りうるのは対象の配列たる事態のみ」という主張として理解する。つまり彼は「命題が有意味であるためには、名が表わす対象が存在しなければならない」と、有意味性の条件が存在であることを主張するのである。一方、ある論理空間内の特定の対象が何々である、という言明は真理性に関わる。したがって特定の「名が表わす対象」が「存在する」、という言明は「その有意味性の条件と真理性の条件とが一致してしまう」ことになるという(野矢茂樹『「論理哲学論考」を読む』哲学書房、二〇〇二年、一八九—九〇頁)。

特定の論理空間の内部では対象に関する真理性つまり真偽のみを語ることができ、有意味性の条件である存在を語ることはできない。それを語り得るのはその論理空間の外部からだけだが、私たちはその論理空間内にあってその外部に同時に立つことはできない。したがってここで有そのものはこの論理空間の限界をなしており、徹頭徹尾その空間内における真理性つまり語り得る次元には登場してこない。ここに有や無という事態は入る隙間を持たない。これは絵画の直観に否定が入り込めないことにも共通する。そして野矢はこれを、論理空間において「『肯定的事態/否定的事態』という言い方は断じて採用できない」と表現する(同書、九二頁)。論理空間の有は、その無と同様、その論理空間内には決して登場してこないからである。一方西田ではこの論理空間の限界は無と表現される。両者の間には無分別的な状態に対する考えの相違が強く窺われる。

(9) *Ueber Gewissheit*, 476.

(10) ibid., 476.

(11) ibid., 359.

(12) ibid.,402. この「業」にあたるドイツ語は“Tat”である。

(13) このようにあらゆる関係以前に位置するために定義不能な何かには、たとえばクオリアも含めることができる。クオリアだけが取り出されたところでは、それが何かという規定はすべて未成立である。確かに赤のクオリア、痛みのクオリアという言葉の使用はなされるが、それらはすでにクオリアを言語使用の規則の中に位置づけてしまっており、クオリア自体からはすでに離れている。クオリアの本質的な事柄はこの意味であらゆる言語使用の中に入り得ない。その意味でクオリアは概念的な言語でありながらあらゆる概念化を拒絶する性質を自らの内に含んでいる。

(14) *Ueber Gewissheit*, 559.

(15) ibid., 625.

(16) ibid., 27.

(17) ibid., 24.

(18)「ここで、厳格に成し遂げられた独我論は純粋な実在論と重なり合うことが見て取られる。」(*Tractatus*, 5.634)。独我論の徹底化は世界の中での私の位置を消滅させる。そこでは世界すべてが私と言っても何の変わりもない。

(19) この場合の独我論は、世界には私以外のものは存在しない、という考えを意味している。しかし私しかいないという思考は、すでに私以外の存在を前提としていなければ成り立たず、その点でこの独我論はその成り立ちから矛盾を含んでいる。私はあるが他者の存在は疑問であるという段階では、他者の存在とそれに対する私という構図が疑わしいながら成立する。しかし独我論をより徹底させて、他者は実は一切存在しないという段階にまで到るとき、他者の現れだけはそのまま存在しつつ私はいないという状態が帰結する。なぜなら、私に対する実在の他者は一切完全になくなるため、自―他の形式が消滅することを通じて他者に対する私は不成立となり、私は果てのない現れの全体そのものになるからである。これは独我論が内側から消滅する事態でもある。そのようにして私が零に到ることは、純粋に世界のみが残ることに等しくなる。これは自己の零点化がそのまま自己の無限大化に一致する出来事であり、自己と世界との区別がなくなる出来事である。

以上は世界や他者の現れがそのままで自己が消滅する事例だが、反対に現れが除かれて世界が消える場合も、他者や現れに対する自己が同時になくなることによって自己は無となる。しかしこれは世界が消去の方向に収斂して行った先に自己の無に到ることであり、世界のありありとした様が高じつつ自己が蒸発するという右記の場合とは正反対である。

第五章　矛盾と偶然——始原と秩序についての考察

はじめに

宇宙が合理的であるならば、そこには必然性が支配し、純粋な意味での偶然はない。理屈で説明不能なものは考えられない、という合理性の理念がこれを支持している。だが実際には、現実に私たちは偶然と言わざるを得ない出来事に出合う。それでも宇宙が合理的ならば、それは私たちの無知ゆえに、偶然に見えているにすぎないことになる。そこには、偶然とは合理性の亀裂であるが、その亀裂は仮象であるという思想が根底にある。反対に、現実での偶然は仮象であっても、たとえば因果系列の最初には必ず、原因が問われない出来事が前提とされるように、むしろ合理性の根底に偶然が不可欠に存在している、という考え方もできる。ここで、偶然性を合理的宇宙の欠如態と見なすのか、それとも偶然性の方が宇宙の根底にあって、合理性の方がそこからの派生態なのか、という問いが生じる。

九鬼周造（1888–1941）による偶然性に関する一連の論考は、従来合理的な哲学では消極的な位置を占めるにすぎなかった偶然性を、むしろ積極的な主題にしようとした。その議論は、合理性の欠如としての偶然性という位置づけから始められるが、宇宙の始まりとしての原始偶然の問題に到って、宇宙に対する偶然の占める意義は最大になる。ここで偶然は、存在と無との亀裂を極限まで広げることで、その意義を発揮する。

他方で、偶然性について西田が主題的に論じることはない。しかし矛盾を実在の根底に位置づける西田の考えは、九鬼の偶然の場合のように、矛盾が合理的秩序の例外としてその秩序を揺るがすのではなく、むしろ矛盾が合理的秩序の不可欠な根底として最初から位置づけられている。そこでは矛盾する二者を矛盾のまま固定化するのではなく、むしろ二者を矛盾関係にさせる枠組みの根拠に立ち返ったうえで、矛盾が矛盾ではなくなる次元へ到ることが目論まれている。矛盾の「自己同一」とは、そうした次元である。

それでも西田は、宇宙全体を偶然化させる原始偶然や、そこから生じる存在自体の驚きの問題について、正面からは論じてはいない。他方で矛盾的自己同一の理念からすれば、原始偶然による存在の驚きでさえ、その前提を覆されなくてはならない。必然と偶然、存在と非存在という矛盾を同一化させることは、存在の驚きも消滅させるはずだからである。これは、あくまで合理的思考によって実在を把握しようとした西田の理念に内在する未解決課題である。そこで、このように世界の根底に不合理や矛盾を見出した九鬼と西田において、説明不可能な始原における原始偶然と、その偶然への直面による存在の驚きとがどう扱われ、解決され得るかを論じたい。

一　実在における偶然の位置

九鬼の偶然論を考察するにあたってまず着目したいのは、必然性の消極的側面としての偶然性と、それ自体で積極的な意味を持つ出来事としての偶然性との違いである。偶然とは、必然的出来事の連関の中では説明できない点に本質がある。したがって必然性から見れば偶然とは意味を持たない消極的な出来事にすぎない。反対に偶然が意味を持つとすれば、必然性の側が根本的に転換しなければならない。これは必然性の世界つまり合理的世界に生じる亀裂としての消極的意味での偶然から、全く反対に積極的な偶然、つまり偶然に支えられているにほかならない必然、必然を凌駕し、必然をも成り立たせる根本的な出来事としての偶然への転換である。

さて九鬼はその『偶然性の問題』の冒頭において、「偶然性にあって、存在は無に直面している[1]」と定義する。ここで存在とは、一定の秩序に従った連関であり、それに対立する無とは、この連関から逸脱する出来事に相当する。同書において、この連関の内、論理的連関は、イデア的、不変的な存在としての「概念」であり、一方、因果的連関は出来事の「理由的」な存在に相当するとされる。

まず前者の「概念」に対する偶然とは、概念の偶有性であり、これが「定言的偶然」と言われる。たとえば三角形と「三つの線に囲まれた面の一部」という概念とは同一で必然的である。しかし、その三角形が直角三角形であるか、二等辺三角形であるかは、三角形の概念の本質には関わらない偶有的なものである。この意味で、直角や二等辺という性質は概念のうえでは偶然的だという。

次に因果的連関に対する偶然とは、「仮説的偶然」と呼ばれる。一般に出来事は、その原因に関して因果的な連関の中にあてはめられることで、「合理的」な説明を獲得するが、それはこの出来事に「理由」が与えられるためである。そして、この「理由」が見つからないとき、その出来事は説明がつかず、その意味で「偶然」と呼ばれる場合がある。つまり「仮説的偶然」において無は、説明不能な出来事への直面となる。たとえば、計算された軌道のうえを進んでいた人工衛星が軌道をそれてしまい、それが当初の計算では説明のつかない事態であれば、それは因果的連関から逸脱する偶然の出来事と見なされる。

「概念」や因果的連関は、必然性が位置するところである。そして、イデア的概念や、計算上の軌道が、単に考えられ作成されたものではなく、それ自体存在するものと見なされるのは、この必然性がすなわち存在と結びついているためである。たとえば、宇宙を移動する物体の軌道が計算から外れるとすれば、存在するはずのない何かが起こったと思われるだろう。それは元来計算上の軌道にすぎないものが存在に置きかえられ、それ以外は非存在として扱われるからである。地上を移動する球のような物体でさえ、計算した軌道を外れれば、それは地面の凹凸や摩擦、風などの余計な、存在しないはずの影響を受けたためであり、それらがなければ計算通りに、存在する軌道上を動くと思われるだろう。

このように必然が存在と見なされ、そこに乗らない事態が非存在として位置づけられるのである。この非存在という意味での偶然とは、現に存在している世界に対する余剰であり、合理的世界の破壊者でもある。このような、概念に対する偶有性、もしくは因果的必然に対する理由の不在は、消極的側面としての偶然である。しかし反対に、もし偶然に積極的な存在意義が与えられるとすれば、それは「概念」や因果のみを存在とする一なる世界ではない、本質的に多なる世界の存在を肯定することが条件となる。

さて九鬼は、因果的に偶然と思われた出来事も、その原因をさらに探ると必然に行きつく趣旨の議論を展開している。この意味で仮説的偶然とは、今のところ原因がわかっていないが、いずれわかるという性質の偶然でしかない。これは「一の系列と他の系列との邂逅」[(2)]によって説明されるという。たとえば、ある小惑星の過去の軌道を計算して行く過程で、ある天体と天体との衝突からその小惑星が作られたという事件に行き着くとしよう。この衝突は、現在から遡った、小惑星の軌道が生じる、説明のない出来事という意味で偶然的である。この衝突の時点で、小惑星の軌道の位置という系列は、衝突以前に存在した天体の軌道の位置という異なった系列に接合している。そして今度はこの天体の運行の出所を探って行くとまた別の天文学的な事件に出くわす、といった系列の転換が生じていたとする。そしてこうした転換は無限に繰り返されてきたと考えられる。私たちの世界は、こうした計算可能な原因系列の転換、接合、つまり「邂逅」によってすべて説明される。

しかし、いかに原因を探っても、生じた理由が得られない出来事の偶然性は、却って深刻な偶然であることになる。私たちの世界は、いかに系列の転換を繰り返しても、それ以上の原因追求が不可能な地点を持っている。それが宇宙の誕生した地点であり、そこはいかなる因果系列の「邂逅」や接合をも絶している。九鬼の偶然論の根幹をなす「離接」という言葉には、論理的な disjunctive という意味だけではなく、この接合を絶するという意味が含まれている。

論理的には、私たちは異なった因果系列を各々独立に、無関係なものとして考えることができる。この場合各々の因果系列は離接的である。そして私たちは、特定の因果系列を計算する場合、各々離接的な論理空間の中でそれを行うしかない。しかし現実の出来事では、全く離接的に考えられ得る因果系列はない。たとえば地球上で起こる出来事の因果系列は、もとをたどればどこかでつながっている。

しかしその例外は、それが生じた原因を皆目考えることのできない出来事である。それは原因がないゆえに、生じなくても問題はなかった。九鬼はここにシェリング（Friedrich Schelling 1775–1854）的な、宇宙が存在することの原始偶然を見る。宇宙はそれ自身の存在理由が考えられない現実存在であり、それは存在しなかったとしても全く不思議はないからである[3]。「離接的偶然の核心的意味は『無いことの可能』として『無いことの必然』へ近迫すること[4]」だと九鬼は言う。それなのに存在してしまったことは、逆に宇宙の無という可能性を衝撃的に突きつけてくる。そして宇宙の無の衝撃は、現に宇宙が存在することの驚きへと反転する。「現在の『今』現象した離接肢の現実性の背景に無を目睹《もくと》して驚異するのが偶然である。そうして驚異の情緒は実存にとって運命を通告する[5]」。運命も理由が考えられない。理由がないからこそ、そこへの対処方法がないのである。

さて、宇宙の現実存在の驚異は、個々の出来事の存在についてではなく、宇宙全体についての存在の驚異であることに特徴がある。一般に個々の出来事は、そうなった原因を究明できるのに対して、宇宙の存在自体は、その解明が絶対的に不可能だからである。この意味で、宇宙の存在自体は完全な離接肢である。しかしここで問題なのは、この存在への驚きは、存在と無という鋭い対立構造に立脚していることである。驚きは、無に対する存在、そして存在に対する無という決定的な断絶があるからこそ生じる。その断絶が決定的ではないのであれば、驚きは鋭利にはならず、もしくは最初から生じることもない。

もっとも必然が完全に偶然化してしまったら、そこにすでに偶然の意味は消滅する。したがって偶然とは、必然性に生じる亀裂を深めながらも、決して必然にとって代われない対立的な性質を持つ。偶然は必然を必要とするが、反対にもし偶然が必然の位置に取って代わろうとするならば、その瞬間、偶然は自ら意味を失い、その意味は消滅することになるだろう。

このようにして、存在と無との断絶は、驚きがどのような内面的状況を導くかという問題へと直結する。断絶が固定化する場合には、驚きは消極的な内面的状況を導き、そこから逃れられない。実際、いずれ私たちが死ななくてはならないという観念、もしくは私たちの種全体が滅びる運命であるという観念は、無と対立するところに偶然置かれた、存在の脆さによって際立つ。たとえば九鬼の見るエレア派のように、「偶然に対する驚異に発して他者の二元的措定に対する悲劇的拒否に終[6]」るのも、存在を無から峻別して、存在に固執し、断絶の固定化から最終的に逃れられない結果である。エレア派は、無と断絶した存在への驚きとそこへの固執の結果、存在を脅かす無と和解することが最後までできない。無は消極的なままである。これは決して必然に取って代われない偶然が、最後まで持ち続ける姿でもある。

それに対して、偶然を内面化して自らと同化しようとするとき、無は消極的なままではなくなる。たとえば九鬼は、因果に関するものも含め、理論一般の持つ特徴として、「他者の偶然性を把えてその具体性において一者の同一性へ同化し内面化すること」を挙げる。それは「邂逅する『汝』を『我』に深化すること[7]」であるとも言う。これは偶然に思えた出来事が、別の系列との「邂逅」を通じて必然に転じ、合理化される事態である。確かに理論や必然を存在と見なす立場は、非存在や偶然を必然の側に取り込まなくてはならない。こうして初めて、理論は普遍化される。これは偶然が必然の位置に取って代わろうとする一例だが、それはあくまで既成の必然の方が偶然を取り込むにすぎず、必然と偶然とが立場を逆転させることではない。

しかし無との和解において肝心なのは、離接的偶然の「内面化」である。九鬼はこの結果を、「偶然を満喫し偶然性に飽和された『偶然―必然者』」という言い方をする。これは偶然が必然化され合理化されることではない。偶然が偶然のまま、究極のところで必然から決別するゆえに、逆説的に宇宙の根拠になることである。偶然に飽和されるからこそ、離接肢として完結した宇宙はその必然性を獲得し得るというのである。偶然は偶然のまま、必然性の根底に据えられ、互いに緊張関係にあることで、各々は意義を持ち続けるということになる。

このように九鬼の形而上学では、偶然と必然とは対立することによってこそ、宇宙を形作る。エレア派のように、存在の驚きに立ち、無の拒否に終るのではなく、驚きを内的に同一化し積極化する点に九鬼の特徴はある。つまり究極の地点で二つが断絶することの緊張が、存在の驚きと意義とを、悲観的見解とは別の仕方で際立たせることになる。これは存在に対して無がその意義を奪うのではなく、反対に存在は無に支えられるからこそ意義を持つ、という方向への転換である。それは存在と無との対立が互いの際立ちでありながら、最終的に無に存在が立脚することで、存在の側に意義を見る立場でもある。

二　矛盾的自己同一と絶対無

無と存在との最終的な断絶が九鬼の特徴であったのに対して、二つを矛盾的に同一と見るのが西田の特徴である。それは理念上、存在の側にも、単なる無の側にも基準を置かない。絶対矛盾的自己同一とは、概念的には包摂不能な仕方で隔てられた矛盾するもの同士が、同一化することである。したがってこれは概念による同一化ではあり得ない。以下、この西田の矛盾的自己同一が、存在の謎に対してどのような意義を持ち、この謎をどのように解消し得るかを、九鬼との比較を踏まえながら考えたい。

存在の謎への態度は、九鬼と西田とでは根本的に異なるところがある。すでに見たように、九鬼では存在と無、必然と偶然とが、互いを意義づけ、存在を際立たせる役を果たしたものの、最後まで二元的に断絶していた。特に、無と離接的偶然とは、宇宙の始原における最大の断絶、矛盾である。

それに対して西田の場合は、すべては「現在」から展開し、そこにおいて矛盾はなく、却ってこの「現在」からの自己展開によって抽象的な概念化が生じた結果、矛盾が生じたと見なされる。その矛盾には個物と一般、精神と身体のような形而上学的な断絶も含まれるだろう。つまり存在と無との矛盾までもが、この自己展開の内から生じたことになる。しかし問題は、現実の私たちの思考が、この抽象的概念化を離れてはあり得ないことにある。実際、無と存在とが分かれていない「現在」とは一体何か、理解し難いところがあるだろう。そこからすると、宇宙の離接性や因果律も、宇宙について思考するには不可欠な形式なのである。こうして、無と存在とは絶対矛盾となり、存在は謎となる。それは、思考の運命でもある。

だが離接肢の外側、つまり宇宙の外側は思考形式の外部であるため、私たちはそこを宇宙の原因として考えることさえできない。原因とは、この思考形式の内部で初めて意味を持ち得るからである。そこを、誤ってこの思考形式によってとらえようとすることで、無が生じる。この無の生じ方を反対側から見れば、矛盾的自己同一や絶対無が、離接的偶然の驚異をどこまで解消できるかという問いに直結する。

さて、「矛盾的自己同一」には、存在と無との矛盾の解消に関して示唆的な性質がある。それは、西田晩年の場所的論理に関する思索の中で展開される、「個物的限定が一般的限定であり、一般的限定が個物的限定である」[8]という世界のあり方である。これは、個物と一般という対立において、個物の方向性を徹底させると、その性質自体が意味を失い、個物と全く反対の性質であった、究極の一般性へと反転することとして理解できる。

西田の言う「個物的限定」とは、個物の個物たる性質を純粋化して行くこと、つまり種や類などの一般性を排し、どこまでも個物の個物性を極限化していくことである。それはほかの何かに代替不能な「このこれ」という性質を突き詰めて行くことで、最終的には命名不能な「このこれ」に達する。しかし、この唯一性は、それが先鋭化されればされるほど、語られる言葉をなくし、「このこれ」の究極の一点において言葉を消失する。そしてそこでは、「このこれ」という、あらゆる個物の個物性に通じる形式的な概念のみが残る。

さて、今度は種的な一般性に着目してみると、上位概念へ向かって一般性が高くなるほど、内容的な具体性は少なくなって行く。さらに究極まで極まれば、この一般概念から、具体的な内容は一切捨象される。このとき、一般概念はすべての存在者に汎通する究極の抽象性に到達するが、それは語られる言葉を持たない。すると、個物の極みとしての究極的な「このこれ」性と、一般性の究極とは、すべてに通じると同時に何としても語られ得ない点で合致する。この二つの究極を包摂する概念はない。しかしそれらを区別することもできない。

ここで、個物性の徹底がそれと全く矛盾した一般性の方向に転じることは、各々で閉じられた完結体と思われていた離接肢が、自らその離接肢の意味を失い、全く別物に転じる可能性を示唆する。「個物の個物的限定即一般的限定」という言葉は、この全く異なった離接肢と思われていたことが同一化する事態として考えられる必要がある。問題は、なぜその同一化が生じるかである。互いに異なる離接肢同士は、それらを包括する概念が原則的に存在しないので、これら離接肢同士の同一化は、それらを形作る最も基本的な概念枠が無効になることによってしか起こり得ない。先に見た、個物性と一般性という概念枠もそれである。この無効化は、世界の最も基本的な枠組みが、実在ではなく、却って実在の限定、つまりその枠組みにすぎなかったという気づきにも等しい。この結果、この基本的な枠組みにもとづいて生じていた問題が解消するという事態も生じる。たとえば生と死とを同一化不能な二者と見ることで、死後はどうなるかという問題が生じたが、それらを区別する枠組みが消滅することで、死後が問題にならなくなる、といった事態はそれにあたる。

こうした包摂概念のない二者の合一として、「存在」と「無」という、全く断絶した二つの離接肢が同一化され得るのかについても問題にせねばならない。九鬼の宇宙で、宇宙内の必然が原始偶然が見出されることによって再び偶然化するのは、宇宙誕生とそれ以前とを、時間を介した存在と無との対立として見るからであった。それに対して西田の矛盾的自己同一では、いつも現在が現在自身を限定する限り、原初の偶然とそれ以前という区別は、限定の結果生じる区別にすぎない。

「それは因果論的に過去から決定せられる世界ではない、即ち多の一ではない、また目的論的に未来から決定せられる世界でもない、即ち一の多でもない。」（「絶対矛盾的自己同一」一四八頁）

これは決定論と目的論との矛盾関係が同一化している世界である。もともとこうした世界構造は、離接的偶然から始まる、「無」と「存在」とが明確に区別された宇宙ではあり得ない。そして機械的な原因性と、目的論的世界とは、矛盾的自己同一の状態から、全く異なる抽象化によって生じたため、同一の概念枠の中で比較することはできない。西田は、それらがともに、「現在の自己限定」によって生じたという見解を示す。矛盾的自己同一の世界では、因果的決定性を破るものとして合目的性がはたらくという順序ではなく、逆に目的世界の中に決定論が対立的に置かれているのでもない。両者とも現在の自己展開によって分かれて来たからである。したがって自己限定以前の現在は、決定論と目的論との区別以前であり、その意味で決定論的な因果関係さえ、実在の限定によって作られたにすぎない。

すると限定前の「現在」とは、何か特定の概念枠によって規定されたものなのだろうか。否、現在とはそうした規定が一切なされていない「無限定」の極みであり、そうした極みに戻ることによって初めて、「矛盾的自己同一」が実現され得るのである。そしてこの世界の焦点としての現在は、静ではなく、「無限なる動」（「絶対矛盾的自己同一」一四八頁）と呼ばれる。(9) それは、そうした対立を作る枠組み自体が創出されたということ、つまり原因や目的、「有」と「無」といった形而上学的概念自体が、無限定なところから創出されてきたのであり、その創出が「無限なる動」だからである。この「動」からすれば、因果系列の形式を不変の実在と見なすことは、錯誤になる。存在と無という区別の形式も「動」による創出であれば、なぜ無から存在が生じたかという問いも錯誤となる。こうした「動」の次元においては、原始偶然以前と以後との区別の形式も創出されたのであるから、この形式に則って原始偶然「以前」を考えてしまい、そこを謎と見る見方の方が、誤っていることになるだろう。それは、後から創出された形式によって、その創出以前の事柄について考えようとすることだからである。

つまり「無限なる動」とは、因果律も含め、あらゆる枠組みの未成立次元からの、根源的な創出である。ここに謎があるとすれば、現在の自己展開という、すべての創出が行われるその「動」がなぜ生じたかという点に収斂するだろう。しかしこの「動」創出の側からすれば、「なぜ生じたか」という原因の追求自体が、すでに限定された因果系列の形式に則ったものにすぎず、したがって、この系列の創出以前について、この系列に則った問いを発するという錯誤になってしまうだろう。存在と無との区別さえ、「動」による実在の限定が生み出した枠組みに由来しているからである。

「無限なる動」がはたらき出す、限定されない実在の次元においては、決定されている領域と、全くの偶然の領域とは未だ分かれていない。その意味では決定性と偶然性の断絶によって、宇宙の謎が生じている地点はない。西田には『善の研究』以来、分別を絶した全体としての実在が「分化発展」することによって、概念的区分や分列による思考も生じたと見なす基本姿勢がある。すると、存在の問題も含めた形而上学の根本問題も、後から行われたこの区分によって生じたことになる。

三　存在の驚きの消滅

宇宙存在の偶然性の核心が展開される、九鬼の『偶然性の問題』第三章「離接的偶然」は、「離接的偶然は全体と部分との関係に関する」という言葉で始まる。ここで「全体」とは「絶対的な同一」つまり「必然性」であり、それに対して「部分」には、この「全体」性が欠如しているとされる。つまり偶然性の謎とは、その核心において、「部分」性を条件として生じていることになる。

ここで問題は、「離接的偶然」の謎は、どう「部分」的なのかである。宇宙は一般に全体としてのみ考えられ、それが他の何かの「部分」であることは背理である。だとすれば、宇宙存在の「離接的偶然」とは、宇宙が全体である限り、あり得ないはずである。つまり九鬼の指摘が正しいとすれば、宇宙の「原始偶然」の謎は、宇宙をどこかで「全体」ではなく「部分」と見なしたことに起因することになる。この「部分」としての宇宙とは、宇宙を「存在」、宇宙以前を「無」として、宇宙の外を「無」という存在者の形で設定した結果生じた。反対に、宇宙を真に全体と見なすことは、離接肢としての宇宙の外部、つまり「無」を考えることと全く反する見方になる。

しかし九鬼の立場は、存在と無との二元的な区別が互いに他を必要としながら、緊張状態のまま融合せずにとどまっているというものであり、それらは区別されたまま、融合することはなかった。[10] このように宇宙を「存在」、宇宙以前を「無」とすることは、存在と無との論理的な区別であり、宇宙の「部分」化ではある。しかしそれは宇宙を「限界づけられた全体」と見なす限り避けられない「部分化」であり、存在と無との区別に必然的に伴う操作とも考えられる。そしてこの区別は、九鬼において存在と無とが二元的な対立の緊張状態として要求される限りは、解消されない事態であろう。

西田でも、機械論的決定性と目的論、作るものと作られたもの、時間性と空間性、物質的なものと意識的なもの、そして存在と無などの二元的断絶がある。これらはすべて九鬼の言う「部分」化である。しかし西田は、これらの二元的断絶は宇宙にそのまま現存せず、私たちの思考の形式が生み出した、実在の「限定」の結果にすぎないと見た。それに対して「絶対矛盾的自己同一」とは、これらの断絶状態としての矛盾の謎を、より高度な概念によって解決するのではなく、絶対矛盾を作り出していた思考形式を無効化することで、謎の根拠を消失させることなのである。

無と存在との矛盾は、なぜ無から存在が生じたのかを謎にした。しかしこの絶対矛盾は、「作るもの」によって「作られたもの」が生じるという一方的関係によって生じてくる。これは原因と結果との関係であり、そこには因と果の関係構造がすでに成立しており、こうなると「作られた」存在に対して、それを「作る」何かが謎となってしまうのである。存在の謎は、「作る」側が何であるかが不明であることによる。何かが何かを「作る」という関係構造から生じた、「作る」側の不明ゆえに謎が生じているのである。しかし、「作る」と「作られ」るとの明確な区別がなければ、「作る」側についての不明もない。

実際、「現在」の自己展開とは、この「作る」「作られる」構造の根本的な転換に関係している。そしてこれが、存在一般の問題にもあてはめられるのである。「現在が現在自身を限定する」という考え方は、「作る」「作られた」以前の、無限定な現在自身の運動であり、そこで限定するものとされるものとの区別が生じていないことは着目すべきである。

「作るものと作られたものとが矛盾的に自己同一なる所、現在が現在自身を限定する所が、現実と考えられるのである。」(「絶対矛盾的自己同一」一五三頁)

ここでは、無と存在さえ、一方が他方を「作る」ことはない。無と存在の謎は、「作るものと作られるもの」という構造から生じていた。しかしここでは、「作る」「作られた」の一方的な構造が、「現在が現在自身を限定」するという運動へと置きかえられている。私たちは「作る」「作られた」の構造を、事柄それ自体に属した構造と考えているが、西田に言わせれば、この構造は限定の結果生じたものにすぎないことになろう。

このように「限定」によって「作る」と「作られた」との構造が生じたとしても、では無と存在との区別は、「作る」「作られた」という関係構造の消去によって、ともに消去されるのだろうか。あくまで西田に則れば、「現在」の「自己限定」によってこの構造が生じたにすぎない限り、無と存在との一方が原因で他方が結果になる構造は、後から作られた、「限定」の産物となる。したがってこの考えからすれば、実在としての「現在」へ立ち返ることで、原則この構造自体も転換されることになる。(11)

このように西田では、理念上、存在と無も一元的実在の分化によって生じることになろう。(12) 問題は絶対的に矛盾する二者が、どうして一元性から生じ、また同一化し得るのかである。この一元的実在は、思考の枠組みをどこまでも逸脱する。むしろ、この一元的実在を概念で分析しようとした瞬間に、包摂不可能な矛盾が生じる。無と存在との矛盾も然りである。矛盾とは、分析が不必要だったものを分析した結果生じたからである。確かに西田は、原始偶然を主題にしながら、無と存在との断絶を論じているのではない。しかし「絶対無」といったキータームは、この断絶が未だ生じず、またすでに生じていない状態を意味している。無から有が生じた偶然に通じる出来事を西田から見つけるとすれば、たとえば次のような考察がある。

「生死ということが個物の個物たる所以でなければならない。…死ということは絶対の無に入ることであり、生れるということは絶対の無から出て来ることである。それは唯絶対矛盾的自己同一の現在の自己限定としてのみいい得るのである。」(「絶対矛盾的自己同一」一九一頁)

生死を対立概念として考える枠組みによって、絶対無としての死は説明できない。同様にこの枠組みによって、未だ私の生がない未生状態からの、私の誕生も説明できない。私たちの思考の枠組みで唯一可能なのは、相対無として死をとらえることである。しかしそれは、生死の未分の視点から死を把握することではない。その視点に到れない私たちの思考では、生死は絶対矛盾にしかならない。しかも、相対無としての死の把握からは、死後の謎、そして生誕の謎が生じる。

それに対して「絶対無」としての死は、存在としての生に対する無としての死という区別を絶対的に無効化しているがゆえに、そうした謎を生じさせない。生死対立の概念枠が無効なため、その対立によって生じる謎の出所が根絶されているからである。ここで死は、生と異なるとも、同一であるとも言えない。生死一如とはこうした状態である。ここで死から生、生から死への移行はない。したがって、この移行がなぜ起こったかという「不思議」も成り立たない。そしてこの生死一如が、死の不思議や誕生の不思議をも絶する地平と同じ次元において、原始偶然が存在と無との断絶点ではなくなる可能性が開けてくる(13)。

こうなると、無からこの宇宙が存在するに到ったという構図は、むしろこちら側の論理によって作られており、そしてこのこちら側の論理が、解決不可能な謎の出所になっていることになる。言い換えれば、存在の偶然性とは、この論理がなければ生じ得なかった。確かに西田は矛盾的自己同一を主題にするにあたって、原始偶然の問題を直接の射程に入れているわけではない。しかし、「作るものと作られるもの」との矛盾の解消、「直線的時間即円環的時間」といった「矛盾的自己同一」の側面は、相対無の未成立としての絶対無の性質を、因果的関係や時間的関係の側面から示していると考えられる。ここで「作る」「作られる」の関係、もしくは一方向的な直線的時間的関係が、すでに限定された論理によって生じたとすれば、それらの関係から生じる謎も、相対無の消極性が解消される仕組みの中で、同時に消滅しなくてはならない。

この結果、西田の立場は、存在の「驚き thaumazein」ではなく、驚きの消滅を示すと考えられる。哲学的な「驚き」とは、私たちが存在している謎への驚きであり、それが生じる際には、存在が無ではなく、しかも存在の原因が欠如していることへの気づきが起因している。しかし、もし存在と無という区別の構造が限定の結果生じたにすぎないとするならば、その区別以前に立ち返ったとき、驚きの核心である謎を形成していた構造は消滅する。これは謎に解答が与えられることではない。却ってこのときは、何が謎であったのかさえわからなくなる。この謎を成り立たせていた思考形式がすでにないからである。西田からすれば、偶然と必然との対立も、この思考形式を根拠として成り立っていたことになる。

そこからすると、偶然や相対無は事柄の側に備わるのではなく、私たちが実在を「部分化」させて説明する思考形式にもとづき、そこから宇宙全体を眺めようとしたために生じたにすぎない。つまり実在そのものは存在と無という区別以前の「絶対無」であって、存在と無との二元性とは、私たちの思考形式がそれらに、私たちの都合で形を与えたにすぎない。しかし事柄そのものの側には、元来この二元性はない。

この理念を徹底すれば、存在の驚きの根拠である存在と無との決定的な断絶は、私たちが作った思考形式の産物にほかならず、私たちは自らが作った形式によって自らに謎を与えてしまったことになる。したがって、自ら作ったこの形式が除かれるのであれば、そのとき謎はその根拠ごと根こそぎになり、痕跡を残さない。これが矛盾的自己同一の成就である。この「自己同一」からは、存在の驚きという二元的対立による緊張ではなく、驚きの消滅による「自然」が導かれる。そこでは無を無たらしめた根拠も消滅するからである。

決定論と目的論、存在と無など、橋渡しできない矛盾として世界が現れる場合、この矛盾は、抽象論理によって世界をとらえた結果生じたと見なす立場に、西田は立つ。そしてこの矛盾は、別の抽象論理によっては決して解消されない。解消されるのであれば、矛盾の謎に対する解答が与えられ、その謎は解決済みの問題となるが、すると今度はこの解答の方がまた新たな謎となってしまう。しかし矛盾の自己同一では、謎はこの抽象論理の消去によって、その成立根拠ごと消滅するゆえに、謎自体のみならず、謎を謎として考える条件までがなくなるため、痕跡を残さない。そこでは、原始偶然の外部を考える条件が消滅するため、この偶然が偶然としてさえ成立しない状態にも相当する。

おわりに

従来、イデア的な存在や法則に対して、それらからの逸脱にすぎない消極的なものとされてきた偶然性は、九鬼において、必然性を相対化させ、私たちの存在さえも驚きに導くことで、却って存在に緊張関係をもたらす積極的なものとして扱われた。それはイデア的な一元性に対する個別の事象、つまり個物性の重視でもあり、その結果宇宙の多元性の方向をも開いた。しかし仮説的偶然はその原因の系列を遡ると、他の系列と「邂逅」することで必然の側に取り込まれた。したがって偶然は最終的に、それ以上の原因性の系列を遡れない、宇宙全体が生じた原始偶然に集約された。ここで存在の全体、必然性の全体が偶然に転じ、またそれは、宇宙が理由なく存在したという、私たちの実存的状況を鋭く描き出した。しかし九鬼は、原始偶然によって必然の宇宙が支えられることで、かえってその宇宙が自らの意義を獲得するという、偶然と必然とが互いを支えながら、あくまで二元的に断絶している状態を重んじた。つまり一定の範囲内における必然性を認めながら、その全体が偶然に囲まれていることによる、世界全体の緊張とダイナミズムとを重んじ、存在の驚き自体の緊張を意義づける構図だった。

一方で西田の矛盾的自己同一も、世界が単一の枠組みで統一されず、実在が概念上は矛盾を抱えていることを主張する意味では、九鬼に同じく、多元的世界の主張であった。しかし九鬼では、偶然が問題化することで、必然との対置緊張関係が最後まで伴っていたのに対して、西田は概念や限定によって生じていた矛盾の自己同一を前面に出す限り、そこで最終的に両者の対置関係は消滅する。むしろ原初において実在に断絶はなく、それを私たちが特定の枠組みでとらえようとするから、結びつき得ない断絶、矛盾が生じたと見なす。

これは一見、一元論に見える。しかしたとえば唯物論的な一元論は、世界を物質という一元的なものに還元して見る一方で、そこではこの一元的世界を見る視点だけはその世界の外部に立つという、隠された二元論の性質も併せ持っている。しかし矛盾の自己同一としての一元論は、この世界を見る視点自体も、その一元的世界の例外にはなり得ない。つまりそれは徹底的な一元論であるゆえに、その一元性を突き詰めることで、一元性の意味自体が消滅するという一元論なのである。

このタイプの一元論の構造は、絶対的な因果的必然として完結しながら、根底において原始偶然に支えられている宇宙ではない。古典的な因果関係に支配された唯物論的宇宙に見られるように、これは一元的と言いつつ、隠された二元的宇宙である。そうではなく、矛盾的自己同一の一元性から成る宇宙では、原始偶然以前が徹底的に存在していないゆえに、それは原始偶然に対する因果的必然ということも意味を失うタイプの宇宙に等しい。これは一元性という言明を超えた一元的宇宙であり、そこで偶然と必然という矛盾は、その対立根拠を消滅させることによって「同一」化する。九鬼はこうしたタイプの宇宙を「無宇宙」として消極的にとらえたのに対して、西田ならばそれは、絶対矛盾の緊張の果てに到達される、対立を超えた「自然」の宇宙ということになろう。

「絶対矛盾的自己同一」『西田幾多郎全集第九巻　哲学論文集第三』岩波書店、一九六五年。

(1)「偶然性の問題」『九鬼周造全集』第二巻、岩波書店、一九八〇年初版、九頁。
(2)同書、二五三頁。
(3)たとえば各々の可能世界は、その内のどれかひとつが、他のどれかの世界を原因として持つという関係にはない。その意味で各々の可能世界の内部の因果系列は、他の世界の因果系列から「離接的」である。
(4)「偶然性の問題」二五三―四頁。
(5)同書、二五四頁。
(6)同書、二五五頁。
(7)同書、二五六頁。
(8)「個物的限定即一般的限定、一般的限定即個物的限定」という言葉は、西田の後期の著作で頻繁に見られるが、本章の趣旨に近いものとして、たとえば次のような言い方もされている。
「個物と一般とは何処までも相反するものでありながら、即ち絶対的に相反するものでありながら、而もそれが直に同一として即ち矛盾の自己同一として、それから一方に無限に個物的なるものが考えられ、一方に無限に一般的なるものが考えられるのである。真の連続というものは、かかる矛盾の自己同一として考えられるものでなければならない。」(「哲学論文集第一　世界の自己同一と連続」『西田幾多郎全集第七巻』岩波書店、二〇〇三年、七頁)。
(9)「無限なる動」は、アリストテレスの「不動の動者」との区別において、その意義が際立つ。「不動の動者」はそれ自身が動かないことによって、宇宙全体の運動を説明する。因果系列の始点という意味で、それは宇宙のすべての運動の始点であり、あくまで因果系列の中にある。それゆえに「不動の動者」自身は、動と不動との絶対矛盾を、矛盾のまま含んでいる。
それに対して「無限なる動」は、すべての運動の始点であるが、それに加えて運動の秩序自体を生み出すものである。つまり、その根源的な性質においては、因果系列という秩序の中にさえないことが特徴的なのである。それは、動と不動という区別を、質的に超越することでしか可能にならないと考えられる。動と不動との対立は、あくまで因果系列の中で可能になるからである。この超越は、「不動の動者」が内に絶対的な矛盾を抱えているのとは異なる。「無限なる動」には、不動という考え方自体が成り立たないからである。

(10)　九鬼においても、存在から区別された無は、思考の枠組みによって生じた形式的なものにすぎない。この形式性において、無は形式上の枠がありながら、内包のない不可解なものとなってしまうのが一般的である。その結果、その無内包のところに、暗黒などの消極的イメージで埋め合わせが行われるが、それは無の本来の性質ではない。これに対して形式以前の無の本来の姿に、暗黒や虚無という内包はなく、その意味では虚無は成立しない。そして無の形式の反対が存在の形式だとすれば、存在も思考の枠だけがあって、その内包がない。せいぜいそこが、光などの積極的なイメージで埋め合わされるだけである。こうなると存在さえ、対応する実質のある概念ではなく、経験から抽象された形式にすぎない。この意味で、宇宙の存在が謎になるのは、存在の純粋な形式自体へのこだわりから生じたことにすぎず、人が自ら作った形式に対して謎をあえて付与していることになる。
　また、全体について思考したとき、その思考自体は全体の外になってしまう構造も、宇宙以前の無の不可解さの構造と類似している。そうした思考対象としての全体なるものも、宇宙や存在と同様、形式上の外部を生じさせる構造を持つ枠を伴ってしまっている。

(11)　因果律をも「限定」の産物と見なすことに、違和感はあるかもしれない。しかし、本書第二部第四章で触れたように、「すべての出来事には原因がある」という命題は、すべての出来事を数え上げ精査した後でなければ真とならない。それができていないのに、この命題が真として妥当しているのはなぜか、というのがたとえばニーチェの疑問でもあった。彼は因果律を、なじみのないものへの恐怖の回避のため作られた策と見た。未知のものへの直面より、既知のものから導かれたと考えた方が、恐怖は緩和されるからである（*Nachgelassene Fragmente, Anfang 1888 bis Anfang Januar 1889*, 14[198].『ニーチェ全集　第Ⅱ期11　遺された断想　一八八八年初頭―八八年夏』）。そして論理学において真と見なされている矛盾律についても、現実の存在すべてを精査してから、それが真とされたのではないという。そのような精査はなく、矛盾律が現実の基準であれ、という「命令」によって真と見なされているというのであった（*Nachgelassene Fragmente, Herbst 1887 bis März 1888*, 9[97].『ニーチェ全集　第Ⅱ期　10　遺された断想　一八八七年秋―八八年三月』）。
　私たちの目測は、原始偶然の不可解さなども、因果律や矛盾律という概念によって私たちの側から作り出された形而上学的な謎に含まれ得る、ということである。もしニーチェの言うように、因果律や矛盾律が、こうした隠された意図によって真であるにすぎないなら、原始偶然の謎も、その根拠となる形式が、未知のものへの恐怖など、別の隠された意図の副産物であったことになる。

(12)　こうした、実在を二分したことで生じた問題に関して、右記のようにニーチェは原因と結果、作用主体と作用そのものとの区別を批判した。こうした批判は、もともとない区別を設けた結果、無用な形而上学的な問題が生じた、という考察へと応用可能である。西田による「現在」の「自己展開」の理論の根底にも、作用主体と作用そのものとの区別を消去する洞察が備わっていると考えられる。

しかしニーチェがすべての法則や価値を否定する自らの立場だけは否定し切れなかった、つまり否定されず残される例外を作ってしまったのに対して、西田は法則や価値の否定にもこだわらない点が、異なっている。法則や価値を否定する主体が否定されるものの中に没入すれば、その否定にも意味はなくなる、という構造が西田の中にはある。これが「自然」に相当する。

(13)　生と死とは、同一のカテゴリー内で相対しながら、「対立」関係を消すという仕方で同一化するのではない。生死一如においては、生死の対立はむしろ端的に「無意味」である。これは、同一のカテゴリー内にない二者には、「対立」さえ成立しない、ということである。「対立」関係であれば、死は誕生以前と同様、生ではないという意味で無になる。そのとき生と死とはともに、有無を対立させる同一のカテゴリーにある。しかし生死一如において、死は生と対立する無にもならない。生と死とが同じカテゴリーにないからである。ここで「絶対無」としての死が成就する。この「絶対無」は、生と死との対立さえも、そこから生じてくる次元である。

終章　存在の驚きとその消滅

はじめに　形而上学的な問題の出所

この章では、本書の第三部第五章を補完し、さらに形而上学の問題の解決に関して本書でこれまで考察してきた内容のまとめとして、矛盾をも包括する「自然」という地平を呈示したい。世界の根本的な姿についての形而上学の考察は、世界を二つ以上の相対立する見解に分かれさせてしまい、それは解決不能な矛盾にまで世界を分断させてしまった。しかもこれは実証的な観察や考察を進めて行った先においても、つねにその観察や考察の及ばない次元にて生じる性質を持っていた。形而上学が扱う問いは、実証的な観察や考察が極められたとしても、それらによる回答が不可能な次元で開示される特徴があるからである。その意味でこの矛盾は、世界の根本に関する原理的で絶対的な矛盾であった。

ここで扱う形而上学の問いは、「一角獣は存在するか?」のような、必ずしも一般的とは言えない関心からの問いではない。そうではなく、宇宙の全体、事象の本質、人間存在の意味などに深く関わる問いであり、誰もが一度はつきあたるような問いの性質を含んでいる。たとえば、物資から精神がどうして生じたか、宇宙は決定されているのか、それとも自由意志は存在するのか。宇宙は必然的に展開するのか、それとも偶然が入り込む余地があるのか。私たちはなぜ生まれ、死んでからどうなるのか、死後の世界はあるかないか。無からなぜ存在が生じたか。物理的宇宙の観察者はなぜ物質世界の例外なのか、といった問いはそれにあたる。これらは一般的に関心を持たれる問いにもかかわらず、実証的データによって答えることが不可能なのである。

そしてこれらの問いは、物質と精神、無と存在、生と死など、原理的に接合不可能な二つの事柄の間で生じていることに気づかされる。つまりその二つの事柄を隔てる、架橋不可能な矛盾によって、回答不能な問いが生じていることになる。そしてこれらの各々対立する言葉は日常的に用いられるにもかかわらず、それらの一方だけでも世界を覆い尽くすことができる性質がある。たとえば世界は物質である、という言明はそれにあたる。物質以外は存在しない世界は、唯物論のように、常識的に、容易に考えられ得るからである。そしてこれは、世界が精神である、という説明と、解決不能な矛盾を呈する。世界は死んだ物質から成るのか、生きている何かが根底にあるのか、という対立も同様である。

この章では、特に無と存在との接合不可能性が生じさせる、形而上学的な矛盾について考察する。先の第五章では、存在する宇宙内部を支配する決定論的な必然性と、宇宙の存在自体の原因なき偶然性という根本的な断絶を、九鬼周造の議論から取り上げ、この宇宙が偶然に存在した驚きの構図を探った。さらに本章ではこの驚きを、無と存在という矛盾からとらえ直す。この矛盾は、偶然と必然という対立をも内に含む根本的なものであるが、それでも私たちの思考の根源的な形式から、それらの矛盾や対立さえもが生じたことを見る。そして、この形式が前提とされなかったら、宇宙の姿はどのように現れるかを本章では考え、形式以前に立ち戻った際に浮かび上がる実在の姿を、「自然」として見なして行くことで、本書全体のまとめとしたい。

さて、形而上学的な謎は、驚きとして与えられ、その驚きは無と存在との根本的矛盾への気づきによって生じたものだった。しかしこの矛盾が実在するものではなく、実在の限定によって生じたにすぎないならばどうなるか。驚きとは実在そのものについての驚きではなく、私たちが行った実在への限定に起因するものとならないだろうか。すると、この限定がなければ、驚きは最初から生じ得なかったことになる。本章では、この矛盾を未成立にさせる立場として、まずは西田の矛盾的自己同一をとらえ直す。なぜなら矛盾的自己同一とは、矛盾するものが、限定以前の場所に戻ることによってその矛盾が解消される、つまり「同一」化するという思想であり、反対から見れば、矛盾とはもともとそれを含まない実在に、こちらから限定を設けたことで生じたにすぎないからである。ただし西田では、その「同一」が「自己」の出来事として主体的統一の方向に傾斜している点に特徴がある。

以下本章では、この矛盾的自己同一が具体的に形而上学の問題に適用される例を確認し、驚きは実在そのものから導かれるのか、実在に限定を加えた結果、驚きが生じたにすぎないのか、という問題について考えることから始めて行く。

一　偶然対必然構造の意味

a　九鬼において偶然性が持つ意味

九鬼の「偶然性の問題」の中で偶然と驚きがテーマとして際立ってくるのは、「定言的偶然」「仮説的偶然」「離接的偶然」[1]という三種類の偶然の中で、二番目の「仮説的偶然」から三番目の「離接的偶然」にかけてである。ここで、偶然とは必然性の系列から逸脱することであり、合理性の体系に、その亀裂として生じることが特徴となる。

必然性の系列からの逸脱は、Aであるはずなのに、Aではない、という気づきと密接に結びつく。しかも、この「Aではない」という気づきにおいては、「ない」という性質に重心が置かれて行き、そこに「ではない」という一般的な否定が、「ない」という存在の否定へと集中して行く形になり、普遍化されるのである。つまりそれは必然性、合理性という「存在」に対する、「無」である。

このように、偶然とは必然性に入る亀裂としての位置づけだけではなく、合理性に対する「非合理性」、そして存在に対する「無」という性質を本質的に伴っている。この場合の存在とは、合理的、体系的、一元的な性質を根底で支えるものである。それに対する偶然は、非合理的、散逸的、多元的な性質として、「存在」を揺るがす破壊的な役割を成す。着目すべきは、九鬼が存在のうえに立つ事物の合理性の破壊として偶然をとらえるだけではなく、存在自体の破壊として偶然をとらえていることである。

ところで、二番目の偶然である「仮説的偶然」とは、現時点では偶然と考えられ、理由を見出せない、その意味で無を垣間見させる偶然である。しかし、その偶然の出来事が、必然的な因果律に則った複数の系列の邂逅によって成り立っていることが後々判明すれば、その出来事は必然の出来事同士の複合として理解されることになる。複数の系列がひとつに出会ってしまったことに偶然の驚きが残り得るとしても、これらの系列がひとつに交わる経緯が、別のひとつの必然的な因果系列の中で説明されれば、その邂逅にも驚く理由はなくなる。つまり「仮説的偶然」では、必然性の亀裂と無とが垣間見られるが、それらはいずれ必然性の内に解消され、無は再び存在に包摂される。

b　原始偶然と離接肢

ただし、因果的系列を遡って行っても決して、必然性の系列によって説明され得ないのが、「原始偶然」である。ここでは、必然性の亀裂としての偶然性と、存在に対する無とが完全に合致する。この「原始偶然」は、宇宙がないところから宇宙が生じた始まりの地点であり、この始まり以前があり得ないため、必然性の原因系列をそれ以上遡れない地点である。しかもその地点では、宇宙の存在自体が全面的に偶然化する。ここで、存在という必然に対置されると、存在以前は無としてしかあり得ない。したがって偶然と無とは、宇宙の全体の始原において、完全に一致する。

ここで、九鬼が原始偶然を特徴づけるうえで用いた、「離接肢」の概念を再確認する。この概念が文法的な概念としては disjunctive を意味する機能であることは、前章で触れた。他の因果系列との接合や邂逅がない、という「離接肢」の一般的な特徴は、言葉の意味上はそうした「選言的」機能だからである。しかし「原始偶然」に関わる「離接肢」の特徴は、それ自体で全く唯一の宇宙として独立した、閉じられた因果的な論理空間を指すことにある。それは互いに「離接肢」を成す因果系列が、ひとつの宇宙の中にいくつも考えられることとは大きく異なっている。そ「原始偶然」の「離接肢」は独立した論理空間であり、その意味で、他の論理空間と接合していたり、他の論理空間から派生する仕方などによって成り立ってはいない。それは全く独立して切りとられた論理空間であり、自分以外の論理空間から絶対的に隔絶されて存在している。つまり、宇宙全体を「存在」という「離接肢」とするなら、その外部の「無」からは絶対的に隔絶されていることになる。

c　「存在の驚き」か「無宇宙」か

「無」から隔絶された宇宙は「存在」である。そして「存在の驚き」とは、この宇宙が無ではなく存在してしまった、説明され得ない偶然性に対する驚嘆である。しかしその驚嘆とは無前提ではなく、「離接肢」となった「存在」する宇宙から、その「離接肢」の外部としての「無」に気づくこと、つまり「存在」と「無」の論理的断絶に気づくことを前提としている。

ではこの断絶がなかったらどうなるのか。そこで九鬼が呈示するのは「無宇宙」[2]という概念である。これは、もし「原始偶然」がなく、必然性がすべてである宇宙を仮定したらどうなるかを考えて述べられた言葉である。九鬼は、必然は偶然に支えられることで初めて成立し、意味を持つという立場をとる。必然と偶然、存在と無とを峻別し、その緊張を重んじるのが九鬼の立場だからである。それは偶然と必然との二元的な緊張の宇宙であり、そこからすると、宇宙という「離接肢」の外は、たとえ「無」であっても、この緊張をもたらす何かの意味を持つ空間ということになる。それは「存在」を「無」から際立たせるという意味でもある。したがって、九鬼はこの際立ちによる緊張をそのまま残す限り、存在の謎を謎のまま残す立場になる。

この緊張の思想は、宇宙はその外部と区別されることで初めて、偶然の驚きを生じさせる、という考えにつながる。しかし、「離接肢」の外部は「無」でもなく、端的に無意味であり、そこを考えることさえできないとしたらどうなるか。否定的な状況は、そこがたとえば「無」という存在者として表象されることで生じる。しかしそうした「無」さえ生まないならば、宇宙の存在の驚きは生じ得ない。そしてこれは九鬼では「無宇宙」となる。そこでは宇宙の緊張、そしてその緊張に支えられた「存在」の宇宙は実現しないからである。「離接肢」でなければ、宇宙はその存在性を失うのである。しかしそうした状態は、緊張のない消極的状態として片づけられるのかが、次の問題である。

二　「分析」が形而上学的な問題を作った

a　形而上学的な謎の出所

「無」から断絶された「存在」の驚きは、この「存在」の理由が不明であることから生じているが、その不明性は世界を一定の仕方で分析する形式に起因した。たとえば「私」以外に意識を持った人間は存在しないのではないか、「私」以外は生命のないロボットではないかといった独我論的な謎は、「私」を「私以外」から明確に区別する前提があって生じる。この、「私」と「私以外」との区別の形式は、「私」の独立存在をアプリオリに前提にすることから生じる。しかも一度この形式が形成されると、「私以外」を知り得ないとする独我論を論駁することはできなくなる。しかし、この「私」と「私以外」とを区別する形式がアプリオリなのか、そうではないのか、というのがここでの問題である。[3]

b　「私」を前提とする言語によって、「私」以前の事態を語ることの不可能

「私」と「私以外」との区別に関して、次のような仮説を考えてみたい。私の「痛み」は私に属し、彼にはわからない。また、彼の「痛み」は彼に属し、私にはわからない。このように特定の「痛み」は必ず特定の個人だけに所属すると考えられている。しかしこの区別は、「私」と「彼」とを明確に区別する言語が引き起こした事態とは言えないのか。

たとえば幼児では、近くにいるほかの子が転んだ痛みで泣くと、自分もその同じ痛みを実際に所有していると感じて、泣いてしまう事例が少なからず観察される。大人から見れば、その泣いた幼児は、本当は自分は痛くないのに、ほかの幼児の体験に共感を覚えてしまった、ということになる。大人の、「痛みは必ず個人に属する」という考えからは、後から泣いた子は、実際には痛くないのに、痛みの観察を自分の痛みのように思い違える「錯誤」に陥ったとしか、説明できない。したがってそれを「つられ泣き」の現象として合理化できても、真正の「痛み」として判断することはできない。

問題は、「つられ泣き」と大人からは見なされた幼児当人が、それを「本当の痛み」だと言いはった場合である。当人としては本当に「痛い」ことが真実なのである。しかし、痛みは個人にしか属さないという言語の中にいる大人にとっては、その幼児の主張も痛みも「偽」なのである（このとき、「つられ泣き」をした幼児の脳のｆＭＲＩ画像が、

自分が転んで痛みを感じているときの血流状態と同じ状態を示していても、その痛みが「偽」と見なされることに変わりはない。ミラーニューロンを持ち出しても、「痛み」自体はないと考えられることに変わりはない。これは重要な点である。）この真偽を分けるのは、実在を体験に見出すか、「私」と「他者」を分ける言語の枠組みに見出すかの違いになる。大人は後者の枠組みを当然とする。しかし幼児から見れば、この言語的枠組みが、実際に感じている痛みを、自分の痛みにすることを不可能にしている不自然な敷居になろう。原初的な体験に、「私」と「他者」との区別はないからである。

同様に、独立した「私」を前提とする言語が作り出すものに、分離脳のどちらが私か、という問題も考えられる。右脳と左脳を切断してそれぞれを独立した身体に移植し、その結果両方が独立した人格を持つように回復したと仮定した場合、どちらが切断前の私であるのか。右脳か左脳かどちらか一方が「私」とも考えられるし、両者とも「私」だとも考えられる。または両者とも「私」ではないと言い得るかもしれない。

あるプラナリアが人と同じ独立人格を持つと仮定し、そのプラナリアが左右対称の形に切断され、さらに各々の切片が再び独立した人格プラナリアの単体に再生したとき、どちらが切断前の人格を持つプラナリアなのか。どちらか片方がその人格に相当するとも言えるし、両方が相当するとも言えるし、両方とも切断前の人格とは異なるとも言えるかもしれない。

しかしこれらはどれも、独立人格としての「私」を前提とする言語によって発せられる問いである。そしてどの答えも正しいとは言えず、反対に誤っているとも言えない。分離脳への問いでも人格プラナリアへの問いでも、一個体に単一人格が属する、という前提に立つ言語を用いて、分離後の人格に関する問いに対して答えることはできないからである。

c　言語的前提の消去による、謎の消滅

もし、人格の単一性や、「私」と「私でないもの」との明確な区別が、アポステリオリな形式の産物だと気づくとどうなるか。この形式の消滅によって、独我論において問われるような、他者の心が存在するか、この世界がスクリーンか、自分の脳が培養液の中にあるか、という疑問は、最初から問いとしての根拠をなくすことになる。しかもこれは問いに答えが与えられることではない。そうではなく、謎を作っていた思考形式、つまり謎を謎たらしめる言語の解消によって、謎が根こそぎなくなることなのである。

独我論は「私」を「私以外」から区別する思考形式から生じ、この思考形式が消滅することで、その論自体が跡形もなくなった。独我論とは、この思考形式に立脚した謎にすぎなかったからである。しかしこの思考形式が作り出した独我論の袋小路に一度入り込んでしまうと、その形式自身に気づくことはできず、その形式は視野にさえ入らない。これが、独我論を論駁不能にしている理由である。それに対して矛盾の自己同一とは、「私」と「私以外」、一人称と三人称とが、言わば「矛盾」として区別された世界から、それらの区別を作り出している枠組みごと消滅した世界へと回帰することである。そのとき、この区別の枠組みは気づかれず、それが消滅したこともわからないという事態が特徴的なのである。

d　形式以前の思考不可能と「離接的偶然」

九鬼のコンテクストを吟味すると、「離接肢」とは一定の閉じられた論理空間を意味していた。ひとつの「離接肢」の内部は一貫した論理形式が支配している。したがって一定の系列を成り立たせる因果律も、その形式のひとつとしてこの論理空間内部を支配している。しかしその空間の外部について、内部を支配する形式を当てはめることは無意味である。すると、宇宙全体をひとつの「離接肢」として、その内部を因果律という論理形式が支配すると見

なしても、宇宙の外部について、その因果律で考えようとすることは、無意味となる。つまり、「離接肢」としての宇宙の始まりとは、無から、因果関係の未知の仕組みによって宇宙が誕生したのではなく、この誕生については因果に関する思考さえ無意味であるという方が正しい。

ところで、偶然が必然の否定ならば、その限りで偶然も必然的因果の論理空間の内部にある。同じく概念としての無も、必然的存在の否定という仕方で、必然的因果の論理空間の内部にある。したがって原始偶然以前の無は、そこが存在の論理空間の外であるなら、存在に対立する無としてはあり得ない。九鬼は無と対立しない宇宙を「無宇宙」と呼んだが、存在の謎を消滅させる鍵は、むしろ「無宇宙」の積極的な側面にあると考えられる。なぜなら「無宇宙」ではないことによって、存在の驚きが生じているからである。

e　言語と実在とは一致しているか

九鬼の偶然論は、無と存在との区別によって生じた「原始偶然」を実在と見なしたうえで、偶然と必然との緊張関係にもとづいて宇宙をとらえた。そしてこの区別は言語によって生じるものであった。それに対して西田の矛盾的自己同一では、「原始偶然」のような特殊な地点さえ、実在の限定によって生じたものと見なす。これだと偶然と必然との対立は、実在そのものに属すのではなく、むしろ実在から言語を介して離れることで生じたことになる。ここで言語はむしろ、実在から離れる役割を担うことになる。「原始偶然」の謎は、この実在からの離反のうえに生じる。そしてこの謎は、実在の次元に立ち戻ると、謎の痕跡も持たない。しかもこの実在の次元は、九鬼では「無宇宙」だが、西田ではそうではない。ではその次元とは一体、どのようなものか。

偶然と必然との対立の解消が、なぜ「無宇宙」にならないのか。それは、西田にすれば、原始偶然における存在の謎と、必然が支配する宇宙との対立が重要なのではなく、偶然と必然との緊張の宇宙から、存在の謎をも消去する宇宙への転換が重要だからである。その意味では、九鬼の言う偶然と必然との対立による緊張をも解消させる、別次元におけるその昇華を西田は要求している。

三　「生死一如」の問題

a　形而上学的問題の消滅点としての「絶対無」

これまで私たちは、分析によって実在の世界が二項的に区分され、無と存在、偶然と必然、物質と精神などが生じ、その結果、一方からなぜ他方が生じたかという問題が生じた様子を見た。九鬼の「原始偶然」も、この区分の狭間に生じてきたものだった。それに対して「絶対無」は、この区分が未だ生じず、またすでに生じていない状態に相当した。「絶対無」からすると、「原始偶然」以前の無、必然に対する偶然は相対無にすぎない。存在と無とを分けたから、存在以前の無とはどのような状態か、どうして無から存在が生じたかが問題化したにすぎないからである。

b　死が無意味になるとはどのようなことか

プラナリアに人格を仮定し、それが分裂した場合、分裂前の人格がどこへ行ったか、という先の問いは、単細胞生物の個体に死はあるか、という問いとも同じ構造をしている。単細胞生物の最初の個体が分裂し、そこでできた二つの個体がさらに分裂を繰り返していった場合、最初の個体はどこで死んだか、という問いがそれである。ここで、最初の個体は後々まで受け継がれて行っている限り、死んだのではない。しかし最初の個体が同一個体として生き続け、維持されているのでもない。ここでは、生きているか死んだのか、答えが出ないのではなく、そうした単一個体の生死を前提とする問い方が成立し得ない領域なのである。ひとつの個体の命が単一人格の存在であり、その個体の死がその単一人格の無化であるという私たちの前提に立つ限り、この問いは問いとして成立しないままである。

この「生きかつ死んでいる」を理解できないのは、単一人格を前提とする言語が、その前提以前の状態を考えることができないためである。確かに、私たちの意識や人格を特徴づける「意識の全体的性質」とは、ひとつの顕在的な意識は異なった要素の複合体として成り立つことはできず、別々の思考をひとつの意識が同時に持つことはできないという性質であり、(4) これは人格の単一性の性質に通じる。この性質に則ると、ひとつの意識が要素に分割されたり、複数の要素的な意識からひとつの意識が作られることはできない。意識はひとつの全体として存在するか、全く存在しないかにしかならない。同じひとつの意識のこの部分は私だが、別の部分は私ではないという状態もあり得ない。だがそうなると、大脳半球を脳梁で二つに分割し、それぞれの半球を別々の肉体の中に移植してそれぞれひとつの脳として機能させた場合、それぞれの人格は誰なのか、といった思考実験などを扱えない。私であり私ではない内面的状態が仮定されると、それについて思考不能になってしまうという状況にならざるを得ない。これは単一人格という思想の限界状況である。

c　単一人格と生死

この単一人格という前提は、生まれる前の無と、死後の無をも生じさせる重要な要因として考えられる。単一人格が存在するから、その存在以前は、その人格存在が無いという意味での無となる。こうして、人格としての存在が、無から生まれてきた理由が謎となる。無から単一人格の全体が「一度」に生成されることは、無から存在が生じることと同義になる。無と存在との間に漸次性は考えられないからである。この存在生成の「一度」性は、実体的存在が生じてくる際の、無と存在との論理的断絶によって形作られており、また存在形成の時間的な瞬間性とも関係している。原始偶然の謎もそうして成立する。

これに対して、プラナリアの特定個体の人格を、プラナリア格と呼ぶならば、特定個体のプラナリア格はどこから生じたかと問うことは困難である。分裂によって生じた特定のプラナリア格は、それ自体独立して存在すると言えない面があるからである。つまりプラナリア個体の場合、そこにプラナリア格を仮定するにしても、それが無いところから「一度」に明確に生じてきた、という経緯設定ができないのである。これは、ひとつのプラナリアを二つに対称的に切断すると、最初のプラナリア格はどちらに行くか、という問いと同じ問題構造を持っている。特定のプラナリア個体に属する独立したプラナリア格について、分裂によってその個体が登場する前は何であったか、という問いは意味を成さない。それは無とも存在とも言えない。それは謎でさえなく、端的に無効な問いとされるしかないだろう。

しかし人間においては、特定人格が誕生する以前は、無として表象されてしまう。人間の人格の場合は、それが無い時点と存在する時点とが明確に区別され得るからである。つまり人格単一性の論理空間の形式によって、この空間の外側について考えようとしたから、その単一性の人格が未だに無いという意味で「無」が表象されるからである。これは生成の「一度」性によって、無と存在とが隔てられる構造をも形作っている。

反対にこうした単一性から成り立つ人格における、存在と無という対置を、特定のプラナリア個体と、その個体形成以前の状態について適用することは難しい。特定のプラナリア格の単一性ということは考えられない。そこに単一性の論理空間が形成されず、したがってそこに生成の一度性も成立しないからである。

また、人間は死後を無と思うが、ここで考察したプラナリア個体がもう一度分裂した後は、もとのプラナリア格は無になるのでもなく、同じプラナリア格がそのまま存続するとも言えない。分裂後、そのプラナリア格は存在し続けるのでも、無になるのでもない。そして誕生の不思議もなく、死後の無もないこの状態について、生きていることを単一の人格が存在することと同一と見なす枠組みを持つ言語では理解できないのである。しかし、この単一人格という考え方は生命現象の考察において、人間という生命現象を考察する場合も含めて、普遍妥当的である保証はない。

d　相対無で生じる謎、絶対無では生じない謎

生死を対立概念として考える枠組みとは、相対無として死をとらえ、同じく相対無として生以前をとらえる。そして死後は虚無、生以前も虚無である。その限りで、生と死とは対立関係にしかならない。これは生を存在として前提にする枠組みから、生以前と死後とを考察したために生じた対立である。ではこの対立を生じさせない見方とはどのようなものか。

たとえば、「絶対無」としての死は、存在としての生に対する無としての死、という対立が生じていない。それは、存在と無をも包括する絶対的無限定でもある。したがって、生以前や死後の無を生じさせない。それらは限定された枠組みを前提とした相対無にすぎないからである。「絶対無」では生死を対立させる概念枠が無効なため、その対立によって生じる無、そして無を謎とさせる事態が生じ得ない構造になっている。

しかし、無がないとは、いかにして可能なのか。これは、無から生じた存在として自己が成立するという順序ではなく、「無限定」の「現在」から自己が展開する中で、無や存在という区分も生じてきた、という構造と関係している。現在の「自己限定」とは、無も存在も、生まれる前も死後もない「現在」の状態から、その状態自身の「自己限定」が生じることで、それらの区別が「分化」してきたことに相当する。自己は無と存在との矛盾の中にありながら、根源的にはそれらのどちらでもなく、どちらとも同一なのである。しかし、「自己限定」における無と存

在との分化を経てから自己を眺め返すと、もともとなかった自己の生まれる前の無、そして死後の無が登場し、謎となってしまう。反対に、自己が存在としても無としても規定されず、それらと対立することもないならば、生以前や死後は、存在に対する無として規定されることも、謎となることもないのである。

このように「絶対無」としての死は、生と異なるとも、同一であるとも言えない。これは「生死一如」を、「絶対無」の思想から照らし返した表現でもある。つまり生死の根本的区別はないため、死から生、生から死への移行は究極的にはない。したがって、この区別にもとづく相対「無」の領域や、その領域についての「謎」もない。そしてこの「生死一如」が、生以前や死後の謎をも無効にする構造は、「原始偶然」における存在以前の無をも無効にさせ、無の謎を消滅させる可能性を開くと考えられる。[5]

e　生死の区別、存在と無との区別

死後の世界はあるか、という問いは、生の状態と死の状態との区別によって生じた。生死が区別されたうえで、生への執着が生じることによって、死後の世界は問題化するからである。しかし、生死の区別が成立しない次元では、死後の世界という問題自体が生じ得ない。それは、死後の世界は存在しないという虚無的な判断でもない。そうではなく、生死の区別を前提にすることで、無も謎も生じていたという気づきが、そこで起こるということである。

ここで吟味したいのが、生死の対立消去が、存在と無との対立消去とパラレルな事態となる可能性である。生死の区別を行う概念枠を通じた場合、生と死との断絶がなくなり、死後が問題として消滅する事態がどのようなものかは考えられない。これは存在と無とを区別する概念枠を通じて、無が消極的でも虚無的でもない事態を考えられないのと同様である。したがって、生死が一如となり、死後問題の消滅があるとするなら、存在と無との断絶がなくなり、「原始偶然」以前についての謎の消滅へと通じる道があるとしても、不思議ではない。

四　矛盾はどのように「自己同一」化するのか

a　九鬼における形而上学的な対立物

九鬼においては必然と偶然とが互いに対立していた。これは合理性と非合理性との対立であり、存在と無という対立でもあった。必然の宇宙は、「原始偶然」を隔てて無に対立する「離接肢」であり、その宇宙は無に対立するゆえに、明確な「存在」として規定された。そしてこの存在としての宇宙は、無から「離接」している限り、存在と無とは互いに独立し、接合することはない。言い換えれば、互いを「離接」させる論理的な枠組みによって、「必然」や「存在」も成り立つのであり、この枠組みがなければそれらは成立しないことを確認した。そして九鬼はこの独立に肯定的であり、反対に「離接」的な区別がない状態を、「無宇宙」という消極的な状態として呈示した。「無宇宙」では、存在と無、必然と偶然との明確な対立が成り立たないゆえにその状態は消極的であり、九鬼はその状態に否定的だった。[6]

b　存在の謎はなぜ生じるか

このように九鬼における必然と偶然との二元的断絶では、互いが他を意義づけ合う緊張関係が重んじられていた。その緊張をもたらす際立った境界が、「離接的偶然」であり、「原始偶然」であった。この「離接肢」の外側は、必然性が支配する思考形式の外部だから、必然性の形式である因果の系列が端的に通用しない。つまり、「離接肢」の外部は、「離接肢」内部の原因として考えられることさえできない。原因になり得ないにもかかわらず、そこに原因を見出そうとするから、そこに「無」が見出され、それが謎となるのであった。

この「無」は、「離接肢」の内部にある宇宙内の必然が、「原始偶然」以前との関係に入ろうとすることで生じている。しかしこの関係とは、同じ論理の枠組みの中に、「原始偶然」以前と以後との両方が並べ置かれなければ生じ得ない。これは必然的な因果関係の系列にある事柄と、その必然性の絶対的な枠外にある事柄という、本来同じ概念枠の中で考えられ得ない事柄同士を、同じ枠の中で関係づけようとしている点で、錯誤である。二つの事柄同士を比較するとは、それらの事柄の両方を、同じ一定の特定の概念枠の中にあてはめることが条件となるからである。「原始偶然」以後の因果的決定の世界は、ある時間的に定められた地点以後が決定された世界である。この地点の外側では、その地点以後の概念枠が妥当するのではなく、その枠組みが端的に無意味になる。したがって、そこを考えることは絶対的に不可能である。それにもかかわらず、その地点の外側にも、因果的決定の論理が妥当すると誤って考えることで、「無」が生じ、それが「謎」と化したのである。

c　「絶対矛盾的自己同一」

しかし西田は因果的決定の論理を前提として、その適用範囲外に妥当させようとすることが、錯誤だと指摘するのではない。むしろ、因果的決定の世界の方を、実在の限定の産物にすぎないと見なし、その世界の方を、ある特殊な枠組みに閉じられたものと見る立場に相当する。因果的決定の世界を実在と見なすと、その世界とその外部とは、和解不可能になってしまうからである。反対に、そうした限定を一切取り払ったところに、実在の真相を見るのが西田の立場である。

たとえば、「個物的限定」を究極まで推し進めることと、「一般的限定」を究極まで推し進めることとは、方向としては全く相反しているが、その結果到達する各々の状態を、言葉によって区別することはできない。ましてや、二つを共通した概念枠の中で比較し、互いを区別したり、互いを同一と見なしたりすることもできない。ここで二つが「同一」化するのは、二つを共に容れる共通の概念枠が、全くなくなる極限において起こるからである。ものを秩序づけ、認識を成り立たせていた枠組みが、徹底的に外されることによって同一化するのである。個物性はその極限において、全くその内容を言い表せない「この」性に行き着き、反対の一般性も、その極限では具体性の全くない極限的な抽象性に到る。それぞれの方向は正反対だが、それぞれの極限を区別して言い表わす言葉はない(7)。

こうした「矛盾的自己同一」からすると、宇宙内の出来事の原因を追究し、それが原始偶然に到り、そこからさらに原始偶然以前の何かを追求することは、実在の限定後に作り出された枠組みを前提として、それを限定以前についても用いることでしかない。しかし「矛盾的自己同一」からすれば、原始偶然以後の決定された世界と、それ以前の世界という対立の根拠が、未だなく、すでにないのである。

五　存在の驚きか、驚きの消滅か

a　真に「全体」としての宇宙とはいかなるものか

では「存在」と「無」とに「部分化」されない、真の「宇宙全体」とはいかなるものなのか。このためには、宇宙内部を実在全体の「部分」とさせていた、宇宙の内部と外部との境界線の消去が必要であり、そこでは宇宙の外部という考えが無意味になっていなければならない。この状態は、西田の矛盾的自己同一にも相当する。「矛盾的自己同一の世界は、いつも現在が現在自身を限定すると考えられる世界(8)」だと西田は定義するが、この「限定」によって矛盾、対立の条件が生じてくるのであって、その「限定」以前の「現在」は対立を含まない。そしてこの「現在」には、内部と外部との区別さえ生じていない。そこには始まり以前、終わり以後もない。因果的決定性と自由意志、時間と空間、物質と意識、存在と無なども、実在たる「現在」の「限定」によって対立へともたらされた。そして宇宙の部分化も、この「限定」によって生じた出来事に相当すると考えられる。西田にとっては、これが宇宙存在の謎の由来となろう。したがって宇宙の部分化、対立が「限定」によって生じたとする立場からすれば、反対にこの「限定」された対立以前に戻ることによって、宇宙存在の謎は自ずから消滅するはずである。

b　「驚き」の消滅

「驚き」は哲学が始まるところとも言われる。しかしこの謎は、宇宙自身が持っているのか、それとも私たちの側が作り出してしまったのか。「存在」が「驚き」であるのは、それが生じなくてもよかったのに生じてしまったことにある。しかしそこでは、「存在」を「作る」側と「作られた」側という区別が、この驚きの背景となっている。そうなると「存在」ではないものが「存在」を作ったことになる。つまり「無」が「存在」を「作る」役割を担ったことになってしまう。しかし「無」が「存在」を「作る」という出来事を、合理的に考えることはできない。これが「存在」に関する謎と驚きの核になっている。

そこで、この謎が「作る」「作られた」の関係構造にもとづいて生じている一方、もしこの構造自体を宇宙自身が所持していないことが顕かになるならば、どうなるのか。私たちがこの関係構造が実は不成立であることに気づくならば、それは「存在」の驚きを解消し得るだろう。ここで「存在」の謎に対しては、回答は与えられない。謎の成立根拠が失われるため、回答を求める問い自体が無意味化するからである。回答を求めても、回答が得られない状態が謎だとすれば、回答が得られないこと自体が不成立になるのが、ここでの気づきの次元なのである。この次元では、「存在」に対置されていた消極的な相対無さえも、その消極性を消滅させる。ここが「絶対無」の場所となってくる。

c 「絶対矛盾」は、宇宙そのものの姿か

「絶対無」の場所は、「絶対矛盾」の「自己同一」の場所にも相当する。機械論と目的論、決定論と自由意志、物質と心、自己と他者、生と死、存在と無、といった対立は、それらの架橋の可能性を絶しているがゆえに、架橋不可能な「絶対矛盾」に相当し得る。だがこれらの「絶対矛盾」は、宇宙にそのまま内在するのではなく、こちら側の作用によって生じていたと考えられる。

一般に、「矛盾」する物事は、上位概念の中で客体的に結びつけられる。しかしそれらの矛盾を架橋する論理が一切ないのが「絶対矛盾」の特徴であり、この矛盾の解消方法は、これらを「矛盾」関係にさせている前提としての枠組みを無効にすることであった。このとき、これらの矛盾の解消法は呈示されず、矛盾の根拠が奪われるという仕方で矛盾ごと跡形もなくなった[9]。「絶対矛盾的自己同一」とは、謎への回答が得られるのではなく、謎の根拠が消滅するゆえに、何が謎だったかがわからなくなる次元なのであった。

おわりに　二元的緊張の宇宙と一元的自然の宇宙

九鬼は、「原始偶然」と「因果的必然」とが対立しながら互いを支え合う緊張状態を重んじた。その緊張は、一定の範囲内における必然性の意義を認め、かつその範囲外に接する必然性の全体については、必然性の全く欠如した偶然に囲まれている構造になっていた。そこに存在の「驚き」が生じ、その「驚き」による緊張を、意義あるものとする構図になっていた。

しかし西田では、矛盾の「自己同一」を前面に出す限り、最終的に矛盾するもの同士の対立関係はなくなる。これは、九鬼において、偶然と必然との対置関係が、最初から最後まで前提になっていたのとは対照的である。西田

によれば、原初において実在は無限定であり、そこに断絶はない。そこで「絶対矛盾」が生じたのは、その無限定なものを特定の限定された枠組みでとらえようとしたからにすぎない。そして九鬼のように、哲学的な「驚き」が、存在の偶然への「驚き」だとすれば、西田の構図は「驚き」の消滅であった。これが「絶対無」であり、それはまた「自然」とも言い換えられよう。

この「自然」の宇宙は、概念的に規定された一元的世界とも異なる。もし世界が無意味な物質世界として一元的に客体化されるとしても、その物質世界を見る主観だけは例外的にその世界の外に出てしまう。これに対して矛盾の「自己同一」としての一元論では、この世界を見る主観はその一元的世界に含まれなければならない。これは徹底的な一元論であるゆえに、そこで一元性は意味を失う。それは一元論に対して、一元論を突き抜けた「自然」の世界と言える。この「自然」の特徴は、所謂「あるがまま」の姿をとりながら、そこにおいて始原以前への問いや、果ての向こうについての問いさえもが、無効化されていることである。これが、形而上学的問題の解決という観点に照らした、かつて語られてきた「自然」性には見出されなかった、その特色である。

このように、見る主体もその内に含め、形而上学的な問いさえ無効化する、徹底的な一元論は、自らについてどういった一元性かを語ることはできない。たとえば、唯物論のように、存在するすべては客観的な物質であるとか、唯心論のように存在するすべては私の心の出来事などと言うことはできない。それらの一元論のような、自らの一元性について語る例外的な地点さえ持たないからである。

「それは唯心論とか神秘主義とかいうものとは逆に、絶対の客観主義でなければならない。…心といっても主観的意識をいうのでなく、内亦不可得であり、無といっても、有に対する相対的無をいうのではない(10)」

これは主観と客観とを対置させたうえで、客観に軍配を上げたのではない。その対置の形式にもとづく客観性では、たとえば意識を脳細胞という客観的実在だと見なしても、では脳細胞に対応する主観はどこにあるのかという問題が残り続けてしまう。西田はそれと異なり、徹底的に主観が消去されるまで客観化を進めることによって、主客対立の枠組みを無効にさせることで到達する状態を「絶対の客観主義」と呼んだのである。その次元では、主観は「無」いことに加え、主観に対置される意味での客観や、主観ではない物質として成り立つ世界も「無」いのである。それは「相対的無」なるものはなく、すべてが主観であり、また客観でもある世界ということになる。それは個物が何か他の普遍者に還元される世界でもなく、個物が個物のまま普遍でもある世界である。

ではこの「自然」の宇宙はいつ創られたのか。「原始偶然」が因果的な決定論への対置という仕方で生じたのに対して、この「自然」的な一元論では、この一元論に対置されるものがない。つまりその一元性に対置される、自らの出所というものもない。したがって一元的必然に対する絶対的な偶然、ということも意味を失うタイプの宇宙に相当する。当然そこでは、偶然と必然という「矛盾」が成立する根拠が奪われている。「自然」の宇宙とは、こうした「偶然」的に起こった始原という問題が、その問題化の根拠を奪われることで消滅する宇宙ということになる。

（1）九鬼周造「偶然性の問題」『九鬼周造全集　第二巻』岩波書店、一九八〇年。初版は岩波書店から一九三五年に発行された『偶然性の問題』である。一九三二年に九鬼が京都帝国大学から学位授与された博士論文「偶然性」では、三つの偶然がそれぞれ「論理的偶然」「経験的偶然」「形而上的偶然」となっている（同全集第二巻に収録）。

（2）「偶然性の問題」二五七頁。

（3）他者は心を持っておらず、ロボットかもしれない。心を持っているのは私ひとりかもしれない。この世界は実際には存在せず、私の目の前のスクリーンに映った仮象の世界かもしれない。この現実世界も私の身体も存在せず、宇宙人が私の脳だけを培養液の中で保存し、あたかもこの現実世界が存在するように脳に信号を与えているだけかもしれない。これらの謎は、確実に知られる「私」の内在的領域と、確実ではない超越的領域との区別によって初めて生じる。

だがその区別はアプリオリなのか。むしろ後から付け加えられたものではないか、というのがここでの考察課題である。たとえば、「私」の内在的領域を現在のこの瞬間の「私」に限るならば、数秒前の私の考えは、すでに超越的領域に属し、「私」のものではない。しかしこうなると、内在、超越という区別は背理になってくると思われる。というのは、なぜ、他者や世界は超越的領域に属してしまっているのか。数秒前の「私」の考えが超越領域なら、他者や世界を超越領域として、内在領域から区別する根拠もないと考えられるからである。その場合、「私」の内在領域、「私」からの超越領域という区分は意味を失う。

（4）「意識の全体的性質」とは、ジェイムズが『心理学原理』において、物体が粒子的単位の集合として形成され、要素が実在なのに対して、意識はひとつの全体として実在であり、要素の集合と見なすのは背理である、という考えに対して名づけた言葉である。具体的には、aの観念とbの観念とを足してa＋bの観念と成すことはできず、両者は全く別の事柄であるのは、その一例である。白の観念と黒の観念とを足しても灰色の観念にはならないと考えてもよい。aの観念とbの観念、また白の観念と黒の観念とは、それぞれで「全体的」だからである（James, W., *The Principles of Psychology, The Works of William James*, Harvard U.P., 1981, p.163 etc.）。確かに、意識が同時に二つ以上の考えを所持したり、二つ以上の志向をはたらかせていることは、私たちになじみの顕在的な意識の性質として考えにくい。しかしこれは心理的な不可能性ではなく、論理的な不可能性である。私たちが人格的統一ということを意識の条件として最初に見なした場合、意識は論理的制約として、二つ以上の要素の集合となることが、最初から不可能な状態として考えられているからである。

この意識の論理的単一性に加え、ジェイムズには心理的にも、意識は人格的統一の「感じ」として同一だと指摘するところがある。「（自己同一についての知覚、もしくは述語化された同一性の）どちらの場合においても、人格の同一性は事実としては存在しないだろう。しかしその同一性は、それでも、感じとして存在するだろう。」（ibid., p.316）

だがここで、「人格の同一性は事実としては存在しないだろう」と言われていることは示唆的である。これは実際に、統一された意識のみが意識ではなく、人格の変容や、主我の転換といった、人格の同一性が破られる豊富な事例が、『心理学原理』で扱われてきたことから示され得る。そして人格を同一化させるというこの「感じ」も、必ずしも個人を単位とするとは限らない。集団的な一体感の「感じ」はこの「同一性」に含まれるだろう。「感じ」の同一性は、「私」の分割や接合の不可能な論理的単一性ではないからである。すると個人単位の「同一性」の「感じ」が、集団的一体感の「感じ」にもなり得ることは、同一性の単位が集合離散し得ることの証になる。

さらにジェイムズは、反対に「同一性」が個人の内部で分裂し、多重人格化する事例も扱う。これは「感じ」が集団化するのではなく、反対に分割することの事例である。本来、同一の自己であったはずの部分が他者のように振る舞ったり、「主我」であったはずの「私」が、別の「私」に入れ替わってしまう事例は、そうした事例に含まれる。

(5)　生と死とは、対立していないという意味で同一なのではない。生死一如において、生と死とは対立関係可能性にさえあらず、むしろその対立は端的に「無意味」なのである。二者が同一のカテゴリーの中で相対することが、「対立」という関係の可能性を作る。しかし、同一のカテゴリーには決して入らない二者同士は、それらの間に「対立」さえ成立しない「無関係」となる。
　そして生死が対立関係にあれば、死は生まれる前と同様、生ではないという意味での「相対無」である。そして生と死との二者はともに、有無のカテゴリーの中で対立する。しかし生死一如において、死について「相対無」は成立しない。つまり生死は同じカテゴリーで括られることさえできない。これが「絶対無」としての死であり、そこで死は、生と同一とか異なるとかいう判別ができなくなるのである。そこでは、生は生で、死は死でそれぞれ実在の全体を成すと言ってもよい。

(6)　死のない生は生ではない、という思想も、この存在と無という積極的な対立の見地から見直すことができる。生は死によって境界づけられるからこそ生として際立つため、死のない生はその本性を失う、ということである。これは生死の峻別による緊張によってもたらされる、生の積極性である。
　それに対して西田の絶対矛盾的自己同一は、生死一如に相当する。そこでは、生死が区別される関係構造がすでに成立しないので、死がないことで生がその本性を失う事態が成り立ち得ない。無論そこでは、生死の対立もすでにあり得ない。

　これは生死が同一カテゴリー内で二項的に配置されながら、両者が対立せず融和することとは全く異なる。生と死は生と死でありながら、それらを二項的に配置させる枠組みがすでに成立していないので、両者は緊張とか融和という関係にさえなく、それら各々において絶対なのである。これは注（5）で、「生は生で、死は死でそれぞれ実在の全体を成す」と述べたことと同じである。

(7)　矛盾する二者を共通に容れる単一の枠組みがなく、しかも二者が同一化するという事態は、それら二者を何かとして一般化する枠組みが、徹底的に消去された次元でもある。そこは個物性のみが生きると考えられるかもしれない。しかし、この個物性を成り立たせるものが何なのかについて、私たちは語ることができない。ある特定の類や種といった一般性は語られ得るが、そうした語られ得る一般的性質をすべて排除したのが個物性だからである。その不可言性は、「私」に関する一般的性質がすべて剝ぎ取られたところで、その「私」を代替不能な個物として規定するものは語り得ないという考えにも見て取れる。こうした個物は、何にも代えがたい「この私」であるはずだが、それを何かとして規定するものがすでにない。それゆえ、「私」の個物性を純粋に抽出した「この」性とは、転じてどの個物にも共通する普遍的事態に相当することになる。

(8)　「絶対矛盾的自己同一」『西田幾多郎全集第九巻　哲学論文集第三』岩波書店、一九六五年、一四八頁。

(9)　たとえば、心が脳から生じる仕組みはいかなるものか、という問い（謎）は、心脳の二元論的構図を前提としない次元では、謎として不成立になる。他人の心は存在するか、という独我論的な問い（謎）は、自己の意識を孤立した単位とする前提がなければ不成立である。

(10)「絶対矛盾的自己同一」二一八頁。

あとがき

学術書の構成上、本書は「始原と根拠」という本題に入る前に、その下準備となる前提知識として必要な哲学史上の学説や、類似した問題解決のために先哲がたどった論理的な筋道をまず呈示し、それらを踏まえた上で、本題となる問題自体の方に取り組んで行くという順序をとった。それはオーソドックスな学術書には必要な構成上の順序ではある。他方そうした構成が組まれると、問題へと直接接近するにはどうしたらよいかと尋ねられた場合には、必ずしも最初の章から読むのがお薦めとは言えないときもある。それは、理解のしやすさという意味でも、問題を前置きなしにそのまま取り扱うという意味でも当てはまる。端的に問題解決のための思考の骨組みが、前提知識がなくても率直に呈示されている書き方の方が、理解をしやすいからである。そこで、本書の主題をわかりやすくつかむにはどの章から読んで行くのがよいかについて、筆者のお薦めの順序を以下に記したいと思う。少しでも読者の理解にお役立ちできれば幸いである。

本書全般にわたるテーマである「始原と根拠」に関して、この問題についての哲学史上の議論の予備知識がないまま入って行く場合には、第二部第五章「問いの消滅」をまず読むのがよいと思われる。宇宙の始まりを考えれば、その始まりは何が開始させ、それ以前は何だったのか、という誰もが抱くような素朴な疑問について、素直なわかりやすい論理の形の中にその骨組みを描き出し、そこに幾人かの思想家の言葉を借りながら、直接切り込んでいるからである。発表された時期も、本書の元となった論文の中で最も早いものである。

存在していることの驚きという、哲学の始まりとして引き合いに出される、一般的にもなじみの深い主題については、第三部第五章「矛盾と偶然——始原と秩序についての考察」が、直接的に扱っている。宇宙を因果的必然が支配しているとしても、その因果系列の最初がなぜ始まったのかという疑問は、素朴に誰もが持ち得るものであり、それは存在しなくてもよかった宇宙がなぜ存在しているのか、という驚きを導く。そしてこの章は、九鬼の「原始偶然」という基本概念を用いて、その問題の骨子を浮かび上がらせ、考察している。

何も無いところからなぜ存在が始まったのか、という始原の問題に対して、角度を変えて着目すると、物質の複合からなぜそこにない意識が生じるのか、言い換えれば意識の起源がなぜ意識の無い物質であり得るのか、という問いも、始原の問題と共通した謎の構造を持っている。この問いについては、第二部第二章「なぜ汎心論が帰結するのか——ジェイムズおよび西田の純粋経験への新視角」において、そこへの答えを平易にまとめた。物質からなぜ、どのようにして意識が生じたかという問いにおいて、この二者を最初に分けるという前提に問題はなかったのか、という再確認の必要をそこで提起している。

この物質と意識の断絶という前提を問い直す試みは最初の第一部全体の主題でもあるが、それはなぜ意識が無いところから意識が生じたのか、という問いを通じて、なぜ無から存在が生じたのかという始原一般の問題を形成している論理構造へと導く筋書きになっている。そこで第一部の主題としての、なぜ物質である脳から非物質的な意識が生じるかという素朴な疑問を直接に取り上げた章としては、第一部第三章「経験の根拠はどこにあるか——脳科学の知見を踏まえて」が、そうした率直な疑問の側から入って行きやすいだろう。また、同様に意識のハードプロブレムや、もしくは「私」がなぜ存在しているか、さらに「私」であって「私ではない」ことは可能か、という問題に対する、本書なりの見解を率直に呈示した章としては、第一部第五章「概念枠としての物質と心——物質の決定性と自由意志をめぐって」および同第六章「物心をめぐる諸概念の極限——思考不可能な場所から照射された『私』『知識』『形而上学』」がそれにあたる。いずれも予備知識がなくてもこれらの問題に入って行けるよう配慮したつもりである。

根拠や原因への問いは、その根拠以前や原因以前を謎や虚無として描き出してしまう。しかしそうした謎や虚無を作り出す根拠への問い自体が、ある特定の論理に則っており、その論理自体の根拠なさが暴露されることで、その謎や虚無の方も消滅する様子を端的に描いたのが、第二部第四章「無の成立条件――そして無が無意味化する次元」である。この章は虚無とその克服の問題にも通じているため、ニーチェを批判的に参照した部分も多いが、ニーチェなどに関する特段の予備知識がなくてもわかるように、問題の論理的な骨子がつかみやすい形に書くように心がけた。

第三部第二章「場所論から見たニヒリズムの問題」も、西田の「場所」という独特な概念の理解がある程度の前提にはなるが、死後やその無限時間の「虚無」を、まずは私たちの誰もが抱く素朴な問題として取り上げ、その「虚無」の成立の根拠のなさが、「場所」において明らかになるという論点から、「虚無」自体の消去の可能性を探ったものである。

もっとも、始原がなぜ生じたかという本書全体を通じたテーマに対して、本書が最終的にどう答えようとしているかを概観するには、終章「存在の驚きとその消滅」をまず読んでいただく、という方法もある。この章も九鬼の偶然性についての思想や西田哲学のタームの理解などを多少の前提とはしているが、予備知識を前提とする哲学史的な考察よりも、この問題に対する回答を意図する、本書なりの論理構造の方が明確になるような仕方で描くように心掛けた。

また本書は、主としてこれまで筆者が発表してきた論文や学会等での口頭発表を下地にしているので、以下にそれらの初出一覧を示す。しかし本書に収録された各章については、すべての章について初出の内容に加筆、修正をほどこし、章によっては大幅に内容を変更、増補したものもある。

序論　書き下ろし。

第一部

第一章　「『生命』はどこにあるのか――ベルクソンの進化と実在についての考察を手がかりとして」『帝京大学総合教育センター論集』第五号、帝京大学総合教育センター、二〇一四年三月、一―二三頁。

第二章　「創発と生命概念」『比較思想研究』四二号、比較思想学会、二〇一六年三月、五二―七頁。

第三章　「心はなぜ形而上学の問いとなるか――ベルクソンと西田を手がかりに」『比較思想研究』第三八号、二〇一二年三月、七六―八四頁。

第四章　「実在に関する知識と信念――脳科学の知見から」『実存思想論集』XXX　特集　信仰と実存、実存思想協会、二〇一五年六月、八五―一〇六頁。

第五章、第六章　次の論文を前半と後半とに分け、各々に一章ずつを割り当て、それぞれの主題を明確化した。「概念枠としての物質と心――思考不可能な場所からのまなざし」『脳科学は宗教を解明できるか』芦名定道、星川啓慈編、春秋社、二〇一二年八月、一八五―二三六頁。

第二部

第一章　「プラグマティズムと形而上学――ウィリアム・ジェイムズとフェルディナンド・C・S・シラーを中心に」『哲学研究』五九八号、京都哲学会、二〇一四年一〇月、一八―四一頁。

第二章　以下の二つの、内容の異なる口頭発表を、ひとつの主題の下にまとめ、文章化した。「純粋経験の存在論」日本宗教学会第六一回学術大会、於大正大学、二〇〇二年九月。『宗教研究』三三五号、日本宗教学会、二〇〇三年三月、一四二―三頁に要旨掲載。

"Metaphysics of Pure Experience", 23rd World Congress of Philosophy: Philosophy as Inquiry and Way of Life, at University of Athens, School of Philosophy, 2013, 8. *Abstracts*, p.522.
第三章　「私の消滅による自由――ジェイムズの神秘主義研究と西田哲学」『比較思想研究』第三七号、二〇一一年三月、一〇一―九頁。
第四章　「ニヒリズムの成立条件とその消滅」『帝京大学総合教育センター論集』第四号、二〇一三年三月、一―二二頁。
第五章　「問いの消滅」『創文』四四〇号、創文社、二〇〇二年三月、二一―六頁。

第三部
第一章　「形而上学の問いと西田場所論」（課題研究　西田哲学――その論理基盤を問う）『アルケー』一九号、関西哲学会、二〇一一年、一六―三〇頁。
第二章　「場所論から見たニヒリズムの問題」『西田哲学会年報』西田哲学会、第五号、二〇〇八年、一一三―二八頁。
第三章　「創発主義的生命論と場所論的生命論」『比較思想から見た日本仏教』末木文美士編、山喜房仏書林、二〇一五年、三二三―四九頁。
第四章　「規則と場所――ウィトゲンシュタインと西田における根拠なき根源についての考察」『比較思想研究』第三五号、二〇〇九年三月、四六―五四頁。
第五章　「矛盾と偶然――形而上学的次元の二つの相」『比較思想研究』第三九号、二〇一三年三月、五九―六七頁。

終章　次の講演内容を文章化し、加筆、修正した。

「絶対矛盾の形而上学」招待講演、於東北大学哲学・倫理学合同研究室、二〇一二年七月。

最後に、本書はこれまで筆者が学会、研究会などを通してご指導いただいた先生方からのご教示に多くを負っています。おひとりずつお名前を挙げることは差し控えますが、それらの先生方にこの場をお借りして感謝と御礼を申し上げます。また本書の出版をご承諾いただいた北樹出版代表取締役の木村哲也氏、細かい編集作業の労を引き受けて下さった同社の古屋幾子氏には改めて感謝申し上げます。

二〇一八年一二月

多摩の寓居にて　著　者

著者略歴

冲永　宜司（おきなが・たかし）

1969年　東京都生まれ
1998年　京都大学大学院人間・環境学研究科博士後期課程修了
　　　　博士（人間・環境学）
専　攻　哲学、宗教哲学
現　在　帝京大学教授
著　書　『無と宗教経験―禅の比較宗教学的考察』創文社、2002年、『心の形而上学―ジェイムズ哲学とその可能性』創文社、2007年、『脳科学は宗教を解明できるか？―脳科学が迫る宗教体験の謎』（共著）春秋社、2012年、『プラグマティズムを学ぶ人のために』（共著）世界思想社、2017年、ほか。

始原と根拠の形而上学

2019年 3月30日　第1刷発行　　・検印省略

著　者　冲　永　宜　司
発行者　木　村　慎　也

・定価はカバーに表示　　印刷　中央印刷／製本　新里製本

発行所　株式会社　北樹出版

〒153　東京都目黒区中目黒1-2-6　電話(03)3715-1525(代表)

ISBN978-4-7793-0584-9

人名索引

ア行

アキレス　Achilles　52
アナクシマンドロス　Anaximandros　326
アリストテレス　Aristotelēs　239, 321, 389
アレクサンダー　Alexander, Samuel　64～66, 329
ウィトゲンシュタイン　Wittgenstein, Ludwig　58, 107, 156, 266, 272, 274, 294, 349, 350, 352～357, 359～361, 363, 366, 367
エーデルマン　Edelman, Gerald　118, 119, 123, 124, 126, 129, 130, 133, 136
エックルス　Eccles, John　322
オットー　Otto, Rudolf　113

カ行

カント　Kant, Immanuel　94, 244, 246, 248～251, 260, 307, 364, 365
ギブソン　Gibson, James　89
九鬼周造　371, 373, 375～377, 380, 382, 383, 387～390, 394～398, 401～403, 408, 412, 413
クリフォード　Clifford, William K　201
クレイトン　Clayton, Philip　322, 328, 346
クレイン　Crane, Tim　319

サ行

サール　Searle, John　48, 131～133, 140, 144, 195
佐藤勝彦　69
ジェイムズ　James, William　91～95, 100, 103, 104, 106, 117～119, 155, 158, 159, 163, 167～173, 177, 178, 183～186, 188, 190, 191, 194～202, 205, 208～211, 214, 218, 223～225, 277, 278, 280, 287, 289, 291, 293, 294
シェリング　Schelling, Friedrich W　375
シャンカラ　Śaṅkara　326
ショーペンハウアー　Schopenhauer, Arthur　16, 69
シラー　Schiller, Ferdinand C S　103, 158, 159, 163, 164, 166～168, 170, 172, 176178, 181, 184～187
スピノザ　Spinoza, Baruch de　326
スペンサー　Spencer, Herbert　190, 201
荘子　265, 266, 272

タ行

チザム　Chisolm, Roderic　323
チャルマーズ　Chalmers, David　63, 65, 69, 195
ディビィドソン　Davidson, Donald　116, 321
デイビス　Davies, Paul　69, 324
ティンダル　Tyndall, John　191
デカルト　Descartes, René　79, 81, 151, 153, 361
デネット　Dennett, Daniel　88
デューイ　Dewey, John　163
ドーキンズ　Dawkins, Richard　28
道元　337
トルストイ　Tolstoy, Lev　104, 105, 113, 316

ナ行

ニーチェ　Nietzsche, Friedrich W　109, 226～235, 237～239, 241～244, 251～255, 259, 260, 301, 316, 390, 391
西田幾多郎　54, 64, 71, 75, 78, 81, 82, 84～86, 88, 89, 107, 114, 139, 141, 143, 145～147, 152～154, 188, 192, 193, 195, 196, 199, 200, 202, 204, 205, 207～209, 214, 215, 217, 221～225, 258, 276, 280～282, 284, 289～291, 293～295, 297, 299, 300, 306, 319, 329～333, 335～338, 340～342, 344, 345, 347～349, 352, 353, 355, 357, 359, 360, 363, 364, 366, 367, 369, 372, 377, 378, 380, 382, 383, 385～387, 389, 391, 395, 402, 409, 412～414, 416
西谷啓治　108
ネーゲル　Nagel, Thomas　64, 326
ネルソン　Nelson, Kevin　96～98
野矢茂樹　369

ハ行

バークリ　Berkeley, George　34, 80, 81, 89, 150, 169, 175

パース　Peirce, Charles S　58, 163
パーフィット　Parfit, Derek　58
パトナム　Putnam, Hilary W　116, 321
ヒック　Hick, John　119, 120, 123, 127, 136, 155
ヒューム　Hume, David　144, 250
フェヒナー　Fechner, Gustav T　181, 207
プラトン　Platōn　94
フランクル　Frankl, Viktor　113
ヘーゲル　Hegel, Georg W F　326
ヘラクレイトス　Hērakleitos　190
ベルクソン　Bergson, Henri　32, 37〜39, 42, 43, 48, 50〜55, 57, 58, 62, 68〜73, 78〜82, 86, 88, 89, 261, 319, 321, 326, 331〜334, 340, 341, 344, 345, 347
ポパー　Popper, Karl R　64, 322
ポランニ　Polanyi, Michael　21, 321, 345
ホワイトヘッド　Whitehead, Alfred N　67

マ行

マラテール　Malaterre, Christophe　69
ミリカン　Millikan, Ruth G　207

ヤ行

山田廣成　346

ラ行

ラマルク　Lamarck, Jean B　50, 51, 345
ランバース　Lamberth, David　188
ランバート　Lambert, Edward　97
リベット　Libet, Benjamin　30
老子　Laozi　264
ロック　Locke, John　79, 89, 333

事項索引

ア行

諦め　103
悪　evil　211, 223
頭で作った神秘　75
新しさ　novelty　316, 320, 336
アトム　atom　229, 230
アフォーダンス　affordance　89
ありのままの所与　107〜109
あるのでもなく，ないのでもない　4, 154
暗黒　269, 270, 390
　光り輝く――　dazzling obscurity　304
暗黙知　tacit knowledge　21
意志　will　185, 214, 217, 231〜234, 236〜238, 299, 304, 305, 310, 311, 332, 344
　――の原因　217
　純粋な――　221
　超越的な――　43
意識　consciousness　3, 46, 70, 101, 102, 196, 276, 277, 282, 305, 343, 363〜365
　――一般　303, 304, 307, 363, 364
　――が先か，脳が先か　117
　――の根底　312
　――の進化　129
　――の全体的性質　192, 404, 415
　――の選択機能　136
　――の立場　300
　――の場　224
　――の複合　180, 277, 279〜281
　――は存在しない　194
　――予測　125
　意志の――　215
『意識に直接与えられたものについての試論』 *Essai sur les données immédiates de la conscience*　54, 59, 88
依存　dependence　319, 320
痛み　pain　399, 400
一　210
一元性　74
一元的　monistic　179, 184
　――宇宙　181
　――実在　327, 384
一元論　monism　328, 388
　徹底的な――　413
一人称　first person　123, 132, 138, 140〜142, 154, 401
　――性　124
　――的主体　123
一般　universal　389
　――概念　77
　――性　379, 410

——的限定　379, 409
——的なるもの　77, 78
イデア　idea　94, 387
今　now　85
イマージュ　image　39, 72, 74, 86, 87, 333
未だ有無の区別もないところ　264
意味　meaning, sense　87, 172, 215, 257, 293, 298, 301, 303, 316
——の転換　113
因果　causality　182, 183, 189, 190, 210, 341, 342, 344, 359
——関係　409
——形式　248
——系列　375, 389, 390
——性　56, 57, 247, 249
——的　118
——的決定　409
——的決定論　68
——的説明　144
——的必然　388
——的閉塞　143
——的連関　327
——の形式　217
——の不成立　230
——律　4, 228, 230, 233, 242, 244, 245, 247, 248, 250, 319, 378, 381, 390, 401, 402
——律の外　202
インテリジェントデザイン　intelligent design　161, 162
有　being, Sein　91, 348, 381, 385
——の場所　302
——るもの　38, 333
有相　273
疑い　doubt, Zweifel　108, 360〜362, 367
宇宙　universe
——以外の他者　127
——全体　410
——の始原　68, 92, 247, 259, 265, 378, 397
——の存在　375, 376, 390
——の誕生　375
——の始まり　18, 104, 402
——の果て　182, 269
——の無　375
——論の二律背反　244
無——　389, 397, 398, 402, 408
生まれる前の無　404
有無　215, 359
——以前　106
——という区別　154
——の超越　60, 282
——を超えた場所　303
運動　movement　242
運命　destiny　128, 129, 375
永遠　eternity　85, 183, 186
——の今　290
——の今の自己限定　85
永遠性　eternity　256, 257, 267
永遠的客体　eternal object　67
永劫回帰　die ewige Wiederkehr　251〜255, 257, 258, 260, 301
エレア派　Eleatics　376, 377
円環　340
——的　338, 339
——的時間　255〜257
——的無限時間　252
演技屋　Schauspielerei　237, 238
遠近法主義　Perspectivismus　228, 229, 233, 239
延長　extension　79
驚き　thaumazein, astonishment　4, 375, 376, 387, 394, 396, 398, 411, 413
——の解消　23
——の消滅　386, 387, 413
思いが思う　191
終わり以後　336, 338
音楽の主題　thème musical　57

カ行

懐疑論　skepticism　362
邂逅　374〜377, 387, 396
解釈　interpretation, Auslegung　235〜237, 350〜352, 368
——者　235
回心　conversion　112, 220
改善論　meliorism　186
解体　113
概念　concept　121, 129, 213, 217, 218
——図式　122

——的限定　132
——の限界状況　142
概念枠　conceptual scheme　16, 43, 49, 64, 65, 68, 70, 75〜77, 81〜83, 85, 104, 106, 115, 116, 122, 127, 135, 136, 203, 379〜381, 385, 406, 407, 409, 410
カオス理論　chaos theory　346
鏡の比喩　305
確実性　certainty, Gewissheit　108
『確実性について』 *Ueber Gewissheit*　107, 351, 355
確信　conviction　92, 127, 133
重ね合わせ　superposition　137
価値　value, Wert　90, 153, 155
——体験　148
——的経験　93
——的世界　90
——転換　92
活力　vitality　85
過程　process　84
カテゴリー　category　84
——錯誤　category mistake　98
——的な断絶　3
可能世界　possible worlds　389
下部階層　the lower level　320
下方因果　downward causation　62, 321, 322, 324, 346
神　god, Gott
——の意志に従う自由　224
——の死　255
——の誠実　361
——の存在　255
——の存在証明　259
亀　52
感覚　sense　154, 169
感覚的　sensory　3
完結した無限　die vollendete Unendlichkeit　254, 255, 260
観察主体　observing subject　149
感じ　feeling　194, 197, 415
感受　88
関心　interest, Sorge　149, 153, 160, 166
感性的な領域　273
感性的なもの　274
完全現実態　entelechy　321
観念　idea　191, 192, 194
観念論　idealism　34, 41〜43, 79, 80
絶対的——　der absolute Idealismus　278
岩盤　der harte Felsen　349, 354, 355, 364
記憶　memory, mémoire　40
純粋——　mémoire pure　39, 54, 59, 71, 86
ベルクソンの——　186
機械　mechanism　85
——的因果　324
——的自動性　304
——論　51, 161
——論的決定性　383
器官　organ　53
技術的知識　technical knowledge　110
基準　standard　147
規則　rule, Regel　350, 351, 354〜356, 358, 359, 363, 364, 368
——に従う　351
——のパラドックス　350
根源的——　360, 363, 364
規則に従う　der Regel folgen　350
気づき　awareness　213
規定不可能性　indefinability　196
機能　function　51, 53, 246
——主義的　195
帰謬論証　155
客我　Me　197
客観　object　34, 35, 189, 190, 199
——主義　151, 152
——性　124
——的自然　300
——的世界　148
——的な運動　40
純粋な——　150
絶対の——主義　413, 414
究極の問題　the ultimate question　78
救済　salvation　104
求心路遮断　deafferentation　112
共同性　320
恐怖　fear　233〜236, 243
曲線　courbe　43
虚無　negative nothingness　19, 100, 108,

限定　22, 54, 55, 71, 74～76, 83, 112, 116, 147, 152, 168, 172, 180, 183, 201, 203, 204, 209, 222, 223, 257, 258, 282, 285, 290, 297, 305～307, 309, 311, 312, 329, 331, 335, 343, 353, 356, 364, 365, 380, 381, 383, 384, 390, 395, 406, 409, 410, 411
――の原理　aprinciple of limitation　67, 68
質的無――　308
絶対的無――　114
自らを――　86
無――　86, 200, 202, 204, 222, 303, 325, 329, 334, 341, 347, 348, 366, 381, 383, 406, 413
原理　principle　197
コア・プロセス　core process　118, 124
行為　action　20, 293, 294, 359, 360, 363
――者因果　323
――的自己　277, 285, 292, 293
――的直観　83, 209, 290, 293, 294
根源的――　357, 358, 363, 367
狡知　craft,　List　32, 47, 57
公理　axiom　239, 240
合理性　rationality　87, 148, 176, 181, 184, 185, 223, 278, 280, 352, 371, 395, 396, 408
合理的　rational　176, 183, 226, 371
声　92
心の哲学　philosophy of mind　15, 87
ゴッドスポット　god spot　93, 95
このこれ　tóde ti　379
「この」性　410
この私　34, 416
個物　individuum　311, 315, 385, 389, 414
――性　387, 410, 416
――的限定　379, 409
――的限定即一般的限定、一般的限定即個物的限定　389
根拠　ground　3, 4, 17, 22, 106, 108, 351, 352, 357, 358, 360
――づけ　349
――なき選択　250
――無さ　68
――への遡及　102
――への問い　4, 18, 22
――律　principle of reason, Satz von Grunde　16, 69
根源的　fundamental, urspruenglich
――地盤　361
――動機　17
――な確信　94
――な質　309
――な自由　224
――な創出　359
根底　ground, Grund　362
コンテクスト　context　139
根本的経験論　radical empiricism　194

サ行

サーモスタット　thermostat　130
最初の自発的な一項　249
サイロシビン　psilocybin　98
作用　action　237
――の場　75
『懺悔』　*ИсповедЬ*　316
三次元　three-dimensions　100, 139
産出　produce　98, 101,
産出機関　producing organization　170
三人称　third person　132, 138, 140～142, 154, 401
死　death　27, 181, 298, 337, 341, 343, 385, 403, 404, 406, 407, 412, 416
――の恐怖　97, 99, 100
――の克服　99
恣意的分析　83
自我　ego　197, 224, 235～238
視覚体験　99
ジガバチ　sphex　31, 47
弛緩　relâchement　40
時間　time, Zeit　46, 176, 186, 305
――の始原　255
時間空間の外部　ausserhalb von Raum und Zeit　267
時間的無限　zeitliche Unendlichkeit　259, 301
色彩　colors　73, 88, 204
識別　discrimination　137
刺激反応　129
始原　origin　3 , 4, 263, 319, 327, 344, 372

——以前　348, 413
——の謎　263
死後　after death　268, 269, 344, 380, 405, 407
——の世界　99, 142
——の存続　101, 149
——の無　104, 404, 406
——は虚無　406
自己　self
——形成　295
——言及　122
——限定　86, 384, 406
——増殖　26, 27
——展開　88, 391
——保存　137
——矛盾　67
——予測　126, 127, 134, 137
——予測の不可能　126, 346
志向性　intentionality　138
思考の流れ　stream of thought　192, 194, 196, 200, 206
思考不可能な場所　139
システムの構造的特徴　323
自然　nature　188, 225, 298, 300, 330, 332, 389, 391, 393, 394, 413, 414
——主義　naturalism　44, 48, 55, 131, 136, 193, 204～206, 286
——選択　natural selection　28, 31, 50, 52, 66, 132, 134, 287, 321, 324, 345
事前指示　advance directive　98
持続　durée　37, 39, 55, 56, 59, 331, 334, 335, 341, 344, 345
純粋——　durée pure　38, 55, 59, 71, 82, 87, 88, 319, 340, 342, 347
死即生　338, 341
下心　Hinterabsicht　252, 255, 259, 260
質　quality　138, 162
実在　reality　89, 99～101, 104, 115, 121, 122, 134, 135, 138, 142～147, 153, 159, 161, 167, 172, 176～180, 184, 188～190, 193, 199, 201, 206, 211～213, 218, 232～234, 237, 257, 268, 274, 276, 278, 280, 281, 292, 298, 299, 305, 310, 317, 319, 325, 327, 329, 331, 338, 343, 347, 353, 372, 380, 381, 384, 386, 388, 394, 395, 400, 402, 403, 409, 413, 416
——の感覚　sense of reality　91～95, 105, 111, 113
——の感じ　94
——の曲線　courbe de la réalité　38
——の限定　410
——の不可解さ　197
——の分化発展　89
——論　realism　41, 42, 79, 80, 158, 161, 370
科学的な——　scientific realism　150
純粋な——論　der reine Realismus　58, 294, 366
実証　verification
——不可能性　185
——不能な前提　251
実践　praxis　358
——上の関心　340, 344
実体　substance　18～20, 40, 110, 116, 199, 200, 238, 239, 242, 256
実体性　substantiality　235
質的な無限　295, 306
実用主義的創発　émergence pragmatique　69
質料　hyle, matter　105, 107, 109～111, 154
——の形相化　108, 110
自動現象　automatism　186
——書記　113
死の恐怖　fear of death　97, 99, 100
死の克服　99
自発性　spontaneity　131, 132, 248, 318
自発的　spontaneous　3, 131
——意識　48, 120, 129, 131
事物そのもの　41
事物の精神化　59
射影　projection　139
主意主義　voluntarism　162
自由　free　208, 209, 211, 119, 122, 132, 146, 147, 218～220, 300
——意志　free will　30, 31, 121, 127, 128, 134, 135, 137, 139, 143, 208, 216, 222, 234, 237, 243, 244, 250, 257, 294, 316, 394, 410-1,

——な合理的決定　131
私有化　privatization　197
『十牛図』　273
宗教　religion
——経験　religious experience　90, 136, 145～147, 149, 152～155, 224, 225
——的信念　religious belief　92
——的な次元　262
——的な自由　220
『宗教的経験の諸相』　*The Varieties of Religious Experience*　91～93, 104, 113, 128, 155, 173, 174, 208, 220, 225, 287, 288
充足根拠律　der Satz vom zureichenden Grunde　368
終末　344
——以後　22, 348
重力理論　gravitational theory　164
主我　I　197, 415
主観　subject　34, 35, 189, 190, 199
——主義　151
——的状態　27
——的性質　37, 130
主客未分　188
縮減　170, 171, 180
宿命論　fatalism　172
主語面　309～311, 231, 236, 237
主体　subject　230
手段　means　220
述語面　214, 300, 309～313, 364
循環　circulation　350
純粋経験　pure experience　21, 186, 188, 190, 192～200, 202, 205, 206, 208, 214, 224, 278, 280, 282, 291, 292, 295
純粋知覚　la perception pure　39, 40, 54, 59, 71, 86
純粋な自発性　pure spontaneity　248
純粋な服従　pure submission　220
『純粋理性批判』　*Kritik der reinen Vernunft*　245
情意　emotion　315, 364
生死一如　385, 391, 407, 416
常識　common sense　81
——の擁護　107
衝動　impulse　120
蒸発　106, 108, 109
上方因果　upward causation　322, 324
生滅　205, 283, 360
——の場所　283, 360
将来予測の計算　125
触覚的な幻覚　93
進化　evolution　46, 129, 172, 173, 181, 182, 184, 328
人格　person　110, 140, 142
——の同一性　415
神学的目的論　theological teleology　33, 50, 53, 54, 58
進化論　evolutional theory　134, 161, 200
真偽の区別　216
真空　vacuum　18
神経ダーウィニズム　neural Darwinism　129
心身問題　mind-body problem　29, 73, 79, 172
信じる意志　will to believe　162
神性　Gottheit　65
人生の
——意義　272
——意味　105
——問題　271
心—素材　mind-stuff　194, 201
真であると信じられているから真　172
心的因果　mental causation　323, 324
信念　belief　127, 128, 161, 170, 352, 353
心脳同一説　mind/body identity theory　28
心脳問題　mind-body problem　184
真の我　true self　365, 366
神秘　mystery　174, 175, 184
——主義　mysticism, Mystik　177, 291
——体験　mystical experience　98
——的状態　mystical state　100
真理　truth　159, 369
『心理学原理』　*The Principles of Psychology*　194, 201, 206
『心理学原理』（スペンサーの）　*The Principles of Psychology*　177
心理主義　psychologism　300
心理的な次元　113
心—粒子　mind-dust　191, 192, 194
神話　mythos　351, 352

推移的部分 transitive part 206
遂行自身の根拠 284
随伴 concomitance 28, 131
——現象説 epiphenomenalism 117, 119, 136
ストア派 Stoics 128, 173
スフィンクス Sphinx 103
『スフィンクスの謎』 *Riddles of the Sphinx* 163
すべてが物質である 123
すべての説明の原理について説明する原理 16
生 life, Leben 19, 212, 338, 343, 385, 407, 412, 416
——以前 406, 407
——の実体化 234
生気 the vital 62, 322
——論 vitalism 318, 321, 345
制限 limitation 332,
生産説 the theory production 171
生死 life and death 385, 391, 404, 406, 407, 416
——の超越 224
——の謎 341
性質 quality 320〜322, 324, 326
—— property dualism 116
第一—— primary quality 30, 72, 73, 80, 81, 89, 177, 333
第一——「以前の物質」 80
第二—— 72, 73, 80, 81, 89, 333
正常な状況 361, 362
精神 spirit 36, 38, 56, 70, 81, 328, 393
——の全体性 278〜280, 294
精神実体 spiritual substance 32
生成 creation 175, 176, 178, 181, 183, 184, 405
生物学的自然主義 biological naturalism 131, 132, 195
『斉物論』 272
精妙 subtle 177〜179
生命 life 27〜31, 36, 37, 43, 44, 49, 50, 54, 55, 58, 59, 61, 71, 74〜76, 82, 84, 85, 137, 180, 181, 202, 204, 318, 319, 322, 330, 331, 334, 335, 339, 343, 344
——の実体化 88
生理的状態 physiological state 93
勢力 Kraft 229, 230, 233〜238, 251, 252, 254, 255
——中心 Kraft Zentrum 229, 252〜254
世界の意味 99
——の始まり 202
——の無意味 155
絶対者 das Absolute 211
絶対知 das absolute Wissen 83
絶対的な肯定 219
絶対媒介 84, 85
絶対矛盾 84, 85, 412, 413
絶望 despair 174
説明 explaination 102
セロトニン serotonin 103
線形因果 linear causation 324, 325
選言的 disjunctive 397
前後際断 337, 338
繊細 subtile 177
潜在意識 subconscious 95, 99, 112, 155
漸次的回心 gradual conversion 113
全体 83, 183
選択的機能 selective function 118
選択の「任意性」 129
前提 premise 226
先入観 prejudice 68
『善の研究』 89, 188, 207, 300, 330, 331, 382
戦慄する秘儀 mysterium tremendum 113
『荘子』 263
創造 creation 120, 186, 327, 336
——以前 344
『創造的進化』 *L' Evolution Créatrice* 45, 54, 55, 57, 88, 261, 340, 345
創造的無 216
相即 338
相転移 phase transition 346
そうなっているから 19, 144, 334
創発 emergence 21, 61〜66, 318〜320, 322〜326, 332, 333, 339, 343, 345
——説 emergence theory 120, 121, 129, 134, 328, 329
強い—— 320〜323
弱い——説 320

『創発の再登場』 *Re-emergence of Emergence* 324
相反　77, 78
走馬灯現象　kaleidoscopic phenomenon　171
属性　attribute　118
側頭―頭頂接合部　temporal-parietal copula　97, 99
ソフト面　112
それ自身の他者　its own others　166, 168, 179, 184
存在　being, Sein　3, 4, 141, 142, 150, 320, 322, 324～327, 339, 355, 373, 374, 376, 378, 380, 382～385, 387, 388, 390, 394, 396～398, 402～407, 410, 412, 413, 416
　――することは知覚することである　esse est percipi　150
　――と無　411
　――二元論　substance dualism　29, 61, 116
　――の驚き　thaumazein　23, 372, 375～377, 387, 388, 397, 402, 411, 412
　――の感覚　93
　――の起源　284
　――の偶然　386
　――の創発　68
　――の謎　398, 402, 411
　――の脆さ　376
存在論　ontology, Ontologie　128, 188, 190, 192, 195
　――的なコンテクスト　40
　――的な断絶　201
　――的な難しさ　ontological difficulty　197

タ行

ダーウィニズム　Darwinism　28, 31, 47, 48, 51, 53, 55, 58, 62, 137, 287, 345
大円鏡智　225
対応関係　101, 103, 334
退化　devolution　128
体外離脱　out of body experience　96, 97
対象知　273
ダイナミック・コア　dynamic core　118, 124, 126
大脳　cerebrum　140
高い力　higher forces　174
高いもの　the higher　163
多元性　plurality　177, 179, 184
多元的宇宙　a pluralistic universe　21, 158, 179, 210
他者　the others　34, 400
只見る　331, 332, 364
妥当　valid　216, 225, 308
魂　soul　82
単一人格　single person　404, 406
単純観念　single idea　180
誕生以前　344
誕生の不思議　406
断絶　discontinuity　4
知覚　perception　41, 150
力　power, Macht　255
　――の世界　76
　――への意志　Wille zur Macht　237
知識　knowledge　101, 307, 334
知性　intellect　49
中間的な状態　88
抽象化　abstraction　166
抽象性　abstract　410
宙ぶらりん　111
中立一元論　neutral monism　116, 195, 318, 319, 325～330
超越者　the transcendent　256
超越的述語面　84, 114, 284, 297, 354, 365
超越論的　transcendental, transzendental　17
　――観念論　der transzendentale Idealismus　43
　――主観　die transzendentale Subjekt　34, 191, 192, 279, 365
　――な自由　die transzendentale Freiheit　245, 248
　――なひも　transcendental string　294
　――理念　die transzenden tale Idee　94, 106
蝶番　Angel　107, 111, 353
跳躍　élan　52～56, 62, 64, 69, 71, 128-9, 341, 345
　生命の――　élan vital　44～46, 88, 321
直接経験　direct experience　56, 204, 334

――の事実　200
直接的　direct　49, 133, 190, 199, 205
――な経験　331
――なもの　38, 333
直線的　linear　338, 339
直覚　300, 308, 331, 354
直観　intuition, Anschaung　19, 73, 78, 84, 119, 134, 136, 138, 217, 218, 225, 277, 288～291, 305～307, 309～313, 340, 356, 365
真の――　225
『ツァラトゥストラ』 *Also Sprach Zarathustra* 253, 258
作られた　411
作る　411
「作る」「作られた」の構造　383, 384
ディオニソス的肯定　Dionysische Bejahung 109
定言的偶然　373, 395
ディレンマ　dilemma　73
出来事　event　232, 233, 235
――に必ず原因がある　246
『哲学の諸問題』 *Some Problems of Philosophy* 186, 208, 209, 293
転化　209
転回点　76
てんかん（癲癇） epilepsy　112
転換　152, 220, 292,
電子　electron　16
――の「意志」　346
伝達説　the transmission theory　171
伝達的機能　transmissive function　170
転覆　303
『ドイツ神学』 *Theologia Germanica* 220
問いの根拠　209
問いの消滅　213, 223, 274
統一　unity　192, 331
――的或物　64
――力　331, 346, 347
統語論　syntax　87
独我論　solipsism　35, 58, 149, 151, 152, 156, 186, 224, 279, 280, 294, 366, 367, 370, 398, 399, 401, 416
突然変異　mutation　32, 47
努力　effort　52
問われない地点　19

ナ行

内在的領域　immanent region　415
内面的統一　internal unity　299
流れ　stream　49, 180, 190, 191
謎　mystery, Raetsel　152, 196, 198, 383, 387, 402, 405～409, 416
何かがそこある　something there　91, 93
二階建ての神秘　a double-storied mystery 287, 289
二元論　dualism　74, 86, 318, 320, 388
記述――　predicate dualism　116
二次元　two dimensions　100, 139
二度生まれ　twice born　173, 174, 208, 209
ニヒリズム　Nihilismus　108, 114, 174, 183, 215, 234, 239, 242～244, 251, 252, 254～258, 286, 288, 295, 301, 305, 314, 316, 349, 367
――の相対的構造　256
徹底的な――　257
ニュートン力学　Newtonian mechanics　104
二律背反　antinomy, Antinomie　260
俄　264
人間的な次元　113
認識的性質　noetic quality　100
ヌミノーゼ　das Numinose　113
熱的平衡　thermodynamic equilibrium　173
脳　brain　16, 27, 43, 70～72, 101～103, 170
――科学　brain science　59, 168
――作用　17
――状態　42, 59, 115
――神経科学　neuroscience　95
――内現象　90, 95
――内物質　146
――の価値系　136～138
濃縮　contraction　40
脳梁　corpus callosum　34, 140
ノエシス的　noetisch　339
――超越　339
ノエマ的　noematisch　339
『遺された断想』 *Nachgelassene Fragmente* 253

ハ行

場　field　95
ハードプロブレム　hard problem　62
ハード面　112
媒介　medium　83
背進構造　regressive structure　105
始まり　origin　396
　——以前　22, 56, 336, 338
　——以前、終わり以後　410
場所　tópos　18〜20, 22, 54, 64, 74, 81, 87, 88, 114, 155, 185, 200, 202, 214〜216, 221, 224, 258, 276, 277, 280〜282, 284, 285, 289〜295, 296, 297, 300, 302, 307, 314, 318, 331〜333, 339, 341, 342〜344, 347, 356, 360, 363, 364, 367, 412
　——的論理　208, 319, 332
　——論　71
　真の無の——　221, 305〜307, 311, 314, 315, 317, 359, 364, 366, 367
　絶対無の——　17, 107, 224, 283, 284, 297, 342, 345
　対立的無の——　304, 305
働く　309
　——もの　310
波動理論　the wave theory　164
パラドックス　paradox　123
半球　hemisphere　140
汎心論　panpsychism　188, 206
汎神論　pantheism　329
判断　judgement　310
　——意識　214, 215
パントマイム　pantomime　72, 87
反応レパートリー　repertory of reactions　129
反復的再生　repeated reproduction　189
低い力　lower forces　174, 175, 186
低いもの　the lower　163, 186
非合理　irrational　67, 87, 181, 185, 327
　——性　396, 408
非伸張　inextensive　79
非存在　non-being　142, 374
必然　necessity　374, 377, 388, 389, 398, 402, 403, 408, 409, 412
　——性　371〜373, 376, 382, 387, 394, 395, 396, 412
必然的結合　necessary conjunction　247, 249
非法則的一元論　anomalous monism　321
表現　312, 313
昼の相　Tagesansicht　181
非連続　discontinuity　83
　——の連続　83
不可言性　ineffability　100
不可知　agnostic　17, 78, 178
　——な実在　178
複雑系　complex system　345
不生　338, 341
物質　matter　3, 26, 28〜30, 35, 36, 38, 42〜44, 46, 53, 54, 56, 70, 80, 81, 169, 328
物質—モナド理論　the material-monad theory　206
『物質と記憶』　*Matière et Mémoire*　38, 41, 43, 70, 71, 73, 74, 79, 88, 186, 332
物心二元論　mind-body dualism　61
物理学　physics　164
物理主義　physicalism　61〜63, 90, 103, 111, 119, 122, 127, 128, 131, 134, 136〜139, 143, 147〜149, 155, 171, 198, 242, 318〜321, 328, 329, 347
　——的決定論　120
物理法則　physical law　326
不動の動者　unmoved mover　389, 390
部分　382
　——化　383, 386, 410
普遍　universal　414
プラグマティズム　pragmatism　158, 161, 167, 184, 185
『プラグマティズム』　*Pragmatism*　159, 163, 174
プラグマティックな構成物　162
プラグマティックな需要　101
プラグマティックな必要性　102
＋α　61, 62, 64, 69
ブラックアウト　black out　97
プラナリア　planaria　400, 403, 405
不連続　discontinuity　336〜339, 347
　——の連続　60, 336, 337
分化　89, 193, 325, 327

——発展　192, 382
分別知　272
分離脳　separated brain　400
平面　plane　98, 139, 218
並立　stand abreast　162
ペシミズム　pessimism　159, 172〜176, 183, 184
返本還源　273, 274
ボーダーランド　borderlands　96
本質　essence　102
本体　entity　149〜151
本能　instinct　47, 57, 233〜237
——の知恵　272

マ行

導き　introduction　160
ミュンヒハウゼンのトリレンマ　Muenchhausen trilemma　368
見る　225, 344
——こと　217, 355, 356, 360, 363, 367
——もの　225, 312, 332, 354
見るものなくして見る　312
無　nothingness, Nichts　4, 18, 27, 61, 86, 87, 114, 154, 181, 216, 217, 261, 263, 264, 270, 271, 315, 333, 340〜342, 344, 348, 355, 356, 366, 373, 376, 377, 380〜385, 390, 394, 396〜398, 402〜407, 409〜412, 416
——即有　341
——という意味　269
——と存在　4
——の根拠　261
——の場所　78, 88, 302, 304, 305, 307, 332, 342, 347, 349, 353〜355, 357, 363〜367
真の——　224, 282, 283, 308, 356
積極的な——　262
絶対——　18, 60, 83, 84, 258, 284, 295, 297, 307, 334, 341, 344, 353, 384〜386, 391, 403, 406, 407, 411〜413, 416
相対——　348, 416
否定の——　104
無為　273
無意識　unconscious　237〜239, 269, 271, 297, 301〜306, 308, 309, 313, 316
無意味　meaninglessness　20, 109, 146, 172, 215, 350, 351, 353, 356, 357, 363
——化　195
——という意味　286
——の転覆　114
——の無効化　109
究極の——　254
ムーア命題　Moor's proposition　352, 353, 368
無我　anātman　58
無限　infinity, Unendlichkeit　187, 289, 290, 295
——円　339, 347
——遡及　350
——な全体　182
——なる動　381, 389, 390
——の虚無　301, 306, 307, 310
——の時間　253, 255
——論　259
無効　135, 149, 155, 213
——化　107, 148, 149, 202, 261, 270, 379, 385
無根拠　groundlessness, Grundlosigkeit　104, 108, 109, 111, 190, 226, 350, 363, 368
無私　220
無時間性　Unzeitlichkeit　267
矛盾　contradiction, Kontradiktion　77, 78, 81, 82, 85, 180〜184, 277, 282, 291, 296, 335, 336, 359, 372, 378, 383, 387〜389, 393〜395, 406, 410, 413, 414
——の自己同一　335, 337, 345, 372, 389, 401
——の世界　76, 77
——律　the law of contradiction　239〜242, 251, 390
矛盾的自己同一　71, 82, 83, 209, 290, 341, 372, 378, 380, 381, 386〜388, 395, 402, 410
絶対——　60, 85, 340, 378, 383, 385, 412, 416
無料の昼食　free lunch　324
命令　Imperativ　240〜242, 350, 390
目的　purpose　46, 160, 165, 187
——因　the final cause　232

——論　teleology　51, 161, 257, 380, 381, 383
——論的機能主義　teleofunctionalism　207
無——　173
問題の原因　212
問題の消滅　22

ヤ行

役立　useful　139, 143, 144, 145, 148, 151, 153, 154, 165, 167, 189, 210
唯一実在　196
唯心論　spiritualism　29, 242, 343
唯物論　materialism　29, 43, 174, 343
——的決定論　54
有意味性　meaningful　369
有限　finite　289, 290, 295
——時間論　260
有用　useful　160, 163
——性　78, 110, 158, 184, 338, 343
要素　element　39
——主義　254
予測計算不可能性　124
より以上のもの　more　95
夜の相　Nachtansicht　181
『悦ばしき知識』　*Die Froehliche Wissenschaft*　253
歓び迎える　welcome　219

ラ行

来世　the next world　266
リアリティー　reality　48, 99, 105, 128, 134, 219
リアル　real　100, 106, 113, 133
理性　reason, Vernunft　19, 238
離接肢　disjunctive alternative　376〜378, 380, 382, 397, 398, 401, 402, 408, 409
離接的　disjunctive　375, 389
理想化　idealization　45
立体　solid　98, 218
理由　reason　102, 152
粒子　particle　190, 191, 193
『理由と人格』*Reason and Person*　58
量子　quantum　137, 324, 325
——状態　quantum state　137
——ゼノン効果　quantum-Zeno effect　346
量的無限　quantitive infinite　306, 307
臨死現象　near death phenomenon　94, 96, 99, 100, 104
霊魂　soul　29, 33, 61, 192, 196, 207, 343
霊魂論　soul theory　191, 318, 320
霊的実在　spiritual reality　92
歴史性　Geschichitlichkeit　320
連合　association　278
連続　continuity　180, 336〜338, 347
「論理」以前　180
論理学　logic, Logik　240, 241
論理空間　logischer Raum　268, 302, 369, 375, 397, 401, 402, 405
論理形式　logische Form　108, 218
論理実証主義　Logical positivism　158
論理的断絶　405
論理的な不可能性　415
『論理哲学論考』*Tractatus Logico-philosophicus*　58, 156, 266, 272, 353, 369

ワ行

枠組み　scheme　21, 29, 63
論理の——　logical scheme　113
業　karman　357, 358, 360, 367, 369
私　I　35〜37, 135, 140, 141, 154, 197, 398, 399〜401, 415, 416
——以外　400
——が崩壊する　140
——の存在　141, 365
——の存在の謎　4, 365
——はいない　123
かけがえのない——　141
「われわれは自動機械か？」“Are we Automata?”　117

参考文献

(邦訳のあるものについては、その主な書物等を記した。)

Alexander, Samuel. *Space, Time and Deity vol.1, 2*, in: *Collected Works of Samuel Alexander vol.5*, London; Macmillan and CO. Limited, 1927.

Bergson, Henri. *Essai sur les Données Immédiates de la Conscience*. Paris; Librairie Félix Alcan, 1930. [アンリ・ベルクソン『意識に直接与えられたものについての試論』合田正人・平井靖史訳、筑摩書房(ちくま学芸文庫)、2000.] [ベルクソン『時間と自由』中村文郎訳、岩波書店(岩波文庫)、2001.]

———*Matière et Mémoire*, Presses Universitaires de France, 1953. [アンリ・ベルクソン『物質と記憶』合田正人・松本力訳、筑摩書房(ちくま学芸文庫)、2007.] [ベルクソン『物質と記憶』岡部聡夫訳、駿河台出版社、1996.] [アンリ・ベルグソン『物質と記憶』田島節夫訳、白水社、1999.]

———*L'Évolution Créatrice*, Paris; Félix Alcan, 1907. [アンリ・ベルクソン『創造的進化』合田正人・松井久訳、筑摩書房(ちくま学芸文庫)、2010.]

Berkeley, George. *Principles of Human Knowledge and Three Dialogues Between Hylas and Philonous*, Penguin Classics, 1988. [バークリ『人知原理論』大槻春彦訳、岩波書店(岩波文庫)、1956.] [バークリー『人知原理論』宮武昭訳、筑摩書房(ちくま学芸文庫)、2018.] [バークリ『ハイラスとフィロナスの三つの対話』戸田剛文訳、岩波書店(岩波文庫)、2008.]

Blanke, Olaf. "Scientists create 'GHOSTS' in the lab -so does it prove it is all in the mind?" http://www.dailymail.co.uk/sciencetech/article-2824134 2018 年 11 月 3 日閲覧。

Bird, Graham. *William James. The Arguments of the Philosophers*. London and New York; Routledge, 1999.

Clayton, Philip. *Mind & Emergence: from quantum to consciousness*, Oxford University Press, 2006.

Chalmers, David J. *The Conscious Mind, In Search of a Fundamental Theory*, Oxford University Press, 1996.［デイヴィッド・J・チャーマーズ『意識する心　脳と精神の根本理論を求めて』林一訳、東京、白揚社、2001.］

——*The Character of Consciousness*, Oxford University Press, 2010.［デイヴィッド・J・チャーマーズ『意識の諸相　上　下』太田紘史・源河亨・佐金武・佐藤亮司・前田高弘・山口尚訳、春秋社、2016.］

Crane, Tim. "The Significance of Emergence", in Carl Gillett and Barry Loewer (eds.), *Physicalism and its Discontents*, Cambridge University Press, 2001.

——*The Mechanical Mind: A Philosophical Introduction to Minds, Machines and mental Representation*, Penguin Books, 1995.［ティム・クレイン『心は機械で作れるか』土屋賢二監訳、勁草書房、2001.］

——*Elements of Mind: An Introduction to the Philosophy of Mind*, Oxford University Press, 2001.［ティム・クレイン『心の哲学—心を形づくるもの』植原亮訳、勁草書房、2010.］

Davidson, Donald. *Essays on Actions and Events*, Oxford; Clarendon Press, New York; Oxford University Press, 1980.［デイヴィドソン『行為と出来事』服部裕幸・柴田正良訳、勁草書房、1999（第1版第3刷）、c1990.］

——*Inquiries into Truth and Interpretation*, Oxford University Press, 2001.［D・デイヴィドソン『真理と解釈』野本和幸・植木哲也・金子洋之・高橋要訳、勁草書房、1991.］

Davies, Paul. *God & the New Physics*, New York; Simon & Schuster Paperbacks, 1983.

——Clayton P. (eds.). *The Re-emergence of Emergence: The Emergentist Hypothesis from Science to Religion*, Oxford University Press, 2008.

Dennett, Daniel C. *Consciousness Explained*, Penguin Books, 1991.［デネット『解明される意識』　山口泰司訳、東京、青土社、1998.］

——*Darwin's Dangerous Idea: Evolution and the Meanings of Life*, New York, Tokyo; Simon & Schuster, 1995.［デネット『ダーウィンの危険な思想　生命の意味と進化』石川幹人他訳、青土社、2001.］

———*Kinds of Minds: Toward an Understanding of Consciousness*, New York; Basic Books, 1996. [デネット『心はどこにあるのか』土屋俊訳、東京、草思社、1997.]

道元『正法眼藏 (一)—(四)』水野弥穂子校注、岩波書店 (岩波文庫)、(一) 1990、(二) 1990、(三) 1991、(四) 1993.

Edelman, Gerald M. *Wider than the Sky: The Phenomenal Gift of Consciousness*, Yale University Press, 2004. [G・M・エーデルマン『脳は空より広いか—「私」という現象を考える』冬樹純子訳、豊嶋良一監修、草思社、2006.]

Fechner, Gustav Theodor. *Die Tagesansicht gegenueber der Nachtansicht*, Leipzig; Breitkopf & Haertel, 1919.

———*Das Buechlein vom Leben nach dem Tode*, Leipzig; Leopold Voss, 1911.

Fichte, J. G. *Grundlage der gesamten Wissenschaftslehre*, Hamburg; Felix Meiner PhB, 1961, c1956. [フィヒテ『初期知識学』隈元忠敬・阿部典子・藤澤賢一郎訳、フィヒテ全集第4巻、入間、哲書房、1997.]

Ford, Marcus Peter. *William James's Philosophy. A New Perspective*, The University of Massachusetts Press, 1982.

Freud, Sigmund. "Jenseits des Lustprinzips", in: *Psychologie des Unbewussten*, Sigmund Freud Studienausgabe BandⅢ, Frankfurt am Main; S.Fischer Verlag, c1989. [フロイト『快感原則の彼岸』久保良英訳、東京、アルス、1930.]

福来友吉『心霊と神秘世界』東京、八幡書店、1986.

Gale, Richard M. *The Divided Self of William James*, Cambridge University Press, 1999.

Gallie,W.B. *Peirce and Pragmatism*, Middlesex; Harmondsworth, Penguin Books, 1952.

Gibson, James J. *The Ecological Approach to Visual Perception*, Routledge, 2014. [J・J・ギブソン『生態学的心理学』古崎敬ほか訳、サイエンス社、1986.]

Heidegger, Martin. *Der Satz vom Grund, Martin Heidegger Gesamtausgabe, Bd. 10*, Frankfurt am Main; V. Klostermann, c1997. [ハイデッガー『根拠

律』辻村公一・ハルトムート　ブフナー訳、創文社、1962.］

Held, Klaus, *Lebendige Gegenwart*, Haag; Martinus Nijhoff, 1966.［クラウス・ヘルト『生き生きした現在　時間の深淵への問い』新田義弘他訳、東京、北斗出版、1988.］

Hick, John, *The New Frontier of Religion and Science: Religious Experience, Neuroscience and the Transcendent*, Palgrave Macmillan, 2006.［ジョン・ヒック『人はいかにして神と出会うか―宗教多元主義者から脳科学への応答』間瀬啓允・稲田実訳、法藏館、2011.］

Hume, David. *Treatise of Human Nature*, (ed.) by D. F. Norton and M. J. Norton, Oxford University Press, 2000.［ヒューム『知性について』木曾好能訳『人間本性論　第1巻』法政大学出版局、1995.］［ディヴィド・ヒューム『知性に就いて　上　下』大槻春彦譯、岩波書店（岩波文庫）、上 1948、下 1949.］

Husserl, Edmund. *Zur Phaenomenologie der Intersubjektivitaet, Dritter Teil, Husserliana Band XV*, Haag; Martinus Nijhoff, 1973.

——*Die Krisis der europaeischen Wissenschaften und die transzendentale Phaenomenologie, Husserliana Band VI*, Haag; Martinus Nijhoff, 1962.［フッサール『ヨーロッパ諸学の危機と超越論的現象学』細谷恒夫・木田元訳、東京、中央公論社、1974.］

James, William. *The Principles of Psychology, The Works of William James*, Cambridge, Massachusetts and London, England; Harvard University Press, 1981.［ウイリアム・ジェイムス『自我と意識』福來友吉・香川鐵藏共譯、東京、弘学館、1917.］［ジェームス『心理學の根本問題』松浦孝作訳、東京、三笠書房、1940.］

——*Psychology: Briefer Course, The Works of William James*, 1984.［ウィリヤム・ゼームス『心理學精義』元良勇次郎校閱、福来友吉譯、東京、同文館、1902.］［ウィリアム・ジェームズ『心理學上、下』今田恵譯、岩波書店（岩波文庫）、1939.］［W. ジェームズ『心理学上、下』今田寛訳、岩波書店（岩波文庫）、上 1992、下 1993.］

——*Talk to Teachers on Psychology and to Students on Some of Life's Ideals,*

The Works of William James, 1983. ［ウィリアム・ジェイムズ『心理学について：教師と学生に語る』著作集 1、大坪重明訳、東京、日本教文社、1960.］

——— *The Will to Believe and other Essays in Popular Philosophy, The Works of William James*, 1979. ［ウィリアム・ジェイムズ『信ずる意志』著作集 2、福鎌達夫訳、日本教文社、1961.］

——— *The Varieties of Religious Experience, The Works of William James*, 1985. ［W. ジェイムズ『宗教的経験の諸相　上　下』桝田啓三郎訳、岩波書店（岩波文庫)、上 1969、下 1970.］［ウィリアム・ジェイムズ『宗教的経験の諸相：人間性の研究　上　下』著作集 3-4、桝田啓三郎訳、日本教文社、1962.］［ヰリヤム・ジェイムズ『宗教経験の諸相：人間性の研究』比屋根安定譯、東京、警醒社、1929.］

——— *Pragmatism, The Works of William James*. 1975. ［W. ジェイムズ『プラグマティズム』桝田啓三郎訳、岩波書店（岩波文庫)、1957.］［ウィリアム・ジェイムズ『プラグマティズム』著作集 5、桝田啓三郎訳、日本教文社、1960.］

——— *The Meaning of Truth, The Works of William James*. 1975.「ジェームズ『眞理の意味』世界大思想全集 40『眞理の意味　論理學　神と國家』に収録、岡島亀次郎訳、東京、春秋社、1931.］

——— *Essays in Radical Empiricism, The Works of William James*, 1976. ［W. ジェイムズ『純粋経験の哲学』伊藤邦武編訳、岩波書店（岩波文庫)、2004.］［ジェイムズ『根本的経験論』桝田啓三郎・加藤茂訳、東京、白水社（白水社イデー選書)、1998.］

——— *A Pluralistic Universe, The Works of William James*, 1977. ［W. ジェイムズ『純粋経験の哲学』伊藤邦武編訳、岩波書店（岩波文庫)、2004.］［ウィリアム・ジェイムズ『多元的宇宙』著作集 6、吉田夏彦訳、日本教文社、1961.］

——— *Some Problems of Philosophy, The Works of William James*, 1979. ［ジェイムズ『哲学の根本問題』世界の名著 59『パース・ジェイムズ・デューイ』に収録、上山春平訳、東京、中央公論社、1980.］［ウィリアム・ジェイムズ

『哲学の諸問題』著作集 7、上山春平訳、日本教文社、1961.]

———“Are We Automata?” in; *Essays in Psychology, The Works of William James*, 1983, pp.38-61.

———*Essays in Philosophy, The Works of William James*, 1978.

———*Essays in Religion and Morality, The Works of William James*, 1982. [ウィリアム・ジェイムズ『哲学の諸問題』著作集 7、上山春平訳、日本教文社、1961. (“Human Immortality: Two Supposed Objections to the Doctrine” を収録)]

———*Essays in Psychical Research, The Works of William James*, 1986.

———*Essays, Comments, and Reviews, The Works of William James*, 1987.

———*Manuscript Essays and Notes, The Works of William James*, 1988.

———*Manuscript Lectures, The Works of William James*, 1988.

Jeeves, Malcolm; Brown, Warren S. *Neuroscience, Psychology, and Religion: Illusions, Delusions, and Realities about Human Nature*, Templeton Foundation, 2009. [ジーブス・M、ブラウン・W・S『脳科学とスピリチュアリティ』杉岡良彦訳、医学書院、2011.]

Jung, C. G. “Psychologie des Unbewussten,” in: *Zwei Schriften ueber analytische Psychologie, Gesammelte Werke, 7 Band*, Olten und Freiburg im Breisgau; Walter-Verlag, 1964. [C. G. ユング『無意識の心理』高橋義孝訳、人文書院、1977.]

———“Die Beziehung des Ich und des Unbewussten,” in: *Zwei Schriften ueber analytische Psychologie*, [C. G. ユング『自我と無意識の関係』野田倬訳、人文書院、1982.]

———“Synchronizitaet als ein Prinzip akausaler Zusammenhaenge,” in: *Die Dynamik des Unbewussten, Gesammelte Werke, 8 Band*, 1971. [C. G. ユング・W. パウリ『自然現象と心の構造　非因果的連関の原理』河合隼雄・村上陽一郎訳、東京、海鳴社、1976.]

金杉武司『心の哲学入門』勁草書房、2007.

Kant, Immanuel. *Kritik der reinen Vernunft*, Hamburg; PhB Meiner, 1956. [イマヌエル・カント『純粋理性批判（一）—(四)』天野貞祐訳、講談社（講談

社学術文庫)、(一)—(四)、1979.]
嘉指信雄 “Bodily Logos : James, Nishida, and Merleau-Ponty”, in: *Merleau-Ponty: Interiority and Exteriority, Psychic Life and the World*, State University of New York Press, 1999, pp.121-134.
———「根本的経験論、もしくは方法的エポケーなき現象学—ジェイムズにおける “存在と無” の問い」『現象学年報』第 11 号、日本現象学会、1996、pp. 218-226.
———「ジェイムズから漱石と西田へ—“縁暈” の現象学、二つのメタモルフォーゼ」『哲学』第 48 号、日本哲学会、1997、pp. 82-96.
———“On the ‘Horizon’ Where James and Merleau-Ponty Meet,” in: *Immersing in the Concrete: Maurice Merleau-Ponty in the Japanese Perspective, Analecta Husserliana vol.58*, Kluwer Academic Publishers, 1998, pp. 49-64.
『金剛般若波羅蜜経』姚秦天竺三蔵鳩摩羅什訳、大正蔵　第八巻。[『般若心経・金剛般若経』中村元・紀野一義訳註、岩波書店（岩波文庫)、1960　所収。]
九鬼周造「偶然性の問題」九鬼周造全集第二巻、岩波書店、1980.
———「偶然性（博士論文)」九鬼周造全集第二巻。
———『偶然性の問題』岩波書店（岩波文庫)、2012.
———『偶然性の問題・文芸論』京都哲学撰書第 5 巻、燈影舎、2000.
廓庵「十牛図」『信心銘　証道歌　十牛図　坐禅儀　禅の語録 16』梶谷宗忍・柳田聖山・辻村公一、筑摩書房、2016. 上田閑照・柳田聖山『十牛図—自己の現象学』筑摩書房（ちくま学芸文庫)、1992.
Lamberth. David C. *William James and the Metaphysics of Experience*, Cambridge, New York; Cambridge University Press, 1999.
老子『老子』小川環樹訳、中央公論新社（中公文庫)、1997.
———『老子』蜂谷邦夫訳、岩波書店（岩波文庫)、2008.
Locke, John. *An Essay Concerning Human Understandings*, Oxford University Press, 1979, c1975. [ジョン・ロック『人間悟性論　上　下』加藤卯一郎訳、岩波書店（岩波文庫)、1940.]
Malaterre, Christophe. *Les Origines de la Vie: Émergence ou Explication Réductive*?, Hermann, 2010. [クリストフ・マラテール『生命起源論の科学

哲学―創発か、還元的説明か』佐藤直樹訳、みすず書房、2013.]

Malcolm, Norman. *Problems of Mind: Descartes to Wittgenstein*, New York; Harper & Row, 1971. [N. マルコム『心の諸問題：デカルトからヴィトゲンシュタインまで』石川裕之・土沼雅子訳、京都、法律文化社、1978.]

McGin, Colin. *The Mysterious Flame: Conscious Minds in a Material World*. New York; Basic Books, 1999. [コリン・マッギン『意識の「神秘」は解明できるか』 石川幹人・五十嵐靖博訳、東京、青土社、2001.]

Mill, James. *Analysis of the Phenomena of the Human Mind: edited with additional notes by J.S.Mill, Vol. II*, London; Longmans Green Reader and Dyer, 1869.

Mill, J. S. *An Examination of Sir William Hamilton's Philosophy*, in: *Collected Works of John Stuart Mill, vol. IX*, University of Toronto Press, 1979.

Millikan, Ruth Garrett. *Language, Thought, and Other Biological Categories*, MIT Press, 1984.

――― *Varieties of Meaning: The 2002 Jean Nicod Lectures*, A Bradford Book, 2006. [ルース・G・ミリカン『意味と目的の世界（ジャン・ニコ講義セレクション)』信原幸弘訳、勁草書房、2007.]

Myers, Frederic W. H. *Human Personality and Its Survival of Bodily Death*, London; Longmans Green, 1903.

Myers, Gerald E. *William James. His Life and Thought*, New Heaven and London; Yale University Press, 1986.

Nagel, Thomas. *Mortal Questions*, Cambridge University Press, 1979. [トマス・ネーゲル『コウモリであるとはどのようなことか』永井均訳、勁草書房、1989.] [トーマス・ネーゲル「コウモリであることはいかなることか？」植村恒一郎訳『マインズ・アイ：コンピュータ時代の「心」と「私」(下)』所収、D. R. ホフスタッター, D. C. デネット編著、坂本百大監訳、東京、ティビーエス・ブリタニカ、1997, c1992.]

――― *The View from Nowhere*, Oxford University Press, 1989.

――― *What Does It All Mean?: A Very Short Introduction to Philosophy*, Oxford University Press, 1987.

Nelson, Kevin. *The Spiritual Doorway in the Brain*, A Plume Book, 2012.［ネルソン『死と神秘のボーダーランド』小松順子訳、インターシフト、2013.］

Newberg, Andrew et al. *Why God Won't Go Away: Brain Science and the Biology of Belief*, Ballantine Books, 2001.［ニューバーグ他『脳はいかにして〈神〉を見るか　宗教体験のブレイン・サイエンス』茂木健一郎監訳、PHP 研究所、2003.］

Nietzsche, Friedrich. *Also Sprach Zarathustra: Ein Buch fuer Alle und Keinen*, Berlin, New York; Walter de Gruyter, 1968.［ニーチェ『ツァラトゥストラ　ニーチェ全集〈9〉〈10〉』吉沢伝三郎訳、筑摩書房（ちくま学芸文庫）1993.］［ニーチェ『ツァラトゥストラ』手塚富雄訳、中央公論新社（中公文庫プレミアム）、2018.］

―――*Die Froehliche Wissenschaft, Friedrich Nietzsche Saemtliche Werke, Kritische Studienausgabe, Band 3*, Deutscher Taschenbuch Verlag/ de Gruyter, 1980.［ニーチェ『悦ばしき知識　ニーチェ全集〈8〉』信太正三訳、筑摩書房（ちくま学芸文庫）、1993.］［ニーチェ『愉しい学問』森一郎訳、講談社（講談社学術文庫）、2017.］

―――*Nachgelassene Fragmente, Anfang 1888 bis Anfang Januar 1889*, Berlin; Walter de Gruyter, 1972.［ニーチェ『遺された断想（1888 年初頭-88 年夏）ニーチェ全集第 2 期第 11 巻』氷上英廣訳、東京、白水社、1983］［ニーチェ『遺された断想（1888 年 5 月-89 年初頭）　ニーチェ全集第 2 期第 12 巻』氷上英廣訳、東京、白水社、1985.］

―――*Nachgelassene Fragmente, Fruehjahr 1884-Herbst 1885*, Berlin, New York; Walter de Gruyter, 1986, c1985.［ニーチェ『遺された断想（1883 年 5 月-84 年初頭）　ニーチェ全集第 2 期第 6 巻』杉田弘子、薗田宗人訳、東京、白水社、1984.］［ニーチェ『遺された断想（1884 年春-秋）　ニーチェ全集第 2 期第 7 巻』薗田宗人訳、東京、白水社、1984.］［ニーチェ『遺された断想（1884 年秋-85 年秋）　ニーチェ全集第 2 期第 8 巻』麻生建訳、東京、白水社、1983.］

西田幾多郎『善の研究』岩波書店、2012 年改版。

―――「種々の世界」「働くものから見るものへ」「左右田博士に答う」「場所」「叡

智的世界」「私と汝」『西田幾多郎哲学論集Ⅰ』岩波書店（岩波文庫)、1987.
———「行為的自己の立場」「弁証法的一般者としての世界」「論理と生命」「行為的直観」『西田幾多郎哲学論集Ⅱ』岩波書店（岩波文庫)、1988.
———「絶対矛盾的自己同一」「場所的論理と宗教的世界観」『西田幾多郎哲学論集Ⅲ』岩波書店（岩波文庫)、1989.
———「自覚に於ける直観と反省」『西田幾多郎全集第二巻』岩波書店、2004.
———「世界の自己同一と連続」「行為的直観の立場」「図式的説明」:「哲学論文集第一」所収『西田幾多郎全集第七巻』岩波書店、2003.
———「種の生成発展の問題」「図式的説明」:「哲学論文集第二」所収、「歴史的世界に於ての個物の立場」「経験科学」「図式的説明」:「哲学論文集第三」所収『西田幾多郎全集第八巻』岩波書店、2003.
西谷啓治「宗教とは何か」『西谷啓治著作集第十巻　宗教とは何か』所収、東京、創文社、1987.
———「ニーチェのツァラツストラとマイスターエックハルト」『西谷啓治著作集第一巻　根源的主体性の哲学・正』所収、創文社、1986.
———「ニヒリズム」『西谷啓治著作集第八巻　ニヒリズム』所収、創文社、1986.
———「般若と理性」「空と即」「覺について」『西谷啓治著作集第十三巻　哲学論攷』所収、1987.
野矢茂樹『ウィトゲンシュタイン「論理哲学論考」を読む』東京、哲学書房、2002.
小浜善信『九鬼周造の哲学　漂泊の魂』京都、昭和堂、2006.
大橋良介『共生のパトス』東京、こぶし書房、2018.
Otto, Rudolf. *Das Heilige: Ueber das Irrationale in der Idee des Goettlichen und sein Verhaeltnis zum Rationalen*, Muenchen; Beck'sche Reihe. 1991.［オットー『聖なるもの』山谷省吾訳、岩波書店（岩波文庫)、1968.］
———*Das Gefuehl des Ueberweltlichen*, (*sensus numinis*), Muenchen; C. H. Beck'sche, 1932, c1931.
Padmasambhava. *Natural Liberation: Padmasambhava's Teaching on the Six Bardos*, Boston; Wisdom, 1998.

Parfit, Derek. *Reasons and Persons*, Oxford University Press, 1986.［デレク・パーフィット『理由と人格—非人格性の倫理へ』森村進訳、勁草書房、1998.］

Patnum, Hilary. *Reason, Truth and History*. Cambridge University Press, 1981.［ヒラリー・パットナム『理性、真理、歴史：内在的実在論の展開』野本和幸他訳、東京、法政大学出版局、1994.］

——— *The Collapse of the Fact/Value Dichotomy and Other Essays*, Cambridge, Mass., London; Harvard University Press, 2002.［ヒラリー・パトナム『事実/価値二分法の崩壊』藤田晋吾・中村正利訳、東京、法政大学出版局、2006.

———*Pragmatism: An Open Question*, Oxford UK & Cambridge USA; Blackwell, 1995.

Peirce, C. S. *Collected Papers of Charles Sanders Peirce. vol.I–VIII*. Cambridge; The Belknap Press of Harvard University Press, 1965-66.

vol. I; *Principles of Philosophy*.

vol. II; *Elements of Logic*.

vol. III; *Exact Logic*.

vol. V; *Pragmatism and Pragmaticism*.

vol. VI; *Scientific Metaphysics*.

vol. VII; *Science and Philosophy*.

Vol. VIII; *Reviews, Correspondence, and Bibliography*.

［「論文集」上山春平訳『パース　ジェイムズ　デューイ　世界の名著 59』所収、上山春平責任編集、東京、中央公論社、1980.］［『現象学　パース著作集 1』米盛裕二編訳、東京、勁草書房、1985.］［『記号学　パース著作集 2』内田種臣編訳、東京、勁草書房、1986.］［『形而上学　パース著作集 3』遠藤弘編訳、東京、勁草書房、1986.］

Perry, R.B. *The Thought and Character of William James*, Nashville; Vanderbilt University Press, 1996.

Penrose, Roger. *Shadows of the Mind: A Search for the Missing Science of Consciousness*, London; Vintage Books, 2005.［ロジャー・ペンローズ『心

の影　意識をめぐる未知の科学を探る（1）（2）』林一訳、東京、みすず書房、（1）2001、（2）2002.］

Polanyi, Michael. *The Tacit Dimension*, Garden City, NY; Doubleday Anchor Books, 1967.

——— *Knowing and Being: Essays by Michael Polanyi*, ed. Marjorie Grene, London; Routledge & Kegan Paul, 1969.

Popper, Karl. *The Open Universe*, London; Hutchinson, 1982.［ポッパー『開かれた宇宙：非決定論の擁護』小河原誠・蔭山泰之訳、岩波書店、1999.］

Priest, Stephen. *Theories of the Mind*, Boston; Houghton Mifflin, c1991.［スティーブン・プリースト『心と身体の哲学』河野哲也訳、東京、勁草書房、1999.］

Reed, Edward S. *From Soul to Mind: The Emergence of Psychology, from Erasmus Dawin to William James*, New Haven, Connecticut; Yale University Press, c1997.［エドワード・S・リード『魂（ソウル）から心（マインド）へ：心理学の誕生』村田純一・染谷昌義・鈴木貴之訳、東京、青土社、2000.］

Rhine, J. B.（rev. ed.）. *Extra-Sensory Perception*, Boston; Humphries, 1964.

臨済「鎮州臨濟慧照禅師語録」大正蔵　第四七巻。［『臨済録』入矢義高校注、岩波書店（岩波文庫）、1989.］

Rorty, Richard. “Holism, Intrinsicality, Transcendence,” in *Dennett and his Critics*,（ed.）by Bo Dahlbom, Basil Blackwell, 1993.

——— *Philosophy and the Mirror of Nature*, Princeton University Press, 1979. 『哲学と自然の鏡』須藤訓任・野家伸也・柴田正良訳、東京、産業図書、1993.

Reymond, Du Bois. *Ueber die Grenzen des Naturerkennens, Die Sieben Weltraetsel*, Leipzig; Verlag von Veit und Comp, 1916.［『自然認識の限界について　宇宙の七つの謎』坂田徳男訳、岩波書店（岩波文庫）、東京、1928.］

Roberts, Tim S. “The Harder Problem of Consciousness”,
URL: http://www.infocom.cqu.edu.au/Staff/Tim_Roberts/Home_Page/harder.htm

Russell, Bertrand. *The Analysis of Mind*, Tokyo; Shohakusha, 1963.［ラッセル

『心の分析』竹尾治一郎訳、東京、勁草書房、1993.]

Ryle, Gilbert. *The Concept of Mind*, Hutchinson's University Library, 1949.『心の概念』坂本百大・宮下治子・服部裕幸訳、東京、みすず書房、1987.

斎藤慶典『思考の臨界　超越論的現象学の徹底』東京、勁草書房、2000.

———『フッサール　起源への哲学』東京、講談社、2002.

佐藤勝彦『宇宙は無数にあるのか』集英社（集英社新書)、2013.

Schopenhauer Arthur, *Ueber die vierfache Wurzel des Satzes vom zureichenden Grunde, Eine Philosophische Abhandlung; Arthur Schopenhauer Saemtliche Werke in Zwoelf Baenden, Erster Band*, Verlag der J. G. Cotta'schen Buchhandlung. [『ショーペンハウアー全集〈1〉根拠律の四つの根について・視覚と色彩について』生松敬三・金森誠也訳、白水社、1972.] [鎌田康男・齋藤智志・高橋陽一郎・臼木悦生『ショーペンハウアー哲学の再構築―「充足根拠律の四方向に分岐した根について」（第一版）訳解』法政大学出版局、2010.]

Searle, John. *The Mystery of Consciousness*, The New York Review of Books, 1997.

——— *The Rediscovery of Mind*, Cambridge, Mass.; MIT Press, c1992.

———*Mind: A Brief Introduction*, Oxford University Press, 2004. [J・R・サール『マインド―心の哲学』山本貴光・吉川浩満訳、朝日出版社、2006.]

Sellars, Wilfrid. *Empiricism and the Philosophy of Mind*, Cambridge, Mass.; Harvard University Press, 1997. [セラーズ『経験論と心の哲学』浜野研三訳、岩波書店、2006.]

渋谷治美「現代自然科学と〈宇宙論的〉ニヒリズム」竹内整一・古東哲明編『ニヒリズムからの出発』所収、京都、ナカニシヤ出版、2001.

Simon, Linda. *Genuine Reality: A Life of William James*, Chicago; The University of Chicago Press, 1999.

Spencer, Herbert. *The Principles of Psychology*, Osnabrueck Otto Zeller, BRD, 1966.

Strawson, *P. F. Individuals: An Essay in Descriptive Metaphysics*, London; Routledge, 1990, c1959. [ストローソン『個体と主語』中村秀吉訳、東京、

みすず書房、1978.］

髙木きよ子『ウィリアム・ジェイムズの宗教思想』東京、大明堂、1971.

田中久文『九鬼周造　偶然と自然』ぺりかん社、1992.

Taylor, Eugene. *William James on Consciousness beyond the Margin*, Princeton University Press, 1996.

Tolstoy, Leo. *A Confession and Other Religious Writings*, translated with an introduction by Jane Kentish, London, England; Penguin Books, 1987. ［トルストイ「懺悔」中村融訳『宗教論（上）　トルストイ全集 14』所収、河出書房新社、1976（再販）、c1973.］［トルストイ「要約福音書」中村白葉訳『宗教論（上）　トルストイ全集 14』所収。］

上山春平『哲学の方法　上山春平著作集第 1 巻』京都、法藏館、1996.

Vogt, Karl. *Koehlerglaube und Wissenschaft: eine Streitschrift gegen Hofrath Rudolph Wagner in Goettingen*, Giessen; J. Ricker'sche Buchhandlung, 1855.

Wach, J. *Sociology of Religion*, University of Chicago Press, 1944.［ヴァッハ『宗教社会学』森東悟訳、東京、誠信書房、1960.］

Wagner, Rudolf. *Menschenschoepfung und Seelensubstanz: Ein Anthropologischer Vortrag*, gehalten in der ersten oeffentlichen Sitzung der 31. Versammlung deutscher Naturforscher und Aerzte zu Goettingen am 18. September 1854, Goettingen; G. H. Wigand, 1854.

Wallace, Alan B. *The Taboo of Subjectivity: Towards a New Science of Consciousness*, Oxford University Press, 2000.

―――*Choosing Reality: A Buddhist View of Physics and the Mind*, Ithaca, New York; Snow Lion Publications, 1996.

―――*The Cultivation of Sustained Voluntary Attention in Indo-Tibetan Buddhism*, UMI Dissertation Services, A Bell & Howell Company, 1997.

Whitehead, Alfred N. *Science and the Modern World*, New York; The Free Press, 1967.［アルフレッド・N・ホワイトヘッド『科学と近代世界　ホワイトヘッド著作集第 6 巻』上田泰治・村上至孝訳、松籟社、1981.］

―――*Process and Reality*, New York; The Free Press, 1985.［アルフレッド・

N・ホワイトヘッド『過程と実在（上）（下）　ホワイトヘッド著作集第 10、11 巻』山本誠作訳、松籟社、1984（上), 1985（下).]

Wittgenstein, Ludwig. *Tractatus Logico-Philosophicus*, in: *Schriften*, Frankfurt am Main; Suhrkamp, 1960. [ウィトゲンシュタイン『論理哲学論考』野矢茂樹訳、岩波書店（岩波文庫)、2003.] [ウィトゲンシュタイン『論理哲学論考　草稿 1914-1916　論理形式について　ウィトゲンシュタイン全集第 1 巻』奥雅博訳、東京、大修館書店、1975.]

——— *The Blue and Brown Books: Preliminary Studies for the "Philosophical Investigations"*, Oxford; Basil Blackwell, 1969.

——— *Das Blaue Buch: Eine Philosophische Betrachtung, Zettel*, Frankfurt am Main; Suhrkamp, 1969. [ウィトゲンシュタイン『青色本・茶色本　ウィトゲンシュタイン全集 6』大森荘蔵訳、東京、大修館書店、1975.] [ウィトゲンシュタイン『確実性の問題　断片　ウィトゲンシュタイン全集 9』黒田亘、菅豊彦訳、東京、大修館書店、1975.]

——— *Philosophische Untersuchungen*, Frankfurt am Main; Suhrkamp, 1967. [ウィトゲンシュタイン『哲学探究　ウィトゲンシュタイン全集 8』藤本隆志訳、東京、大修館書店、1976.]

渡辺恒夫『「私の死」の謎：世界観の心理学で独我を超える』京都、ナカニシヤ出版、2002.

———「哲学者（兼作家）三浦俊彦との往復書簡（超難問＆輪廻転生)」
渡辺恒夫 HP　http://homepage1.nifty.com/t-watanabe/index.html

四津谷孝道『ことばによることばの否定　ツォンカパの中観思想』大蔵出版、2006.

荘子『荘子　第一冊　内篇』金谷治訳、岩波書店（岩波文庫)、1971.

———『荘子Ⅰ』『荘子Ⅱ』　森三樹三郎訳、中央公論新社（中公クラシックス)、2001.